汉语配价语法研究

袁毓林 著

图书在版编目(CIP)数据

汉语配价语法研究/袁毓林著.—北京:商务印书馆,2010(2022.4重印)

ISBN 978-7-100-06688-4

Ⅰ.①汉… Ⅱ.①袁… Ⅲ.①汉语—语法—研究 Ⅳ.①H146

中国版本图书馆 CIP 数据核字(2009)第 093879 号

权利保留,侵权必究。

HÀNYǓ PÈIJIÀ YǓFǍ YÁNJIŪ
汉语配价语法研究
袁毓林 著

商务印书馆出版
(北京王府井大街36号 邮政编码100710)
商务印书馆发行
北京虎彩文化传播有限公司印刷
ISBN 978-7-100-06688-4

2010年3月第1版　　开本 850×1168 1/32
2022年4月北京第2次印刷　印张 18¾
定价:92.00元

内 容 提 要

本书首先介绍配价语法的理论背景和学术渊源,明确配价语法跟依存语法、格语法和生成语法中的论元结构理论的关系;还从化学类比、戏剧隐喻和谓词逻辑等多个角度来说明"(配)价"的定义和性质,揭示配价研究对于语言的结构描写和语义刻画的重要作用。接着介绍汉语配价语法研究的历史进程,重点评述其中的理论分歧,比如:(i)配价这种范畴的性质和基础;(ii)确定价数的标准和测试办法,等等。然后,针对汉语动词(包括形容词)在实际话语中复杂的配价情况,提出了一种基于配价层级和配位方式的汉语配价语法的描写模型;尝试把单一的价的概念分化为由联、项、位、元构成的配价层级,用以全面地反映动词在不同的句式中对名词性成分的各种支配能力及其各种句法组配方式。然后,在这种配价层级的控制下,分析了现代汉语中约 1800 多个动词(包括 200 个形容词)在不同层级上的支配能力,同时描写这些动词的诸从属成分的语义角色;着重研究语义格不同的各种从属成分跟有关句法成分的配位关系,努力反映不同的语义格在共现和占据句法位置时的制衡关系以及不同的配位方式之间的转换关系和限制条件。还尝试从动词、形容词、有价名词和隐含的谓词的配价和配位的角度,来探讨主谓谓语句的大主语跟后面的主谓式谓语之间的句法和语义联系。同时,又把这种配价研究推广到动词性结构上，着重分析述结式的配价结构和配位方式，内容包括：(i)述结式如何对其构成成分的论元进行选择，述语动词和补语动词的论元如何提升为整个述结式的论元；(ii)述结式与其从属成分的论元选择和句法配置，由述结式构成的各种句式之间的派生关系和推导程序。最后，尝试从动词的论元结构跟动词所处的特定的句式结构的互动的角度，来解释论元增容现象（即在一定的条件下动词的论元结构中增加进来了新的论元），并探讨动词的论元结构和句式结构互动的语用动因、逻辑机制和句法语义条件。

本书通过配价层级和配位方式的研究，来揭示主语、宾语等句法成分跟施事、受事等语义成分之间的连接规则，希望为计算机从句法形式上获取语义解释，或从语义表示上生成句法形式提供直接而有用的语法规则。由于这种配位方式是在动词的配价层级的控制下进行描写的，因而可以为计算语言学和语言信息处理中的核心驱动的短语结构语法提供富有启发性的设计思想。并且，这种以配位方式为核心的汉语配价语法是一种语义透明的语法，因此它能为建立以意念表达为核心的汉语交际功能语法提供坚实的理论基础，从而为对外汉语教学事业作出实际的贡献。

本书适合从事语言学教学和研究、中文信息处理、对外汉语教学以及中学语文教学的人士阅读和参考。

目　　录

原版序 …………………………………………… 陆俭明 1

新版序 …………………………………………… 沈家煊 4

第一章　配价语法面面观 ………………………………… 1

第一节　"价"的定义和性质 ……………………………… 2

1.1.1 配价的化学插曲 ………………………………… 2

1.1.2 语言学上的"价" ………………………………… 4

第二节　配价语法和依存语法 …………………………… 7

1.2.1 配价和依存观念的源流 ………………………… 7

1.2.2 配价语法和依存语法的关系 …………………… 12

1.2.3 历史的思考:青年语法学派的影响 …………… 17

第三节　配价语法和格变语法 …………………………… 21

1.3.1 解释语义学和生成语义学 ……………………… 21

1.3.2 菲尔墨的格语法理论 …………………………… 26

1.3.3 从离散的格到原型角色 ………………………… 32

第四节　配价语法的系统化和实用化 …………………… 38

1.4.1 配价语法在法国和德国的发展 ………………… 38

1.4.2 定价原则和动词的配价分类 …………………… 42

1.4.3 样例:一个配价语法的实用模式 ……………… 47

第二章 汉语配价语法研究概观 ················ 55
第一节 动词的"系"和句子分析 ················ 56
2.1.1 动词的"系"及其各种补词 ················ 56
2.1.2 动词的"系"和句式安排 ················ 63
第二节 动词的"向"和歧义指数 ················ 69
2.2.1 动词的"向"和句法空位 ················ 69
2.2.2 名词配价和歧义指数 ················ 77
第三节 汉语配价语法研究的兴起和发展 ················ 85
2.3.1 对国外配价语法理论的介绍和评论 ················ 85
2.3.2 汉语配价语法研究的全面展开 ················ 88
第四节 汉语配价语法研究中的理论分歧 ················ 95
2.4.1 配价这种范畴的性质和基础 ················ 95
2.4.2 确定价数的标准和测试方法 ················ 102

第三章 汉语动词的配价层级和配位方式 ················ 112
第一节 动词的价和配价层级 ················ 113
3.1.1 动词的配价层级:联、项、位、元 ················ 113
3.1.2 提取元的框架:原子句 ················ 118
第二节 动词的联和语义场景 ················ 124
3.2.1 语义场景的结构化:"框架—槽"和填项 ················ 124
3.2.2 联的确定原则:典型性、现实性、适中性、专门性 ················ 125
3.2.3 语义场景的词汇化:最小义项和最纯义项 ················ 128
第三节 动词的项和句子压模 ················ 130
3.3.1 联的语义角色化:格指派 ················ 130
3.3.2 记忆容量的后果:句子压模 ················ 137

第四节　配位方式和语义过程 140
3.4.1 透视域的句法化:配位方式 140
3.4.2 调整配位的语义机制:格的细分、合并和转化 144
第五节　配位方式和语法过程 150
3.5.1 调整配位的语法机制:(1)话题化 150
3.5.2 调整配位的语法机制:(2)述题化 156
第六节　配价语法和汉语语法的意合机制 165
3.6.1 从基础句到派生句 165
3.6.2 配位方式和意合机制 167

第四章　一元动词的配价和配位分析 171
第一节　从配价层级到配位方式 172
4.1.1 汉语配价语法研究的困境 172
4.1.2 配价层级和配位方式 174
第二节　一元一位动词的配价和配位 175
4.2.1 一元一位一项一联动词,简称一元动词 175
4.2.2 一元一位二项二联动词,简称一元二项动词 177
4.2.3 假一元二位动词 178
第三节　一元二位动词的配价和配位 179
4.3.1 一元二位二项二联动词,简称一元二位动词 179
4.3.2 一元二位二项三联动词,简称一元二位三联动词 184
4.3.3 一元二位二项四联动词,简称一元二位四联动词 187
4.3.4 一元二位二项五联动词,简称一元二位五联动词 188
4.3.5 一元二位三项三联动词,简称一元二位三项动词 189
4.3.6 一元二位三项四联动词 191

第四节　一元三位动词的配价和配位 …… 192
4.4.1 一元三位三项六联动词,简称一元三位六联动词 …… 192
4.4.2 一元三位四项五联动词 …… 194

第五节　形容词的配价层级和配位方式 …… 195
4.5.1 形容词和动词的界线 …… 195
4.5.2 一元形容词的配价和配位分析 …… 197
4.5.3 二元形容词的配价和配位分析 …… 203

第六节　从配价语法走向意念—交际语法 …… 208
4.6.1 对配价层级的反思 …… 208
4.6.2 走向意念—交际语法 …… 209

第五章　二元动词的配价和配位分析 …… 215

第一节　二元二位二项动词的配价和配位 …… 216
5.1.1 二元二位二项二联动词,简称二元动词 …… 216
5.1.2 二元二位二项三联动词,简称二元三联动词 …… 224

第二节　二元二位三项动词的配价和配位 …… 226
5.2.1 二元二位三项三联动词,简称二元三项动词 …… 226
5.2.2 二元二位三项四联动词,简称二元三项四联动词 …… 231
5.2.3 二元二位三项五联动词,简称二元三项五联动词 …… 234

第三节　二元二位四项动词的配价和配位 …… 235
5.3.1 二元二位四项四联动词,简称二元四项动词 …… 235
5.3.2 二元二位四项五联动词,简称二元四项五联动词 …… 236

第四节　二元三位三项动词的配价和配位 …… 237
5.4.1 二元三位三项三联动词,简称二元三位动词 …… 237
5.4.2 二元三位三项四联动词,简称二元三位四联动词 …… 245

5.4.3 二元三位三项五联动词,简称二元三位五联动词 …… 253
第五节 二元三位四项动词的配价和配位 …… 256
5.5.1 二元三位四项四联动词,简称二元三位四项动词 …… 256
5.5.2 二元三位四项五联动词 …… 262
5.5.3 二元三位四项六联动词 …… 269
第六节 二元三位五项动词的配价和配位 …… 274
5.6.1 二元三位五项五联动词,简称二元三位五项动词 …… 274
第七节 对配价层级和配位方式的再认识 …… 277

第六章 准二元动词的配价和配位分析 …… 279
第一节 准二元动词的归类和分类 …… 281
6.1.1 确定准二元动词的分布框架 …… 281
6.1.2 协同动词和针对动词的分布框架 …… 284
第二节 准二元动词构成的基本句式 …… 287
6.2.1 协同动词构成的基本句式 …… 287
6.2.2 针对动词构成的基本句式 …… 294
第三节 准二元动词句的语义模式 …… 299
6.3.1 协同动词句的语义模式 …… 299
6.3.2 针对动词句的语义模式 …… 303
第四节 常用的准二元动词及其界限 …… 307
6.4.1 常用的协同动词 …… 307
6.4.2 常用的针对动词 …… 308
6.4.3 准二元动词的内部差异和外部界限 …… 309
第五节 配位方式的转变和谓词价的飘移 …… 311
6.5.1 动词和形容词在配位方式上的差异 …… 311

6.5.2 谓词的支配能力和介词的作用 …………… 316
　　6.5.3 谓词和介词的合并 …………………………… 322
 第六节 零元谓词和二元不及物动词 ………………… 324
　　6.6.1 零元谓词及其假论元 ………………………… 324
　　6.6.2 二元不及物动词 ……………………………… 328

第七章 三元动词的配价和配位分析 ……………… 332
 第一节 取得义三元动词的配价和配位 ……………… 333
　　7.1.1 表示取得义的三元动词 ……………………… 333
　　7.1.2 谓词隐含造成的三元动词 …………………… 336
　　7.1.3 使动用法造成的三元动词 …………………… 338
　　7.1.4 表示称号的三元动词 ………………………… 340
 第二节 给予义三元动词的配价和配位 ……………… 342
　　7.2.1 不能用介词引导与事的三元动词 …………… 342
　　7.2.2 在后面用"给"引导与事的三元动词 ………… 344
　　7.2.3 在前面用"给"引导与事的三元动词 ………… 349
　　7.2.4 在前后用"给"引导与事的三元动词 ………… 350
　　7.2.5 用"向/给"引导与事的三元动词 ……………… 353
 第三节 三元四联动词的配价和配位 ………………… 355
　　7.3.1 表示取得义的三元四联动词 ………………… 355
　　7.3.2 表示给予义的三元四联动词 ………………… 356
　　7.3.3 三元五联动词的配价和配位 ………………… 358
　　7.3.4 三元四项动词的配价和配位 ………………… 360
 第四节 准三元动词的配价和配位 …………………… 363
　　7.4.1 三元一位动词的配价和配位 ………………… 363

7.4.2 表示取得义的三元二位动词 ········· 365
7.4.3 表示给予义的三元二位动词 ········· 368
7.4.4 表示协同义的准三元动词 ·········· 372
第五节 动词的语义预设和配价转变 ············ 376
7.5.1 动词意义的转变及其对与事的预设 ······ 376
7.5.2 给予—取得两向动词的配价和配位 ······ 382

第八章 主谓谓语句的配价和配位分析 ········ 387
第一节 主谓谓语句和汉语的类型 ············· 388
第二节 主谓谓语句的语义连结模式 ············ 389
8.2.1 VP的自由说明语作S/S' ··········· 389
8.2.2 VP的补足语作S/S' ············· 391
8.2.3 隐含的谓词的补足语作S/S' ········· 393
第三节 主谓谓语句的句法派生过程 ············ 395
8.3.1 动词宾语的前移及其条件 ·········· 395
8.3.2 内嵌宾语的前移及其条件 ·········· 399
8.3.3 降级宾语的前移及其条件 ·········· 401
第四节 话题化过程和话题结构 ·············· 403
8.4.1 话题化过程的形式规则 ············ 403
8.4.2 汉语和英语在话题结构上的一致性 ······ 405
8.4.3 多重话题结构的语用和配列特征 ······· 407
第五节 跟话题化相关的语法过程 ············· 411
8.5.1 话题化的语法后果 ·············· 411
8.5.2 主语和话题的语法特性 ············ 414
8.5.3 基础句的主语和派生句的主语 ········ 418

第六节 递归原则和参数设定 ………………………… 421

第九章 述结式的配价和配位分析 ……………………… 423
第一节 述结式及其构件的配价 ……………………… 423
9.1.1 $V^1 + V^1 \to VC$ ……………… 424

9.1.2 $V^2 + V^1 \to VC$ ……………… 425

9.1.3 $V^2 + V^2 \to VC^2$ ……………… 426

9.1.4 $V^3 + V^1 \to VC$ ……………… 427

9.1.5 $V^3 + V^2 \to VC^3$ ……………… 428

9.1.6 配价整合:整体不等于部分之和 ……………… 428

第二节 述结式的论元整合的类型 ……………………… 429
9.2.1 并价:述结式的价数等于述语和补语的价数之和 …… 429

9.2.2 消价:补语动词以述语动词为配价成分 ……… 431

9.2.3 共价:述语动词和补语动词的从属成分所指相同 …… 434

第三节 述结式论元指派的准入规则 ……………………… 438
9.3.1 论元整合的结果:等价、减价和增价 ……… 438

9.3.2 使动关系的层次及其论元指称 ……… 440

9.3.3 述结式论元指派的准入规则 ……… 444

第四节 述结式配价的控制—还原分析 ……………… 447
9.4.1 $V^1 + V^1 \to VC$ ……………… 447

9.4.2 $V^2 + V^1 \to VC$ ……………… 449

9.4.3 $V^2 + V^2 \to VC^2$ ……………… 455

9.4.4 $V^3 + V^1 \to VC$ ……………… 456

9.4.5 $V^3 + V^2 \to VC$ ……………… 457

9.4.6 $V^1 + V^2 \to VC$ ……………… 458

第五节 由述结式构成的基础句式和派生句式 459
9.5.1 从基础句到无标志的派生句的推导 459
9.5.2 从无格标句到有格标句的派生过程 468
第六节 多义述结式及相应的配位方式 475
9.6.1 述结式的施受指称及相应句式 475
9.6.2 使役的"让"字句和被动的"让"字句 478

第十章 论元结构和句式结构的互动 482
第一节 从动词配价走向句式配价 482
10.1.1 动词配价学说和论元结构理论 482
10.1.2 动词变价和论元增容过程 485
10.1.3 句式语法和句式配价 489
第二节 表达精细化和句式套用、词项代入 491
10.2.1 句式意义从何而来？ 491
10.2.2 句式套用和词项代入 494
10.2.3 动词代入的语用动因：表达的精细化 497
第三节 句式对动词的选择限制条件 501
10.3.1 句式的不完全能产性 501
10.3.2 语义场景和基本层次概念 504
10.3.3 义项固定、词汇衍生和论元结构改变 506
第四节 句式扩张的认知基础和逻辑机制 512
10.4.1 句式套用的认知基础：隐喻投射和完形包装 512
10.4.2 归纳和类推：超越动词配价和句式构造之间的循环论证 516
10.4.3 句式扩张的逻辑机制：归因推理和动因解释 519

第五节　从原理走向规则的互动研究……………………522

附录　关于配价语法研究答客问……………………525
0. 开场白 ……………………………………………525
1. 研究配价语法的缘起 ……………………………525
2. 理论背景和学术渊源 ……………………………528
3. 徘徊于形式主义和功能主义之间 ………………530
4. 整体把握和还原论分析 …………………………532
5. 配价语法和汉语语法的意合机制 ………………533
6. 配价语法和认知解释 ……………………………536
7. 句法的串行推导和大脑实时处理 ………………541
8. 在方法的背后寻找智慧 …………………………547

参考文献……………………………………………551

术语索引……………………………………………563

英文目录……………………………………………571

旧版后记……………………………………………574

新版后记……………………………………………576

原 版 序

类似"配价"的观念,吕叔湘先生在20世纪40年代发表的《从主语宾语的分别谈国语句子的分析》一文中就提出来了,在那篇文章里,吕先生认为,根据动词都有施事而不一定都有受事,也可以将动词分为"双系"和"单系"两类。吕先生所说的"双系"和"单系"大致就相当于配价语法里所说的"二价"和"一价"。可惜吕先生的这一说法一直没有引起汉语语法学界的注意,吕先生本人也没有进一步加以论述和运用,所以鲜为人知。70年代后中国语法学界关于配价语法的研究和讨论,主要是受到国外配价理论的影响而开展起来的。

在我国,最早引进配价概念的是朱德熙先生。他在1978年发表的《"的"字结构和判断句》一文里,第一次运用配价概念,精彩地解释了由动词性词语组成的"的"字结构所呈现的种种歧义现象。从那时起,配价语法逐渐成为中国语法学界研究、讨论的热点之一,并取得了一定的可喜成果,先后发表了不少论文,出版了两本有关现代汉语配价语法研究的论文集。现在袁毓林所撰写的《汉语动词的配价研究》又出版了,这是在我国出版的第一部有关现代汉语配价语法研究的专著。这部书的出版将有助于进一步推动汉语配价语法的研究。

袁毓林的《汉语动词的配价研究》,顾名思义,是专门研究汉语动词的配价的。前两章，对配价语法理论、汉语配价语法研究作了一个大概的介绍和评论。第三章介绍了他所提出的关于动词的配价层级和配位方式的思想和理论，这部分可以说是全书的理论依据。第四章到第七章，运用他的动词配价层级和配位方式的理论，具体分析了现代汉语里 1640 个动词，按一元动词、二元动词、准二元动词和三元动词分别逐个描写说明了每个动词的配价、配位情况，着重讨论了各个动词所能支配的各种从属成分的语义角色（也就是"格"）、这些不同的语义角色在不同句式中的共现情况以及各种语义角色在句式中所能占据的语法位置。这是全书的主要内容。最后一章，也就是第八章，从配价的角度重新分析、讨论了语法学界争议颇多的主谓谓语句，这也可以看作是运用配价理论分析说明某种句式的一个实例，从而显示了配价理论在句法分析中的作用。

我认为本书值得注意的有以下两个方面：

第一个方面，提出并建立了配价层级的思想和理论。我们知道，自从配价的观念引入语法研究中来以后，围绕着"怎样确定一个动词的配价"，"哪些名词性成分可以算作动词的价，哪些不能看作动词的价"，"具体到某个动词，该归入几价"等问题，语法学界一直存在着争论，可以说是众说纷纭、莫衷一是。袁毓林在本书中提出了一种新的看法，认为应该把"价(valence)"理解为包含有"联(link)"、"项(item)"、"位(position)"、"元(argument)"四个层面的有层次的系统。这是一种新的配价思想。这种配价层级思想和理论似能充分地反映动词的各种组配能力，能更好地说明一个动词能构成各种不同句式的原因以及各种不同句式之间的转换关系和制约条件。如果今后的研究实践证明，运用这种配价层级思想和理论确实能有上述作用，那不能不说在配价语法研究上大大跨进了一步。

第二个方面，用配价层级的思想和理论具体分析描写了现代汉语中1640个左右的动词的配价、配位情况。这也是一项开创性的工作，对日后编写汉语动词的配价词典，将有直接的参考价值。

以上两个方面可以说是本书在配价语法研究方面所作出的贡献。

袁毓林对配价语法的研究已有多年，并且在我国国内第一个提出并研究了汉语名词的配价问题，受到汉语语法学界的关注。《汉语动词的配价研究》是他关于配价语法研究的第一个有系统的研究成果。我们期待在不久的将来能看到他第二个有系统的配价语法研究的成果——《汉语名词的配价研究》的问世。是为序。

陆 俭 明

1998年1月2日

新 版 序

袁毓林同志给我寄来他的《汉语配价语法研究》的书稿,希望我给新版头上写上几句话。新版比初版增加了两章,一章讲述结式的配价配位,一章讲动词配价和句式配价的关系。大概是因为初版出来后我正好写过两篇配价方面的文章,内容跟他增加的两章有直接的联系,让我来说几句更合适。

袁毓林同志没有门户之见,不依附于一种理论一种流派,汲取各家之长,独立自主地开展研究。他在很大程度上继承"生成语法"的基本思想,采用深层结构和移位、删略等句法操作,同时又吸收"认知语言学"的重要思想,如他的《一价名词的认知研究》至今给我留下深刻的印象,新版又承认"格式"有它自身的整体意义和配价。我赞成这种"兼容并包"的精神,这是学术进步的前提。至于在具体问题的研究上是否能把两种对立的思路结合起来,各人会有不同的看法和做法,但是这些不同的看法和做法也应该容许并存,袁毓林同志的探索因此也有它的价值。

据我所知,袁毓林同志有一个长期的追求目标,"希望为计算机从句法形式上获取语义解释,或从语义表示上生成句法形式提供直接而有用的语法规则",我很佩服他这种孜孜不倦的努力。这样的追求必然要注重表达的形式化。有人抱怨说现在许多人写的语法文章读不懂,袁毓林写的文章也不太好懂,这种抱怨要具体分析，有读者和作者两方面的原因。要了解当代的语法理论，没有一点数理逻辑的基础是不行的，如果连什么是"全称量词"、"存在量词"、"辖域"等等都不知道，那怎么能读懂形式语法的文章呢？另一方面，写文章（不是写计算机程序）能够用具体浅显的语言来表达的，就不要用抽象深奥的公式来表达，这是作者应该时刻注意的。我认为有人反映袁毓林同志的文章不太好懂的原因主要在前一方面。

袁毓林同志的研究以分析的细致见长，正如陆俭明先生在初版序言中指出的，他把一个笼统模糊的"价"细分为四个层次，又用这四个层次具体分析描写了1800多个动词（比初版1640个又有增加）。他的分析还有一个长处，就是坚持语义的区分一定要有形式上的表现。现在有一些研究汉语语法的人，从注重分析转向注重综合，从注重形式转向注重意义，这种转向本身有它的合理之处。但是须知分析和综合实际是一个铜板的两面，如果分析的功夫不到家，讲综合也就好不到哪里去。形式和意义也是一个铜板的两面，在语言学里，脱离形式的区分来讨论意义的区别那是没有意义的。

沈 家 煊

2006年10月

第一章　配价语法面面观

1.0 当代语言学的语法理论,可以说是范式纷呈、方法各异。然而,就其基本路向而言,也不外乎形式主义和功能主义两端。形式主义语法学,以乔姆斯基(N. Chomsky)的生成语法为大宗;从20世纪80年代的管辖与约束理论(GB Theory)到90年代后期的最简方案(Minimalist Program),其间理论模型多所调整。另外,又有布雷士南(J. Bresnan)的词汇—函项语法(LFG)和盖兹达(G. Gazdar)等人的广义短语结构语法(GPSG)跟GB理论相抗衡,一起争夺形式语法学的天下。功能主义语法学以繁多的花样来跟形式主义语法学分庭抗礼,其中有导源于泰尼埃尔(L. Tesnière)的依存语法和配价语法、韩礼德(M. A. K. Halliday)的系统功能语法、菲尔墨(C. Fillmore)的格语法、切夫(W. Chafe)的切夫语法、赫德森(R. Hudson)的词语法(Word Grammar)、蓝嘎克(R. Langacker)的认知语法,以及关系语法、篇章语法、话语分析等,在不同的时期和区域内各领风骚。

事实上,不管是哪路哪派的语法学说,都不得不正视句子中不同词项之间的句法、语义联系这一事实;因此,反映动词对名词性成分的支配能力的"价"这一概念,是哪一种语法理论也回避不了的。当然,在理论处理上可以作出不同的安排。比如,配价语法和依存语法把它放在非常核心的地位,格语法和系统功能语法把它置于比较重要的地位;而 GB 理论等形式语法则把它当作一种记载在词库的动词词条之下的词汇、语法特征,认为一个动词所必有的论元构成了动词的论元结构(argument structure),基础句式(原子句)是动词的论元结构的一个投影,在此基础上建立起投射原则、论旨准则等 GB 理论的原则系统。① 不过,杰肯道夫(R. Jackendoff)、格林肖(J. Grimshaw)等学者似乎有意提高论元结构在语法理论模型中的地位,尝试把论元结构当作是介于词库和深层结构之间的一个独立的语言知识的表达层次,并着手探索论元结构的内部结构和运作机制。②

综上所述,配价反映了语言结构中不同词项之间的一种最基本的联系,对价的描写和分析应该成为语法研究的一项基础性的工程。

第一节 "价"的定义和性质

1.1.1 配价的化学插曲

语言学上的"配价"这一概念是从化学上借来的,因此简略地温习一下化学中关于元素的化合价的知识也许并不多余。当然,见了符号和公式就头疼的读者可以跳过这一小节。

学过化学的人都知道,两种或两种以上不同元素的原子结合成为某种化合物的分子时,某元素的一个原子只能和一定个数其

---

① 详见 Chomsky(1981)及其中译本,中文介绍见徐烈炯(1988)第 266—278 页,冯胜利(1997)第 5—14 页。
② 详见 Jackendoff(1990)等著作,中文介绍见顾阳(1994)。

他元素的原子相结合。比如,碳原子和氧原子结合成二氧化碳分子时,1个碳原子只能和2个氧原子相结合。由于化合物的分子是由一定种类和一定数目的原子组成的,因而可以用一定的分子式来表示它们。比如,二氧化碳的分子式是CO_2。在化学里,一种元素的原子和一定数目的其他元素的原子相互化合的性质,叫做这种元素的化合价。因为在一般的化合物里,1个氢原子至多只能跟其他元素的1个原子化合;所以,现在化学上把氢原子的化合价规定为化合价的单位(即1价)。这样,其他元素的化合价,可以根据这种元素的一个原子能和氢原子结合的个数来确定。比如:

> 1个氧原子能和2个氢原子化合生成水分子H_2O,因此,在水分子里,氧原子的化合价是2价;
>
> 1个氮原子能和3个氢原子化合生成氨分子NH_3,因此,在氨分子里,氮原子的化合价是3价。

有些元素的原子不能或不容易和氢原子直接化合,它们的化合价可以根据这种元素的一个原子能从含氢化合物(例如酸)里置换出的氢原子个数来确定。比如:

> 1个钠(Na)原子能从酸分子里置换出1个氢原子,生成氯化钠分子$NaCl$,因此,在氯化钠分子里,钠的化合价是1价。

有了化合价,就可以计算在某种化合物里的各种元素的原子的化合价的总数(即元素的化合价和原子数的乘积),并可以发现:在由任何两种元素组成的化合物里,甲元素的化合价总数必然和乙元素的化合价总数相等。这种关系,称为化合价规则。例如:在氯化铜分子($CuCl_2$)里,

> 氯的化合价1× 氯原子数2 = 铜的化合价2× 铜原子数1

据此,在由两种元素组成的化合物里,如果其中一种元素的化合价是已知的,就可以根据化合物的分子式,利用化合价规则,计算出另一种元素的化合价。例如,已知氧的化合价是 2 价,可以求出氧化铝(Al_2O_3)里铝原子的化合价是:

氧的化合价 2×氧原子数 3÷铝原子数 2 = 3 价

更为重要的是,在知道了元素的化合价以后,就能根据化合价规则来正确地写出化合物的分子式,从而对物质的结构作出精确的、形式化的描写。以氧化铝为例,已知氧是 2 价、铝是 3 价,先求出这两种元素的最小公倍数是 6,再用这个最小公倍数除以这两种元素的化合价;得出在氧化铝里,铝原子数是 6÷3=2、氧原子数是 6÷2=3;最终得出氧化铝的分子式是 Al_2O_3。[①]

化学上用化合价和配价学说来既精确又形式化地描写物质的结构的思想,给语言学家描写语言中句子的结构方式和组成机理提供了启迪。

1.1.2 语言学上的"价"

受化学上的配价学说的启发,语言学借用"价"(valence)指动词跟一定数目的名词性成分(记作 NP)之间的依存关系(dependency);其中,动词是支配成分,NP 是从属成分。从属成分又叫配价成分(简称"价"[valent]),或配项(dependency constituents)。一般地说,能跟一个 NP 组合的动词叫一价动词(monovalent

---

① 详见《化学》第一册,数理化自学丛书编委会化学编写小组编,上海科学技术出版社,1980 年,第 89—95 页。

verb)。例如：

  （人）走 （鸟）飞 (John) arrived. (The boy) left.

能跟两个 NP 组合的动词叫二价动词(bivalent verb)。例如：

  （他）买（菜） （鸡）啄（米） (The man) killed (a pig).

  (A cat) broke (a decanter).

  (Those trees) retain (their leaves).

能跟三个 NP 组合的动词叫三价动词(trivalent verb)。例如：

  （爸爸）给（我）（一本书） （老张）借（小刘）（一辆自行车）

  (John) gave (Mary) (a letter).

  (You) tell (me) (where you live).

因此，"价"是对动词的支配能力的数量表示，是根据动词的组合能力而聚合成的一种语法范畴。

  如此看来，动词好像在它的周围张开了一定数目的空位，让一定数目和一定种类的 NP 填进去①；而不同的动词在支配能力上的差别，就表现为在其周围的空位的多少和类型。正是在这一意义上，致力于自然语言符号化的逻辑学家把一价动词叫做一位谓词(one-place predicate)，记作(x) P 或 P (x)；把二价动词叫做二位谓词(two-place predicate)，记作(x) P(y)、P (x) (y)或 P (x, y)；把三价动词叫做三位谓词(three-place predicate)，记作(x) P (y) (z)、P (x) (y) (z)或 P (x, y, z)。其中，P 代表谓词，它是一种函数(function)；x、y、z 代表主目(argument)，它们是一些变量(variable)。

  除了这种逻辑表示法之外，另有两种表示价数不同的动词跟

---

① 参见李洁(1987)第 35 页，朱小雪(1989)第 1 页，韩万衡(1997)第 13—14 页。

其从属名词之间的依存关系的方法。例如:

(1) a←V   或   V→a;a←V→b

(2) V   V   V
     ↓   ↙ ↘   ↙ ↓ ↘
     a   a   b   a b c

(1)是横式表示法,占用的空间不多,但不便于表示三价动词;(2)是竖式表示法,比较醒目,但占用的空间较多。这两种方法直观而形象地显示:动词和名词性成分之间的依存关系是带有明确的方向性的。从这一点上看,朱德熙(1978)用"向"而不用"价"这一名称,大概也是有所考虑的。

最有启发性的是白硕先生发明的函数和自动机相结合的图解式表示方法,经过我改进后,表示如下:

(3)

$$NP \to \boxed{V^1} \to S \qquad \begin{matrix}NP_1\\ \\NP_2\end{matrix}\!\!\searrow\!\!\nearrow \boxed{V^2} \to S \qquad \begin{matrix}NP_1\\NP_2\\NP_3\end{matrix}\!\!\to \boxed{V^3} \to S$$

这样,不同配价的动词像性能不同的机械装置,要求输入不同数量的名词性成分,才能生成合格的句子。如果抽掉上面图解式中的动词形式,正好形成范畴语法的句法范畴表达式:

(4) a. $V^1 = S/N$;

b. $V^2 = (S/N)/N$;

c. $V^3 = ((S/N)/N)/N$;

在(4a)中,"S/N"的直观的意思是:这是一种吸收一个名称就可以造成语句的范畴,可以看作是一种对 V^1 的功能的函数式表示;在(4b)中,"(S/N)/N"的直观的意思是:这是一种吸收一个名称就可以造成范畴"S/N"的范畴,可以看作是一种对 V^2 的功能的函数式表示；余可类推。

上面说价指动词对名词性成分的支配能力，这是为了叙述的方便。事实上，动词还能支配动词、形容词、介词结构、小句(或从句)，即动词、形容词、介词结构和小句也能充当动词的从属成分。另一方面，除了动词之外，形容词和一部分名词也能支配从属成分，即具有配价要求(requirement of valence)。① 更进一步，谓词性的短语结构(并列结构、述补结构等)也有配价要求，可以支配一定数量和种类的从属成分。

第二节 配价语法和依存语法

1.2.1 配价和依存观念的源流

配价反映了语言结构中名词性成分和动词性成分之间的一种最基本的依存关系，因此很早就引起了语法研究者的不同程度的注意。比如，柏拉图(Plato，公元前 427—前 347)在《对话录》(*Dialogues*)中把希腊语句子主要划分为名词性成分(ónoma)和动词性成分(rhêma)两大部分，这种划分成为后来对各种语言进行句法分析和词类划分的主要依据。② 其后斯多葛学派(stoics)比较深入地研究了名词性成分和动词性成分的语法关系，比较彻底地解决了格的问题，区分出主格、宾格、与格、属格和呼格；并根据动词跟不同格的组合可能性，把动词区分为主动态及物动词(rhémata

---

① 详见本书§1.4.1，§2.2.2 和§2.3.2。
② 详见 Robins(1970)p.26，中译本第 31—32 页。

orthá)、被动态动词(hyptía)和中性(不及物)动词(oudétera)。①公元前1世纪,亚历山大里亚的学者特拉克斯(Dionysius Thrax)撰写了第一部系统的希腊语法《语法术》(Téchnē grammatikē,一译《读写技巧》)。其中主要根据名词性成分的形态及其跟动词性成分的语义关系,把名词性成分区别为主格、宾格、与格、呼格、属格(这是根据名词性成分之间的语法关系而确立的);并且,这些格的名称是根据其部分语义功能来命名的。② 公元2世纪,亚历山大里亚的另一位语法学家阿波洛纽斯(Apollonius Dyscolus)撰写了《论句法》(Peri syntakseōs)。在前辈语法思想的影响下,他明确地把他的句法描写建立在名词和动词的相互关系以及其他两种词类与词类的关系上。在描写这些关系时,他依靠那些按名词变化的词各个格之间各种不同的联系以及它们与动词之间的相互联系,并依靠主动(及物)、被动和中性(不及物)等三类动词分别与名词各个格的形式之间的关系。他对主动动词下的定义是:这些动词指"及于某个事物或及于某个人"的动作,据说这就是拉丁语的verbum transitīvum和英语的transitive verb(及物动词)的来源。这些观念对后来的语法学家区分主语和宾语、区分支配关系和从属关系都产生了直接的影响。③ 特拉克斯的《语法术》基本上只涉及希腊语的词法部分,而阿波洛纽斯的《论句法》则开了句法研究的先河,其句法体系对后世的影响持续达两千年之久。④

公元5世纪前后,罗马语法学家普里斯基安(Priscian)撰写了

---

① 详见 Robins(1970)pp.28-29,中译本第34—35页。
② 详见 Robins(1970)p.30,pp.34-35,中译本第41—42页。
③ 详见 Robins(1970)pp.36-37,中译本第43—45页。
④ 参考殷钟崃等(1992)第8页。

十八卷本的拉丁语语法巨著《语法原则》(*Institutions grammaticae*)。他依据希腊语法学家分析希腊语时提出的模式,把拉丁语的动词也分为主动(及物)、被动和中性(不及物)。他在区别名词(及用以代替名词的代词)和动词跟其他各类词时,用到了从属这个概念;指出所有其他的词通常只用于在句法上从属于名词或动词的关系,而名词和动词这两类词本身就能构成拉丁语中常见的能产类型的完整句。① 中世纪语言研究的成就主要体现在经院语法上,其中最有名的学派是活跃在 13—14 世纪的摩迪斯泰学派(modistae),又称思辨语法学派(grammatica speculativa,或 speculative grammar)。跟早期的句法描写一样,他们把名词和动词的组合(compositio)看作是最基本的结构;主语(suppositum)和谓语(appositum)这两个术语被用来指基本句内两个组成部分的句法功能,其余的结构或者跟主语相关,或者跟谓语相关。他们根据依存关系及依存关系的完成(达成)来分析句法关系:"结构中一部分与另一部分的关系不是依存便是被依存。"比如,下列结构的特点可用分成不同小类的依存与被依存关系来表示:

依 存	被依存	例 句
动词(谓语)	主格名词(主语)	Sōcratēs currit (苏格拉底奔跑)
动词	间接格名词(宾语)	legit librum ([他]读书)
形容词	名词	Sōcratēs albus (白发的苏格拉底)

---

① 详见 Robins(1970)pp. 60—61,中译本第 72—74 页。

副词	动词	currit bene
		([他]善跑)
名词	属格名词	fīlius Sōcratēs
		(苏格拉底的儿子)

尽管这些关系跟现代句法学中依存成分—中心成分的关系并不完全一致,也不跟任何单独一种句法关系相吻合;但是,其主要价值在于:在词形变化一致的表层关系之外,还认识到了句子结构内部的句法关系。他们还用及物结构(constructiō transitīva)和不及物结构(constructiō intransitīva)这两个术语,来指构成成分之间的某些句法关系,这涉及几种不同的词类,从而把及物和不及物提升为一种句法结构范畴。①

差不多同时,古代东方的学者也对动词和名词之间的支配关系作出了富有启发性的探索,并且似乎更具系统性和一致性。大约在公元前 4 世纪,印度波你尼(Pāṇini)编成口诀体的梵语语法书《波你尼经》(Pāṇinisūtra,又叫 Aṣṭādhyāyī,即《八章书》)。《波你尼经》把随人称、数和时态而发生屈折变化的动词作为句子的核心,因为动词可以单独构成一个完整的句子;其他词跟动词保持特定的关系,其中最重要的是具有不同的格变化的名词。书中特别地用术语"造者"(kāraka)来表示跟动词发生各种不同关系的名词,比如:第一格"体格"、第二格"业格"、第三格"具格"、第四格"为格"、第五格"从格"、第七格"依格"都是跟动词相关的,因此属于"造者";而第六格"属格"(一般表示一个名词跟另一个名词的关

---

① 详见 Robins(1970)p.78,pp.82-84,中译本第 100—103 页,殷钟崃等(1992)第 12 页。

系)、第八格"呼格"(用于招呼、对话)并不跟动词相关,因此不属于"造者"。可见"造者"跟格不是一回事,"造者"严格地限于动词的从属成分。并且,"造者"是根据动词所表示的行为或过程跟名词所指事物之间的关系进行分类的。比如,业格包括了受事(例如:煮饭、遇上了敌人),具格包括了施事、工具、原因,为格包括作间接宾语的与事(把东西给谁、行为向谁),从格包括作为移动所自的源点(例如:人从村中来),依格包括跟动词连系而作为施事或受事所依附的基地(例如:树叶落在地上)。①

可见,在语法研究几千年的历史长河中,类似于配价和依存的概念时隐时现、或明或暗,激励着后代语法学家去探索隐藏在句子表面形式背后的深层次的结构联系。到了20世纪30年代,维也纳心理学家、语言理论家比勒(Karl Bühler)对词类之间选择的亲缘性的论述,已经跟现在的配价思想相差无几了。比勒在1934年出版的《语言理论》(*Sprachtheorie*,Stuttgart,1982,p.173)中说:"每个语言中都存在着选择亲缘性(Wahlverwandtschaften);副词寻找其动词,别的词亦复如是。也可以说,某一词类中的词在自己周围开有一个或几个空位(Leerstellen)。而这些空位须由其他类词来填补。"②学术界通常把创立配价语法的功劳归诸于法国语言

---

① 详见 Robins(1970) pp.145-146,中译本第179页,金克木(1981)第211—212、252—256页。

② 引自李洁(1987)§1,第35页。在这一节中,李洁先生说:"就配价这一概念的内涵而言,可追溯到古希腊时代。早在公元前5世纪,古希腊的一些学者就已初步意识到动词与他类词的关系。普罗塔格拉斯(Protagoras)辨别出古希腊语的三个格……。"就我们所见,普罗塔格拉斯辨别出的是古希腊语名词的三个性,而不是三个格。比如,Robins(1970, pp.25-26)说:"普罗塔哥拉思考过希腊语名词的性的范畴。"(中译本第30页)Lyons(1968,p.10):"Protagoras, one of the earliest and most influential of the fifth century Sophists, is credited with the distinction of three genders in Greek."不知李先生是笔误,还是另有根据。姑且录此存疑,并请方家示正。

学家泰尼埃尔(Lucien Tesnière),因为他在 1959 年出版的《结构句法基础》(*Éléments de syntaxe structurale*)中提出了比较系统的配价理论。其实,荷兰语言学家格罗特(A. W. de Groot)在 1949 年出版的《结构句法》(*Structurele Syntaxis*)中不仅使用了配价这一概念,而且还系统地描述了建立在配价概念基础上的句法体系。他说:"有些词类有不同的句法配价。配价指受一个别的词所制约和制约一个别的词的可能性和非可能性。"(转引自 Bernhard Engelen (1975) *Untersuchungen zu Satzbauplan und Wortfeld in der geschriebenen deutschen Sprache der Gegenwart*, p. 40f)但是,格罗特的书受荷兰语所限,流传不广;因此,他的配价理论也就鲜为人知。[1] 不过,泰尼埃尔的书虽然比格罗特晚出十年,但是该书的初稿在 1939 年已经完成,比格罗特的书早十年。[2] 由于受资料和外语能力的限制,我们无法对配价学说的首创权作出公正的裁定。但是,这一点是确凿无疑的:配价的观念经过几千年的酝酿和发展,到了 20 世纪三四十年代已经水到渠成、瓜熟蒂落了。

1.2.2 配价语法和依存语法的关系

配价和依存是两个关系非常密切的概念,配价语法和依存语法的思想都是泰尼埃尔在《结构句法基础》一书中加以发展的;因此,要讨论这两种语法学说的联系和区别,还得从泰尼埃尔的学术背景和他的著作谈起。

---

[1] 引自李洁(1987)§1,第 35 页。
[2] 详见胡明扬、方德义《〈结构句法基础〉选评》,见胡明扬主编(1988)《西方语言学名著选读》,中国人民大学出版社,第 302、309 页。

泰尼埃尔(1893—1954),1912年入巴黎大学攻读德文,次年获学士学位;后来到德国留学,师从青年语法学派的代表人物之一的布鲁克曼(K. Brugmann)。回国后先后在斯特拉斯堡大学任斯拉夫语讲师和教授,1937年起任蒙特利埃大学比较语法教授,1951年起改任语言学教授。他最初主要研究斯拉夫语和历史语言学,很早就表现出对语法和语法教学的兴趣。1934年,他在斯特拉斯堡大学文学院学报(*Bulletin de la Faculté des Lettres de Strasbourg*)上发表了论文《怎样建立一门句法学?》(Comment construire une syntaxe)。在这篇十来页的短文中,他表达了要建立一门跨越各国语言界限、揭示语言内在规律的新型的句法学——依存关系语法的思想。这篇文章就是他二十五年后的巨著《结构句法基础》(以下简称《基础》)的雏形。1939年,泰尼埃尔完成了《基础》的初稿。此后的十几年中,他反复修改,未及出版就因病逝世。最后由他的学生整理了他的遗稿,并于1959年出版。①

在《基础》中②,泰尼埃尔认为:句子是一个有组织的整体,同一句子中的词跟词之间存在着联系;正是这些联系构成了句子的框架,成为人们理解句子意义的一个重要的线索。比如,在Alfred parle(阿尔弗雷德说话)中,有三个成分:Alfred、parle和把这两个词结合起来的联系(它表示Alfred做了讲话这个动作);如果没有这种联系,光有这两个单词,那么就不成其为句子。联系是句子的

---

① 详见胡明扬、方德义(1988)第258、302页。同时,参考冯志伟(1983)。
② 我们主要根据方德义译、胡明扬校《结构句法基础》(节选),及两位先生对此的评价,见胡明扬主编(1988)第285—312页。同时,参考冯志伟(1983)、张烈材(1985)、方德义(1986)。

根本成分,它赋予句子以有机性和生命力。这样,所谓造句,就是在一堆不定形的词之间建立使它们成为一个整体的各种联系;反之,所谓理解,就是要找出连结句子中各个不同的词的各种联系。他决意把联系(connexion)这一概念作为整个结构句法的基础,并用直线来表示词跟词之间的联系。例如:

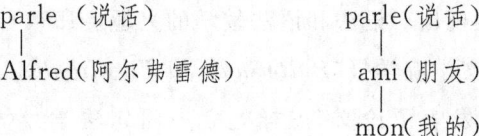

结构联系建立起词跟词之间的从属关系。每项联系原则上把一个上项(叫支配词)和一个下项(叫从属词)连结起来,其中,从属词从属于支配词,支配词支配控制从属词。比如,上例中的 Alfred 从属于 parle,parle 支配 Alfred。一个词可以同时是某个上项词的从属词和另一下项词的支配词。比如,上例中的 ami 既是 parle 的从属词,又是 mon 的支配词。这样,句子里的全部词构成了一个真正的分层次的体系(hierarchie)。所谓句子的结构就是这种由各种联系构成的层次体系。

在结构和语义的关系上,泰尼埃尔认为可以用结构表达语义来说明结构和意义的平行性;并认为结构表达意义是按照下述方式进行的:从属词的语义附加在它所依附的支配词的语义上,即从属成分限定支配成分。例如,在 les petits ruisseaux font les grandes rivieres(小溪汇成大河)中,petits(小)从属于 ruisseaux(溪),petits 的语义附加在 ruisseaux 的语义上,我们由此理解"小"表示"溪"的品质,而不是"河"的品质……。这样,每一种结构联系都包含了一种语义联系。事实上,不存在没有语义联系的结构联系;相反,可以有没有结构联系的语义联系。例如:

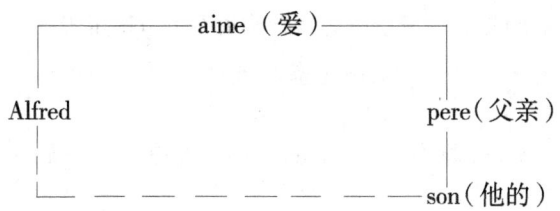

从图解上可以看出,Alfred 和 son 在语义上有复指联系,但是没有结构上的从属关系。

至此,依存语法的核心思想基本上都表达出来了。要而言之,依存语法旨在揭示句子的各种构成成分之间的分层次的依存关系,依存关系又分为上项词对下项词的支配关系和下项词对上项词的从属关系两种。句子成分之间的结构上的依存关系表达了句子成分之间在意义上的限定和补足关系。

泰尼埃尔认为,句子的结构表现为各个构成成分(即联系结 noeud)之间的一层层递进的从属关系,它的顶端就成为一个支配所有成分的"结中结"或"中心结"。中心结在绝大多数的情况下是动词,也就是说动词是句子的中心。他还作了形象的类比:动词代表一整出小戏剧,其中必然包括情节过程,大多数也包括人物和环境。如果将戏剧语言移用到结构句法中来,那么情节过程、人物和环境就分别成为动词、人物语(actant,一译行动元)和情景语(circonstant,一译状态元)。其中,动词表示情节过程,如在 Alfred frappe Bernard 中,情节过程通过动词 frappe(打)表示出来;人物语指参与情节的人和事物,它通常由名词性词语充当,如上例中的 Alfred、Bernard;情景语表示情节过程发生的时间、地点、方式等的环境,它由副词性词语充当;例如,在 Alfred fourre son nez toujours partout(Alfred 老是到处管闲事)中,toujours(总是)是时间情景语,

partout(到处)是地点情景语。其结构关系可以图示于下：

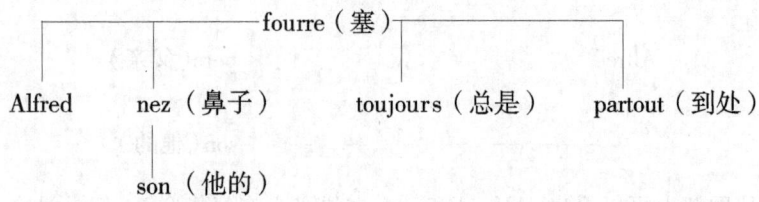

可见，动词是全句的支配成分，人物语和情景语则是动词的直接从属成分。

泰尼埃尔进一步注意到，动词有不带人物语的、带一个人物语的、带两个人物语或三个人物语的。他把动词形象地比作一个带钩的原子，能根据用以钩住人物语使其处于依附状态的钩子的多少，吸引相应数目的人物语。动词所带的钩子的数目，就是动词所能支配的人物语的数目。他把动词的这种支配能力称为动词的价。例如：

(1) il pleut（下雨）

(2) il dort（他睡觉）

(3) il mange une pomme（他吃苹果）

(4) il donne son livre à Charles（他把他的书给Charles）

动词所能带的人物语的数目决定了动词的价，例(1)中的 pleut 不能带人物语，所以是零价动词(verbs avalents)；例(2)中的 dort 能带一个人物语，所以是一价动词；例(3)中的 mange 能带两个人物语，所以是二价动词；例(4)中的 donne 能带三个人物语，所以是三价动词。

至此，配价语法的核心思想基本上都表达出来了。要而言之，配价语法旨在揭示动词对名词性成分的支配能力，反映动词在句子中所能支配的人物语的数目。因为动词是句子的结构核心,所以通过对动词配价能力的描写,可以简化对句子的依存关系的描写——句子成分之间的依存关系主要是动词跟其人物语之间的依存关系;通过了解动词的价,可以有效地预测句子可能的依存结构,也便于对句子的结构类型作出划分。可见,配价语法和依存语法既有密切的联系,又有显著的区别。配价语法侧重研究动词对名词性成分的支配能力,并作出数量化的表达。依存语法侧重研究句子中各构成成分之间的支配和从属关系,并以此作为句子结构的主要方面。配价语法研究动词的句法功能——支配名词性成分的能力,自然可以成为依存语法的有机组成部分;依存语法研究句子成分之间的从属关系,并不一定要以配价语法为理论前提。[①]比如,以动词为核心的句子,在分析其构成成分之间的依存关系时,引入配价理论是非常奏效和方便的;以名词、副词为核心的句子,在分析其构成成分之间的从属关系时,配价理论就插不上手了。

1.2.3 历史的思考:青年语法学派的影响

泰尼埃尔以区区一人之力,竟能首创配价语法和依存语法两种语法理论,这里面有许多原因。我们猜想,原因之一是受到青年语法学派那种勇于探索、敢于创新的学术品格的影响。大家知道,19世纪70年代,德国莱比锡大学的布鲁克曼、奥斯特霍夫(H. Osthoff)、雷斯琴(A. Leskien)、保罗(H. Paul)等人倡导新的研究语言历史的理论和方法。1878年,奥斯特霍夫和布鲁克曼在他们创办的《形态学研究》第一期上发表了一篇纲领性的文章,宣告

[①] 参考郑定欧(1995)第1页,韩万衡(1997)第12页。

了新语法学派理论的要旨:所有作为机械过程的音变都有一定的规律可循,这些规律不允许同一方言中有任何例外(ausnahmslose Lautgesetze),同样环境下的相同的音永远以同一的方式发展;但作为词汇和语法实体的一些特定词所据以产生的类比构成和再组合,也同样是历史和史前一切时期的语言变化的普遍成分。也就是说,青年语法学派强调两点:(1)语音演变规律无例外,(2)语音演变中类推起作用。这使得古尔替乌斯(G. Curtius)等前辈学者深为不满,揶揄他们是青年语法学派(Junggrammatiker,一译新语法学派[Neogrammarians]),而他们竟欣然接受。新语法学派希望历史语言学成为一门精确的科学,能跟当时取得惊人进展的自然科学并驾齐驱。他们信奉自然界具有一致性,自然规律必然具有普遍性;语音规律来自盲目的需要,不依赖于个人的意志。为了维护他们心目中的科学观,他们坚决反对施莱歇尔(A. Schleicher)等前辈先验和臆测的观念,反对施莱歇尔关于成长的史前时期和衰败的历史时期的区分。他们主张,除去证据的性质之外,就语言变化而言,这些时期并无不同之处。他们不重视作为设想中的史前现实的始源语,转而注意有文献记载以及当今口头方言中的资料。他们关注资料以及支配资料的法则,依据语音学中的生理学和心理学来对待语音变化和类比再组合或保守现象。这种讲究实际的动向是任何一门科学都需要的,并且,历史语言学如果要作为一门科学而存在,那么语音规律性的假定及其作为论据的资料都是不可或缺的。新语法学派提出他们的原理的方式是富有挑战性的,尽管这些原理在其前辈的著作中大致都包含了,只是未加明言而已。但是,他们在大量吸收确为本学科的实践所证实的一切之外,把它跟不必要的、甚至是错误的假定加以区分。新语法学派生气勃勃地阐述他们的观点,引起了学术界的震动和讨论;他们澄清了这门科学所依据的原理,激发了研究语言的一系列不同的研究方向和思考线索,从而促成了卓有成效的语言研究的方针。可以说,如果没有新语法学派,那么我们今天的语言学理论(特别是历史语言学理论),其中的大部分就不会是今天所具有的形式了。新语法学派对语言科学的治学方法所产生的鼓舞和推动作用,在那些受他们的学说震动的人身上都有直接的反应。比如,泰尼埃尔别具一格的语法理论就是一种久远的反响;而英国的赖特(J. Wright)和法国的梅耶(A. Meillet)两人都受过新语法学派的语言学训练,美国语言学的创始人保爱士(F. Boas)、萨丕尔(E. Sapie)和布龙菲尔德(L. Bloomfield)也同样如此,他们在历史语言学上的杰出成就则是一种直接的反响。特别是布龙菲尔德,他在1913—1914年间曾受业于雷斯琴和布鲁克曼,学习新语法学派的历史比较语言学。① 后来,布龙菲尔德发展了著名的直接成分(Immediate constituents)分析法,这是一种基于表层句子形式的、基本上是二元对立的结构成分分析法;而泰尼埃尔则发展了依存关系(dependency)分析法,这是一种企图揭示句子内部深层次的结构联系、多元对立的结构成分分析法。

跟泰尼埃尔和布龙菲尔德相比,索绪尔(F. de Saussure)接受新语法学派的影响更早,同时对20世纪语言学的影响也更大一些。索绪尔1876—1878年在莱比锡大学学习历史语言学,正赶上新语法学派的语言学家跟他们的老师古尔替乌斯对语言学问题辩

---

① 详见 Robins(1970)pp. 183 - 192,p. 207,中译本第 224—235、256—257 页;并参考了《中国大百科全书·语言文字》中的有关条目。

论得最热闹的时候,他也得以跟当时最有创造精神的语言学家争芳斗艳。据说,当布鲁克曼发现鼻音共振定律时,索绪尔就更加相信自己在语言学上的能力了;因为他在几年前就总结出这条定律了,但是他自己又否定了,因为它跟某些优秀语言学家的假设相矛盾。他起初完全站在新语法学派一边,在奥斯特霍夫和雷斯琴的指导下从事历史比较语言学的研究工作,并于1878年发表他那篇杰出的论文《论印欧系语言元音的原始系统》,获得了他在语言学界的最初的声誉。索绪尔对葆朴(F. Bopp)到施莱歇尔的比较语法学派的评价是:他们开辟了一块丰饶的新天地,但没有建成一门真正的语言科学;因为他们没有下工夫去探索研究对象(即语言)的性质,从而无法制订出自己的方法。他对新语法学派也并不恭敬,说他们没有解决语言学的基本问题。因为他们过分重视从历史角度进行研究,没有认识到语言现象的系统性和语言的共时性这种本质;他们没有给自己的研究提出根本性的问题——什么是语言及其形式的本质,以及怎样从共时和历时的角度确定语言的同一性之类的方法论问题。尽管如此,新语法学派对索绪尔普通语言学的语言符号理论的影响依然清晰可辨。比如,新语法学派强调:语音演变毫无例外地遵循一定的规律,受音变支配的语音在相同的语音环境中出现时,每个含有这样的音的词都毫无例外地受音变的影响。何以会如此呢?其中的道理当时也许只有索绪尔能够理解:语音变化的绝对性源于语言符号的任意性。既然符号是任意的,语音变化就没有理由不体现在含有这个音的每一个词中。如果语音的产生是有什么理据的,比如模仿"自然"的声音(如bow-wow,汪汪的狗叫声);那么音变规律的贯彻就会碰到阻力,从而产生例外情况。既然语言符号及其语音实现是任意的,变化就并不直接体现在符号本身,而是体现在语音上;更确切地说,变化只体现在具体环境中的某个单音上。① 以此为起点,他得出了语言是由纯关系的成分构成的形式系统的结论,从而完成了对语言的本质的深刻揭示,创立了全新的语言研究的方法论——在组合关系和聚合关系中研究语言符号的价值。

人们常说,德国是哲学的故乡。从新语法学派如此深刻地影响了19世纪三位富有创新精神的语言学家这一点来看,说德国是现代语言学的故乡是怎么也不过分的。

第三节 配价语法和格变语法

1.3.1 解释语义学和生成语义学

配价语法旨在揭示动词对名词性成分的支配能力,这种支配能力的数量表示就是价的数目;比如,可以据此把动词分为一价动词、二价动词、三价动词等。为了更全面地反映动词的支配能力,还应该描写动词跟其所支配的一定数目的名词性成分的语义关系;也就是说,应该揭示从属于动词的各个名词性成分的语义角色。在这方面,菲尔墨的格语法的研究成果值得配价语法借鉴。不过,要比较彻底地了解格语法的有关理论和方法,必须先了解生成语法中的解释语义学和生成语义学的有关背景情况。

根据乔姆斯基(1965),语法有句法、语义、音系三个组成部分;

---

① 详见索绪尔(1982)第7、21—22、24—25页,许国璋(1983)第5页,Culler(1989)第10—11、86—88、91—92、161—162页。

其中句法是自主的(autonomy),语义和音系是依赖性的;也就是说,语义和音系部分必须参照句法部分的输出,而句法无须参照语义和音系部分的输出。句法部分有两类规则,一类是短语结构规则(例如:S→NP+VP),这是一种以语类(category)为基础的演绎规则,所以又叫语类规则(categorial rule)。这些规则运用诸如 S、NP、VP、V、Art、Adj、PP 等语类标记来说明句子中哪些语类的组合是允许的。语类规则和词典构成句法的基础部分。把取自词典中的合适语类的词插入表示短语结构的树形图,所得的树形图代表句子的深层结构(deep structure)。另一类句法规则是转换规则,它能把由短语结构规则所产生的树形图转变为其他的树形图。这种由转换派生出来的结构就是句子的表层结构(surface structure)。乔姆斯基这一时期的理论被称为标准理论,这种语法模型可以总结成下图:

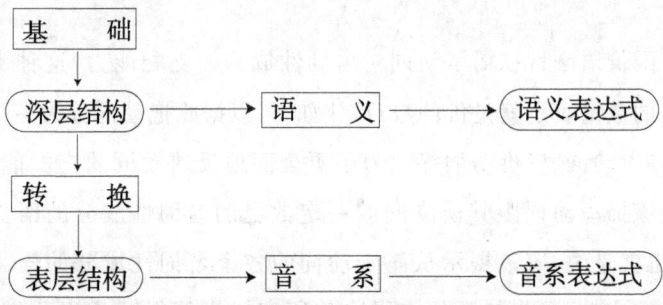

在乔姆斯基的这个理论模型中,句法的深层结构决定基本的语义关系,句法转换不改变意义;因此,表层结构跟语义解释无关。语义表达式是在句法表达式的基础上进行解释的,语义部分通过一定的规则把句法表达式化为语义表达式,即为句法表达式提供语义解释。显然,乔姆斯基认为句法是生成性的,语义是解释性的。这样一种看待句法和语义的关系的观点被称为解释语义学(interpretive semantics)。①

上图中的基础部分、深层结构、表层结构、语义表达式、音系表达式等,都是假定的语言知识的表达层次。对于到底需要多少个表达层次、不同的表达层次之间的演化顺序和方向,生成语法学界内部存在不同的见解。根据标准理论,深层结构包含从词典中选出的实际的单词;而词项一经插入深层结构的树形图,至多可以发生某些形态变化(如变成分词或动名词,而不用其限定形式),但是不能换成另一个单词。例如:

(1) a. John gave a book to Bill.

　　b. Bill was given a book by John.

(2) a. John gave a book to Bill.

　　b. Bill received a book from John.

根据标准理论,(1)中的两个句子意义相同,并且具有相同的深层结构;(2)中的两个句子尽管意义相同,但不具有相同的深层结构。如果坚持认为深层结构决定句子的语义解释,那么像例(2)中这些意义相同的句子就应该具有相同的深层结构。只是由于目前深层结构的定义,迫使我们放过了像(2)这样具有同义关系的各对句子。对此,乔姆斯基的一些同事和学生波斯特(P. Postal)、雷柯夫(G. Lakoff)、麦考莱(J. McCawley)、罗斯(J. Ross)等人决定修改深层结构的定义,放弃深层结构包含具体单词的主张;使之更加抽象,假定深层结构中只是包括词的意义表达,以便能从一个共同的起源推导出成对的主动式和被动式。一经承认包含不同单词

---

① 详见 Chomsky(1965),Smith & Wilson(1983)第78—108页;徐烈炯(1988)第81—159页,徐烈炯(1990)第143—148页。

的句子可以共有一个深层结构,就可以采用比传统深层结构模式更深的深层结构。例如:

(3) a. John killed Bill.
  b. John caused Bill to die.

通过词项分解(把 kill 分解成 cause to die)和置换,可以得出(3)这两个句子共同的深层结构。由于词项插入工作不一定要一下子完成,也不一定要在转换开始之前完成,它可以在任何一个表达层次、在任何一个表达式的基础上进行,因而,深层结构失去了它赖以生存的理论条件。据此,Lakoff 等人认为既然词项插入和转换是交错进行的,那么没有必要设立深层结构这一表达层次。更有甚者,他们认为语义是生成性的,句法是解释性的。这样一种看待句法和语义的关系的观点被称为生成语义学(generative semantics)。生成语义学对于语法理论的组织和各表达层次之间的演化关系的认识,可以图示于下:

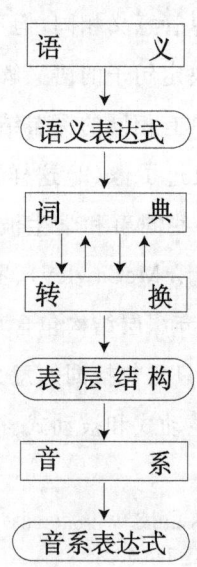

生成语义学派对语法的语义部分本身的研究并不多,因为他们的兴趣在于探讨语法模型中各表达层次之间的关系。他们提出的关于语言知识的表达层次的有关问题,激发了语言学界重新思考和讨论下列问题:(1)表达层次的数目,比如:深层结构这一层次有没有必要;(2)各个层次的性质,比如:句法和语义到底哪个是生成性的,哪个是解释性的;(3)不同层次之间的关系,比如:除了深层结构,表层结构对语义表达式起不起作用。① 这直接推动了生成语法理论的修正和发展。比如,带有量化词(quantifier)的句子经过否定位置转换和被动转换都会改变语义。例如:

(4) not [many arrows hit the target]

(5) a. not many arrows hit the target

    b. many arrows didn't hit the target

    c. the target was not hit by many arrows

按照标准理论,(4)是(5)中各句的深层结构。然而,它们的意义并不相同:(5a)否定许多箭射中了靶子;(5b)则指出许多箭没有射中靶子,但并不否认还有许多箭射中了靶子;(5c)是(5b)的被动式,但它跟(5b)意义不同,反而跟(5a)同义。可见,深层结构是和表层结构一起决定语义解释的。这促使乔姆斯基修改标准理论的语法模式,通过表层结构中的语迹(trace)来体现原来包含在深层结构中的语义信息,使得在表层结构的基础上就可以作出语义解释,终于形成了新的、如下所示的语法理论模型:

---

① 详见 Smith & Wlison(1983)第 109—136 页,徐烈炯(1988)第 160—171、178 页。

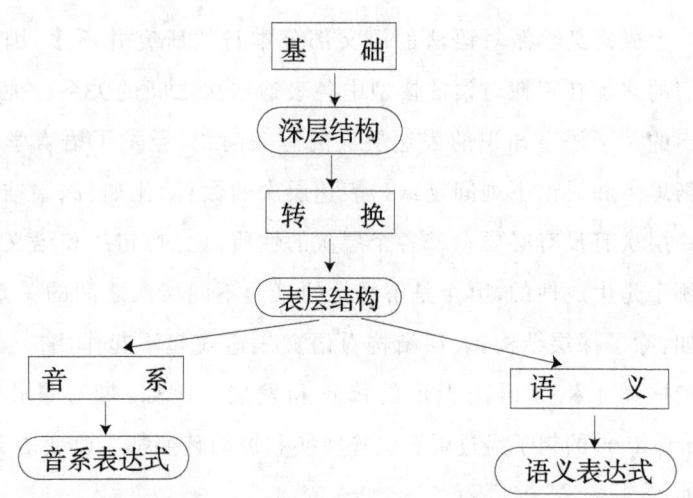

这种语法理论被称为修正的扩充式标准理论(Rivised Extended Standard Therory,简称 REST)。① 以后,乔姆斯基的语法理论模型虽然多有变化,但都能看到 REST 框架的影子。

菲尔墨虽然不是生成语义学派中人,但是在句法和语义的性质和关系、深层结构的性质等问题上,他跟生成语义学派的旨趣是十分合拍的。因此,这一节内容是理解格语法所必需的理论背景。

1.3.2 菲尔墨的格语法理论

菲尔墨(C. Fillmore)是在研究语言普遍现象(linguistic universal)的背景上开始探索格语法理论的。他的《"格"辨》的出版,标志着格语法理论的诞生。他在《"格"辨》中指出,研究句法普遍现象面临着三个问题:(1)什么是句法结构方面的形式普遍现象和实质普遍现象?(2)有没有一种普遍的基础部分?如果有,其特点

---

① 详见 Chomsky(1972)及其中译文,徐烈炯(1988)第 160、179—197 页。

是什么？(3)在从深层结构的句子表达方式转化为表层结构的句子形式方面,有没有某些普遍有效的限制条件？其中,形式普遍现象指抽象的语法机制和语法知识的组织方式,比如:生成语法中的基础部分(包括短语结构规则和词典),它决定句子的底层结构(underlying structure);还有一套转化规则,它的作用在于把底层结构转化成跟语音表达更为紧密相合的表层结构。实质普遍现象指名词、谓语、句子这样一些语法范畴。关于句法的普遍的基础部分,它的作用是确定句法结构中的组成成分之间的关系;至于深层结构中的成分是序列性的还是非序列性的,则存在着不同的意见。在此,菲尔墨特别提到泰尼埃尔等用非序列的方式表达普遍性的深层结构,即§1.2.2中所述的分层次的依存结构。他认为语法理论模型中应该有一种基础结构的概念,在这种基础结构中格(case)的关系是这一理论的初始项;并且,在这种基础结构中没有主语、宾语这样一些概念,因为这些概念只属于某些语言的表层结构。他希望通过对这种格的研究,为探索形式上的和实质上的句法普遍现象作出贡献。为了展开这项研究,他设定了两个工作假设:(1)句法中心论,根据句法概念来分类列出词的各种形式;(2)隐性范畴(covert category)的重要性,有些语法特点尽管没有明显的"形态"体现形式,但是根据选择限制条件和转化的可能方式,可以观察到这种语法特点在起作用。作者认为,如果我们有敏锐的、足以发现隐性范畴的眼光,那么我们经常可以发现,在某一种语言中找到的语法特征也同样以某种形式出现在其他语言中。比如,某些语言中的受动(affectum)宾语和结果(effectum)宾语是显性范畴,在英语中它们虽然是隐性范畴,但可以通过相关句式来发现它们之间的区别。例如:

(1) John ruined the table.(约翰毁坏了那张桌子)

(2) John built the table.(约翰做了那张桌子)

(3) What did John do to the table? (约翰把桌子怎么啦)

(4) What John did to the table was ruin it.(约翰对桌子干过的事是把它毁坏了)

(5) What John did to the table was build it.(约翰对桌子干过的事是做它)

(1)中的 the table 是受动宾语,(2)中的 the table 是结果宾语;受动宾语可以用 do to 来提问,所以(1)可以和问句(3)联系起来;结果宾语不能用 do to 来提问,所以不能把(2)和(3)联系起来。更进一步,(4)可以看作是(1)的另一种说法,但(5)却不是(2)的另一种说法。像上面这种受动、结果等跟语义有关的句法关系就是"格"关系,这种关系大部分是隐性的,但凭经验是能够觉察到的;这些关系形成了一个特定的有限体系,而对这些关系的研究结论对许多语言在很大程度上是有效的。菲尔墨主张把传统的格的概念区分为形式和意义两个部分:形态学研究格的形式,比如加上 's 表示所有关系;格语法研究格的意义,即处于底层的句法—语义关系。格的形式在各种语言中是不同的,格关系却是相同的。以上就是菲尔墨研究格语法的学术背景和理论起点。[①]

菲尔墨这样设计他的格语法理论体系:句子在基础结构中包含情态(modality)和命题(proposition)两个部分,前者指否定、时、体、式等跟整个句子相关的成分,后者指一组牵涉到动词和名词的关系项。也就是说,命题由一个动词和一个或几个名词短语组成,每一个名词短语以一定的格关系跟动词发生联系。格的概念包括

---

① 详见 Fillmore(1968)及其中译文,参考徐烈炯(1990)第 195—201 页。

一整套带有普遍性的、可以假定是内在的概念,相当于人类对在其周围发生的事情作出的某些类型的判断。诸如谁做了这件事,这件事发生在谁身上,什么东西发生了变化,等等。常见的格有以下这些:

施事格(A＝Agentive),表示由动词所确定的动作能察觉到的典型的有生命的动作发出者;

工具格(I＝Instrumental),表示对由动词所确定的动作或状态而言,作为某种因素而牵涉到的无生命的力量或客体;

与事格(D＝Dative),表示由动词确定的动作或状态所影响的有生物;

使成格(F＝Factitive),表示由动词确定的动作或状态所形成的客体或有生物,或者是理解为动词意义的一部分的客体或有生物;

处所格(L＝Location),表示由动词确定的动作或状态的处所或空间方向;

客体格(O＝Objective),主要表示由动词确定的动作或状态所影响的事物。

这些格里面,没有哪一种格可以解释为跟任何具体语言中的表层结构关系(如主语和宾语)是对应的。例如:

(6) a. John opened the door.(约翰打开了门)

b. The door was opened by John.(门被约翰打开了)

c. John opened the door with the key.(约翰用钥匙打开了门)

d. The key opened the door.(钥匙打开了门)

e. The wind opened the door.(风吹开了门)

f. The door opened.(门开了)

上例中的 John 是 A、door 是 O、key 是 I，它们都可以作主语和宾语（包括介词宾语）。格的体系构成了一种概念框架，这种框架要求在一个简单句中每种格的关系只能出现一次。在简单句中，各种不同的格可能出现的各种不同的安排方式，表达了句型的概念；这种句型概念具有普遍的适用性，不管诸如在主语选择方面的表层的不同之处。

显然地，菲尔墨是赞成生成语义学的。尽管他在文章中没有明言，但是我们仍然可以感到：他假定句子的语义表达式（semantic representation）生成句子的深层结构，而句子的语义表达式基本上可由格框架来表示。这样，在从语义表达上生成句法的深层结构时，就有两种词汇选择的问题：（1）根据全句的语义表达所提供的特定的格的框架，插入合适的动词。例如，动词 run（跑）可以插入框架〔__A〕，open（开）可以插入框架〔__O＋A〕，give（给）可以插入框架〔__O＋D＋A〕。（2）根据格框架中各个格所要求的名词的特征，用相应的名词去实现格框架中的格。例如，实现 A 和 D 的名词必须具有〔＋animate（有生命的）〕这一特征。为了表明这些名词担任不同的格，可以在它们的前面加上前置词作为格的标记（记作 K，德语 Kasus[格]的缩写）。比如，英语 A 的格标是 by，I 的格标在没有 A 的情况下是 by，在有 A 的情况下是 with，O 和 F 的典型的格标是"零"（记作 ø），B（受益格）的格标是 for，D 的典型的格标是 to，L 和 T（时间格）的格标是 at、on、in 等。这样，格的范畴可以重写为 K＋NP。

在从深层结构向表层结构转换的过程中，要用到下列语法手段：（1）选择显性的格的形式，可以通过异干交替法、加词缀、加前置词或后置词等方式来实现；（2）在动词中"录入"表示时、体、被动语态的语素等特定的成分;(3)经历主语化、宾语化、名词化、语序排列等语法过程。就英语而言,每一个句子都有一个表层主语;于是,对大多数格的组合情况而言,有一种优先的(或无标记的)主语选择。选择无标记的主语的规则大致如下:如有 A,A 为主语;如无 A 而有 I,I 为主语;如无 A 和 I,O 为主语。比如,假定某一特定的句子的基础表达形式如下图所示:

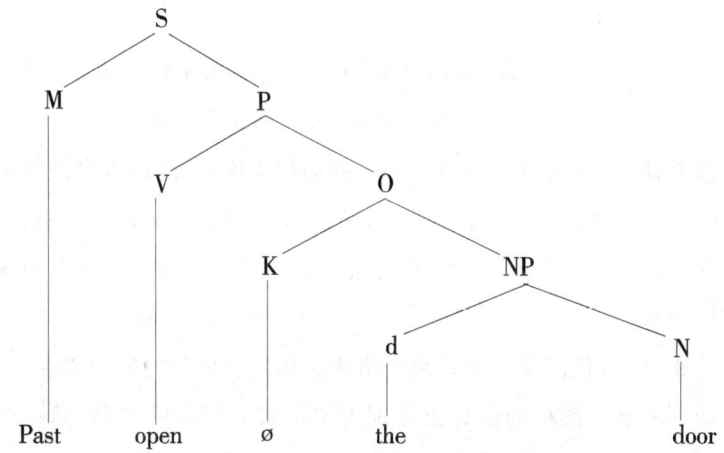

因为这个句子只包含一种格的范畴,所以必须移到句首;再利用主语前置词删除规则来删除格标,把时态加入动词,最终得到这个句子的表层结构:

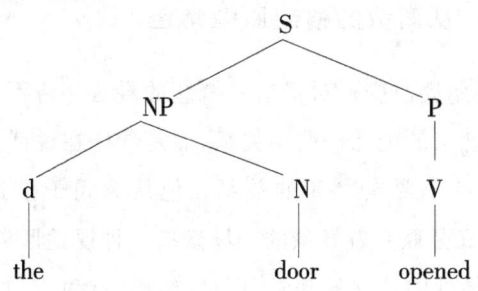

就一个包含 A 的基础结构来说,还必须区分主语的常规和非常规选择。根据上文的规则,选择 A 作主语是常规选择,动词不需要有任何变化;选择 O 作主语是非常规选择,V 要填入一个被动形式、V 丧失对 A 的格标 by 的删除能力、丧失吸收时的能力(所以要在 M 中自动插入 be)。例如:

(7) a. John gave the books to my brother.
　　b. John gave my brother the books.
　　c. The books were given to my brother by John.
　　d. My brother was given the books by John.

菲尔墨认为,对可以带不止一种格的动词来说,由动词本身来指示由哪一种格来充当主语。此外,他还用主语复制(copy)的办法,来解释分裂结构、带形式主语的气象动词句、There be... 存在句等特殊句式。

在这里,我们又一次看到了格语法跟配价语法的密切关系:一个动词所能带的格的数目正是配价语法着力研究的主题,而一个动词所能带的从属名词的语义角色正是格语法着力研究的主题。任何一种旨在全面而深刻地揭示句法结构跟语义表达之间的关系的语法理论,都不应该忽视这相关的两个方面。

1.3.3　从离散的格到原型角色

后来,菲尔墨改变了对格这一概念的看法。格不再被看作是取决于动词意义的论元—谓词关系,而是看作在说话人的心目中参与事件的各个要素之间的关系。他认为句子描述的是场景(scenes),意义是联系着场景的。场景指一种视觉形象,还指任何一个具有一体性的独立的知觉、记忆、经历、行动或物体。一个现实世界的场景,是根据它与某个范式(paradigm)或原型(prototype)的大略场景的近似程度来感知的。原型场景说明的是一些简单的世界、明确的情况、最好的事例,它并不包括现实世界中的全部事实。比如,商务事件的原型场景中有四个主要成分:买主、卖主、(移交的)货币、(移交的)货物。其典型的情景是:卖主出售本人所有物,买主付现款并当场获得货物,交易行为一次完成。场景中的各参与成分承担格角色,但到底由什么参与成分充当什么格角色取决于说话人的透视域(perspective)。所谓透视域指人们看待一个场景的角度,因为人们总是从一个特定的角度去考虑一个场景的;更确切地说,在考虑整个场景时,我们只是集中注意那个场景的某一部分。通过透视域的选择,一部分参与者进入透视域并成为句子的核心(neucleus)成分,每一个核心成分都带有一个(深层的)语法关系(grammatical relation)。其他参与者不一定能进入句子,即使出现在句子中也只能成为句子的外围(periphery)成分。比如,一个原型的商务事件包括了上述的一切,但是我们谈论这种事件时所用的单个小句要求我们对事件选择一个特殊的透视域。表示商务事件中的任何具体方面的动词都要求我们把事件中的一个或几个实体置于透视域。在英语中,这种选择就表现为选出对应于底层的主语、直接宾语概念的语法功能。例如:

(1) a. Harry bought the puppy (from Mr. Smith) (for $ 60).

(哈里[用60元][从史密斯先生那儿]买了那只小狗)

b. Mr. Smith sold the puppy (to Harry) (for $ 60).

(史密斯先生[以60元]卖了那只小狗[给哈里])

c. Harry spent $ 60 (for/on the puppy).

(哈里花了60元[买了那只小狗])

d. The puppy cost $ 60. (那只小狗要价60元)

从上例可以看出,想把买主和货物放入透视域就用动词 buy(买),而卖主和货币只能实现为外围成分;要想把卖主和货物放入透视域就用动词 sell(卖),而买主和货币只能实现为外围成分;要想把买主和款项放入透视域就用动词 spent(花费),而货物只能实现为外围成分;要想把货物放入透视域,就用动词 cost(值)。可见,任何一个谓词,它的每一个用法都有一个给定的透视域。表示置于透视域中的实体的名词短语,它们的语法功能部分地决定于深层格层级之类的东西。场景的其他部分可以用介词短语、各种状语和从句引入。

这样,每个句子在深层结构上就有格角色和语法关系两个分析平面,它们把句子的句法结构跟句子所描述的场景联系起来,解释句子的句法和语义现象。显然地,菲尔墨较大幅度地修改了早期的理论。在《"格"辨》中,他认为:深层结构中的成分主要是动词和跟动词相关的格,它们是非序列的;主语、宾语等完全是表层结构上的概念,是依据主语选择法则、通过主语化、宾语化等转换手续派生出来的。现在,他想通过透视域来给深层结构中的底层谓词分配主语和宾语。[①] 那么,是什么要素决定哪些场景要素可以进入透视域? 在已经进入透视域的角色中,是什么要素决定哪一个要作主语、哪一个要作直接宾语? 他的回答是:决定什么样的参

---

① Fillmore(1968)中对于语义表达式和深层结构这两个语言知识的表达层次到底要不要分开、它们到底是什么关系,说得并不清楚。因此,杨成凯(1986)说他"……给句子安排一种语义平面或概念平面上的组织方式和一种表层结构平面上的组织方式,但是在这两个平面之间没有一个相当于乔姆斯基的深层结构概念的中间平面"(第110页)。

与者应该进入透视域的是显要层级(saliency hierarchy)之类的原则。他列举了如下这些能提高参与者的显要性的条件:有生命的实体、发生变化的实体、有有定性和整体性的实体等,比较容易进入透视域。决定怎样给进入透视域的名词短语分派语法功能的是格层级之类的原则。其中,显要性最高的实体要表现为主语,接着依次为直接宾语和间接宾语等。这里说的是深层结构中的主语和宾语的分派问题,而表层结构的主语可以通过被动化、Tough 移位等句法变化而上升到主语位置,表层结构的宾语则可以通过与格移位、范围补语的缩约(reduction,如(1d)中的 cost $ 60)等句法变化上升到宾语位置。①

跟菲尔墨研究格关系相似,格鲁伯(J. Gruber)着重研究名词与动词的语义关系,他称施事(agent)、主体(theme)、来源(source)、目标(goal)等为题元关系(thematic relation)或题元角色(thematic role),有时也简称为题元(theme)。这种研究最大的困难是:不同的格或题元的定义、界限、种类、理论归属(到底属于语法理论的哪一个表达平面)不容易确定。因而,格、题元等成为语法理论里面最有争议的概念。对此,语言学界有两种不同的解决办法。一种是把词项看作是一个结构体,即所谓的词汇—概念结构(lexical-conceptual structure),并根据这些结构上的不同位置把题元角色派生出来。比如,杰肯道夫在概括了名词的语义之后,把动词的语义概括成 BE(是、存在)、CHANGE(变)、CAUSE(使)等几大类。认为动词在句子中起的是函数作用,每一类动词

---

① 详见 Fillmore(1977a)和(1977b),徐烈炯(1990)第 200—201 页,杨成凯(1986)第 110—120 页。

要求一定的主目,所以他称动词的这些大类为语义函数(semantic function)。有了语义函数后,题元可以不必作为初始概念,而是可以通过函数概念来定义。比如,施事是CAUSE类谓词的个体词,主体是CHANGE类谓词的个体词,等等。另外,像对域内论元和域外论元、论旨阶层(thematic hierarchy)、论元结构等的讨论,都属于这种研究方向。另一种是把格或题元角色看作某些语义特征的丛集(cluster),并通过有关特征的组合来派生传统的格或论元角色。代表性的文献是道蒂(D. Dowty)1991年的《题元的原型角色和论元的选择》。道蒂认为,传统的题元角色在切分、划界和定义方面的困难,表明它们不是数量和性质固定、边界明确的离散的(discrete)范畴,而是一种边界模糊的丛集概念。而这又源于语义特征脱胎于外部世界,是对事件的自然的切分,因此没有理由认为它们一定有离散的边界。他把题元角色定义为动词对其某个论元的一组蕴涵(entailment),即把主语或宾语共有的、由动词决定的语义特征提取出来,作为论元角色的组成部分,然后据此考察题元角色和论元选择的关系。道蒂认为应该以事件而不是透视域为基础来鉴别题元角色,因为以事件(event)为根据得出的角色能独立于语法功能而保持稳定的语义作用;而以透视域为根据得出的角色往往受话语结构的影响,跟实际的事件相脱节,从而缺乏语义上的稳定性。①

根据上述认识,道蒂认为只需两个论元角色就可以有效地描述论元选择。他称这两个论元为原型施事(proto-agent)和原型受事(proto-patient),两者分别由一些蕴涵特征组成。构成原型施

---

① 详见Dowty(1991),程工(1995),顾阳(1994);徐烈炯(1990)第201—209页。

事的特征有：(a)自主性(volition)、(b)感知性(sentience/perception)、(c)使动性(causation)、(d)移位性(movement)、(e)自立性(independent)。构成原型受事的特征有：(a)变化性(change of state)、(b)渐成性(incremental theme)、(c)受动性(causally affected)、(d)静态性(stationary)、(e)附庸性(existence not independent of event)。通常所说的题元角色是原型蕴涵特征不同组合的结果。比如，施事就是：自主＋使动＋感知＋移位＋自立，有时只是：自主＋使动，有时只是自主或使动；感事是：感知＋自立；典型的受事是：变化＋渐成＋受动＋附庸，或是变化和其他任一特征的组合。论元选择原则规定原型角色和论元选择的关系：在述谓结构(predicates)中，包含原型施事特征最多的论元作主语，包含原型受事特征最多的论元作直接宾语。从这一原则可以获得如下推论：(1)如果两个论元包含原型施事、受事的特征的数量大致相等，那么其中之一或两者都可以作主语或宾语；(2)在三元述谓结构中，包含原型受事特征较多的论元作直接宾语，较少的论元作间接宾语或介词宾语；(3)如果两个非主语论元包含原型受事的特征数量大致相等，其中之一和两者都可以作直接宾语。

上面我们介绍了西方语言学界对于语义格或题元角色的各种理论和处理办法，从某种意义上讲，这些方案多少都有点权宜之计的意思。并且，每种理论都借助了一些未加严格定义的前提概念，例如：事件、参与者、场景、透视域、原型特征等等。这使人想起古代西方关于地球的存在方式的一种设想：偌大的地球由一只大乌龟驮着，这只大乌龟呢由下面的另一只大乌龟驮着，而这第二只大乌龟呢又由下面的第三只大乌龟驮着……。这种用理论概念捉迷藏的游戏大可以继续玩下去，问题是要玩得精彩，玩得发人深思。

第四节 配价语法的系统化和实用化

1.4.1 配价语法在法国和德国的发展

在当代语言学这种新的理论背景上,配价语法在法国和德国分别得到了很大的发展,并深深地影响了中国语言学界对于现代汉语语法的研究。

在法国,语言学家比较注重句法配价的研究,并且十分重视以词典或语料库的形式来反映对动词的配价信息的描写。比如,由巴黎第七大学语言资料自动化实验中心主任格罗斯(M. Gross)于1975年倡导的"词汇—语法"强调句法配价形式,格罗斯及其研究班子致力于为特定语言的句法研究提供尽可能具有广度和尽可能具有条理性的词汇描写基础。他们采用矩阵表的形式分析了动词各式各样的配价特征(比如:带几个必有补足语、几个可有补足语,用不用介词引导、用什么介词引导,主语和直接或间接补语是不是指人名词,等等),将3000个法语动词以义项为词条单位分列在19张矩阵表中(据郑定欧[1995]报导:到1990年共分析了6000个动词,用81个矩阵表描写了31000个词项)。每一个矩阵表代表一两种基本的动补结构式,由于矩阵表上的配价兼容性处理得好,实际上每个表可以反映好多种动补结构式。他们用100个左右的配价特征来分析动词,把3000个动词分成2000个小类;这样,每一类平均只有1.5个动词,这意味着没有两个动词具有完全相同的配价结构。由于这种矩阵表对动词配价的必有和可有特征及对介词性格标记处理得很巧妙,很好地体现了动词配价结构的兼容性以及各种结构式之间的内在联系,合理地安排了格标记问题。这种动词的配价系统比较精细和严密,并且具有相当的形式化,因而对自然语言的自动处理有较大的参考价值。[①]

在德国,德语配价语法是从 20 世纪 50 年代末开始研究的。艾尔本(J. Erben)在《德语语法要略》(*Abriβ der deutschen Grammatik*)中首次采用了配价这一概念,称之为 Wertigkeit(＝Valenz)。跟泰尼埃尔不同,他把一些传统语法视为状语的成分根据其与动词的关系也算作动词的配价。勃林克曼(H. Brinkmann)是德语学界第一个明确声称采纳泰尼埃尔理论的学者。他认为配价是"动词要求句中的另外一些位置的能力",并称这些位置为行动元。1965 年,前东德配价理论的主要代表人物赫尔比希(G. Helbig)发表了他的第一篇关于配价理论的文章《配价概念作为语言结构描写和外语教学的工具》,提出了研究配价语法的三个先决条件:(1)结构语法应把动词作为分析句子的出发点;(2)要解决区分行动元与说明成分的标准问题;(3)应明确句法结构所必需的成分跟传统语法中的宾语和状语的关系。他还认为,研究配价应分四步走:(1)在理论上建立可以形式化的配价概念,这一概念要同时适用于严格的语言描写和语言教学;(2)对德语中的每个动词都要确定其所带配价的数目;(3)确定配价的实质形式,比如:不仅要指出 waschen(洗)是二价的,而且要指出这两个配价成分分别是主格名词和宾格名词;(4)明确每个动词的句法选择,比如:waschen 的主格名词必须具有有生性,宾格名词可以是具有动物性或事物

[①] 详见郑定欧(1995)第 1—4 页,刘涌泉、乔毅(1991)第 143—150 页。

性的名词。这四个步骤为动词配价词典的编撰奠定了基础。1969年,赫尔比希和申克尔(W. Schenkel)合编了《德语动词配价和分布词典》(*Wörterbuch zur Valenz und Distribution deutscher Verben*)。前西德学者对依存语法(包含配价语法)跟结构成分语法的关系问题展开了讨论。以赫林格(Heringer)为代表的一派认为:结构作为系统是所有其他理论的基础,对依存语法来说也不例外,因此这两种语法是互补关系。恩格尔(U. Engel)则认为这两种语法是互相排斥的,结构成分语法根据重写规则描写语言,通过部分来体现整体;而依存语法描写的是特别关系中的同一级范畴,它不是主谓两分,而是把动词作为最高一级,把其他成分同动词联系起来。

值得一提的是,两德学者在配价语法研究的实践中逐步形成了逻辑、句法、语义、语用四级配价模式。邦茨奥(W. Bondzio)、黑哥(K. Heger)等学者认为价本质上是一种语义现象,受词义制约。一个动词的意义跟其行动元之间有一种原则性关系,这种关系是概念—逻辑的,反映了语言外的现实中诸现象之间的相应关系。在不同语言中,同一概念的逻辑价数相同。比如,bewachen(看守)这一事实中有两项:一个是看守者,另一个是被看守者。因此这个动词是二价的。这种确定词汇的价数的依据是超越个别语言的概念—逻辑关系,所以这一层次上的配价关系叫逻辑配价。赫尔比希等学者注重研究逻辑配价在具体语言中的表现形式,研究在动词周围出现什么形式的补足语,这些补足语是必须出现还是可能出现,动词跟其补足语可以构成哪些句式。这些问题都是有关句法结构方面的,无法简单地从动词的概念—逻辑结构上推导出来。由于这是以句子结构为依据确定词项的价数,因而这一层次上的配价关系叫句法配价。赫尔比希等学者还注重研究动词的语义环境,利用语义特征分析模式来描写补足语的语义特性。这种动词跟充当其补足语的词语在语义上的相容关系叫语义配价。比如,德语的动词 essen(吃)只能用指人的词语作主语。这种词语之间的搭配信息,对于外语教学尤为意义重大。20 世纪 70 年代后期,卢日奇卡(R. Růžička)提出语用配价的概念。语用配价指说话人在具体的交际场合中对是否在句子的表层结构中实现某些配价成分的选择余地。换句话说,一个动词的可有性从属成分,甚至是必有性从属成分是否在句子的表层结构中实现,取决于交际场合等语用因素。语用配价并不独立于句法配价,两者互相作用,互相影响。

总起来看,德语配价语法研究的成就可以概括为:(1)突破了泰尼埃尔的理论框子,把一部分跟动词关系密切的状语合理地划入动词的配价范围,并把配价的概念扩大到一部分有配价要求的名词和形容词上去了,把配价成分的范围扩大到了受动词支配的形容词、副词或介词短语及不定式结构和某些从句上去了;(2)形成了逻辑、句法、语义、语用多级配价模式,为全面描写动词的搭配信息提供了理论框架;(3)提出了区分从属成分的必有性和可有性,确定了各种计算配价数量的标准,并据此对动词从配价能力角度进行了分类;(4)研究了动词等的配价跟句型的关系,从配价角度对句子的构成形式进行了研究,并据此编撰了动词、形容词、名词的配价和分布词典;(5)形成了比较全面的德语配价语法体系,并施之于对外德语教学。[①]

[①] 以上介绍详见李洁(1987)第 36—40 页,韩万衡(1997)第 13—14 页。

1.4.2 定价原则和动词的配价分类

动词的配价信息可以从两个方面去衡量：一是价的数量，即动词所能支配的从属成分的数目，简称价数；一是价的质量，即从属成分的形态种类或语义格类型，简称价质。在怎样确定动词的价数方面，德国学者进行了广泛而深入的讨论，主要形成了两种不同的定价原则。赫尔比希完全在句法范围里描写配价。他认为句子中从属于动词的成分有三种：(1)必有补足语，即结构上必需、在语句中又始终跟谓语动词共现的从属成分；(2)可有补足语，即结构上必需、在语句中可以出现也可以删除的从属成分；(3)自由说明语，即结构上不必要的从属成分。其中，必有补足语和可有补足语是句子的结构成分，自由说明语是非结构成分；必有补足语是句子的必有成分，可有补足语和自由说明语是句子的可有成分。动词的价数由必有补足语和可有补足语的数目相加而成。在操作上，可以通过删除法（Eliminierungstest，又叫消元法［Weglaβ probe]）来确定句子的可有成分和必有成分，可以删除的成分是可有成分，不能删除的成分是必有成分。例如：

(1) [Er] hat (mir) [ein Wörterbuch] geschenkt. （他送了我一本词典）

   他 我 一本词典 送

其中，mir 可以删除，因而是可有成分；er 和 ein Wörterbuch 不可删除，因而是必有成分。赫尔比希用还原法（Zurückführung auf einen Satz）来区分可有成分中的可有补足语和自由说明语，他认为说明语源于句子，所以可以还原成句子；补足语是动词价支配的一个成分，不能变成句子。但是，有的说明语不能改写为句子，而有些补足语又偏偏能改写为句子。因此,还原法不足以把可有补足语和自由说明语分开。在《德语动词配价和分布词典》中,作者尝试用转换生成语法理论来区分这两类成分。设想在句子的深层结构中,必有补足语、可有补足语均出现在动词的次范畴中,位于动词短语的节点之下。只是在句子的表层结构中,可有补足语可以根据语境(已知性、对比性或省略)原因经删除转换程序而消失。而自由说明语在深层结构中不属于动词的次范畴,即不是动词短语的直接成分;它们一般可以还原为状语句,即有关全句或超越全句之上的说明句(Satz über Satz)。显然,深层结构是一种假定的、关于语言知识的表达平面,它缺少有形可据的语音形式作为物理标记,因此,它无法作为鉴别自由说明语和可有补足语的标准。

恩格和舒马赫主张以语义为基础来确定动词的价数,首先分析动词的逻辑语义结构,其中有几个语义成分就确定该动词是几价的。比如,动词 kaufen(买)包含买主、卖主、货物、价格四个语义成分,据此把 kaufen 确定为四价动词。舒马赫在他主编的《德语动词句法与语义配价词典》的导论部分,提出了包容法(Implikaziondprobe,一译蕴涵测试),作为一种区分可有补足语和自由说明语的新方法。比如:

(2) a. [Er] bringt (mir) [die Mappe].(他把公文包给我送来)

    b. [Er] bringt (　) [die Mappe].(他把公文包(　)送来)

在这个句子中,经过删除法已经确定 er 和 die Mappe(公文包)不可删除,为必有补足语,mir 可以删除,为可有成分。现在来检验 mir(我)到底是可有补足语还是自由说明语。先看不包含它的句子(2b)跟包含它的句子(2a)在意义上有没有差别,如果没有差别,则说明前者包含了后者的意义,即这两句话有包容关系;如果有差别,则说明这两句话没有包容关系,可以断定被检验的成分 mir 为说明语。如果有包容关系,还应进一步分析被检验的成分是不是句中某个动词所支配的成分。上面的(2b)实际上包含了(2a)的全部内容,因为"把公文包送来"蕴涵"给某人送来"的意思。再说,动词 bringen 含有四个语义成分:某人、把某物、给某人、(送)到某地;在句法层面上应有四个相应的补足语,其中之一表示接收者。而 mir 正是这样的句法成分,应该是一个补足语。因为它可以删去,所以是可有补足语。这种方法简便易行,并且较好地兼顾了句法语义两个方面。根据这种观点,德语动词可以按其价数分为五类:

(1) 零价动词,如:Es regnet.(下雨呢)

(2) 一价动词,如:[Mich] friert.(我冷)

(3) 二价动词,如:[Das Stück] gefällt [mie].(我喜欢这出戏)

(4) 三价动词,如:[Wir] danken [ihm] [für seine Hilfe].(我们感谢他的帮助)

(5) 四价动词,如:[Er] bringt [dem Vater] [die Mappe] [ins Büro].(他把公文包给爸爸送到办公室)

显然,根据这种原则定出的动词的价数是较大的。比如,kaufen(买)在赫尔比希和申克尔的配价词典里是二价的,在恩格和舒马赫的配价词典里是四价的。

下面谈谈补足语的分类,也就是价质问题。赫尔比希分析了传统语法的句子成分,指出下列八种成分为补足语:

(1) Subjekt　　　　　　　　　(主语)

(2) Akkusativobjekt　　　　　(第四格宾语)

(3) Genitivobjekt　　　　　　　　（第二格宾语）

(4) Dativobjekt　　　　　　　　　（第三格宾语）

(5) Präpositionalobjekt　　　　　（介词宾语）

(6) Adverbialbestimmung　　　　（状语）

(7) Subjektprädikativ　　　　　　（主语表语）

(8) Objektprädikativ　　　　　　（宾语表语）

至于(5)(6)中的介词宾语和状语,哪些是补足语,哪些不是,要用删除法和还原法来鉴定。

恩格和舒马赫在《德语动词配价小词典》中,用鉴别词代替法(Anaphorisierungsprobe)对补足语进行分类。他们把补足语分成如下十类：

(0) Nominativergänzung　　　　（第一格补足语）

　　(Subjektergänzung)　　　　　（即主语补足语）

(1) Akkusativergänzung　　　　　（第四格补足语）

(2) Genitivergänzung　　　　　　（第二格补足语）

(3) Dativergänzung　　　　　　　（第三格补足语）

(4) Präpositivergänzung　　　　　（介词补足语）

(5) Situativergänzung　　　　　　（情状补足语）

(6) Direktivergänzung　　　　　　（趋向补足语）

(7) Nominalergänzung　　　　　（名词补足语）

(8) Adjektivergänzung　　　　　　（形容词补足语）

(9) Verbativergänzung　　　　　（谓词补足语）

鉴别词替代法的具体操作程序是：先对句子中的补足语逐步简化,直到最简程度,即简化到第几格代词、代副词、趋向副词等最简形式。因为这第几格代词、代副词、趋向副词能作为相应的第几格补足语、介词补足语、趋向补足语的标志,所以它们被称为是鉴别词(Anapher)。然后,根据这些鉴别词来推断和确定其相应的被替换的成分的类别。例如:

(3) a. [Mein Bruder] interessiert sich [für dieses Fach].

(我哥哥对这个专业有兴趣)

b. [Thomas] interessiert sich [für Mathematik].

(托马斯对数学有兴趣)

c. [Er] interessiert sich [dafür].(他对此有兴趣)

上例的主语简化成第一格人称代词 er,介词补足语简化成代副词 dafür;证明(3a)中的 Mein Bruder 是第一格补足语,für dieses Fach 是介词补足语。利用鉴别词替代法时,不能单纯根据词法形式判断补足语的类别,还应兼顾补足语的语义内容。例如:

(4) a. [Unser Lehrer] heißt [Müller].(我们的老师姓缪勒)

b. [Er] heißt [so].(他姓这个)

c. *[Er] heißt [er].(他姓他)

上例中的 Müller 是第一格名词,但是不能用第一格人称代词 er 代替,因为那样代替以后造成的句子(4c)是毫无意义的。根据(4b)可以断定这里的 Müller 虽然是第一格名词,但不是第一格补足语,而是表语补足语。①

上面讲的补足语的分类都是以形态或句法表现为根据的。事实上,补足语还可以并且应该从语义格的角度进行分类,详见下文(§1.4.3)。

---

① 以上介绍详见韩万衡(1997)第 15—18 页,朱小雪(1989)第 1—4 页。

1.4.3 样例:一个配价语法的实用模式

德国学者不仅在配价理论上有许多突破和建树,而且建立起了成体系的德语配价语法体系,并成功地把它应用到德语教学(尤其是对外德语教学)上。为了让大家对配价语法的体系有一个大概的了解,下面简要地介绍 1984 年赫尔比希和布沙(J. Buscha)合著的《德语语法》中的配价语法的实用模式。

这个配价语法体系主要由三个部分组成:(1)句法价的描写模式,(2)语义价的描写模式,(3)句法价和语义价的转换和对应规律。句法价的描写模式主要包括:形态句法句型和动词的句法价的三级描写模式两个方面。在句法价的描写模式中,句型是由动词(记作 V)和一定数量、一定类别的补足语(记作 A)来表示的。由于补足语的类别是根据形态和句法标准来划分的,因而这种句法价也叫形态句法价;相应地,根据句法价的配置方式构成的句型就叫形态句法句型,简称句法句型。为了有效地给出句法句型,需要补足语的形态句法类别和动词的句法价类别这两方面的信息。

在《德语语法》中,作者把补足语分为 19 个形式类别:

(1) S_n 　　　　一格名词(作主语)

(2) S_{np} 　　　一格名词(作表语)

(3) S_a 　　　　四格名词(作宾语)

(4) S_{aA} 　　　四格名词(作状语)

(5) S_{ap} 　　　四格名词(作表语)

(6) S_d 　　　　三格名词

(7) S_g 　　　　二格名词

(8) pS 　　　　介名结构(作宾语)

(9) pS_A　　　　介名结构(作状语)

(10) pS_p　　　　介名结构(作表语)

(11) Adj　　　　形容词及形副词(作状语)

(12) Adj_p　　　　形容词(作表语)

(13) pAdj　　　　介形结构(作状语)

(14) $pAdj_p$　　　　介形结构(作表语)

(15) NS　　　　从句(作宾语)

(16) NSs　　　　从句(作主语)

(17) Inf_{zu}　　　　带 zu 不定式(作宾语)

(18) $Inf_{zu}s$　　　　带 zu 不定式(作主语)

(19) Inf　　　　无 zu 不定式

同时,作者根据动词所要求的必有补足语和可有补足语的数量,把谓语动词归类,得出了基本的 10 个动词的句法价类别。现列举如下:

(1) 无补足语的动词

(2) 带一个可有补足语的动词

(3) 带一个必有补足语的动词

(4) 带一个必有、一个可有补足语的动词

(5) 带一个必有、两个可有补足语的动词

(6) 带一个必有、三个可有补足语的动词

(7) 带两个必有补足语的动词

(8) 带两个必有、一个可有补足语的动词

(9) 带两个必有、两个可有补足语的动词

(10) 带三个必有补足语的动词

《德语语法》中还列出了作谓语的形容词的 7 个句法价类别、作谓

语的名词的 4 个句法价类别,这里从略。

这样,把具有不同句法价的动词跟其形态句法形式不同的补足语组配和排列在一起,就构成了动词的句法句型。现举例如下:(方括号中为必有补足语,圆括号中为可有补足语)[①]

(1) V　　如:Es regnet.(下雨了)

(2) V—(A_1)　A_1 为 S_a,如:Es regnet (Blüten).(花雨缤纷)

(3) [A_1]—V　A_1 为 S_n,如:Die Pflanze geht ein.(植物枯萎了)

(4) [A_1]—V—(A_2)　　A_1 为 S_n,A_2 为 S_d;

　　如:Das Kind folgt (seiner Mutter).(孩子跟着(他母亲))

(5) [A_1]—V—(A_2)　　A_1为S_n, A_2为S_d, A_3为Inf;
　　　　　|
　　　　(A_3)　　　如:Das Kind hilft (der Mutter) (arbeiten)
　　　　　　　　　　（孩子帮助(母亲)(干活)）

(6)　　　[A_3]　　A_1为S_n, A_2为S_a, A_3为p1S, A_4为p2S;
　　　　　|
　　　　　　　　　如:Der Schriftsteller übersetzt (das Buch)
　　　[A_1]—V—(A_2)　(aus dem Russischen) (ins Deutsche).
　　　　　|
　　　　(A_4)　　（作家翻译(书)(由俄语)(至德语)）

作者共列出动词的句法句型 97 个,形容词的句法句型 32 个,名词的句法句型 9 个,较好地反映了动词、形容词、名词的配价能力和相关句型之间的投射(projection)关系。

句法句型可以帮助人们对一种语言的基本的结构面貌有一个大致的了解,但它还不足于保证语言使用者能据此造出完全正确

---

① 德语原著用实线四方框表示必有补足语,用虚线四方框表示可有补足语。朱小雪(1989,第 5 页)改为底线(直线和浪线)。我们这儿为了醒目和排版方便,改为括号。

的句子。因为动词和其补足语的形式类之间还有个语义是否兼容的问题,带介词的补足语还有个介词具体化(即到底选择哪个介词)的问题。要知道这方面的信息就得查询《德语动词配价和分布词典》,其中用一种三级描写模式对 500 多个常用动词的句法价进行了详尽的说明。第 I 级用下标数字说明补足语的数量,必有的不加括号,可有的加括号,结构上必要的全部补足语的数量用相加之和表示。比如,把 berichten(报告)的价数表示成:

  I berichten $1+(2)=3$

第 II 级用速写符号描述补足语的性质,说明跟动词共现的补足语的类别,这等于是给出了动词的句法分布。可有的补足语仍用加括号来标志,可出现在同一位置上的不同的补足语之间加斜线。例如:

  II berichten→S_n,(S_d),$(S_a/pS/NS)$

根据这个公式可以生成下列语句:

(1) a. $V+S_n$ Ich berichte.(我[作]报告)

  b. $V+S_n+S_d$ Ich berichte ihm.(我向他报告)

  c. $V+S_n+S_d+S_a$ Ich berichte ihm mein Erlebnis.

         (我向他报告我的经历)

  d. $V+S_n+S_d+pS$ Ich berichte ihm über meine Reise.

         (我向他报告关于我的旅行情况)

  e. $V+S_n+S_d+NS$ Ich berichte ihm, werβes gewesen ist.

         (我报告他那是谁)

第 III 级用具有区别性的语义特征标记补足语跟动词的语义兼容性,即说明动词的语义分布。例如:

  Hum (人类)   Abstr (抽象)

+Anim　　（有生命）　　—Anim　　（无生命）
　　Loc　　　（地点）　　　Temp　　（时间）
　　Dir　　　（方向）　　　……

当上面的语义特征不足以避免生成不合格的句子时，在括号内附加特殊的语义标记。例如：

　　Fahrzeug　（车辆）　　　　flüssig　（液体的）

介词结构的具体介词或介词类也在这一级说明，例句列在语义特征的说明之后。例如：

　II　fahren(行驶)→ S_n, (pS)

　III　S_n →—Anim　(Fahrzeug)　(Das Auto fährt.［汽车行驶着］)
　　　p=nach, zu, in ...　(Richtungspäpositionen［方向介词］)
　　　pS→Dir　(Das Auto fährt nach Berlin.［汽车驶向柏林］)

第 III 级对补足语的语义特征的描写不属于语义价范畴，而属于句法价范畴。它反映的是语义价对属于句法价的补足语的语义限制。作者是以动词的义项为单位、用上述三级描写模式来说明其句法价的。例略。

　　语义价的描写模式主要是用谓词(Prädikat)加上相应的语义格来构成语义句型。由于语义格的数量和种类是由谓词的逻辑语义价决定的，因而用语义价构成的句型也叫逻辑语义句型，简称语义句型。《德语语法》共列出 26 种语义格，并作出了必要的说明。例如：

　　Ag　施事　　　　VT　过程主体
　　Ad　接受者　　　ZT　状态主体
　　Pat　受事　　　　Priv　需求

作者根据谓词的语义价的构成，把语义句型分成限定句(Determinierende Sätze)和关系句(Relationale Sätze)两类。其中,限定句是除谓词(P)之外只包含一个语义格的句子;其语义结构为:P(x)。《德语语法》列出了10种限定句的语义句型。例如:

(2) a. P (VT)   Die Rose verblüht.(玫瑰凋零了)

　　b. P (ZT)   Das Kind schläft.(孩子在睡觉)

关系句是除谓词之外包含两个或三个语义格的句子,其语义结构为:P(x, y)或P(x, y, z)。《德语语法》列出了29种关系句的语义句型。例如:

(3) a. P (Ag, Pat)   Die Mutter wäscht die Hemden.(母亲洗衬衣)

　　b. P (ZT, Priv)   Der Kranke bedarf der Fürsorge.(病人需要照顾)

　　c. P (Ag, Pat, Ad)   Er gab seinem Vater ein Buch.(他给过父亲一本书)

事实上,德语中还有少量的四价谓词,因此,也应该有包含四个语义格的语义句型。但是,《德语语法》的语义句型表中没有收录。

关于句法价和语义价的关系和对应规律,目前还研究得不充分。关于两者的关系,可以肯定的有两点:(1)语义价所支配的语义格的数量决定句法价中补足语的数量;(2)在整个语言系统中,语义格同补足语之间、语义句型同句法句型之间没有类别上或结构上的直接对应关系。于是,当从一种表层的句法句型出发去探究作为其基础的深层的语义句型时,我们就会发现:句法句型对语义句型常常呈现出一对多的关系,即同一种句型因动词的词汇意义不同、补足语的语义特征不同,可以表现为不同的语义句型。相反,如果从某种语义句型出发去考察表现它的句法句型,我们就会发现:语义句型对句法句型也呈现出一对多的关系,即同一种语义句型表达的语义结构因选择了不同的谓语动词以及不同动词对补足语的不同要求,可以有多种相应的句法句型。当然,语义格和补足语之间的关系并不是任意的,两者之间还是有一定的转换和对应关系的。比如:施事经常表现为主语,只有在被动句等少数情况下才实现为宾语;受事与结果经常表现为四格宾语;接受者(即与事)经常表现为三格宾语,需求关系经常表现为二格宾语;所有能用纯格宾语(四格宾语、三格宾语)表达的语义格,一般都不采用介词宾语的形式。

上面给出的一般优选关系并不能直接用于解释某一具体的语义格应表现为什么样的补足语,或用来说明某一补足语体现了什么语义格。在具体情况下,要使语义格转换为句法成分,必须有特别的转换和对应规则。以上介绍的赫尔比希的配价语法的实用模式的特点可以总结为:以动词的配价为理论核心,以谓词逻辑为分析基础,分别从句法和语义两个层面来揭示和描写句子的内在结构,建立起了从动词到句型的推演关系;句法结构和语义表示之间的关系表达得比较清晰和直观,有利于应用到外语教学的实践中。[1]

德语配价语法是在对外德语教学的过程中逐步形成,并直接为教学服务的。考虑到配价语法对于德语教学的适用性及其效率,我国国家教委于1987年批准试行《高等学校德语专业基础阶段教学大纲》,其中规定语法教学采用配价原则。[2] 尽管当代语言学有如此众多的语法理论和语法学说,但是恐怕没有哪一种语法

---

[1] 详见朱小雪(1989)第4—11页。
[2] 详见韩万衡(1993)第22页,韩万衡、韩豫贤(1995)第5、7—8页。

理论能有此殊荣。同时,正是在这一点上,我们研究汉语配价语法的学者应该有一种使命感和紧迫感:面对全球学习汉语的热潮,什么时候我们也能编撰一套适合对外汉语教学的汉语配价语法教材和相应的汉语动词、形容词、名词的配价词典呢?

第二章 汉语配价语法研究概观

2.0 配价反映了动词跟名词性成分之间的依存关系,对于语言中这种十分重要的结构和意义联系,从事汉语语法研究的学者自然也不能置之不理。就拿中国第一部比较系统的语法著作《马氏文通》来说,作者马建忠在"正名卷之一"中说:"凡字相配而辞意已全者,曰句……凡以言所为语之事物者,曰起词……凡以言起词所有之动静者,曰语词……字之为语词者,动字居多,而动即行也。既曰行矣,则行必有所自发者,亦必有所止……凡名代之字,后乎外动而为其行所及者,曰止词。"(第24—25页)①这里的起词即现代所谓的主语,语词即现代所谓的谓语,止词即现代所谓的宾语。马氏在分析三者的关系时,一方面从结构形式着眼,对句子进行主谓两分;这时的谓语(语词)跟其界说相符,是跟主语相对待的大谓语。因此,马氏在"论句读卷之十"中说:"凡曰语词,则动字与其所系者皆举焉。"(第405页)另一方面,他又从意义关系着眼,以动词为核心对句子进行"起—动—止"三分;这时的谓语(语词)是小谓语,是维系起止两头的核心,其所指就跟先前的界说不符了。因此,他在"界说十六"中说:"若语词之为外动字者,概有止词以续之。"(第25页)这样,主语就有了两重性:一方面起词跟语词(大谓

---

① 据汉语语法丛书本,商务印书馆,1983年版。

语)相对,主谓关系表达了语用上的话题—说明关系;另一方面起词跟止词相对,它们以语词(小谓语)为核心,表达了语义上的施事—受事关系。① 可见,任何一种语法分析都不能不考虑到动词跟其从属名词之间的依存关系。只是有的处理得比较妥帖,分析层面清晰;有的处理得比较糊涂,分析层面镠镳不清。

动词和其从属名词之间的结构和意义联系,在吕叔湘(1942)《中国文法要略》等著作中有了更加明确和具体的阐发,值得我们辟专节讨论。

第一节 动词的"系"和句子分析

2.1.1 动词的"系"及其各种补词②

在《中国文法要略》(简称《要略》)里③,吕叔湘先生兼顾结构和意义把句子分为以下四类:

(1) 叙事句,如:猫捉老鼠　　(你)别动　　什么事情她都懂
(2) 表态句,如:他一向很热心　　其声呜呜然,余音袅袅(赤壁赋)
(3) 判断句,如:这是红土　　天下者,高祖天下(史记·魏其传)
(4) 有无句,如:蜀之鄙有二僧(为学)　　晚饭有了

作者认为叙事句的中心是一个动词,动词是表示动作的;为了把一件事情说清楚,必须说明这个动作起于何方、止于何方。他以"猫

---

① 详见吕叔湘、王海棻(1986)第15—17页。
② 这部分内容是陆俭明师提醒我注意的,写作时参考了吴为章(1994),谨此致谢。
③ 据汉语语法丛书本,商务印书馆,1982年版,第28、42、47—50、53—56页。

捉老鼠"这个句子为例,分析并得出叙事句的语义格局:

动作起点(猫)——动作(捉)——动作止点(老鼠)

作者称句子中实现动作起点的词语为起词,实现动作止点的词语为止词,并指出:这两个名称都是跟着动词来的,没有动作就无所谓起和止。在这种动词中心论的指导下,作者得出了这类句子的句法格局:

起词——动词——止词

由于在表态句和大多数判断句里通常不用动词,因而这两类句子的中心不是动词,自然地也不宜用起词和止词这两个名称。作者说这些句子都可以分成两个部分,一个是句头,表示"什么",可以称为主语;一个是句身,表示"什么"或"怎么样",可以称为谓语。他认为这套对句子成分的划分办法也适用于叙事句,并指出主语不一定是起词。例如:

(1) a. 东隔壁店里午后走了一帮客

　　b. 殿前放着个大铁香炉

作者指出,动词后的名词对于动词来说,(1a)中的"一帮客"是起词,(1b)中的"大铁香炉"是止词;但就它们在句子中地位而言,两者都是主语。可见,当时吕先生一方面吸收《马氏文通》兼顾句子的结构和意义的分析方法,另一方面又前进了一大步,努力想分清句法上的句子成分(主语—谓语)和语义上的施受关系(起词—止词)。并且,吕先生对于动词跟其从属名词的语义关系的分析是非常精细的,至今对我们的语法研究仍有其参考价值。比如,吕先生"补词总说"中指出:叙事句既是叙述一件事情的,句子的重心就在那个动词上;一件事情(一个动作)往往牵涉到多个方面,比如动作的所由起、所于止以及所关涉的各方面,它们都是补充这个动词把句子的意思说明白,都可称为补词。《要略》从语义关系上对补词作了细致的分类,并给出了相应的形式标志(即通常用什么介词引导)。为了有助于当今配价语法的研究,下面列出《要略》中的各种补词跟现代通行的语义格名称的比较:

施事——起词补词　　受事——止词补词　　工具——凭借补词

与事——受事补词,专指后置于动词、可用"给、于"等介词引导的补词;如:我教(给)你个法儿　天之将降大任于斯人也(孟子)

与事——关切补词,专指前置于动词、用"给、为、替"等介词引导的补词;如:我给你磨墨　为长者折枝(孟子)　你替我问他好

与事——交与补词,专指前置于动词,用"和、跟、与"等介词引导的补词;如:先和你商议　他不跟我说话　遂与外人间隔(桃花源记)

处所——方所补词　　时间——时间补词　　原因——原因补词

目的——目的补词　　?与事——比较补词

《要略》还指出,不但动词可以有补词,形容词也可以有补词。例如:

民勇于公战,怯于私斗。(史记·商君列传)

上例中的"公战"和"私斗"分别是形容词"勇"和"怯"的方面补词或比较补词,这对我们今天研究形容词的配价、确定形容词的从属成分的语义格有很大的参考意义。

值得注意的是,《要略》正确地指出:所有的补词和动词的关系并非同样密切,起词和动词的关系最密切,止词次之,其他补词又次之;如时间补词及方所补词和动词的关系就疏得很,有他不嫌多,无他不嫌少。这离现代配价语法把动词的从属成分大别为必有补足语、可有补足语、自由说明语,可以说已经是仅有一步之遥了。

如果说在《要略》中吕先生已经开始讨论动词的从属成分的语义格——动词的价质问题,那么可以说在《从主语宾语的分别谈国语句子的分析》(简称《分析》)中①,吕先生已经涉及动词的支配能力的数量化——动词的价数问题了。面对汉语中在句子的某一位置上跟动词相关的名词性成分,到底是主语还是宾语不易确定这一难题,《分析》先依照位置和施受关系来分别一些句子类型,然后再讨论各种可能的分析法。吕先生主要分析了动词和受其支配的两个名词性成分的各种句法配置方式,并对其中的名词性成分进行了语义格分析;希望通过对名词性成分的形式(句法位置)和意义(语义角色)的考察,来寻找确定主语、宾语的标准的线索。文中主要的句法、语义句式可以列举如下:(A 代表施事,P 代表受事)

(1) NP_1+V+NP_2
    a. $A+V+P$　　　　　如:大鱼吃小鱼
    b. P_1+V+P_2　　　　如:驻华大使也换了马歇尔
(2) NP_1+NP_2+V
    a. $A+P+V$　　　　　如:他什么事也不干
    b. $P+A+V$　　　　　如:什么事我不知道
(3) $NP+V$
    a. $A+V(+P)$　　　　如:先生讲,学生听
    b. $(A+)P+V$　　　　如:(我)饭还没吃呢
    c. $P+V$　　　　　　　如:汉语好学,汉字难写

---

① 原载《开明书店二十周年纪念文集》,1946 年;后收入《汉语语法论文集》(增订本),商务印书馆,1984 年。现据此 1984 年本,第 445—480 页。

    d. P（+A）+V　　　　　如：眼前的（他）倒想不起来

(4) V+NP

    a. V+A　　　　　　　　如：榻上坐着一老者

    b. (A+) V+P　　　　　　如：（我）吃了饭了

    c. V+P　　　　　　　　如：栽个跟斗学个乖

    d. V+P　　　　　　　　如：出太阳了

即使是从现代格语法理论的眼光看，吕先生对跟动词相关的名词性成分的语义角色的分析也是基本准确的。只是语义句式(1b)中有两个受事，似乎违反了 Fillmore(1971b)的一句一例原则(one-instance-per-clause principle)。[①] 这条原则假定：每一个小句中，任何一个格最多只能由一个名词短语（可以是并列短语）充当。原因在于《分析》中的施事、受事都是广义的，如果作一些适当的细化，那么就不会违反一句一例原则了。由于(1b)中的例句很精致，分析起来也很有难度，因而值得我们讨论如下：

(1) 这块玉……只好碾一个南海观音（京本通俗小说）

(2) 忽然听得本科探花点了个旗人（儿女英雄传）

(3) 驻华大使也换了马歇尔（日报）

(4) 这几样都包号上名字了（红楼梦）

(5) 这早晚后门早已上了锁

(6) 你们鬼鬼祟祟干的那些事也瞒不过我去（红楼梦）

(7) 秦钟的头……打去一层油皮（红楼梦）

(8) 实棒槌灌米汤，滴水不进

(9) 怎忍教枯草打严霜（元曲选）

---

① 详见杨成凯(1986)第76页；新版第149页。

在例(1)中,对于动词"碾"来说,"这块玉"是材料格(material,简称Ma),"一个南海观音"是结果(result,简称 R)。在例(2)中,对于动词"点"来说,"本科探花"是范围格(range,简称 Ra),"(一)个旗人"是受事(P)。例(3)是同类的例句,再如"本届亚洲小姐选了个日本姑娘"也可作如上分析。在例(4)中,对于动词结构"包号上"来说,"这几样"是受事,"名字"是结果。在例(5)中,对于动词"上"来说,"锁"是受事,而"后门"则是动词结构"上了锁了"的受事。在例(6)中,对于动词"瞒"来说,"……那些事"是受事,"我"是与事(D);比如,可以有这样的双宾语句式"他瞒我许多事"。由于这里的谓语核心是不连续的动词结构"瞒不过……去",因而给分析带来了困难。在例(7)中,对于动词结构"打去"来说,"一层油皮"是受事,而"秦钟的头"不是"打去"的从属成分,两者也无法搭配(如:*秦钟的头打去、*打去秦钟的头)。事实上,"头"是一价名词(记作 N⟨X⟩),"头"是"皮"的从属成分(记作 NPa)。在例(8)中,对于动词"灌"来说,"米汤"是受事,"实棒槌"是目标性处所(记作 L⟨G⟩)。在例(9)中,对于动词"打"来说,"严霜"是施事,"枯草"是受事;由于这是一个使动性被动句,因而施事反倒后置于动词,受事反倒前置于动词。如果我们的分析大致是合理的话,那么(1b)的语义句式可以分化和改写如下:

(1) Ma+V+R　　　　　如上例(1)

(2) Ra+V+P　　　　　如上例(2)(3)

(3) P+VP+R　　　　　如上例(4)

(4) P+VP(V+P)　　　如上例(5)

(5) P+VP+D　　　　　如上例(6)

(6) NPa+VP+N⟨X⟩　　如上例(7)

(7) L(G)＋V＋P　　　　　如上例(8)

(8) ···P＋V＋A　　　　　如上例(9)

在分析了动词跟其从属名词的各种可能的配列方式(arrangement)以后,吕先生指出有四种确定主语、宾语的做法:(1)按施受关系分,施事为主语,受事为宾语。但碰到(1b)这种句式就得承认动词前后各有一个宾语,对此一般人的语感可能不容易接受。(2)按位置先后分,动词前为主语,动词后为宾语。但碰到动词前有两个名词的(2a—b)(3b)(3d),就得决定哪一个是主语,哪一个是宾语;当然可以硬性规定位置在前的是主语,在后的是宾语。(3)相对主语主义,基本上按位置先后,但参酌施受关系。于是,碰到动词前有两个名词的(2a—b)(3b)(3d),就把施事规定为主语,把受事规定为宾语。承认句子不一定都要有主语,即允许有的句子可以没有主语。于是,在只有一个名词的句子中,不管它是施事还是受事,在动词之前都是主语(如(3a)(3c));在动词之后则有分别,是施事的则规定为主语(如(4a)),是受事的则规定为宾语(即无主句,如(4c)(4d))。(4)绝对主语主义,认为句子必须有一个主语。于是,碰到只有一个名词,且后置于动词的句子(如(4a)(4c)(4d)),就硬性规定这个名词是主语,而不管其是施事还是受事。其他情况则跟按位置先后的处理办法一样。

吕先生发现:在确定主语、宾语的过程中,位置先后和施受关系始终是纠缠在一起的,而句子成分之间的结构关系和语义关系又始终跟动词的支配能力密切相关的。所以,《分析》说:按位置先后把"来了一个人"中的施事"一个人"算作宾语让人看着不顺眼,按绝对主语主义把"下雨"、"打钟"中的受事算作主语一定更透着有点无理取闹。究其原因,还是因为我们不能忘怀于施受分别。可是细想起来,"施"和"受"本是对待之词;严格地说,无"受"也就无"施",只有"系"。一个具体的行为必须系属于事物,或是只系属于一个事物,或是同时系属于两个或三个事物。系属于两个或三个事物的时候,通常有施和受的分别;只系属于一个事物的时候,我们只觉得这么一个动作和这么一件事物有关系,施和受的分别根本就不大清楚。因此,像(4d)这种只有一个实体词的句子,实体词往往也可以挪到动词前头去。例如:"有了题目了～题目有了"、"出太阳了～太阳出来了"、"过了冬至～冬至过了"。作者指出,按照绝对主语主义的观点,主语可以定义成:为动词所系属的、唯一的重要实体词,或为动词所系属的、几个重要实体词之中最先的一个。照这个看法,动词的"及物、不及物"、"自动、他动"、"内动、外动"等名称皆不甚妥当,因为都含有"只有受事的一头有有无之分,凡动词皆有施事"这个观念。照这个看法,动词可分"双系"和"单系",双系的是积极性动词(active verb),单系的是中性动词(neuter verb)。① 在这一段论述中,我们可以看到动词配价的观念已经呼之欲出了,动词的配价分类的思想也已经初步提出了。惜乎吕先生本人和其他学者没有进一步引申和发展,没能使这一闪光的思想实现为一种先进的、自成体系的语法理论。

2.1.2 动词的"系"和句式安排

在1979年出版的《汉语语法分析问题》(简称《问题》)中②,吕

---

① 这最后一句话(1984年版第470页),在1955年版《汉语语法论文集》中是放在注释中的(第116页注(3))。可见,对这种观点,吕先生到了晚年是很重视的。
② 据商务印书馆,1979年版,第65—66、72—73、107—108页。

叔湘先生进一步探讨系属于动词的各种名词的句法安排问题。作者指出,在动词谓语句里出现一个或几个名词,它们跟动词的语义联系是多种多样的,正是这种语义联系决定了它们在句子里的活动方式。……应该考察这样可以同时出现的名词有几个,各自跟动词发生什么样的语义关系,什么关系的名词可以跟什么关系的名词同现,各自出现在什么位置上,什么关系的名词跟什么关系的名词不能同现。这等于说,不仅要考察动词的价数、分析其从属成分的语义角色(即价质),而且要研究动词跟其从属成分的句法配列方式、语义角色不同的从属名词之间的同现限制,而这正是当代语法理论里面的热门话题——论元选择或配位方式。关于施事、受事等语义成分跟主语、宾语等句法成分之间的配位关系,《分析》有一段十分精辟而通俗的说明:主语是对谓语而言的,宾语是对动词而言的,它们既不对立也不排斥。吕先生说宾语是就事物和动作的关系说的,有意把宾语看作是动词所支配的各种名词性成分。这样,就引出了一个类比:主语只是动词的几个宾语之中提出来放在主题位置上的一个。好比一个委员会里几个委员各有职务,开会的时候可以轮流当主席;不过当主席的次数有人多有人少,有人老轮不上罢了。从而引出了一个重要的发现:动词谓语句里的主语都具有二重性——一方面是主谓直接相对,是说明和被说明的关系;一方面是主宾围绕动词相对,是施动和受动的关系。并且,吕先生还特别提到泰尼埃尔的《结构句法基础》强调动作和事物(施动、受动及其他)的关系的重要性,是以动词为句子中心的。的确,吕先生是赞成动词中心说的。所以,他在1985年的"句型和动词学术讨论会"的开幕词中说:"动词是句子的中心、核心、重心,别的成分都跟它挂钩,被它吸住。"并号召大家研究动词跟其各从属成分的配位方式。①

吕先生把宾语看作是动词所支配的从属成分的思想,在李临定(1990)《现代汉语动词》(简称《动词》)中有了进一步的发展,并经营成一个句法成分跟语义成分对应的句式系统。《动词》认为:动词的"系"指动词联系宾语的数量情况。作者按语义关系把宾语分为十种:受事、对象、处所、结果、工具、目的、原因、方式、致使、角色。只能联系一种宾语的称为单系动词,能联系两种宾语的称为双系动词,能联系三种宾语的称为三系动词,依次类推。然后研究动词跟其各种系属成分的句法配置,指出动词的"系"可以有单联系形式和综合联系形式。单联系形式指动词分别跟不同类型的宾语相联系,综合联系形式指把动词可能带的多种宾语通过变换综合为一种较复杂的形式。据此可以给动词分类,并以不同的系的动词为纲来研究动词和句式之间的推演关系。② 例如:

(1) a. 结果单系动词,如:造船、捏造罪名

　　b. 目的单系动词,如:赶任务、协商解决方案

　　c. 处所单系动词,如:逛商场、离开故乡

　　d. 对象单系动词,如:尊重师长、怀疑邻居

　　e. 受事单系动词,如:夺皮包、陪病人

(2) a. 工具、结果双系动词,如:编柳条、编了个帽子、用柳条编了个帽子

　　b. 工具、处所双系动词,如:刷油漆、刷桌子面、用油漆刷桌子面、在桌子面上刷油漆

---

① 详见语言所编(1987)《动词和句型》第1—2页。
② 详见李临定(1990)第170—193页。

c. 工具、受事双系动词,如:垫砖头、垫床、把床垫了砖头、用砖头垫床

d. 结果、致使双系动词,如:弯一个弯儿、弯粗铁丝、把粗铁丝弯了一个弯儿

e. 结果、受事双系动词,如:弹被套、弹棉花、把棉花弹了被套

f. 目的、处所双系动词,如:抢钱、抢银行、为钱而抢银行、在银行里抢钱

g. 目的、对象双系动词,如:磨病假条、磨医生、向医生磨病假条、为病假条而磨医生

h. 目的、受事双系动词,如:淘金子、淘沙子、为金子而淘沙子

i. 方式、结果双系动词,如:印套色、印地图、按套色(方式)印地图

j. 方式、受事双系动词,如:存定期、存钱、按定期存钱

k. 处所、受事双系动词,如:收拾房间、收拾东西、在房间里收拾东西

(3) a. 工具、结果、受事三系动词,如:包面皮、包饺子、包馅儿、用面皮把馅儿包了饺子

b. 方式、工具、结果三系动词,如:写仿宋体、写毛笔、写横幅上的字、按仿宋体用毛笔写横幅上的字

(4) a. 方式、工具、结果、受事四系动词,如:捆井字、捆尼龙绳、捆了两个捆儿、捆书、按井字用尼龙绳把书捆成两个捆儿

b. 目的、结果、处所、受事四系动词,如:挖花生、挖坑、挖地上、挖土、为了(获取)花生在地上把土

挖了个坑
(5) 五系动词,如:调查这个方案、调查他的问题、调查了不少材料、调查了不少地方、调查了不少人、为了他的问题按这个方案在不少地方向不少人调查了不少材料
(6) 六系动词,如:考口试、考驾驶证、考了个第五名、考内地大学、考他、考数学

这种对动词的支配能力和组配方式的综合研究,值得配价语法研究者参考和借鉴。如果说《动词》对配价语法和依存语法的理论和方法注意得不够是一种缺憾,那么,今天的汉语配价语法研究如果不吸收和借鉴《动词》的有关研究成果则同样是一种缺憾。

《动词》对由动词及其相关的语义成分构成的句法格局进行了比较系统的描写,在此基础上,陈平(1994)《试论汉语中三种句子成分与语义成分的配位原则》(简称《原则》)尝试解释造成这种句法格局的制约因素是什么。《原则》参考了 Dowty(1991),把最基本的语义角色分为原型施事和原型受事两类;指出原型施事的特征包括:自主性、感知性、使动性、位移性、自立性,原型受事的特征主要包括:变化性、渐成性、受动性、静态性、附庸性。在句子所反映的具体事件中,一个名词性成分表现出来的原型施事特征的数目越多,其施事性就越强;表现出来的原型受事特征的数目越多,其受事性就越强。另一方面,一个名词性成分表现出来的原型特征的数目越少,其施事性或受事性就越弱,它的语义角色就比较模糊。这样,一般所说的施事、受事、感事、工具、对象等语义成分(角色)在概念上最根本的区别,可以理解为施事性和受事性强弱

的不同；而这又直接影响它们在句法结构中充任什么句法成分。作者用下面两条语义角色的优先序列，来表示主语、宾语和话题（主谓谓语句的大主语）三种句子成分跟各种语义成分的配位原则：①

(i) 充任主语和宾语的语义角色的优先序列：

施事＞感事＞工具＞系事＞地点＞对象＞受事

在充任主语方面，位于"＞"左边的语义角色优于右边的角色；反之，在充任宾语方面，右边的优于左边的。也就是说，语义成分的施事性越强，充任主语的倾向性越强；受事性越强，充任宾语的倾向性越强。接近序列中间的语义角色施事性和受事性都较弱，充任主语和宾语的倾向性都弱，从而在句法配位方面表现出一定的灵活性。例如：

主语：施事＞工具；宾语：工具＞施事

如：我常听耳机～*耳机常听我

主语：对象＞受事；宾语：受事＞对象

如：萝卜切丝儿～*丝儿切萝卜

主语：工具/地点；宾语：工具/地点

如：砖头垫了墙了～墙垫了砖头了

(ii) 充任主题的语义角色的优先序列：

系事＞地点＞工具＞对象＞感事＞受事＞施事

在充任主题方面，位于"＞"左边的角色优于右边的角色。可见，跟动词关系越是疏离、包含原型特征越少的角色，充任主题的倾向越

---

① 详见《中国语文》1994年第3期，第161—168页；同时，请参看本书§1.3.2关于原型角色和论元选择原则的介绍和讨论。

强。例如：

> 主题：系事＞施事；主语：施事＞系事
>
> > 如：这事老高有办法～*老高这事有办法
>
> 主题：受事＞施事；主语：施事＞受事
>
> > 如：交通问题我们解决～*我们交通问题解决

作者就凭着两条语义角色的优先序列，来表达汉语句子中主题、主语和宾语跟各种语义成分的配位原则；并用施事性或受事性的强弱、跟动词关系的疏密，来揭示在变化多端的配位机制中起根本作用的因素。从而对汉语句子的配位方式和句法格局作出了可证伪的、具有高度预测性的概括和解释。如果说，在吕叔湘先生动词中心论及相关思想的影响下，《动词》是在传统语法的框架中讨论动词的系和句子格局，那么可以说，《原则》是在当代先进的语法理论（如：原型角色、论元选择）的指导下，对汉语句子的配位方式进行富有开拓性的研究。

第二节　动词的"向"和歧义指数

2.2.1　动词的"向"和句法空位

随着20世纪70年代末期轰轰烈烈的思想解放和学术复兴运动，在汉语语法研究中酝酿已久、盼望已久的动词配价的概念，终于揭开了面纱，露出了灿烂的真容。朱德熙先生(1978)《"的"字结构和判断句》（简称《判断句》）首次明确提出汉语动词的"向"的概念，并成功地用以解释"的"字结构的歧义指数，推动了汉语配价语法研究的全面展开。

在《判断句》中,作者明确指出:只能跟一个名词性成分发生联系的动词叫单向动词,例如:"我游泳、出太阳了。"他把跟单向动词发生联系的名词性成分一律称为主语,不管它在动词前头还是动词后头出现;能够跟两个名词性成分发生联系的动词叫双向动词,例如:"我写字、台湾属于中国";能够跟三个名词性成分发生联系的动词叫三向动词,例如:"我送他一本书、他教我数学";仿照动词后头的两个名词性成分分别叫直接宾语和间接宾语(如:在"我给你一本书"中,"一本书"是直接宾语,"你"是间接宾语),他把动词前头的两个名词性成分分别叫做直接主语和间接主语(如:在"这把刀我切肉"中,"我"是直接主语,"这把刀"是间接主语)。至于到底怎样来确定动词的向,朱先生并没有交代具体的原则和标准;并且,在行文中也颇有一些不一致的地方。例如:

(1) a. 他来了～b. 他来客人了

(2) a. 这把刀切肉～b. 这把刀我切肉

作者认为(1a)中的"来"是单向动词,(1b)中的"来"是双向动词;(2a)中的"切"是双向动词,(2b)中的"切"是三向动词。这就很有一点"依句辨向、离句无向"的味道,动词的向这一概念也就变得有点儿不可捉摸了。而事实上,这里的两个"来"和"切"在前后两个句子中的意思是一样的,其向似乎也应该是一致的。

在《判断句》中,朱先生还把动词向的概念推广到了动词性结构上,认为由两个或更多的动词组成的动词性结构也有单向、双向、三向的区别。例如:

(3) a. (我)帮(他)收拾(屋子)

b. (我)陪(他)看(电影)

上例中的"……帮……收拾……"等是三向的动词性结构,而"我帮他收拾屋子"则是这个三向的动词性结构的实现和饱和形式。这一点,朱先生在文章中说得不太清楚。在研究了动词的向(即动词的价数问题)以后,朱先生接着研究动词跟其间接成分之间的语义关系(即价质问题)。例如:

(4)a. 写文章的人　　　d. 杯子被我打破了
　　b. 我写的文章　　　e. 我把杯子打破了
　　c. 杯子我打破了

在上例中,动词跟其间接成分之间虽然在结构上没有直接的语法关系,可是仍然蕴涵着主语和谓语、述语和宾语的关系。从这一点着眼,可以称(4a)中的"人"是"写"的潜主语,(4b)中的"文章"是"写"的潜宾语。从(4c—e)可以看出,潜主语和潜宾语还可以出现在主语、介词宾语的位置。有了这些理论准备,就可以讨论"的"字结构的歧义问题了。

由"的"字结构修饰名词构成的偏正结构(记作:DJ 的＋M),可以分为如下两类:

A	B
开车的人	开车的技术
他讲的故事	火车进站的时间
装书的箱子	他说话的声音

A 类格式中的 M 跟前边的动词性成分之间有潜在的主谓关系或述宾关系,即 M 是前边的动词的潜主语或潜宾语。B 类格式里的 M 跟前边的动词性成分没有潜在的主谓关系或述宾关系,即 M 既不是前边动词的潜主语,也不是潜宾语。这种深层次上的结构差别的语法后果是:A 类格式里的"DJ 的"可以指代整个偏正结

构,例如"开车的"可以指代"开车的人"。B类格式里的"DJ 的"不能指代整个偏正结构,例如"开车的技术"不能用"开车的"指代。换句话说,A 类格式里的"DJ 的"可以离开 M 独立,B 类格式里的"DJ 的"不能离开 M 独立。一个 A 类格式的结构和语法意义是由以下两方面的因素决定的:(1)动词的性质,即看动词是单向、双向还是三向的;(2)出现在 DJ 里的主语和宾语(包括潜主语和潜宾语)的情况。比如,当动词是单向动词、DJ 里没有主语出现时,M 是潜主语。例如:

(5) 游行的群众　　　　初升的太阳

如果 DJ 里有主语出现,这样的格式必定是 B 类。例如:

(6) 群众游行的路线　　　　太阳升起的时候

当动词是双向动词时,如果 DJ 里有主语出现,M 就是潜宾语(如下例(7a)所示);如果 DJ 里有宾语出现,M 就是潜主语(如下例(7b)所示)。例如:

(7)a. 他写的信　　　群众拥护的人

　　b. 写信的人　　　拥护他的群众

如果 DJ 里主语宾语都不出现,那么 M 可以是潜主语,也可以是潜宾语。例如:

(8)a. 写的字　　煮的饭　　b. 写的人　　吃的人

可见,这时的"DJ 的"是一个歧义结构。如果 DJ 里主语和宾语同时出现,那么 M 既不可能是潜主语,也不可能是潜宾语;这样的格式只能是 B 类。当动词是三向动词时,有关的情况可以依此类推。在这样的分析和推导的基础上,自然地得出"的"字结构的歧义指数(记作 p)公式:

$p = n - m$ (n:动词向的数目,m:DJ 里出现的主宾语的总数)

正是引进了动词的向的观念,才使我们对"的"字结构的歧义的研究上升到了量化的水平。

在此基础上,朱德熙(1983)《自指和转指》(简称《转指》)引进句法空位和成分提取的概念,来研究陈述形式名词化为指称形式的两种语义类型:自指和转指。这项研究全面地推动了汉语语法研究在理论、方法和观念上的一系列变革。下面略作申述。

从语义上看,体词性成分表示指称(designation),能用"什么"来指代;谓词性成分表示陈述(assertion),能用"怎么样"来指代。谓词性成分可以通过一定的语法手段来实现名词化(nominalization),从而在语义上由陈述变为指称。《转指》指出,从语义的角度看,谓词性成分的名词化有两种:(1)单纯是词类的转化,语义保持不变。例如英语的 kind 加上后缀-ness 之后就转化为名词,但 kind 和 kindness 的词汇意义基本上是一样的。(2)除了词类转化之外,词义也发生明显的变化。例如英语动词 write 加上后缀-er 之后就转化为名词,write 和 writer 不仅词类不同,词义也发生明显的变化。前一种名词化造成的名词性成分跟原来的谓词性成分所指相同,这种名词化可以称为自指(self-designation);后一种名词化造成的名词性成分跟原来的谓词性成分所指不同,倒是跟谓词所支配的某个格相关(如:writer 指动作的施事,employee 指动作的受事),这种名词化可以称为转指(transferred designation)。汉语的名词后缀"—子、—儿、—头"加在谓词性词根上造成的名词绝大部分都是表示转指意义的,例如:"骗子、辣子、盖儿、黄儿、吃头、苦头……"。朱先生推测,汉语缺乏表示自指意义的名词后缀,很可能是因为汉语的动词和形容词本身就能充任主宾语,不像英语那样,必须在形式上名词化以后才能在主宾语位置上出现。

句法平面上的名词化也有自指和转指的区别,比如英语用 that 引出的名词从句就有自指和转指两种类型。例如:

(9) a. The diamond [that she stole (　)] was lost.

b. I saw the diamond [that she stole (　)].

c. [That she stole the diamond] is incredible.

d. The fact [that she stole the diamond] has been proved.

(9a—b)中的 that she stole 指 diamond,表示转指意义;(9c—d)中的 that she stole the diamond 指她偷钻石这件事情本身,表示自指意义。(9a—b)的 that 从句里有句法空位(宾语没有出现),(9c—d)的 that 从句里没有句法空位(主、宾语俱全)。可见,英语用 that 引出的名词性从句里有空位时表示转指意义,无空位时表示自指意义。在现代汉语中,句法平面上的名词化的主要手段是在谓词性成分后头加"的"。例如:

(10) a. 红:红的(红颜色的东西)

b. 吃:吃的(食物、吃东西的人)

c. 开车的技术　　火车进站的时候

可见,谓词性成分(记作 VP,即上文的 DJ)加"的"构成的"VP 的"有两类:一类表示转指,原来表示陈述的 VP 就转化为表示指称的"VP 的"了,如例(10a—b),这就是上文讨论的 A 类的"DJ 的";一类表示自指,自指的"VP 的"只能在定语位置上出现,而且不能离开后头的中心语独立,如例(10c),这就是上文讨论的 B 类的"DJ 的"。

"VP 的"所表示的转指意义的范围很广,既可以指动作的施

事,也可以指受事、与事、工具等语义格。例如:

(11) 施事:游泳的、什么事也不会干的

受事:新买的、从图书馆借来的

与事:你刚才跟他打招呼的(那个人)

工具:吃药的(杯子)、装书的(箱子)

要想清楚地描写和预测转指的"VP 的"的语义所指,就必须引进一个新的分析概念——句法成分的提取(extraction)。所谓提取,就是从谓词性成分 VP' 中抽出一个带有句法空位的 VP,并在 VP 上头加上一个名词化标记(记作 K),从而使表示陈述的 VP 转化为表示指称的 K+VP。我们可以把 K+VP 看成是从一个比 VP 略长的谓词性结构 VP' 里提取出来的。VP' 跟 VP 的差别仅在于所包含的名词性成分的数目不同,VP' 至少比 VP 多包含一个名词性成分。例如:

(12) a. I met the woman [that ( ) stole the diamond].

b. I saw the diamond [that she stole ( )].

(12a)中的 that stole the diamond 可以看成是从 VP'"she stole the diamond"一类格式里提取出来的主语部分,或者说是这种格式的主语的分析性表达形式;(12b)中的 that she stole 可以看成是从 VP'"she stole the diamond"一类格式里提取出来的宾语部分,或者说是这种格式的宾语部分的分析性表达形式。按照上述分析,我们可以说英语名词化标记 that 的语法功能是提取主语和宾语。因为 that 提取主语时,VP 里的主语必须是个空位,所以我们又可以说此时 that 的作用是把 VP' 里提出主语以后的剩余部分(VP)拿来表达主语;因为 that 提取宾语时,VP 里的宾语必须是个空位,所以我们又可以说,此时 that 的作用是把 VP' 里提

出宾语以后的剩余部分(VP)拿来表达宾语。

可见,提取句法成分是谓词性结构名词化的一种语法手段,K+VP 的语义所指等于 K 所提取的句法成分的语义所指。也可以说,K+VP 的语义所指等于 VP 中空位的语义所指。朱先生用这种观点看待汉语中的"的"、"者"、"所"等名词化标记,发现三者的语法功能不同:"者"是提取主语的,"所"是提取宾语的。因为古汉语句子的主语可以是施事和受事,所以"VP 者"除了表示施事之外,有时也表示受事;因为古汉语句子的宾语只能是受事、与事、工具和处所等,所以"所 VP"可以指受事、与事、工具和处所等等。因为古汉语里只有施事主语,没有施事宾语,所以"VP 者"和"所 VP"的所指互补。又因为古汉语里主语有时也可以指受事,所以这种互补关系是不严格的。现代汉语中的"的"既能提取主语,又能提取宾语,所以它的指称范围最宽。大致说来,"VP 的"的所指相当于"VP 者"和"所 VP"的所指的总和。因此,古汉语的"VP 者"和"所 VP"译成现代汉语都是"VP 的"。跟这种研究路线相似,陆俭明(1983)全面地研究了现代汉语中"的"字结构和"所"字结构处于非定语位置上时的指称范围和条件,揭示了这两种结构之间的结构和意义差别。

综上所述,朱先生以动词的向为逻辑起点,据此来确定谓词性结构中有无句法空位;然后通过句法空位所属的语义格来研究句法成分的提取手段、标记及其所造成的名词化形式的语义所指。那么,朱先生所用的"向"这一概念的学术渊源和命名根据到底是什么呢?由于我们没有直接的证据说明朱先生读过或没有读过泰尼埃尔(1959)《结构句法基础》(法文本或德文译本),因而我们无法断定朱先生有没有受到泰尼埃尔的依存语法和配价语法的影响。但是,我们可以肯定,朱先生提出动词"向"的概念一定受到数理逻辑中的谓词逻辑的影响。在谓词逻辑中,通常根据谓词所能支配的论元的数目,把谓词分为一位谓词(one-place predicate)、二位谓词(two-place predicate)、三位谓词(three-place predicate)等。而朱先生是很熟悉数理逻辑的,就在提出动词"向"的《判断句》这篇论文中,他写道:"传统逻辑所说的特称判断,在数理逻辑上表示为:(Ex) F(x),意谓:至少有一个 x 使 F(x)成立。传统逻辑所说的全称判断,数理逻辑表示为:(x) F(x),意谓:对于一切 x,F(x)成立。"(第 140 页,注①)至于,为什么要用"向"而不用"位"、"元"或"项"等名称;大概朱先生想说明动词对名词的支配关系是一种向量(或矢量),它不仅有大小(即价数不同),而且有方向(动词支配名词性成分,名词性成分从属于动词性成分)。参见本书§1.1.2 中的有关讨论。

2.2.2 名词配价和歧义指数

关于句法空位和成分提取的研究,引发出一系列关于现代汉语名词的语义结构的研究。根据朱德熙(1983)《自指和转指》,现代汉语名词化标记"的"有自指和转指两种语义功能。相应地,"VP 的"也分为自指的"VP 的"(记作:VP 的 s)和转指的"VP 的"(记作:VP 的 t)。这两种"的"字结构都能修饰名词,从而构成两类性质不同的偏正词组:(1)同位性偏正词组"VP 的 t+N",其特点是充当定语的"VP 的 t"可以独立指代整个偏正词组;(2)非同位性的偏正词组"VP 的 s+N",其特点是"VP 的 s"不能脱离后边的中心语而独立指称事物。例如：

A	B
开车的司机	开车的技术
游泳的孩子	游泳的姿势
刚买的杂志	刚买的时候
吃药的杯子	吃药的原因

A组属于"VP的t+N"，所以"开车的司机"可以光说"开车的"，即"开车的"指称"司机"；B组属于"VP的s+N"，所以"开车的技术"不能光说"开车的"，即用"开车的"指称"技术"。造成这两种结构不同的根本原因是：在"VP的t+N"中，VP的中心词V跟N之间有潜在的主谓关系或述宾关系，N和VP中的一个空位同格。而在"VP的s+N"中，VP的中心词V和N之间没有潜在的主谓关系或述宾关系，N和VP中的空位不同格；并且，VP中可以没有空位（比如：他开车的技术、她吃药的原因）。显而易见，我们可以用句法空位和成分提取等概念来解释"VP的t+N"类偏正词组，但没法用它们来解释"VP的s+N"类偏正词组。

朱德熙(1982)《语法讲义》首先注意到"VP的s+N"这类偏正结构的中心语总是表示抽象概念的名词（第145页）。这启发我们从名词的语义特征方面去寻找解释"VP的s+N"一类词组的结构和意义的线索。古川裕(1989)《"的s"字结构及其所能修饰的名词》认为：朱先生的说法有一定的概括力，但失之笼统。他通过调查发现："VP的s+N"中名词N特有的语义特征是〔CONTENT(内容·包含)〕；在"VP的s+N"中，VP从整体上指明(补充说明)N所包含的具体内容。袁毓林(1992)《现代汉语名词的配价研究》不满足于仅仅描写"VP 的 s+N"中名词 N 的属性特征(attribute),尝试描写 N 中所蕴涵的结构化的语义特征(structured feature)。文章认为,"VP 的 s+N"中名词 N 都是包含降级述谓结构(down-graded predication)的名词;比如,"技术"指人在生产劳动等活动中积累起来的经验,其语义结构可以表达为:

技术:经验⟨某人　干　某事⟩

在这里,降级述谓结构⟨某人　干　某事⟩是一个结构化的语义特征,用以表示名词"技术"支配一个谓词性结构,即以一个谓词性结构作为它的从属成分。同样,"姿势、时候、原因"的语义结构可以表示为:

姿势：　样子⟨某人　干　某事⟩
时候：　时点⟨某人　干　某事⟩
原因：　条件⟨某人　干　某事⟩

在上述语义表达式中,"经验、样子"一类元语义成分(meta-semantic constituents)可以用符号 N 来代表,⟨某人 干 某事⟩一类降级述谓结构可以用公式⟨a P b⟩来代表。这样,包含降级述谓结构的名词的语义结构可以用公式 N⟨a P b⟩来表示。

为了方便,包含降级述谓结构的名词可以用复合符号 N⟨X⟩来代表。相应地,上面讨论的"VP 的 s+N"可以改写为"VP 的 s+N⟨X⟩"。显然,这里用 N 来代表〔CONTENT〕这一语义特征,用降级述谓结构⟨a P b⟩来刻画名词 N 所包含的内容的语义结构。如果采取这种观点来看待"VP 的 s+N⟨X⟩",那么名词 N⟨X⟩是支配性成分,VP 是从属于 N⟨X⟩的配价成分。可以用从属树(dependency tree)图示于下:

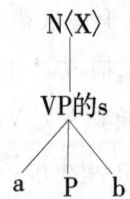

在"VP 的 s＋N⟨X⟩"中,N⟨X⟩不仅是句法上的中心语(head),而且是语义上的支撑点(pivot)。假如抽去作为句法、语义支撑点的 N⟨X⟩,那么整个"VP 的 s＋N⟨X⟩"结构势必散架。因此,脱离中心语 N⟨X⟩的"的"字结构"VP 的 s"是不能独立指代 N⟨X⟩的。

朱德熙(1983)《自指和转指》认为,"VP 的 t"的所指跟 VP 中空位所属的格相同。当 VP 中有不止一个空位时,"的"字结构"VP 的 t"就会产生歧义。朱德熙(1978)《"的"字结构和判断句》给出了如下计算"的"字结构的歧义指数的公式:$p=n-m$,其中 p 代表"的"字结构的歧义指数,n 代表"的"字结构中动词价的数目,m 代表"的"字结构中出现的满足动词配价要求的名词性成分的数目。如果 $p=2$,那么该"的"字结构有两种语义解释(比如:"吃的"＝吃东西的人、吃的东西);如果 $p=1$,那么该"的"字结构只有一种语义解释(比如:"他吃的"＝他吃的东西,"吃东西的"＝吃东西的人);如果 $p=0$,那么该"的"字结构不能指称事物,只能作偏正结构的定语(比如:他开车的技术 → *他开车的)。陆俭明(1988)《现代汉语中数量词的作用》指出,这个公式有一些例外。例如:

(1) 孩子考上北京大学的(家长)

　　我撕了封面的(书)　　个儿高的(运动员)

　　色儿红的(月季花)　　穿着讲究的(姑娘)

上面的"的"字结构,按照朱先生的歧义指数公式计算,歧义指数都是0;但它们可以分别跟"家长、书"等名词组成同位性的偏正结构,并可以分别指称家长、书等。陆先生解释:这种例外的一个很主要的条件是受"的"字结构修饰的名词跟"的"字结构中代表动词的一个向的名词之间有领属关系;比如,"家长"跟"孩子"、"书"跟"封面"有领属关系,所以可以说"家长的孩子、书的封面"。(第181—182页)袁毓林(1994)《一价名词的认知研究》也指出,朱先生的歧义指数公式对有些"的"字结构不适用。例如:

(2) 妻子死了的(厂长)　　爸爸是工人的(学生)

　　脾气古怪的(孩子)　　弹性很好的(金属)

　　头发稀少的(老人)　　尾巴不长的(动物)

这些"的"字结构,其中动词的价的数目和实现价的名词的数目相等(即 $p=0$),但它们可以指代整个偏正词组。原因在于其中的"妻子、脾气、头发"等名词在语义上有以下特点:在表示某种事物的同时,还隐含了该事物跟另一事物之间的某种依存关系;并且这种名词(记作 NPa)一定要另一个名词性成分(记作 NPb)共现才能有明确的所指。可以把这种句法、语义关系表示为:

　　　　NPa　(P)　NPb　　　或:NPa→NPb

这个公式的意思是:名词 NPa 在语句中出现时,要求在语义上跟它有 P 关系的另一个名词 NPb 共现。也就是说,NPa 是一价名词(monovalent noun),它要求支配语义上从属于它的配价名词 NPb。比如上例中的:妻子→厂长、脾气→孩子、头发→老人。用这种观点看待上例中的"的"字结构,我们可以发现:这些"的"字结构中动词的配价要求虽然得到了满足,但其中的一价名词的配价要求没有得到满足。也就是说,这种"的"字结构中仍有句法(语义)空位。因而,这种"的"字结构表示转指意义,可以指代整个偏正结构。值得注意的是,这种"的"字结构所修饰的中心语不是跟"的"字结构中的动词相关的一个格,而是受动词支配的一价名词的一个格。因此,"的"字结构的歧义指数的计算办法可以修正如下:一个"的"字结构中,动词和有价名词如果有 n 个价没有实现(即有 n 个空位),那么这个"的"字结构可能有 n 种语义解释(即歧义指数为 n)。比如,"妻子摔坏的"可能指妻子摔坏的某样东西,也可能指某个妻子摔伤的男人。当一个"的"字结构中动词和有价名词的价全部实现了(没有空位),那么这个"的"字结构不能指称事物,也不能指代这个"的"字结构所修饰的中心语。比如,"他爱人在农村教书的时候",不能光说"他爱人在农村教书的"。

这样,由朱先生对于汉语动词的配价研究引出了袁毓林对于汉语名词的配价研究。根据袁毓林(1992)和(1994),从配价的角度看,现代汉语名词可以分为无价名词(或零价名词)和有价名词两大类。无价名词就是没有配价要求的名词,如:"桌子、木头、太阳、商场、书本、汽车……"。有价名词就是有配价要求的名词,其中分为两类:一类是从谓词派生来的。例如:

(3) 建议:他~开股东大会、他关于开股东大会的~
　　 打算:他~买一辆汽车、他关于买一辆汽车的~
　　 希望:他~分一套住房、他的分一套住房的~
　　 决心:他~拿一个冠军、他的拿一个冠军的~

从句法上看,这类有价名词都是从相应谓词上、通过无标记的名词化手段而派生来的;从语义上看,这类名词表示自指意义。关于这类名词的配价情况,可以用一条配价能力的继承规则来说明:原来相应的谓词是几价的,这类由谓词派生出来的名词也是几价的。

比如,动词"建议"能支配两个名词性成分,相应的名词"建议"也能支配两个名词性成分。

另一类不是从谓词上派生来的,它们往往包含一个降级述谓结构。其中,根据其支配能力又可以分为一价名词和二价名词两小类。一价名词的语义结构可以刻画如下:

N⟨X⟩　　　N⟨a P b⟩

爸爸:一个人⟨他是某人的男性亲代⟩

弹性:一种属性⟨它是某种物质的结构性质⟩

尾巴:一种东西⟨它是某种动物的组成部分⟩

为了反映一价名词跟其从属名词的依存关系,可以把一价名词记作 NPa,把受它支配的名词记作 NPb。这样,它们之间的语义关系可以用上文的公式 NPa（P）NPb 或 NPa→NPb 来表示。有了一价名词及其从属名词的概念,就可以解释偏正结构中删除中心语(即用"的"字结构指代中心语)的条件。如:

(4)　　　　A　　　　　　　　　　　B

小王的书包→小王的　　　　小王的爸爸→*小王的

塑料的拖鞋→塑料的　　　　塑料的弹性→*塑料的

兔子的窝　→兔子的　　　　兔子的尾巴→*兔子的

当有价名词作中心语时,由其从属名词构成的"的"字结构不能称代整个偏正结构。理由请看上文的有关讨论。有了名词配价学说,我们就可以用名词配价的观念来解释有关的歧义现象。例如:

(5) a. 刘芳看望被丈夫打伤的李红

b. 刘芳修理被丈夫摔坏的闹钟

c. 群众同情被丈夫打伤的李红

(5a)有两种语义解释:(1)刘芳的丈夫打伤了李红,刘芳去看望李红,其中"刘芳"、"丈夫"、"李红"三个名词之间的语义关系跟(5b)相似;(2)李红的丈夫打伤了李红,刘芳去看望李红,其中"刘芳"、"丈夫"、"李红"三个名词之间的语义关系跟(5c)相似。因为"丈夫"是一价名词,在一个句子中,当有两个名词都可能是其从属名词时,就产生了歧义。我们还可以用名词配价的观念来修正"的"字结构的歧义指数的公式,详见上文。

二价名词的语义结构可以刻画如下:

　　　　N〈X〉　　N〈a　P　b〉
　　　　意见:看法〈某人　对　某事〉
　　　　反应:行动〈某人　对　某事〉
　　　　戒心:警惕心〈某人　对　某事〉
　　　　兴趣:喜好的情绪〈某人　对　某事〉
　　　　opinion:THOUGHT〈sb.　on　sth.〉
　　　　confidence:BELIEF〈sb.　in　sth.〉

为了方便,可以把表达 N〈a　P　b〉中的 a 的名词性成分叫降级主语,记作 NPa;把表达其中的 b 的名词性成分叫降级宾语,记作 NPb。有了二价名词及其降级主语、降级宾语的概念,我们就可以解释某些句子中各个构成成分之间的句法和语义连结关系。例如:

　　(6) 这件事老张有意见　　　　武打片我不感兴趣

这里的"有"是二价动词,支配"老张"和"意见"两个从属名词;那么名词"这件事"的支配成分是什么呢?它跟后边的成分到底有什么语义关系呢?有了名词配价的学说,我们就可以说"这件事"是二价名词"意见"的从属成分(即降级宾语),"意见"的另一个从属名词是"老张"(即降级主语,它同时是动词"有"的配项),从而对句子中不同构成成分之间的句法、语义联系有了一个新的解释。① 有了降级主语和降级宾语等概念,就可以解释某些句法结构有歧义的原因。例如:

(7) a. 对｜厂长的意见　　　b. 对厂长的｜意见

"对厂长的意见"有两种语义解释:a. 对于厂长所持的意见,其中的"厂长"是提出意见的人,因此"厂长"是"意见"的降级主语;b. 别人针对厂长而提出的意见,其中的"厂长"是被提意见的人,因此"厂长"是"意见"的降级宾语。例(7)有歧义的原因就在于二价名词"意见"跟其从属名词"厂长"有两种可能的语义关系。有了名词配价的思想,还可以帮助我们把跟语言理解相关的部分世界知识作出形式化的表示,从而为计算机自动处理自然语言提供强有力的语言学支持。②

第三节　汉语配价语法研究的兴起和发展

2.3.1　对国外配价语法理论的介绍和评论

在汉语配价语法研究的过程中,一批学者对国外(主要是法国和德国)配价语法及相关的理论和方法进行介绍和评论,为汉语配价语法研究提供理论背景和方法借鉴,极大地推动了汉语配价语法的向前发展。例如,冯志伟(1983)《特思尼耶尔的从属关系语

---

① 详见袁毓林(1996)§2,本书第八章第二节。
② 详见袁毓林(1992)和(1993)。

法》介绍了泰尼埃尔的学术背景,对依存语法和配价语法的形成过程也作了简要的概述;对依存语法中的关联(connexion)和转位(translation),特别是对动词的配价分类作了比较详细的例述,还指出了这种理论对于自动翻译、人机对话和情报自动检索的作用。张烈材(1985)《特斯尼埃的〈结构句法基础〉简介》据德语译本介绍泰尼埃尔的著作,把泰氏理论的三个组成部分(关联、结合(jonction)和转换)作了简洁的介绍,并用汉语的有关材料来作例示;比如,文章说汉语的虚词"的"也有转换作用(如:在"老马的书"中,名词"老马"通过"的"而充当修饰语)。还对泰氏理论作出了比较恰当的评论:明确表达了句子外在形式和内在结构的区别,发现隐藏在句子可见的外部形态背后的按特定规则构成的层级结构,为句法研究开创了一条新的道路;缺陷是确定动词配价、划分动元成分和说明成分的标准不明确,动词是句子结构的中心也没有充足的理由,配价概念属于什么语法范畴也不清楚。我们认为,泰氏的动词中心论还是有比较充足的理由的,并且在他的著作中作了比较详细的论证,请看本书§1.2.2。李洁(1986)《Kalevi Tarvainen的〈从属关系语法导论〉》介绍了 Kalevi Tarvainen 怎样以泰尼埃尔、赫尔比希、恩格的理论为基础,兼采各家之长来建立一个配价语法的理论体系。方德义(1986)《法国现代语言学理论研究概况》介绍了法国现代语言学理论研究的各种流派、主要观点和代表人物,使我们了解泰氏理论在法国语言学界中的地位和影响。李洁(1987)《德语配价理论的发展及成就》比较全面而扼要地介绍了配价概念的源流和引进德国的过程,特别介绍了德国学者对配价理论的发展和理论贡献,参见本书§1.4.1。胡明扬、方德义(1988)译校《结构句法基础》(节选)使我们能比较直接地面对泰氏的理论和方法,译校者的评介不仅帮助我们更好地理解依存语法和配价语法的核心思想,而且使我们了解到泰氏的学术背景和其著作的理论缘起。朱小雪(1989)《Gerhard Helbig 的价语法理论及其实用语法模式》全面地介绍了赫尔比希及其合作者的《德语语法》和《德语动词配价和分布词典》,展示了一个配价语法的具体而详尽的实用模式,对配价语法中的一些理论问题(如何确定价的层次、价的数目)也作了讨论,并希望汉语语法研究者在研究动词"向"、研究主语宾语的语义分类时能从价理论的研究中获得启示。韩万衡(1992)《德语配价句法》以配价学说为理论基础,参考 70 年代以来德国学者的专题著作,并吸收德汉语言对比的研究成果,编纂了这部可供德语专业师生用的语法著作。当然,这部著作对我们研究汉语语法也会有很大的借鉴和参考作用。韩万衡(1993)《配价论的基本概念和研究方法》、(1997)《德国配价论主要学派在基本问题上的观点和分歧》对于配价论和支配论的关系、配价概念的内涵和外延、配价概念的三个层面、动词的配价分类、补足语的分类、句子结构的描写和分析、划分句型的原则等重大问题,介绍了不同学者的理论和方法,并作出了评论,使我们能更加全面而深入地了解德语配价语法的成就和最新发展。

刘涌泉、乔毅(1991)以应用语言学为视角,介绍配价语法理论及其成果对于机器翻译等计算机处理自然语言的作用(第 121—150 页)。书中特别地介绍了格罗斯用矩阵表形式反映法语动词的句法配价信息这种做法对语言信息处理的作用,使我们了解到法语句法配价的工作原理和研究程序,了解到有别于德语配价语法的另一种研究配价语法的途径。郑定欧(1995)介绍了法语句法配价的理论背景和研究特点,特别报道了格罗斯及其研究班子的理论观念及其最新进展,参见本书§1.4.1。这在一定程度上弥补了汉语语言学界只知当代德语配价语法而不甚了解当代法语配价语法的缺陷。

值得一提的是,有关格语法和论元结构理论的介绍也直接推动了汉语配价语法的发展。比如,胡明扬(1980)翻译了菲尔墨(1968)《"格"辨》,使我们了解到格语法的研究背景和理论框架,从而使我们对汉语动词的从属成分的语义角色(即价质)的描写有了一个很好的参照。杨成凯(1986)对菲尔墨格语法的早期理论、后期修正都作了详细的介绍和评论,使我们能了解在确定动词的从属成分的语义角色时的各种观点(是基于事件还是基于透视域)。顾阳(1994)《论元结构理论介绍》介绍了杰肯道夫、格林肖等学者对论元角色、论旨阶层和论元结构的研究状况,使我们能重新认识语义格和论元角色在语言知识中所处的层次(是词库中的、深层结构中的,还是介于两者之间的一个独立的层次)。程工(1995)《评〈题元原型角色与论元选择〉》介绍道蒂(1991)用原型理论对于语义格的处理及对于句法成分跟语义成分的配位原则,并分析了这种处理的优点及由此带来的新的困难,这对我们研究汉语配价语法中的配位方式具有一定的借鉴作用。

2.3.2 汉语配价语法研究的全面展开

大家公认,是朱德熙先生首先明确地把配价语法的思想引进汉语语法研究。他在1978年发表的《"的"字结构和判断句》中,用动词配价的观点分析动词性成分加"的"构成的"的"字结构的歧义指数等问题,引起了许多语法学者对配价语法进行研究的兴趣。大家摸索着用配价语法的方法来描写和解释汉语语言事实,展开了一系列现代汉语配价语法的专题研究和理论探讨。比如,文炼(1982)《词语之间的搭配关系》讨论了动词的"向"和动词跟名词性成分之间的搭配关系,指出跟动词发生联系的名词性成分有两种:一种是强制性的(obligatory),如果没有语境(context)的帮助,一定要在句中出现;一种是非强制性的(optional),根据表达的需要,在句中出现或不出现。例如:

(1) a. 来! 客人来了。 来客人了。

b. 他昨天从北京来。

动词"来"要求一个施事名词共现,这是强制性的;只有依靠语言环境的帮助,才能省略施事名词。至于(1b)中的时间、处所名词不是强制性的,出现或不出现是两可的。据此,作者把单向动词定义为:只有一个强制性名词跟它同现的动词;把双向动词定义为:有两个强制性名词跟它同现的动词。从而给出了确定动词的向的前提和标准。吴为章(1982)《单向动词及其句型》认为:在一个句子中,只能有一个必有的名词性成分和它同时出现的动词是单向动词。并指出,必有的指如果没有语言环境的帮助,一定要在句中出现。作者据此对单向动词进行了次分类,并描写了不同类型的单向动词构成的各种句式。作者在文章中把"看齐、交谈、相识、相干"等也算作是单向动词,但这跟她给单向动词下的定义不符。因为这类动词能跟两个必有的名词性成分共现。例如:

(2) 大家向先进分子看齐 我跟他在延安时相识

我曾经跟老刘交谈过 这事跟评职称不相干

作者在后来的研究中也充分地认识到了这一点,并作出了一定程度的修正。奥田宽(1982)《论现代汉语形容词的强制性联系和非强制性联系》研究了现代汉语主谓谓语句中形容词作谓语时的向的问题,作者把形容词分为两类:一类是单向形容词,如:"多、好、大、小、高、低、长、短……",它们只能跟一个强制性的名词性成分发生联系;一类是双向形容词,如:"热心、积极、仔细、努力、认真……",它们能跟两个强制性的名词性成分发生联系。例如:

(3) a. 他钱很多～钱很多～*他很多

b. 他工作很热心～工作很热心～他很热心

廖秋忠(1984)《现代汉语中动词的支配成分的省略》从配价的角度,分析了动词的支配成分(实际上是动词所支配的成分,即配价成分)的省略问题。刘丹青(1987)《形名同现及形容词的向》比较深入地讨论了形容词的配价问题,指出大部分形容词在句法结构中只要求一个必需的同现成分,如:"高、白、歪、浅、聪明、坚定、温和、苍老……",它们是单向形容词;有些形容词是描写关系的,如:"生疏、陌生、熟悉、满意、不满……",它们要求跟分别代表关系两端的名词一起出现,这样的形容词就是双向形容词。由于形容词不能带宾语,直接作主语或中心语的只能是其中的一端,另一端用介词或其他方式引出。例如:

(4) 新秘书对文字工作很生疏～对文字工作很生疏的新秘书

文字工作对新秘书来说很生疏～对新秘书来说很生疏的文字工作

特别有意思的是,作者还区别出了一类跟双向形容词相似但又有差别的相向形容词,如:"友好、要好、和睦、一样……";它们在意义上描写相向关系,在形式上要求两个具有相向关系的名词同现。如果一个名词充当形容词的主语或中心语,那么另一个就用介词"和"等引导,这一点跟双向形容词相同;也可以是相向的双方用一个复数名词性成分来表示,这一点跟双向形容词不同。例如:

(5) 小王这些年跟他父亲一直不和~小王父子俩这些年一直不和

吴为章(1987)《"X得"及其句型——兼谈动词的向》从配价的角度讨论了由"X得"构成的句子的语义关系问题,作者指出能同动词发生主谓或述宾句法关系的除了名词还有动词性成分,因此决定动词向的因素不限于名词性成分。文章特别对决定动词向的必有成分作出了两项限制:(1)位置的限制,必有成分是能够出现在主语或宾语位置上、跟动词发生显性的主谓或述宾关系的成分;(2)意义的限制,只有表示施事、与事、客体等及物性关系的从属成分才能决定动词的向,而工具、方位等状语性的成分不参与决定动词的向。[①] 袁毓林(1987)《准双向动词研究》讨论了"辩论、握手"等其中一个从属成分必须由介词引导的双向动词,描写了由这类动词构成的各种句式的变换关系,构拟了这些句式由深层结构向表层结构转换和生成的历程。

进入90年代以后,汉语配价语法进一步向纵深发展。文炼、袁杰(1990)《谈谈动词的"向"》指出汉语跟其他语言一样,动词的从属成分也可以是动词性成分。例如:

(6) 同意参加(会议)、同意大家(立刻)(坐火车)去

作者主张采用赫尔比希的办法,把跟动词关联的从属成分区分为必有行动元、可有行动元、自由说明语三种,并用省略法(即消

[①] 这一项吴为章老师在文章中说得不很肯定,也不很清楚,大概是考虑到语义格本身也比较模糊,缺少明确的分类标准这种困难。

元法)来区别可有行动元和必有行动元,用跟动词语义上结合是否紧密(即蕴涵法)来区别可有行动元和自由说明语;作者特别强调决定动词向的是必有行动元和可有行动元。范晓(1991)《动词的"价"分类》提出了从形式上确定动词价的四种方法,并据此对动词进行分类(详见§2.4)。陆俭明(1991)《现代汉语不及物动词之管见》讨论了及物/不及物动词跟单向/双向动词的复杂关系。谭景春(1992)《双向和多指形容词及相关的句法关系》详细讨论了形容词的配价及相关的句式变换等问题,作者说:某些形容词作谓语时常常要求跟两个名词性成分(或动词性成分)发生联系,这样的形容词可以称为双向形容词;并分别称双向形容词所联系的两个名词性成分为主体成分和对象成分,前者指形容词所描写的主体,后者指形容词的性质所涉及的对象,对象成分常用"对"等介词引导。作者根据双向形容词的意义和句法特点把它分为三个小类,并描写了它们各自所能构成的句式以及句式之间的变换关系。此外,作者称那些在意义上一定要跟多个个体发生联系的形容词为多指形容词,并根据意义对它进行分类,描写其从属成分(即跟多指形容词组合的多指名词)的句法表现形式。对照谭景春(1992)和刘丹青(1987),可以发现它们对有配价要求的形容词的分类有相当多的共识。袁毓林(1992)《现代汉语名词的配价研究》尝试从配价角度研究"意见"类名词对其他名词的支配关系,讨论了由二价名词构成的有关句式的句法、语义特点。吴为章(1993)《动词的"向"札记》对价所属的语法范畴的性质、如何确定向、语法学引进向的目的等理论问题进行了讨论。沈阳(1994)《动词的句位和句位变体结构中的空语类》尝试用形式语法的方法构造动词的句位系统,通过三条原则来确定动词的价。袁毓林(1994)《一价名词的认知研究》尝试从认知的角度研究一价名词的句法、语义特点,探索语言理解的某种微观机制。张国宪(1994)《有关汉语配价的几个理论问题》对配价这种语法范畴的性质、如何确定配价、配价的类别、配价跟句法结构与语义结构的关系等理论问题进行了深入的讨论。周国光、张国宪(1994)《汉语配价语法理论研究》评述了关于配价的性质、配价的确定、配价的类别、配价的形式等一系列重大理论问题的不同意见,并阐明了他们的见解。周国光(1995)《现代汉语形容词的配价研究述评》介绍和评论了从80年代到90年代形容词的配价研究,分析其研究方法和分类结果,指出其长处和不足,对今后的形容词配价研究有一定的启发意义。沈阳、郑定欧(1995)主编的论文集《现代汉语配价语法研究》收入了十二篇关于汉语配价语法的专题论文。其中,周国光(1995)《确定配价的原则与方法》说明了他的配价是一种语义范畴的观点,并提出了用"VP的"提取来确定动词的价数的方法。张国宪(1995)《论双价形容词》借鉴赫尔比希等在《德语语法》中使用的三级描写体系来描写形容词的配价情况,对汉语双价形容词的句法选择和语义选择等问题进行了仔细的研究,并给出了一个形容词的三级描写模式,希望为编纂现代汉语形容词配价词典作理论和方法准备。王静、王洪君(1995)《动词的配价与被字句》从动词配价的角度考察了介词"被"的使用规律,发现了"被"字句的有关变换条件。齐沪扬(1995)《位置句中动词的配价研究》分析了位置句中动词向的类别,描写了单向、双向和三向动词所能进入的句法框架和语义框架,研究了位置句中动词向的描写模式及与动词有依存关系的成分对动词向的约束和影响。郭锐(1995)《述结式的配价结构与成分的整合》提出了确定谓词的配价结构的具体方法，探讨了述结式的配价结构跟其构成成分（述语谓词和补语谓词）的对应关系，并给出了计算述结式的配价结构的公式。沈阳(1995)《名词短语部分成分移位造成的非价成分》讨论了现代汉语句法结构中配价名词短语中的一部分后移以后的配价关系，希望通过建立有关的分析原则来比较严格地确定句法结构中NP的数量和位置以及部分移位造成的分置成分的语义所指的性质。

另外，已有人以配价语法为主题作硕士、博士学位论文。例如，杨宁(1986)《三价动词及其句型》（复旦大学硕士论文），袁毓林(1987)《准双向动词研究》（杭州大学硕士论文），杨宁(1990)《现代汉语动词的配价》（复旦大学博士论文），张国宪(1993)《现代汉语形容词的选择性研究》（上海师大博士论文），陈立民(1995)《现代汉语动词的配价研究》（北京大学硕士论文），反映了配价语法的思想在汉语语法学界已经深入人心。而1995年12月24—26日在北京大学召开的"第一届现代汉语配价语法研讨会"，则反映了近年来汉语配价语法研究的最新进展；这次会议的论文集《现代汉语配价语法研究2》也由北京大学出版社于1998年出版。

可见，大家在动词、形容词和名词等不同的方面进行了现代汉语配价语法的专题研究，并就配价这种语法范畴的性质、确定配价的原则和方法等理论问题进行了广泛的研究，使现代汉语配价语法的研究已经初具规模。我们相信，随着研究方面的拓宽、挖掘深度的加强、研究水平的提高、分析方法的革新和有关理论的突破，汉语配价语法的系统化和实用化一定能实现。

第四节 汉语配价语法研究中的理论分歧

2.4.1 配价这种范畴的性质和基础

目前,跟国外语言学界一样,汉语语法学界在配价这种范畴的性质、确定配价的标准、配价成分的语义角色等重大问题上存在着很大的分歧。在配价这种范畴的性质方面,主要有如下三种观点:(1)配价是一种语义范畴;(2)配价是一种句法范畴;(3)配价是一种"句法—语义"范畴。

廖秋忠(1984)认为:当我们描写某一情景时,经常需要一个表示动作、过程或状态等的词,这种词通常是动词;同时也需要表示参与这个动作、过程或状态的人物、事物或处所等的词,这种词通常是名词。有时还需要表示情景发生的时间、地点的词语,以及表示状态、程度等的词语。句中直接参与动词所指的动作、过程或状态等并受其支配和制约的这些成分是和动词的意义分不开的,是可以从动词的含义中推导出来的。① 这一类成分就是这里所说的动词的支配成分(严格地说是动词所支配的成分——引按)。每个动词所支配的成分(简称价[valent])是有一定的数量的,根据支配成分数量的多寡,动词有零价、单价、双价和三价之分。并认为支配成分主要是语义,即认知上的概念。支配成分的从缺指的是句中某些语义成分的从缺,而不是句法成分的从缺。因为:第一,

---

① Dowty(1985)也认为文献中所谓的题元,其实都是动词的词汇蕴涵或者词汇先设(lexical presupposition)。参考徐烈炯(1990)第205页。

从句子层面来说,这些意义不能自足的句子在结构上是完整的;第二,发现并"补回"从缺的支配成分是根据动词的意义,从认知角度达到的。如此看来,廖先生认为配价属于语义范畴。但是,廖先生所谓的句子结构是纯粹的表层结构;如果考虑到深层结构,考虑到带语迹(trace)的表层结构①,那么这种观点就要重新评价。文炼、袁杰(1990)认为:动词具有"向"是动词在各种场合具体运用时所有的一种语义功能,所以语言学家都是从动词活动范围之内归纳出"向"的。我们觉得上面这个因果复句多少有点不协调,如果向是动词的一种语义功能,那么动词能带几个从属成分应该可以从动词的词汇意义上推导出来;如果要从动词活动的范围之内归纳出动词的向,那么这种源于分布的动词的支配能力就是动词的一种句法功能。事实上,两位先生还是主张从句法分布上确定动词的向。比如,他们说:动词的"向"不等于数理逻辑中谓词的"元",数理逻辑把命题里说明的思维对象称为个体,把表示个体的词称为个体词(individual term),把表示个体的性质或说明个体和个体之间的关系的词称为谓词(predicate)。只能涉及一个个体的谓词是一元谓词,可能涉及两个个体的谓词是二元谓词;依此类推,涉及 n 个个体的谓词是 n 元谓词。② 例如:

(1) Jack gave Jill the apple. (Jack 把苹果给了 Jill)

(2) Jack bought Jill a watch for five pounds.

  (Jack 花五镑为 Jill 买了一只手表)

作者认为 give 是三元谓词,同时也是三向动词。而 buy 是四元谓

---

① 关于带语迹的表层结构,请看徐烈炯(1988)第 193—195 页,本书 §1.3.1。

② 详见 Allwood et al. (1977),pp. 58-61。中译本,第 68—71 页。

词,但不是四向动词,而是双向动词(Somebody buys something.)。可见,作者从句法上对动词的向控制得比较严格,只有能作主语和直接宾语的从属成分才算作动词的向。值得一提的是,德语动词 kaufen(买)在赫尔比希和申克尔的配价词典中定为二价,在恩格和舒马赫的配价词典中定为四价;前者是在句法的范围里描写配价的,后者是通过分析动词的语义成分(即蕴涵测试)来确定配价的。①

范晓(1991)认为动词的配价分类是属于语义平面的,因为动词的价是根据动词在一个动核结构(或称述谓结构)中所联系的强制性的语义成分(即动元)的数目决定的;而动核结构是一种语义结构,也就是一种深层结构,它是构成表层句子的基础。在这里,作者用到了一些容易引起争议的概念和定性;比如,说述谓结构中动词所联系的语义成分包括配角成分(施事、受事等)和说明成分(时间、处所、工具、方式等),举的例子是:"昨天张三在会上批评李四",这种对述谓结构的理解是比较广义的;说述谓结构是语义结构,而语义结构是一种深层结构,这也是颇有争议的一种观点;说动词所联系的配角成分是构成述谓结构所必需的语义成分,它是有强制性的,至于怎样确定语义成分的强制性则没有交代,所以下文也没有用这一点作为动词的配价分类的标准。事实上,作者是用句法上的四个标准来对动词进行配价分类的;作者非常明确地说:"动词价分类的根据虽然决定于动元的数目,但替动词定价还得从形式上去辨别。"

张国宪(1994)、周国光和张国宪(1994)、周国光(1995)明确地

---

① 详见韩万衡(1997)第 16—17 页,参见本书§1.4.2。

指出,配价是一种语义范畴,决定配价的是词语的词汇意义。但是,他们在确定动词的价数时所用的消元测试、隐含测试、"的"字结构转指测试等,都是努力在有形可据的表层结构上进行的。这样看来,认为配价是语义范畴的学者正确地强调了动词的词汇意义对动词的价数的决定性影响,但不否认动词的价数的最后确定还得在有关的句法结构中、依据一定的句法标准来确定;并且,在实践上作出了一系列富有成效的探索。

袁毓林(1987)认为:"向"是动词跟名词性成分发生句法、语义联系而表现出来的一种性质,它表征着动词在一个句法结构中所能关联的名词性成分的数量。因此,"向"是动词的组合功能的数量化:能和一个名词性成分发生主谓或述宾关系的动词叫单向动词,能和两个名词性成分发生主谓和述宾关系的动词叫双向动词,能和三个名词性成分发生主谓和述宾关系的动词叫三向动词。"向"的基础是动词在句法结构中跟名词性成分发生组合关系的潜能,"向"是一种建立在句法基础上的语法范畴,是动词的组合功能的数量表征。但是,应当承认,动词的"向"是有相当的语义基础的。例如,"飞"的意思是鸟、虫、飞行器等在空中行动,只涉及一个个体,所以是单向动词;"骂"的意思是某人用粗言秽语侮辱别人,涉及两个个体,所以是双向动词;"给"是甲方使乙方得到某物,涉及三个个体,所以是三向动词。但是,动词的这些语义要求(涉及的个体数目)一定要在句法结构中实现,才能计入"向"的指数。比如,"睡"和"躺"、"请教"和"求教"意义相近,但它们在句法组合功能方面差别很大。例如:

(3) 他睡在床上　　　他躺在床上

　　他睡大床　　　　*他躺大床

(4) 我请教王老师一个问题

＊我求教王老师一个问题

它们的组合功能不同,决定着它们"向"的指数不同。据此,作为句法概念的"向"跟作为语义概念的动作所涉及的个体的数量并无直接的对应关系。我们最多只能说:凡 n 向动词,它所表示的动作必定涉及 n 个个体;但其逆命题(凡一个动词所表示的动作涉及 n 个个体,它必定是 n 向动词)不能成立。[①] 我们把价看作是动词的组合能力的潜在可能性的思想,跟某些形式句法学家的观点是比较合拍的。比如,Sag & Wasow (1999:446) 指出:

Valence: This term is used (by analogy with the chemical term) to refer to the combinatoric potential of words and phrases. (价这个名称[类比于化学概念]被用于指词或短语的潜在的组合能力)

吴为章(1993)认为:逻辑—语义"向"是认知上的概念,接近于深层"格"。它是各种语言所共有的,是难以准确地确定其数量的,是无序的。而不和语义相关联的纯形式的句法"向"是不存在的。任何句法的"向"都是"形式—意义"的结合体,它是逻辑—语义的"向"在具体语言结构中的实现;是因语言而异的,是有确定的数量的,是有序的。语法学引入"向"的目的既然主要是为了说明动词的支配功能以及句法和语义之间的复杂关系,那么它对"向"的解释就应当是"句法—语义"的。因此,可以把语法平面的"向"理解为"句法—语义向"。这种理解无疑是比较全面和比较稳妥的。当然,也会碰到一些难题。比如,从句法上看而得到的动词的向的数

---

① 见袁毓林(1993)第 171—172 页。

目,跟从语义上看而得到的动词的向的数目,两者是不是一致?如果是一致的(即从语义向能推导出句法向,从句法向能推导出语义向),那么只要提一方就行了,而不必两方并举;如果是不一致的,那么当发生冲突时,应该以哪一方为最终根据来裁定。这种力求折中的观点使我们想起了五六十年代词类问题论争中的一种思想,那就是把词类看作是"词汇—语法"范畴,在实施的过程中就碰到了到底依据哪一方的难题。事实上,吴为章(1993)非常正确地指出:"决定汉语动词的'向'的因素,是在一个简单句中与动词同现的必有成分",并从句法上说明什么是简单句,什么是必有成分;在她的其他一些论文中,她最终也都是根据句法标准来确定动词的向的。

动词的价明显地具有深厚的语义基础,或者说动词的支配能力是由动词的词汇意义所蕴涵的。那么,为什么大家还要从句法上去确定动词的价呢?这还得从研究配价的目的谈起。因为价反映了动词对其他词项的支配能力,具有不同的支配能力的动词有不同的价;这样,通过对不同的动词的价的描写就可以对它们的句法组合能力作出简洁的刻画。也就是说,价反映了动词的某种分布状况——它到底能跟多少、哪些从属成分共现;或者说,价是对动词的某种分布的集约化的表示——用数字来反映动词能跟多少从属成分共现。如此看来,研究配价的目的在于更好地说明句法结构的合格性,说明句法结构跟语义结构的关系。因此,从句法上确定配价有利于说明句法结构的合格性,有利于解释句法结构跟语义结构的关系。而动词的词汇意义具有相当的模糊性,从动词的意义上确定价也缺少可操作的标准;更何况动词的词汇意义对动词的句法分布的蕴涵是有一定的限度的,也就是说,从动词的意义上是不能准确地预测动词的支配能力和句法分布的。① 比如："吃"的意义是人或动物用嘴摄取食物，"切"的意义是人用刀把物品分成若干部分；但是，〖嘴〗这一工具性的语义成分通常并不实现为动词"吃"的一个配价成分，而〖刀〗这一工具性的语义成分可以实现为动词"切"的一个配价成分。再如，"传、传染"和"分、分配"这两对单双音节同义词，它们的配价结构是很不一样的。例如：

(5) a. 蚊子 传/传染 疟疾、脑膜炎等疾病

　　b. 这种病专门 传/*传染 幼儿

(6) a. 老孙的女儿 分（到）上海了

　　b. *老孙的女儿 分配 上海了

　　c. 老孙的女儿 分配 到上海了

---

① 由于我们把配价看作是动词的一种分布状况，因而对于配价这种范畴的性质的认识可以参考对于词类这种范畴的性质的认识。为此，我们抄录朱德熙先生对于词义和词类的关系的论述：

因为词类是反映词的语法功能（即语法分布）的类，所以理所当然只能根据语法功能分类。

……根据语法功能划分出来的词类（指实词）往往可以概括出一定的意义，可是倒过来根据意义却无法保证划分得出能反映语法功能的词类。

在1953年至1955年的词类问题讨论中，尽管大家都承认不可能单纯根据意义划分汉语词类，可是始终没有人敢于正面提出词义应排除在划分标准之外。当时把流行于苏联语言学界的一些并无真知灼见的泛泛之谈拿来当教条。其中主要的一点就是认为词类属于"词汇•语法范畴"。在"语法"前边加上"词汇"，就是为了把词义拉进来。这种看法影响很大，一直到近年来出版的语法著作里，还一方面承认划分词类的主要标准是词的语法功能，一方面又强调意义是"重要的参考标准"，甚至说意义和功能应该并重，不应偏废。（见朱德熙(1991)《词义和词类》,《语法研究和探索》五，第3页）

这些著作说到意义是划分词类的重要参考标准时，没有明说该如何参考；说到意义和功能应该并重，不能偏废的时候，也没有交代怎么样才算并重，怎么样就算偏废。（见朱德熙(1985)《语法答问》，第12—13页）

朱先生的这些话，对我们今天讨论配价的性质和定价标准仍然具有一定的指导意义。

"传"可以带与事宾语,而"传染"不能带与事宾语;"分"可以直接带处所宾语,而"分配"不能,除非用介词"到"引导。再如,"辅导"和"指导"意义相近,并且都涉及三个个体,但它们的配价情况却相差很大。例如:

(7) a. 陈老师 辅导 过我们/数学

陈老师 辅导 过我们数学

b. 赵教授 指导 过两个博士生/两篇博士论文

*赵教授 指导 过两个博士生博士论文

赵教授 指导 过两个博士生的博士论文

"辅导"的三个从属成分可以在一个句子中共现,与事和受事能以双宾语的形式出现;"指导"的三个从属成分不能在一个句子中共现,与事和受事不能以双宾语的形式出现。可见,把价看作是一种句法范畴,从而在句法上考察动词的价,具有相当的实用性和一定的可操作性。

2.4.2 确定价数的标准和测试方法

在确定价的数量方面,汉语语法学界主要的争论是:(1)在什么样的句法框架中提取价的指数?(2)由介词引导的名词性成分要不要计入价的指数?(3)用什么方法来确定配价成分?即怎样来决定哪些成分应该计入价的指数,哪些成分不应该计入价的指数?

关于提取价的句法框架,袁毓林(1987)认为:应当在动词出现的所有句法结构中,选取与之同现的名词最多的结构,在这个句法结构中提取向的指数。也就是说,向是动词在所有句法结构中与之同现的名词性成分的数目的最大值。同时,这个结构必须是脱离了语境的理想形式(即离境化的句子),不考虑在具体语境中某些名词性成分的省略。也就是说,这些跟动词共现的名词性成分都是必须出现的,它们跟动词之间的联系具有句法强制性。① 吴为章(1993)认为:决定汉语动词的向的因素是在一个简单句中与动词同现的必有成分。并给出简单句的特征:(1)一个简单句有一个表述者和至少一个参与者,是一个基本陈述;表述者是动词,参与者是名词或非名词性成分;(2)一个简单句是一个最小的主谓结构,可以称为基本式;(3)一个简单句是一个语义上和结构上都自足的语言单位。还给出了测试是不是简单句的办法:(1)简单句通常都可以变换为偏正结构,如:花开了→花的开;(2)简单句通常可以变换为"……的是……"结构,如:花开了→开的是花;(3)根据主语选择顺序来考查,凡句中有施事名词,则施事名词作主语;凡句中无施事名词,则工具名词作主语;两者都没有,则对象名词作主语。② 凡是不遵照这种主语选择规则的句子一般都不是简单句,文章没有说明遵照这种主语选择规则的句子是否一定是简单句;比如,"我洗了衣服、这副眼镜看书、我洗了、衣服洗了"这些句子都符合主语选择规则,但不一定都是作者文中所说的原始性的、基本的简单句。对于必有成分,作者提出了位置和意义两项限制:必有成分是能够在句子中占据主语、宾语位置并跟动词有显性的语法关系的成分,它们跟动词有显性的语义关系。但是,对于什么是显性的语义关系,作者没有说明。

---

① 见袁毓林(1993)第172—173页。
② 详见 Fillmore(1968),中译文第36—37页,新版第42—43页;参见本书§1.3.1。

关于用介词引导的名词性成分,朱景松(1992)认为:确定动词的价,首先要分清动词跟名词性成分在语义上和语法上两类不同的联系;分清动词在语法上联系若干名词性成分的功能(可能的)和在具体用例中实际出现的名词性成分的数目(现实的)。动词的价应该指形式上能跟这个动词直接组合(不必借助介词)的名词性成分的数目。能够确定一个动词价的名词性成分,是指以这个动词为中心的述宾结构的直接宾语或间接宾语,以及出现在这个动词之前的大主语或小主语。袁毓林(1987)则把那些在结构和意义上都是不可或缺的,但又一定要用介词引导的名词性成分也算作价。例如:

(1) 我经常和他来往　　　　我们为人民服务

作者把由介词引导的"他、人民"都算作是动词"来往、服务"的一个价,但称为准价以区别于那些不用介词引导的必有成分。吴为章(1993)根据其对必有成分的位置限制,把由介词引导的在结构上必不可少的成分排除在必有成分之外,从而不能算作是动词的一个价。理由是这种既不可删除又不是必有成分的词语,是从动词固有的词义中推导出来的语义特征在句子结构中的实现。这跟我们的想法不太一样,我们认为:由动词的意义所蕴涵的从属成分,如果能在句子结构中实现为一个句法成分,那么它一定是动词的一个配价成分。吴为章(1993)指出,不赞同把介词的宾语看作动词的向还有一个重要的理由:介词的宾语是受介词直接支配的。事实上,介词是表示动词和名词之间的句法、语义关系的一种标志;介词宾语固然是受介词支配的直接成分,但整个介宾词组在结构和意义上又是从属于动词的。如果一定要名词跟动词能构成主谓或述宾关系(即成为主谓或述宾结构的直接成分)才能算作是动词的一个价,那么例(1)中的"我、我们"都不能算作是动词的配价成分,因为它们不能跟这些动词构成主谓或述宾关系。

关于确定配价成分的测试方法,文炼、袁杰(1990)认为动词的必有成分和可有成分决定动词的向,他们主张借用赫尔比希等人的省略法(即消元测试)来确定汉语中动词的必有成分。例如:

(2) 我(明天)要(在砧板上)(用这把刀)(替她)切 肉。
括号中的成分均可省略,剩下的"我切肉"不能再缩略了;因而动词"切"就要求有两个必有成分,是个双向动词。对于如何区分可有成分和自由说明语,作者提出了一种动词抽象化的测试办法。例如:

(3) a. 我们明天学习外语→b. 我们明天 V 外语
先把(3a)中的动词抽象化,结果变成(3b);然后分别看一下"明天"和"外语"这两个成分跟 V 的关系:"明天"可以修饰相当数量的动词,如"明天打扫(教室)/讨论(问题)"等等;但"外语"对其前面动词的选择范围就窄得多,通常只限于"学习、讲、读、听……"等动词。因此,两者在句中同 V 之间的制约关系是不同的,其中语义结合紧密的,如这里的"外语"就是可有成分;而结合松散的,如这里的"明天"就是自由说明语。可见,这里的动词抽象化测试跟本书§1.4.2中所介绍的舒马赫的蕴涵测试在精神上是一致的,都是要看有关的同现成分是不是动词的语义所蕴涵的,两者之间有没有选择性限制。事实上,由于汉语句子中句法成分的省略有较大的自由性,因而,用消元法来区别必有成分和可有成分在实施过程中不容易把握。例如,文炼、袁杰(1990)认为"我切(肉)"中的"肉"在一定语境中可以省去,是必有成分;"我们在学习(外语)"中的"外语"可以省去,是可有成分;对此,不同的研究者在处理上很可能会出现见仁见智的情况。至于用动词抽象化来考察动词跟伴随成分的语义选择性,从而确定可有成分和自由说明成分的区别,在实施上更缺少可操作的标准。因此,作者在文章中十分明智地指出:如何区分可有成分和自由说明成分的问题相当复杂,有待于作进一步的探讨。范晓(1991)尝试从形式上来给动词定价,提出了四种办法:(1)按照动词在主谓结构中所联系的强制性的句法成分的数目来定价,而强制性的句法成分指构成一个最小的意义自足的主谓结构所不可缺少的成分(即动元);(2)按照动词在最小的意义自足的主谓结构中所联系的名词性成分的数目来定价,这种方法对"觉得(别扭)、打算(辞职)"等谓宾动词不适用;(3)借助动元的标记(介词)定价,比如"被、叫、让、由、归、使"等介词常用于引出施事,"把、对、管"等介词常用于引出受事,"跟、与、给、为、向"等介词常用于引出与事;一个最小的意义自足的主谓结构中置于上述介词后的词语一般可看作动元,可以据此来给动词定价;(4)利用提问形式定价,大多数动词联系的动元可用"谁"或"什么"代替和提问,因此可以用"谁/什么 V、V 谁/什么"等形式提问,出现在"谁"、"什么"位置上的都是动元。例如,"吃"可用"谁吃"、"吃什么"提问,说明"吃"是二价动词,"病"可用"谁病"提问,而不能用"病什么"提问,说明"病"是一价动词。对于某些唯谓宾动词可以用"V 怎么样"来提问,如"感觉怎么样"。作者说上述四个办法中,(1)是定价的必要条件和充分条件,(2)(3)(4)是充分条件或参考条件。确实,办法(2)完全被办法(1)所包容,而且适用面比(1)窄。办法(1)虽然适应面广,但是它是建立在"最小的意义自足的主谓结构"、"强制性的句法成分"等概念的基础之上的;如果没有办法在操作上限定这些概念,那么建基于它们上面的办法(1)也就谈不上具有什么可操作性。办法(3)努力寻找有形可据的标志来定价,有相当的可操作性;只是适用面有限,因为许多动词的必有成分不能用介词引导。例如:

(4) 小枫是北大附中的学生　　爷爷有一套红木的书柜
　　这种事由王副主任作主　　老费对什么事儿都门清

上面这类动词的有些必有性的从属成分是不能作介词宾语的。办法(3)对动作动词可能比较管用。办法(4)可以看作是对蕴涵测试的句法控制,即以一个简单句为形式框架,让动词意思所蕴涵的从属成分在动词前后以一定的语义类型和一定的句法角色出现。例如,出现在动词前"谁"位置上的可能是施事,如:"谁(小马)去";出现在动词前"什么"位置上的可能是当事或工具,如:"什么(桥)断了"、"什么(卡车)运 煤";出现在动词后"谁"或"什么"位置上的可能是受事或结果,如:"批评 谁(陆彤)"、"结 什么(毛衣)"。问题是,并非所有的动词的从属成分都能用疑问代词替换。例如:

(5) 我家的事由爸爸作主→*什么由爸爸作主

　　驻华大使换了马歇尔→*驻华大使换了谁

　　一锅米饭吃二十个人→*什么吃二十个人

　　四百米她跑了个冠军→*四百米她跑了个什么

相反,有些动词的后面虽然可以加上"什么",但是不能用相应的名词性成分去替换。例如:

(6) 这孩子老哭,哭什么呀?　　这哥们老嚷,嚷什么呀?
　　老张乐滋滋的,乐什么呢?　　她总是笑,不知道笑什么?

这些动词通常算作是一价动词,它们是典型的不及物动词;它们都有相应的及物动词的用法,在这种情况下后面可以加上疑问代词

"谁"及相应的名词性成分。例如：

(7) 小明哭谁呢？→哭他爷爷

　　厂长嚷谁呢？→嚷刘秘书

　　老张乐谁呢？→乐王小刚

　　李嫂笑谁呢？→笑赵二婶

可见，用提问形式定价也有相当的局限性。

张国宪(1994)也认为：汉语配价是由必有补足语和可有补足语共同决定的，我们可以借用德国语言学家提出的消元法来确定汉语动词或形容词的必有补足语。所谓消元法，就是删去某一句子成分，看留下的句子结构是否符合语法；如果符合语法，那么删去的成分是可有补足语或自由说明语；如果不符合语法，那么删去的成分是必有补足语。例如：

(8) 这孩子小时候很调皮　　这孩子很调皮

　　*小时候很调皮

通过消元测试，形容词"调皮"只带一个补足语，因而是一价的。考虑到汉语句子的主语大都可以删略的事实，作者强调消元法只能在中性语境下实施。作者主张用隐含测试来区分可有补足语和自由说明语，认为根据"可找回"(recoverable)原则，隐含成分必须是可以确认的，因而补足语可以充当隐含成分；而自由说明语的隐现只依赖于交际语境，是无法预测的，因而自由说明语不能充当隐含成分。例如：

(9) 小孙最近对我很冷淡　　*最近对我很冷淡

　　小孙对我很冷淡　　　　小孙很冷淡

通过消元测试，"小孙"不可无语境删除，因而是必有补足语；"我"和"最近"虽然都可以删除，但是"我"是形容词"冷淡"的意义所规定的从属成分,是可以补回的,因而是可有补足语;"最近"则是无法根据形容词"冷淡"的意义补回的,因而是自由说明语。据此,可以断定"冷淡"是二价形容词。我们认为,由于消元测试和隐含测试都要通过删除句子成分来进行,而有语境删除跟无语境删除的界限不易确定,因而必有补足语和可有补足语的界线是比较模糊的。更麻烦的是,隐含测试的可找回原则的根据是:"虽然含有隐含成分的句子在结构上是完整的,但语义上却是不自足的。"事实上,要判断一个句法结构的语义是否自足是缺少明确的标准的。这样,在用隐含测试判定某一句子成分是可有补足语还是自由说明语时,不同的人会有不同的看法,最终导致对某一动词或形容词的价数作出不同的判断。

周国光(1995)指出,理想的确定谓词配价的方法,应该是以语义分析为基础,而又有形式上的可操作性。朱德熙(1978)(1983)提出的确定"VP 的"转指时的歧义指数的方法就是符合上述要求的方法。因为:(1)"VP 的"转指时指称的对象同 V 之间的关系是语义的;(2)这种方法有较强的可操作性和可验证性。根据这种理论,作者对谓词的价定义如下:"VP 的"表转指,且可以指称若干语义成分 C,则成分 C 是 V 的配价成分,成分 C 的个数是 V 的价(向)数。例如:

(10) 我向张先生求教的是个老大难问题
(11) 刚才跟我商量事情的是小李
    我刚才跟小李商量的是那件事
(12) 这盆水是我洗衣服的

经过这种转指测试,作者断定"求教"、"商量"是三价(或准三价)动词,"洗"是三价动词。我们认为,例(10)的合格性是有问题的;例

(12)用"是……的"作为测试框架也是要重新考虑的,正如范继淹(1979)所说的:"'是……的'不能作为检验中心名词能否省略的环境,因为任何实词性的结构都可以放在'是……的'之中。"① 作者说"VP的"指称的对象同 V 之间的关系是语义的,这是正确的;不过,"VP的"到底指称 V 的哪个格取决于"的"提取什么句法成分,这是可以从句法上预测的。② 更为麻烦的是,不是所有的动词的从属成分都可以用"的"提取。例如:

(13) 陈小宁是浙江人→ *陈小宁是的

我送小王一本书→ *我送一本书的

吴小东像他爸爸→ *吴小东像的

老孟觉得不舒服→ *老孟觉得的

事实上,"的"字结构提取句法成分受到很多句法、语义限制,能被它提取的只是动词的从属成分中的一部分。这倒不是说转指测试无用,而是说用这种方法要加以限制,比如要避开"是……的"框架;同时,这种方法又偏紧,把某些动词的从属成分也排除出去了,这就需要用其他方法来补救了。

综上所述,在研究汉语配价语法的过程中,许多学者艰苦探索,借鉴和发展了不同的定价标准和测试方法。但是,由于配价现象的复杂性,因而没有哪一种方法能做到既是简便易行、可操作性强的,又是涵盖面广、适应全部相关的语言现象的。我们设想,如果首先从谓词的意义出发,运用语义蕴涵测试来估计某个谓词可能带几个从属成分,再通过谓词抽象来考察谓词的伴随成分跟谓

---

① 见《范继淹语言学论文集》第 129 页。
② 详见朱德熙(1983)§3 和§4,参见本书§2.2.1。

词有无语义选择关系;进一步从句法形式上考察,通过消元测试、提问测试、介词标志、转指测试方法,来审核哪些从属成分是必有的,哪些从属成分是可有的;那么就可以把人们对于不同的谓词的配价情况的直觉,转化为一种有一定形式依据的、可以在一定程度上进行验证的、相对客观的知识。

价反映了动词、形容词和有配价要求的名词对其他词项的支配能力,通过描写这些词语的价(包括价数和价质),可以对它们的句法、语义组合能力作出简洁的刻画。因此,配价语法成为对语言的结构方式的一种有效的研究途径(approach)和关于语言知识的一种有效的组织体系(architecture)。配价语法注重同一句子中不同成分的支配和从属关系,成为反映句法和语义之间的映射关系的一种直接而有效的研究手段。汉语配价语法的研究成果对计算机自动理解汉语,对于教外国人学汉语都有直接的应用价值。

上文关于汉语配价语法的一些理论争鸣和方法分歧,只有在详细地调查语言事实,充分地占有分析材料,对一个个动词、形容词和有价名词的配价情况作个案研究的基础上才能有新的认识。并且,也只有结合格语法、生成语法、系统功能语法等有关理论和方法,才能推动汉语配价语法向更高的层次迈进。

第三章 汉语动词的配价层级和配位方式

3.0 鉴于大家对汉语动词的价的性质、提取价数的句法框架、定价的标准和测试办法等诸多方面尚有争议，我们打算提出配价层级的思想，从而把单一的价的概念分化为由联、项、位、元四个平面构成的配价层级。这样，动词的价数就不再是一种单一的、僵硬的数字。比如：有人说"买"是二价的，但有人坚持说"买"是四价的；而这两种反映动词"买"在不同层面、不同的句法框架中的组合和支配能力的数字，是无法在一种单层面的配价语法理论体系或实用模式中共存的。我们尝试把动词的价数改变成一种配套的、分层面的、有内部秩序的数字结构，比如：说"买"是五联四项三位二元动词，"切"是六联四项三位二元动词；以期能充分地反映动词在不同层面、不同的句法框架中的组合和支配能力。然后在原型理论的指导下，分析处于这种配价层级体系之中的动词的诸从属成分的语义角色；也就是说，对动词的价质作出一种连续的而不是离散的划定。在此基础上，以动词的配价层级为控制框架，描写动词跟其语义格不同的诸从属成分的各种句法配置方式。着重讨论施事、受事等语义成分跟主语、宾语等句法成分之间的连接(linking)和对齐(alignment)关系，也就是配位方式(argument selection and syntactic arrangement)，努力揭示调整配位方式的三种语义机制(语义格的细分、合并、转化)和两种语法机制(话题化、述题化)。最后,讨论怎样用配位方式来解释汉语词序灵活(同一个语义格可以出现在多种句法位置)跟语序固定(主语、宾语等句法成分根据它们相对于动词的位置来决定)之间的关系,主张用可以作出精细描写并具有预测能力的配位方式来揭示汉语语法的意合机制。

第一节 动词的价和配价层级

3.1.1 动词的配价层级:联、项、位、元

动词的价(valence)指的是一个动词所能支配的名词性成分的数量,这看起来是一个十分明确的范畴:一个动词能支配 n 个 NP,就说它是 n 价的。但是,实际做起来却非常复杂而且不明确。因为,这里有两个首先必须加以明确的问题:(1)在什么样的句法框架中提取价的数目?如果不加限制地把不同句式中动词所能支配的不同类型的 NP 都计算进来,那么这种价的数目将是较大的,并且对动词在一个句法结构中的组合和支配能力的信息将是无法反映的。如果限定在一个句子中去计算动词所能支配的名词性成分的数量,那么这种价的数目将是较小的;但是,对动词在不同的句法结构中的组配能力的信息同样是无法反映的。(2)什么样的 NP 可以算作是动词的一个价?问题的焦点集中在用介词引导的 NP 算不算动词的一个价。不管算不算,都遇到价的数目不易确定这个问题。因为像施事、受事等语义格通常不需要用介词引导,但也可以用"被、把"等介词来引导;像工具、处所等语义格通常需

要用介词引导,但也可以借助话题化等语法过程来删除介词。

有鉴于此,我们尝试把价这个单一概念分化为一个有层次的系统——一个由联、项、位、元四个平面构成的配价层级(valence hierarchy)。粗略地说,联(link)指一个动词在各种句子中所能关联的语义角色不同的名词性成分的数量,项(item)指一个动词在一个句子中所能关联的名词性成分的数量(其中包括通过介词引导的名词性成分),位(position)指一个动词在一个句子中不借助介词所能关联的名词性成分的数量,元(argument)指一个动词在一个简单的基础句中所能关联的名词性成分的数量。显然地,联这一层级具有一定的开放性和模糊性。比如,对于动词义项分合的从严还是从宽、语义格设置数量的多寡、语义格归并和分化的疏密等因素,都有可能影响我们对动词的联的确定,详见下文§3.2.2和§3.2.3。动词的项和位这两个层级具有一定的客观性和明确性,因为它们反映的是[人们对于]动词在同一个句子中对各种从属成分的支配能力[的认识]。但是,对某些句子的合格性的不同意见会直接影响我们对某些动词的项和位的断定。例如:

(1) 这个望远镜我观察星星　对比:这副眼镜我看书

(2) 他用双手从树上把苹果全摘筐里了

　　她用右手把椅子从卧室搬到客厅了

如果认为(1)是合语法的,那么"观察"就是一个三位动词;否则,就是一个二位动词。如果认为(2)是合语法的,那么"摘"和"搬"就是五项动词;否则,就是四项动词。此外,由于我们规定只有动词的补足语才能计入项,因而,对于动词的补足语(即内在格)和自由说明语(即外在格)的界限的不同认识,也会影响我们对于动词的项的断定。在这里,我们用动词的位来限定和鉴别项。大意是:能够实现为动词的一个位的从属成分一定是项,并且只有能实现为动词的一个位的从属成分才能算作是动词的一个项。因为动词的内在格一般可以直接(即不借助介词)跟动词组合,出现在主语或宾语的位置上;或者通过话题化、述题化等语法过程来占据主语、宾语位置。这样,我们同时也间接地从形式上限定了动词的联,即动词的联一定能实现为动词的一个项和位,并且也只有能实现为动词的项和位的从属成分才有可能是动词的一个联。例如:

(3) a. 妈妈在院子里晾衣服→衣服妈妈晾院子里了

　　b. 妈妈在院子里洗衣服→*衣服妈妈洗院子里了

(4) a. 妈妈在脸盆里浸衣服→衣服妈妈浸脸盆里了

　　b. 妈妈在脸盆里洗衣服→*衣服妈妈洗脸盆里了

(5) a. 妈妈在砧板上切黄瓜→黄瓜妈妈切砧板上了

　　b. 妈妈在厨房里切黄瓜→*黄瓜妈妈切厨房里了

对于动词"晾"来说,"院子里"是内在处所格,可以作处所宾语;对于动词"洗"来说,"院子里"是外在处所格,不能作处所宾语。对于动词"浸"来说,"脸盆里"是内在处所格,可以作处所宾语;对于动词"洗"来说,"脸盆里"是外在处所格,不能作处所宾语。对于动词"切"来说,"砧板上"是内在处所格,可以作处所宾语;"厨房里"是外在处所格,不能作处所宾语。上述限定虽然比较严格,但对那些有一个必有补足语要用介词引导的准双向动词也基本适用。例如:

(6) 我以前和小张同学过→小张,我以前跟他同学过

　　我经常跟李经理争论→李经理,我经常跟他争论

　　我们向老师致敬　　→老师,我们向您致敬

爸爸老冲二弟发火 →二弟,爸爸老冲他发火

但是,由于外在格也可以话题化为主语,因而必须对主语作出限制;比如,只考虑主谓句中的主语,而不考虑主谓谓语句(即话题句)中的大主语(即话题)。例如:

(7) a. 妈妈正在院子里晾衣服

b. 院子里妈妈正在晾衣服

c. 院子里晾着不少衣服

(8) a. 妈妈正在院子里洗衣服

b. 院子里妈妈正在洗衣服

c. *院子里洗着不少衣服

(9) a. 脸盆里浸着不少衣服

b. *脸盆里洗着不少衣服

(10) a. 砧板上切着不少黄瓜片

b. *厨房里切着不少黄瓜片

从上例可以看出,外在格虽然可以话题化为大主语,但是,它不能作一般主谓句的主语。据此,可以把动词的项限定为:只有可以作一般主谓句的主语或宾语的从属成分,才能算作是动词的一个项。这种限定对上文所讨论的例(6)一类准双向动词句并不构成威胁,因为准双向动词的与事话题化为主语以后,主谓式谓语中一定要有话题主语(与事)的回指代词。由于这种包含回指代词的介宾结构是不可删除的,因而说明这种从属成分(与事)是必有补足语。

至于元这一层级,涉及什么是最小的基础句(即原子句)这一非常复杂的概念,下文将辟专节讨论。

应该指出,我们在讨论动词的配价时,必须把属于动词的配项

的从属成分排除在外。例如：

(11) 他对邻居一直留有戒心

(12) 武打片我可不感兴趣

(13) 王冕七岁上死了父亲

(14) 这包面粉你扛中间

(15) 这件事老张的处理办法我有意见

例(11)中的"邻居"是二价名词"戒心"的从属名词,而不是动词"留有"的补足语;(12)中的"武打片"是二价名词"兴趣"的从属名词,而不是动词"感"的补足语;(13)中的"王冕"是一价名词"父亲"的从属成分,而不是动词"死"的补足语;(14)中的"这包面粉"是一价名词"中间"的从属成分,而不是动词"扛"的补足语;(15)中的"这件事"是名动词"处理"的从属成分,而"老张的处理办法"则是二价名词"意见"的从属成分。[①]

另外,我们还必须注意到由形式动词跟名动词、名形词、有价名词组成的动词结构,它们对从属成分的支配关系是比较复杂的;不能把这种动宾组合的配项简单地算作是形式动词的从属成分。例如：

(16) 吴校长向获奖同学致以热烈的祝贺

(17) 泰国政府对金融市场放松了警惕

(18) 中国政府对这件事表示遗憾

(19) 民政部门的领导对此表示关切

(20) 天气对农作物的收成产生了很大的影响

(21) 国家为我们创造了很好的学习条件

---

① 详见袁毓林(1992)(1994)和(1996)中的有关讨论。

(22) 这次表演给我们留下了很深的印象

由于"致以、表示"等形式动词、"祝贺、遗憾、条件"等名词都是有配价要求的词,因而当它们组成动宾结构时,配价能力发生了整合(integration)和重组(reorganization)。① 本书主要讨论动词和形容词的配价,对动词性结构的配价只以述结式为例进行简单的讨论。

总之,我们希望通过这种分层次、有秩序的配价层级体系,来充分地反映动词在各种不同的句法结构中的各种纷繁复杂的组配能力,并作出形式化的刻画,从而为计算机自动分析汉语提供强有力的语言学支持。

3.1.2 提取元的框架:原子句

上文说,元指一个动词在一个简单的基础句中所能关联的名词性成分的数量。这种简单的基础句,一般又称为原子句(atomic sentence)。按照 Stockwell(1977),自从有语法研究以来,就有相当于原子句和由原子句派生出来的派生句的区别。比如,乔姆斯基早期的生成语法中称原子句为核心句(kernel sentence)。原子句在结构上是简单的,在意义上表示基本的命题(proposition)。在原子句中,有一个词表达了一种关系,这种关系延布于一定的界域(这个界域由句子里的别的词来表达)。这样一种关系的表达称为一个表述,更专门的说法是述谓结构(predication)。这个表述所延布的界域由一些参与者构成,参与者就是一些事物或一些物

---

① 关于形式动词和名动词,请看朱德熙(1982)§5.5 和§5.17,第 60—61、75—76 页;朱德熙(1986)《现代书面汉语里的虚化动词和名动词》,收入朱德熙(1990)第 114—124 页。关于动宾构造的配价问题,请参看袁毓林(1992)§5 和§6。

类的名称。它们跟现实世界中事物的指称关系,与任何特定的表述者无关。这样,一个原子句有一个表述者(即谓词,predicate),和至少一个参与者(有少数特别的例外)。参与者(participant)通常属于语法学家称之为名词的那个句法类,而典型的谓词则是动词或形容词。原子句具有下列区别于派生句的一般性质:(1)原子句中只有一个动词,例如:

(1) a. John arrived at one o'clock.

b. John arrived to open the conference.

上面的例(1a)是原子句,例(1b)是派生句。(2)原子句中没有 and, or, but 或其他有连接平行成分的作用的连词。例如:

(2) a. John arrived at one o'clock.

b. John and Mary arrived at one o'clock.

c. John slept and ate yesterday.

上面的例(2b—c)是派生句。(3)原子句里的参与者和谓词都只能有最低限度的限定。例如:

(3) a. The cat broke the decanter.

b. A cat broke a decanter.

c. My favorite cat might possibly have broken that gorgeous decanter that Aunt Susan gave me.

上面的例(3a—b)是原子句,例(3c)是派生句。(4)原子句中不含有否定、语气、命令、疑问等二级算子(secondary operator,一译次级因子)。例如:

(4) a. John left.

b. John didn't leave.

c. John possibly left.

    d. John may have left.

    e. Did john leave?

据此,原子句就是一种语言里面最简单的直陈的表述结构。所有其他句子都是由原子句通过各种方式组合而成的,或者是在原子句中加进否定等常量(constant)而构成的。例如:

(5) a. 连接:S_1 and S_2

    b. 选择:S_1 or S_2

    c. 条件:if S_1, then S_2

    d. 修饰:The boy that S_1 met a girl who S_2

    e. 肯定:John said that S

    f. 否定:John did not leave=NOT (John leave)

不过,该书作者也承认:可能没有两个语法学家区分这两类句子在所有细节上都相同。[①]

    我们一方面接受上述对原子句的形式和意义限制,另一方面又根据目前配价研究工作的需要,结合汉语句子结构的实际情况,用删除测试、包孕测试和自指测试三种办法,尝试从形式上规定汉语的原子句。首先运用包孕测试(pregnant test),让待测试的句子作宾语。[②] 一般地说,只有基础句可以作小句宾语,而派生句是不大能作小句宾语的。例如:

(6) a. 地铁直达苹果园→a'. 我知道地铁直达苹果园

[①] 详见中译本《句法理论基础》第15—19页。

[②] 常见的能带小句宾语的动词有:"想、知道、以为、当(dàng)着、当是(误以为)、怕、恐怕、说、听说、听见、看、看见、告诉、告送、盼望、希望、指望(着)、答应、记者、记得、忘了、忘记"等。关于包孕句,详见 Chao(1968) §2.12.1 和 §2.12.3, pp.108 - 111。吕叔湘先生的中译本,第63—64页。

b. 苹果园地铁直达→b'. *我知道苹果园地铁直达

(7) a. 四川队拿过冠军→a'. 我听说四川队拿过冠军

b. 四川队冠军拿过→b'. *我听说四川队冠军拿过

(8) a. 小王用热水洗了碗了→a'. 我看见小王用热水洗了碗了

b. 热水小王洗了碗了 →b'. *我看见热水小王洗了碗了

(9) a. 小王用这把刀切肉 →a'. 我希望小王用这把刀切肉

b. 这把刀小王切肉 →b'. *我希望这把刀小王切肉

通过包孕测试,我们可以断定上面的(6b)(7b)(8b)(9b)不是基础句,从而也不可能是原子句。但是,能通过包孕测试的不一定是基础句。为此,我们又设计了一种自指测试(self-designation test),就是在句子的后面加上"……的时候/地方/原因/消息/提议/事实"等,即把句子转换成一个表示自指的偏正词组。① 一般地说,只有基础句可以自指化,而派生句是不能自指化的。例如:

(10) a. 王师傅用芹菜包了饺子了

a'. 我知道王师傅用芹菜包了饺子了

a''. 王师傅用芹菜包了饺子的消息

b. 芹菜王师傅包了饺子了

b'. ?我知道芹菜王师傅包了饺子了

b''. *芹菜王师傅包了饺子的消息

(11) a. 他在象棋比赛中拿了冠军

a'. 我听说他在象棋比赛中拿了冠军

a''. 他在象棋比赛中拿了冠军的原因

---

① 关于从句子到偏正词组的名词化转换,参见 Chao(1968)§1.12.4, pp.111-113。吕叔湘先生的中译本,第64—65页。

b. 象棋比赛他拿了冠军

　　b'.？我听说象棋比赛他拿了冠军

　　b''.*象棋比赛他拿了冠军的原因

通过自指测试,我们可以断定(10a)(11a)是基础句,(10b)(11b)是派生句。

　　由于基础句并不就是原子句,只有最小的基础句才是原子句。因此,我们还要运用删除测试(deletion test),把基础句中不影响句子结构合格性的介词结构删去。这样,通过一系列的形式操作,我们就得到了原子句。而原子句中跟动词同现的从属成分就肯定是动词的必有补足语,从而可以计入动词的元。例如:

(12) a. 妈妈在院子里晾衣服→妈妈晾衣服

　　b. 妈妈在院子里洗衣服→妈妈洗衣服

　　c. 我经常和他来往　　→*我经常来往

　　d. 我一直和他对立　　→*我一直对立

　　e. 我跟他商量一件事　→*我商量一件事

　　f. 我向您请教一个问题→我请教一个问题

　　g. 我请教您一个问题

(12a—b)中的介词结构删除后不影响句子的合格性,说明处所格"院子里"不是动词"晾"和"洗"的一个元。(12c—e)中的介词结构删除后句子就不合格,说明与事格"他"是动词"来往"、"对立"和"商量"的一个元。(12f)中的介词结构虽然可以删除,但是与事格"您"可以作宾语,说明它是动词"请教"的一个元。

　　有了原子句的概念和一套规定原子句的测试办法,我们就不仅能从形式上确定动词的元的数值(相当于价数),还可以从形式上确定到底由什么语义格来实现动词的元(相当于价质)。例如：

(13) a. 小孙切萝卜→a'. 我希望小孙切萝卜
　　　　　　　　→a''. 小孙切萝卜的原因
　　b. 萝卜切丝儿→b'. *我希望萝卜切丝儿
　　　　　　　　→b''. *萝卜切丝儿的原因

(14) a. 爷爷磨麦子→a'. 我指望着爷爷磨麦子
　　　　　　　　→a''. 爷爷磨麦子的地方
　　b. 磨盘磨麦子→b'. *我指望着磨盘磨麦子
　　　　　　　　→b''. *磨盘磨麦子的地方

(15) a. 哥哥糊了窗户了→a'. 我听说哥哥糊了窗户了
　　　　　　　　　→a''. 哥哥糊了窗户的事实
　　b. 报纸糊了窗户了→b'. ?我听说报纸糊了窗户了
　　　　　　　　　→b''. *报纸糊了窗户的事实
　　c. 窗户糊了报纸了→c'. ?我听说窗户糊了报纸了
　　　　　　　　　→c''. *窗户糊了报纸的事实

(16) a. 弟弟浇了水了→a'. 我以为弟弟浇了水了
　　　　　　　　→a''. 弟弟浇水的时候
　　b. 弟弟浇了花了→b'. 我以为弟弟浇了花了
　　　　　　　　→b''. 弟弟浇花的时候
　　c. 水浇了花了→c'. ?我以为水浇了花了
　　　　　　　　→c''. *水浇花的时候
　　d. 花浇了水了→d'. ?我以为花浇了水了
　　　　　　　　→d''. *花浇水的时候

通过包孕测试和自指测试,我们可以断定"切"是二元动词,这两个元是施事和受事,而不能是受事和方式;"磨"是二元动词,这两个元是施事和受事,而不能是工具和受事;"糊"是二元动词,这两个元是施事和受事,而不能是材料和受事;"浇"是二元动词,这两个元是施事和受事或施事和材料,而不能是材料和受事。可以说,元反映了动词最基本的组配能力;通过有关测试,我们就可以把人们对于动词最基本的组配能力的直觉知识转化为一系列形式上的操作。

第二节 动词的联和语义场景

3.2.1 语义场景的结构化:"框架—槽"和填项

从语义上看,一个动词通常能激活(activate)一个特定的场景(scene)——一种关于动作、行为或过程和参与者以及其他相关事物的具有整体性的知觉、记忆等心理过程。[①] 比如,"走"使人想到人或鸟兽的脚交互向前移动的情景,"吃"使人想到人或动物用嘴摄取食物的情景,"给"使人想到甲方使某物转移到乙方的情景,"切"使人想到人用刀把物品分成若干部分的情景。用分析的眼光来看,每一个由动词激活的语义场景都可以分解为两个部分:(1)框架(frame),它反映在一个动作、行为或过程中不同的参与者

[①] 详见杨成凯(1986)第 111—112 页。值得指出的是,我们所说的语义场景是由具体动词所激活的,并且是一种最小和最纯义项在世界模型中的对应物。因此,远比 Fillmore 的概念要窄。比如,Fillmore 认为由买卖行为构成的商务事件是一个语义场景;而我们则细化为分别由动词"买"和"卖"所激活的购买和销售两个语义场景。参看本书§1.3.3。

以及其他相关事物之间的一种抽象的关系；(2)填项(slot-holder)，它表示跟动作、行为或过程相关的参与者或其他事物。也就是说，表示语义场景的抽象框架中有一系列槽(slot)需要用填项去填充。这样，作为动词的配价研究的第一步，就是要弄清反映动词的语义场景的框架中有多少槽，分别需要用什么样的词语去充当填项。为了方便，我们称动词的语义场景框架中的槽或填项为联；如果一个动词的语义场景的框架中有 n 个槽或填项，那么就说它是 n 联动词。

3.2.2 联的确定原则：典型性、现实性、适中性、专门性

为了明确起见，在确定动词的联时必须遵循下列原则：

(1)典型性(prototypicality)，也就是说应该在由动词所激活的原型场景(prototypic scene)中提取动词的联。原型场景可以看作是关于现实世界的一个简单而且明确的模型，它舍弃了现实世界的某些事实。事实上，这原型场景相当于 Lakoff (1987) 所谓的理想化的认知模式(ideal cognitive model，简称 ICM)。原型场景说明的是最明确的情况、最好和最典型的事例。我们在使用语言时，往往需要使用激活原型场景的词语，即使在谈论跟原型不同的事情时也这样。比如，"走"的原型场景是人或鸟兽的脚交互向前移动。但是，在谈论某个右腿被地雷炸去半截的人(老王)仗拐而行时，我们还是离不了这个"走"字。例如：

老王用这根拐棍走了五十里山路→这根拐棍老王靠它走了五十里山路

在这两个句子中，"这根拐棍"虽然是跟动词"走"同现的伴随成分，但不能算作是"走"的一个联；因为，它不是"走"所激活的典型的语

义场景框架中的一个槽或填项。

（2）现实性（realizability），也就是说只有那些在由该动词构成的句子中被表达出来的那些语义场景要素，才能算作是该动词的一个联。比如，"走"所激活的语义场景中有〖人或鸟兽的脚〗这一语义要素，"吃"所激活的语义场景中有〖嘴〗这一语义要素，但是在句子中，它们都是作为缺省值（default value）而不用专门的语言形式表示出来，因此，不能算作是动词的一个联；"切"所激活的语义场景中有〖刀〗这一场景要素，它在句子中能用专门的语言形式表示出来，因此算作是动词的一个联。根据初步的考察，我们发现：在由动词所激活的语义场景中，凡是能构成内部对立的语义要素，一般都可以在句子中用专门的语言形式表示出来，从而成为动词的一个联；凡是不能构成内部对立的语义要素，一般不能在句子中用专门的语言形式表示出来，从而不能成为动词的一个联。例如：

小张用水果刀/弹簧刀/熟食刀……切西瓜

刘大婶用左手/右手抓了一把瓜子

而对于动词"走"和"吃"来说，语义要素〖脚〗和〖嘴〗完全是冗余的；并且也不能形成内部对立，因为吃的行为必然要借助嘴，而嘴只有一张；人虽有两条腿，但走路时一定要同时启用，也无法形成左右腿的对立。

（3）适中性（neutrality），也就是说必须在中性化的语境中、在修辞风格平实的（literal）句子中提取动词的联，而不能在特殊的语境中、在修辞风格藻丽的（figurative）句子中提取动词的联。例如：

他用一双不灵便的脚走东家串西门

这双脚走过田间的小路，也走过城里的大道

厂长用一张嘴吃了多少工人的工资
　　这张嘴吃过苦涩的树皮,也吃过鲜美的熊掌
在特殊的语境或藻丽的句子中,那些由动词的语义规定的不具有内部对立的语义要素,有时也能用专门的语言形式表达出来。但是,不能据此把它们算作是动词的一个联。因为在特定的语境中,说话人可以故意违背语用常规,借以表示某种特定的会话含意(implicature)。如果在提取动词的联时不剔除偏离语用常规的句子,那么所得到的联将无法正确地反映动词实际的组配能力。

(4)专门性(specificity),也就是说只有那些专一地依存某个或某些动词的伴随成分才能算作该动词的一个联,那些具有开放性的、几乎跟所有的动词都能同现的伴随成分不必算作是某个动词的联。例如:

　　他在一天中走了五十里山路　　他为了这事儿送我一本相册
　　他们在昏黄的路灯下打扑克　　他为了奖金的事闹了好几回

像这种表示时间、处所、目的或原因一类的成分,在介词的引导下几乎可以跟所有的动词共现。为了简明和方便,这种几乎对所有动词都具有普遍的依存性的伴随成分,不必算作是某个动词的一个联。在这里,有必要把跟动词同现的伴随成分大别为内在格(intrinsic case)和外在格(extrinsic case)两大类。内在格指由动词的语义性质所要求的动词的伴随成分,它是动词的语义场景框架中某个槽的填项,动词跟内在格之间有及物性关系(transitivity relation);外在格指在句子中由于表达的需要临时加进来的附加成分,它不是动词的语义场景框架中某个槽的填项,动词跟外在格之间没有及物性关系。从句法形式上看,内在格一般可以直接跟动词构成主谓结构或述宾结构,参见§3.1中的有关讨论。

3.2.3 语义场景的词汇化:最小义项和最纯义项

一个语义场景可以词汇化为一个词,并且在许多情况下,语义场景通常是以义项的形式固化在词中的。反过来说,由于联是从动词所激活的一个语义场景中提取出来的,因而必须以动词的义项为单位来考察动词的联。比如:

留:(1)停留。如:他～上海了

(2)保留。如:他把底稿～家里了

(3)收下。如:我～他做徒弟

(4)遗留。如:爷爷给我～了三间瓦房

(5)使留。如:我～客人吃饭 他把客人～家里了

跑:(1)快行。如:他～了半个小时

(2)逃走。如:两只兔子都～了

(3)奔走。如:他最近正～钢材呢

(4)离位。如:这根电线～电

(5)挥发。如:瓶子里的汽油都～了 煤气都～空气中了

这五种意义上的"留"和"跑"所能关联的联的数量、这些联的语义格及其句法配置是很不相同的,因此很难为它们找到一个公共的(类似最小公倍数的)配价层级。当然,有些动词的不同义项拥有相同的配价层级。例如:

招: (1)招收。如:饭店又～了几个女招待

(2)招惹。如:他净～邻居家的两个小男孩

(3)招供。如:刘大麻子～了全部的犯罪事实

传： (1)传播。如：张二婶～过几次小道消息
　　 (2)传导。如：这种材料不～热
　　 (3)传唤。如：法院又～了几个证人
收拾：(1)整理。如：妈妈正～房间呢
　　 (2)修理。如：爸爸正～沙发呢
　　 (3)惩治。如：警察终于～了那帮地痞

这些动词及其不同的义项碰巧拥有相同的配价层级和句法配置方式：施事＋动词＋受事。

但是,对于大多数动词来说,必须以义项为单位来考察其配价层级。并且,有时还必须把义项分化到最小义项和最纯义项才管用。例如：

缝：(1)缝补。如：妈妈把我衣服上的口子全～好了

　　　　　缝衣服＝补衣服

　　 (2)缝制。如：妈妈给我～了一条新棉袄

　　　　　缝衣服＝做衣服

掘：(1)通过挖找到。如：他们正～土豆呢

　　　　　伤员们～了一些芦苇根（充饥）

　　 (2)挖掉建筑物。如：他们～了几个无主坟

　　　　　掘墓人＝盗墓贼

　　 (3)挖造建筑物。如：他们正～水井呢

　　　　　掘墓人＝造墓者

这类动词的义项不管是分还是合,其配价层级是相同的。不过,一经分化之后,就便于给它们各自的宾语指派合适的语义角色（即到底是受事还是结果或目标）,从而也便于描写它们各自不同的配位方式。再如：

叠:(1)折叠。如:妈妈正~衣服呢
　　　　　　　那几件衣服你还是~床上吧
　　(2)叠制。如:妹妹正~纸船呢
　　　　　　　那几张花纸你还是~飞机吧
磨:(1)磨快。如:爸爸正~菜刀呢　这块砂轮我~菜刀
　　(2)磨制。如:老王~了一个砚台　这块青石我~砚台
跑:(1)快行。如:小刘在村子里~了一圈
　　(2)赛跑。如:我~过马拉松　这回接力赛我~第一棒
　　　　　　　我也~过外圈　上回八百米他~了个第二名
漏:(1)渗漏。如:柴油从桶里~地上了　地上~了不少柴油
　　(2)有缝。如:油桶~了　油桶~油　盆底(上)~了一个眼儿

这类动词的义项必须分化,否则就难于概括它们的配价层级和配位方式。并且,也很难设想叠衣服和叠纸船、磨菜刀和磨砚台、一般性的跑和专门性的赛跑等不同的行为可以在一个语义场景中被激活。

第三节　动词的项和句子压模

3.3.1　联的语义角色化:格指派

联是从动词的语义场景中抽取出来的,在句子中表现为动词的从属成分(dependent constituents,简称配项)。于是,可以根据各个配项在句子的语义表达(semantic representation,即语义场景在句子上的映射[mapping])中不同的作用而赋予它们不同的语义角色。当然,要想系统、一致地给所有动词的全部配项标明语

义格,这在经验上几乎是不可能的。① 但是,在原型理论的指导下,通过制定一些操作规程,还是有可能给大多数动词的大多数配项标明让大多数人满意的语义格的。我们在实践中体会到,给动词的配项指派格应该遵循以下三个原则:

第一,层级性。动词的各个配项在语义场景(或语义表达)中的作用是有很大的差别的,它们在句子中的句法、语义作用也是有很大的差别的。据此,可以把格分成核心格和非核心格两大类。核心格(kernel case)对于句子的结构完整性和意义完整性都是必需的(obligatory),而像工具、材料、方式、处所等非核心格(non-kernel case)对于句子的结构和意义的完整性来说都不是必需的(optional)。核心格又可以根据它们在句法、语义上的对立性而分为主体格和客体格两类,其中主体格(subject case)包括施事、感事、当事等语义格,客体格(objective case)包括受事、结果、与事等语义格。

第二,典型性。属于同一语义格的不同实例在成员资格(membership)上有程度的差别,它们之间在句法、语义上存在着某种家族相似性(family resemblance)。② 例如:

(1) a. 王平吃了一个苹果　　b. 妹妹在地上挖了一个洞
　　c. 妈妈笑了　　　　　　d. 程老师走了
(2) a. 我爸认识李校长　　　b. 小刚喜欢体育课
　　c. 这孩子困了　　　　　d. 马老师累了
(3) a. 老高长了一个疖子　　b. 小孩掉沟里了

---

① 详见 Dowty (1991), p.613。
② 关于原型范畴和家族相似性,请看袁毓林(1995)及其所列的参考文献。

c. 桐桐早醒了　　　　　d. 壶里的水已经开了

例(1)中的主语是施事(agent),它们共有的语义特点是自立性(independent),即其所指的事物先于动词所表示的事件独立存在;使动性(causation),即其所指的事物施行某个动作,或造成某种事件或状态。其中,及物动词的施事跟受事或结果相对待,因而是施事的典型成员。例(3)中的主语是当事(experiencer),它们共有的语义特点是自立性和变化性(change of state),即其所指的事物的状态在由动词所表示的事件中发生了变化。例(2)中的主语是感事(sentient),它们共有的语义特点是自立性和感知性(sentience and/or perception),即其所指的事物在由动词所表示的事件中表现出了某种感知能力。支配感事的动词一定是感觉—心理动词,其中及物动词的感事比较接近于施事,形容词的感事比较接近于当事。一般地说,支配施事的动词是自主动词,支配当事的动词是非自主动词,支配感事的动词和形容词是在自主性上介于自主和非自主之间的感知动词(包括形容词)。整个施事、感事、当事可以看作是原型施事(prototypical agent)的三个典型性渐减的小类。[①] 可以列表对照如下:

格\语义特征	自立	使动	感知	变化
施事	+	+	+	−
感事	+	−	+	−
当事	+	−	−	+

事实上,像"是"、"有"一类动词的主语不一定有变化性的特点,所以,为了周全,在当事之外有时还得增设主题(theme)这个格。

---

① 参考 Dowty (1991) §7"Thematic Roles as Prototypes", pp.571–575。同时参考陈平(1994)第 162—163 页。

从句法上看,主体格共有的特点是能作基础句的主语,但其相应的谓语动词在形式和意义上有一定的差别:施事的谓语是自主动词,能受"不"和"没有"修饰,如"不吃"~"没有吃"、"不走"~"没有走";感事的谓语是感知动词,能受"不"修饰,但不受"没有"修饰,如"不认识"~"*没有认识"、"不困"~"*没有困";当事的谓语是非自主动词,能受"没有"修饰,一般不受"不"修饰,如"没有掉"~"*不掉"、"没有醒"~"?不醒"。可以列表对比如下:

格\句法特征	作基础句的主语	出现在"不 VP"之前	出现在"没有 VP"之前
施事	+	+	+
感事	+	+	—
当事	+	—	+

关于客体格的句法、语义特点,先请看下列例句:

(4) a. 弟弟吃了<u>一个苹果</u>　　b. 弟弟把<u>那个苹果</u>吃了
　　c. <u>那个苹果</u>被弟弟吃了

(5) a. 爸爸挖了<u>一个菜窖</u>　　b. ?爸爸把<u>那个菜窖</u>挖好了
　　c. ?<u>那个菜窖</u>被爸爸挖好了

(6) a. 陈林给了<u>刘芳</u>一本词典　b. *陈林把<u>刘芳</u>给了一本词典
　　c. *<u>刘芳</u>被陈林给了一本词典

例(4)中的"苹果"是受事(patient),其语义特点是自立性、变化性和受动性(causally affected),即其所指事物承受由动词所表示的动作、行为的影响。例(5)中的"菜窖"是结果(result),其语义特点是变化性、受动性和渐成性(incremental),即其所指事物是在由动词所表示的事件中逐步形成的,这一点正好跟自立性相反。例(6)中的"刘芳"是与事(dative),其语义特点是自立性和受动性。整个受事、结果、与事可以看作是原型受事(prototypical patient)三个典型性渐减的小类。可以列表对比如下：

格\语义特征	受动	变化	自立	渐成
受事	＋	＋	＋	－
结果	＋	＋	－	＋
与事	＋	－	＋	－

从句法上看，客体格共有的句法功能是能作基础句的宾语。其中，受事和与事可以作双宾动词的宾语，而结果不能；受事和结果可以作介词"把"的宾语，与事不能。可以列表对比如下：

格\句法特点	作基础句的宾语	作双宾动词的宾语	作"把"的宾语
受事	＋	＋	＋
结果	＋	－	＋
与事	＋	＋	－

关于非核心格的句法、语义特点，先请看下列例句：

(7) a. 小明用<u>水果刀</u>切黄瓜　　　　b. <u>这把刀</u>我切面包

(8) a. 王玲用<u>细毛线</u>织了一件上衣

　　b. 她把<u>那些毛线</u>织了一顶帽子

　　c. <u>那些毛线</u>她织了一件外套

(9) a. 老江用<u>高音</u>唱了一曲《我的太阳》　b. 刘为唱过<u>男中音</u>

(10) a. 孩子坐在<u>小椅子上</u>　　　　b. 报纸掉<u>地上</u>了

可见，这些非核心格既不具有使动性，也不具有受动性。其中，工具(instrument)具有自立性和位移性(movement)，即其所指事物在由动词所表示的事件中移动了位置。材料(material)具有自立性、位移性和变化性(由原料变为成品)。方式(manner)具有非自立性和附庸性(existence not independent of event)，即其所指状况依附于由动词所表示的动作、行为之上。处所(location)具有自立性、非位移性和非变化性。可以列表对比如下：

格\语义特点	使动	受动	自立	附庸	位移	变化
工具	−	−	+	−	+	−
材料	−	−	+	−	+	+
方式	−	−	−	+	−	−
处所	−	−	−	−	−	−

从句法上看，非核心格都能在基础句中作介词的宾语。其中，工具可以作"用"的宾语，还能话题化。材料可以作"用"和"把"的宾语，也能话题化。方式可以作"用"的宾语，一般不能话题化。处所可以作"在"的宾语，还能话题化。可以列表对比如下：

格\句法特点	作介宾	"用"之宾	"把"之宾	"在"之宾	话题化
工具	+	+	−	−	+
材料	+	+	+	−	+
方式	+	+	−	−	−
处所	+	−	−	+	+

上面列出了常见的十种语义格的典型成员的具有一定的区别性的句法、语义特点，它可以作为我们判断某些语言成分的语义角色的参照标准。

第三，区别性。同一语义场景中不同的情景要素投射到句子中以后，如果在句法和语义上没有足够的对立性，那么可以归在同一种语义格之下。例如：

(11) 我用这个大盆/这桶热水/这十块钱洗澡

对于动词"洗澡"而言，"大盆、热水、钱"等相关配项是不能在同一个句子中共现的，也缺少形式和意义上的对立性，因此可以统一处理为工具格。相反，同一句子中跟动词相关的不同的名词性成分则必须赋予不同的语义格。例如：

(12) a. 燕子在<u>空中</u>飞着　　b. <u>空中</u>飞着一群燕子

c. 燕子飞(到)竹林里了　　d. 燕子从田头飞到竹林里了
(13) a. 我爸从老家来我家了　　b. (从)老家来了几个亲戚
　　　c. 我家来了几个客人　　　d. 县里来了几个干部

例(12a—c)中只有一个处所性成分,可以指派为处所格。例(12d)中出现两个处所性成分,因此必须分别指派为来源(source)处所和目标(goal)处所。于是,回过头来看(12a—c),可以发现(12c)中的"竹林里"是目标处所,(12a—b)中的"空中"则仍是一般的处所格。把处所格分化为来源处所、目标处所和一般处所,就可以非常方便地解释例(13d)产生歧义的原因——"县里"既可以理解为来源处所,跟例(13b)相似,又可以理解为目标处所,跟例(13c)相似。

可见,区别性是对典型性原则的一个限制。因为典型性强调被指派为同一种格的语言成分在句法和语义方面可以有一定的差异,而区别性则规定了同一语义格的差异范围和语义格分合的大概条件。

有了这三个原则,我们在语义格的判定方面就有了一个大概的依据。例如:

(14) a. 那个脸盆漏了　　　　　b. 那个脸盆漏了一个洞
　　　c. 那个脸盆漏水　　　　　d. 那个脸盆盛水
(15) a. 我跑过接力赛　　　　　b. 这回接力赛我跑第一棒
　　　c. 这回接力赛我在里圈跑
　　　d. 这回接力赛我在里圈跑第一棒

对于动词"漏(有裂缝)"而言,"脸盆"是当事,"洞"是结果,那么"水"是什么格呢?我们参照例(14d)把它定为受事。对于动词"跑(赛跑)"而言,"我"是施事,"里圈"是处所,那么"接力赛"和

"第一棒"分别是什么格呢？鉴于两者之间有某种整体和部分的关系，我们把"接力赛"定为范围格(range)，把"第一棒"定为方式格。有了这些原则，我们依然会碰到非常棘手的问题。例如：

(16) a. 鸡蛋碰石头　　b. *鸭蛋碰石头　　c. *鸡蛋碰砖头

在"鸡蛋碰石头"中，"鸡蛋"和"石头"的语义格是很难确定的。好在这种格式是不可推广的，使我们可以把它看作是熟语而不加分析。

3.3.2　记忆容量的后果：句子压模

一个动词能支配若干个从属成分，但是，这些从属成分不一定能在同一个句子中共现。根据我们的调查，在一个句子中，跟动词共现的配项一般不能超过四个。也就是说，句子具有压模功能，不管一个动词能支配多少个联，一个句子只留出四个或更少的位置供它们填入。例如：

(1) a. 我跑过八百米/马拉松　　b. 四百米他跑了个冠军

　　c. 这回接力赛我跑第一棒　　d. 这回一百米我在里圈跑

　　e. 这回一百米我跑里圈

　　f. 这回接力赛我在里圈跑第二棒

　　g. 这回一百米小王在外圈还跑了个第二名

(2) a. 他用小刀切黄瓜/黄瓜片　　b. 这把刀我切黄瓜/黄瓜片

　　c. 这根黄瓜你切片儿/丝儿　　d. 他把黄瓜片儿切案板上了

　　e. 黄瓜片儿他切案板上了　　f. 案板上切了不少黄瓜片儿

　　g. 小刚用水果刀把黄瓜片儿全切大盘里了

(3) a. 她用大盆/双手揉面/馒头　　b. 这个大盆我揉面

　　c. 这些面你揉一顿馒头吧　　d. 他往面/馒头里揉了一些碱

e. 那些碱他全揉面/馒头里了　f. 面/馒头里揉了不少碱
g. 他在案板上揉面/馒头　　h. 馒头他全揉案板上了
i. 案板上揉了不少馒头
j. 她用双手在案板上揉面/馒头

动词"跑(赛跑)"能支配施事、范围、方式、结果、处所五个配项,由于方式("第一棒"等)和结果("冠军"等)不能共现,因而,事实上只有四个配项能在同一个句子中共现。动词"切"能支配施事、受事("黄瓜"等)、结果("黄瓜片儿"等)、方式("片儿"等)、工具、处所六个配项,由于方式和结果、工具和方式不能共现,因而事实上只有四个配项能在同一个句子中共现。并且,从上例可以发现,当四个配项共现时,通常有两个配项要用介词来引导。事实上,即使所有的配项之间并没有排斥关系,那么能够共现的配项依然不能超过四个。例如:

(4) a. 他用右手摘了一个桃儿
　　b. 他用右手从树上摘了一个桃儿
　　c. 他用右手把桃儿全摘筐里了
　　d. 他把桃儿从树上全部摘到筐里了
　　e. ?他用右手从树上把桃儿全部摘到筐里了
(5) a. 他用双手拿了一个苹果
　　b. 他用双手从箱子里拿了一个苹果
　　c. 他用双手把苹果全拿客厅里了
　　d. 他把苹果从厨房里统统拿到客厅里了
　　e. ?他用双手把苹果从厨房里统统拿到客厅里了
(6) a. 他用勺子捞了几个饺子
　　b. 他用勺子从锅里捞了几个饺子

c. 他用勺子把饺子全捞大盘里了
   d. 他把饺子从锅里统统捞到大盘里了
   e. ?他用勺子把饺子从锅里统统捞到大盘里了

动词"摘、拿、捞"能支配施事、受事、工具、来源处所、目标处所五个配项,并且这五个配项分别没有排斥关系。但是,当这五个配项在同一个句子中共现时,句子就显得特别笨拙和不自然。追究起原因来,似乎跟人脑处理语句时必须涉及的短时记忆的容量相关。

根据 Miller (1956a,b),人在信息加工时所必需的短时记忆,在广度上是有一定的限制的,通常只有 7 ± 2 个模块(chunk)。就句子而言,动词是其句法、语义核心,因此完全可以把动词作为参照基准来确定一个特定的句子中到底包含多少信息块。这样,动词及其前后修饰成分构成一个模块,动词的各个从属成分则分别构成不同的模块。按照这种计算方法,那么一个动词跟四个配项共现就已经达到短时记忆常数的下限——五个模块。如果加上时间、处所、原因等外在格,加上语调等超音段成分和语气词,再加上"据说、总而言之"一类话语连结成分或其他插入成分;那么,一个句子中的信息块就会突破记忆常数的上限——九个模块。例如:

(7) 据说,前些日子小韩在系里跟刘主任为了职称的事非常坦率地交换了各自的思想。

可见,只有把动词的配项的同现数量控制在四个以下,才能有效地控制一个句子中的信息块的数量。这样,句子的压模功能可以看作是人脑短时记忆容量限制的结果。

第四节 配位方式和语义过程

3.4.1 透视域的句法化:配位方式

上面从记忆限制的角度解释了句子压模的原因,事实上在上限数目四之下,动词的配项的共现仍然有着严格的选择限制。例如:

(1) a. 那个脸盆漏了一个洞　　b. 那个脸盆漏水
    c. *那个脸盆一个洞漏水　　d. *那个脸盆漏一个洞水
(2) a. 蚊子传疟疾、脑膜炎等疾病　b. 这种病专门传幼儿
    c. *蚊子传幼儿疟疾、脑膜炎等疾病
    比较:小王给我一个球
(3) a. 妈妈正用树枝烧水呢　　b. 我爸用电炉烧了一锅米饭
    c. 他家一直烧煤球炉　　　d. 我家早烧液化气了
    e. 这只炉子只能烧蜂窝煤
    f. *这只炉子用蜂窝煤烧了一锅开水

动词"漏(有裂缝)"至少可以支配当事、结果、受事三个配项,但是结果和受事是不能在同一个句子中共现的。动词"传(传染)"可以支配施事、与事、受事三个配项,但是施事和与事是不能在同一个句子中共现的。因此,它们都是三联二项动词。动词"烧"可以支配施事、受事、结果、工具、材料五个配项,但是受事和结果不能共现,工具("炉子"等)和材料("蜂窝煤"等)只有在没有其他配项加入的情况下才能共现,因此,它只能算作是一个五联三项动词。动

词的配项之间的这种同现选择限制,是由说话人的透视域(perspective)决定的。前文(§3.2.1)说动词能激活一个语义场景,但是在特定的语境中,人们只能从一个特定的透视域去考虑一个场景;更确切地说,虽然整个场景都在考虑之中,但是我们只是集中注意那个场景的某一特定的部分。① 例如:

(4) a. 杨明在马路上跑了半个小时

　　 b. 马路上跑着两个小伙子

　　 c. 杨明每天从家里跑到学校

　　 d. *他从家里在马路上跑到学校

(5) a. 沈同跑过接力赛/八百米

　　 b. 八百米她跑了个冠军

　　 c. 这回四百米我跑里圈

　　 d. 这回接力赛我跑第一棒

　　 e. 这回接力赛小王在里圈跑第二棒

　　 f. 这回一百米他在外圈还跑了个第二名

　　 g. *这回接力赛小王第二棒跑了个冠军

　　 h. ?选手们一齐从起点跑向终点

(6) a. 小龙从杂志上摘了不少警句

---

① 详见杨成凯(1986)第 112—115 页。跟语义场景相应,我们所说的透视域是由一个具体动词跟其若干个配项组成的具体句式所表达的,是人们看待一具体场景的方式在句法形式上的反映。因此,也比 Fillmore 的概念要窄。比如,Fillmore 认为着眼于商务事件中的买主和货物则选用动词 buy(买),着眼于商务事件中的卖主和货物则选用动词 sell(卖),着眼于商务事件中的买主和货币则选用动词 spend(花费),着眼于商务事件中的货物本身则选用动词 cost(值),着眼于商务事件中从卖主到买主的交易关系则选用动词 charge(要价),着眼于商务事件中从买主到卖主的交易关系则选用动词 pay(付)。参看本书§1.3.3。

　　　　b. 小龙把警句全摘(在)日记本上了

　　　　c. *小龙从杂志上往日记本上摘例句

　　　　d. *小龙把例句从杂志上摘到日记本上

在动词"跑"激活的语义场景中,既有源点处所("家里"等)和目标处所("学校"等),又有介于这两者之间的一般处所("马路上"等);但是人们通常或者只注意源点和目标,或者只注意两者之间的一般处所。在动词"跑(赛跑)"激活的语义场景中,正在进行中的具体方式("第二棒"等)和最终的结果("冠军"等)不能同时被考虑;更有意思的是,其中的起点和终点等情景要素,由于不被人们注意而不能实现为源点处所格和目标处所格。在动词"摘(选取)"激活的语义场景中,由于源点和目标不同时被注意,因而它们不能在同一个句子中共现。

　　为了方便,我们称动词的配项之间的这种同现选择限制以及主语宾语等句法成分对施事受事等语义成分的选择关系为配位方式(argument selection)。直观地说,配位方式是能够在同一个句子中共现的、从属于同一个动词的语义格在句法上的安排方式(syntactic arrangement)。例如:

　　(7) a. 我用大碗吃面条　　b. 面条我用大碗吃
　　　　c. 我面条用大碗吃　　d. 大碗我吃面条
　　　　e. 大碗吃面条　　　　f. 我吃大碗

施事"我"只能作主语,受事"面条"可以作主语和宾语,工具"大碗"既可以通过介词引导而作状语,又可以作主语和宾语;当工具"大碗"作主语的时候,受事"面条"一定作宾语,施事"我"可以出现;当工具"大碗"作宾语的时候,施事"我"一定作主语,受事一定不能出现。

显然地，动词的每一种配位方式都反映了人们观察由动词激活的语义场景的某一种特定的透视域。换句话说，配位方式不过是观察动词的语义场景的某种透视域的句法实现（syntactic realization）。如果说动词跟其从属成分之间的格关系是一种低层次的语义关系，那么，由动词的配位方式造成的意义就是一种高层次的语义。动词跟其从属成分造成的不同的配位方式之间的语义差别就是高层次的语义差别，即句式义的差别。① 例如：

(8) a. 他用棉花棍儿往伤口上抹红药水
    b. 他用棉花棍儿把红药水全抹伤口上了
(9) a. 他用红药水抹伤口　　b. 这些红药水他抹伤口
    c. 他往伤口上抹红药水　d. 他把红药水抹伤口上了
    e. 红药水他全抹伤口上了　f. 伤口上抹着红药水
(10) a. 他用棉花棍儿抹红药水　b. 这些棉花棍儿他抹红药水

这些由动词"抹"跟其配项通过不同的配位方式而构成的不同句

---

① 朱德熙先生指出，句子里组成成分之间的语义关系是有层次的。所谓高层次上的关系指的是与整个句子的语法意义直接相关联因此比较重要的语义关系，所谓低层次的关系是指与整个句子的语法意义不直接关联因此比较次要的语义关系。例如：
(1) a. 床上躺着病人 → (1') a. 病人躺在床上
    b. 床上有病人　　　　 b. 病人在床上
(2) a. 屋里摆着酒席 → (2') a. 酒席摆在屋里
    b. 屋里有酒席　　　　 b. 酒席在屋里
在上例中，(1a)跟(1'a)在低层次的语义关系方面相同，表示动作和施事的及物性关系。但是，两者在高层次的语义关系方面不同：(1a)表示存在及其方式这种句式义，可资参照的是(1b)只表示抽象的存在；(1'a)表示所处位置及其方式这种句式义，可资参照的是(1'b)只表示抽象的位置。(2a)跟(2'a)在低层次的语义关系方面相同，表示动作和受事的及物性关系。但是，它们在高层次的语义关系方面不同：(2a)跟(1a)相同，(2'a)跟(1'a)相同。详见朱德熙(1990)§4，第9—11页；朱德熙(1986)§2和§5，第126—129、134—135页。可见，低层次上及物性关系的相同不能保证高层次上句式义的相同；而同一个动词跟其从属成分的不同的配位方式，正是为了表达不同的句式义。

式,表达了各不相同的句式义。至于怎样来概括这些句式的不同的句式意义,则有待于将来作仔细的专题研究。

3.4.2 调整配位的语义机制:格的细分、合并和转化

从不同的透视域去观察,同一个语义场景中的有关情景要素的作用或角色可能会发生变化。反映在语言中,表示这些场景要素的语言成分的语义格可能会发生细分、合并和转化等变化。格的细分(division)指从某种透视域观察,某些场景要素可以视为具有相同的作用;但是,从另外一种透视域观察,这些场景要素宜于看作具有不同的作用。于是,表示这些场景要素的语言成分的语义格也要作出相应的分化。除了上文提到的处所格可以分化为来源处所、目标处所和一般处所外,施事、与事、受事、工具等在某些句式中都有作出细分的必要。例如:

(1) a. 大哥正给孩子理发呢　　b. 大哥正理发呢
　　 c. 孩子正理发呢
(2) a. 小刘借老王一辆自行车　　b. 小刘借给老王一辆自行车
　　 c. 小刘向老王借一辆自行车
(3) a. 这把扫帚我扫院子/树叶　　b. 我在院子里扫树叶
　　 c. 我用这把扫帚扫院子里的树叶
(4) a. 张老三正浇氨水/油菜/菜园呢
　　 b. 张老三用氨水浇油菜/菜园
　　 c. 张老三用氨水浇菜园里的油菜
　　 d. 这些氨水我浇油菜/菜园
　　 e. 这些油菜/菜园我刚浇过氨水
　　 f. 张老三往菜园里浇了不少氨水

(5) a. 桐桐摔了一跤/一个跟斗　　b. 桐桐头上摔了一个包
(6) a. 她用剪子在袖口上剪了一个口子
　　b. 她用旧报纸剪了一个鞋样
(7) a. 他用双手/刷子/浆糊贴标语
　　b. 这把刷子/些浆糊我贴标语
(8) a. 他用刷子刷标语/浆糊
　　b. 这把刷子我刷标语/浆糊

以(1a)为背景,(1b)中的施事"大哥"是施益性的,(1c)中的施事"孩子"是受益性的,它可以转变成与事(如1a所示)。像"洗澡、开刀、修车、看病……"等动词的施事都有这种两重性。例(2a)中的与事"老王"既可以是目标性的或受益性的,如例(2b)所示;又可以是来源性的或施益性的,如例(2c)所示。例(4a)中的受事"氨水"是材料性的,它可以用介词"用"引导;受事"油菜"是对象性的或目标性的,受事"菜园"是范围性的,它可以转变为处所格。例(5a)中的结果"一跤、一个跟斗"是同源性的,它完全由动词的意义所隐含;例(5b)中的结果"一个包"是后果性的。例(6a)中的结果"一个口子"是后果性的,它常跟工具格共现;例(6b)中的结果"一个鞋样"是成品性的,它常跟材料格共现。例(7a)中的工具"双手"是人体性的,它通常不能话题化;工具"刷子"是器具性的,工具"浆糊"是材料性的,它们都可以话题化;其中,材料性工具还可以作宾语。

语义格的合并(incorporation)有三种情况:(1)受配位方式的限制,两种不同的语义格不能在同一句式中共现,只能把一种格合并进另一种格。例如:

(9) a. 王先生只指导过一个博士生

b. 我指导过三篇博士论文

　　c. 林教授正指导三个博士生的学位论文

"指导"是个二元二位二项三联动词,与事"博士生"和受事"学位论文"不能以独立的身份共现;只有通过格的合并这种语义机制,把与事寄生在受事上来合占一个句法位置。(2)受配位方式的限制,两种不同的语义格虽然能在同一个句式中共现,但是当另一种语义格加进来以后就无法共现了;于是,只能把这两种语义格合并成一种语义格。例如:

　(10) a. 这根黄瓜我切片儿　　b. 这把刀我切黄瓜片儿

　(11) a. 这些水彩我画画儿　　b. 这枝毛笔我画水彩画儿

　(12) a. 这枝毛笔我写字儿　　b. 这张宣纸我写毛笔字儿

"切"的受事"黄瓜"和方式"片儿"能共现,当工具"这把刀"加入以后:或者是去掉一个格,说成"这把刀我切黄瓜/片儿";或者是把受事和方式合并成结果,说成"这把刀我切黄瓜片儿"。"画"的材料"水彩"和结果"画儿"能共现,但是当工具"这枝毛笔"加入以后,由于材料和工具不能共现;因此,只能把材料格并入结果格。"写"的工具"这枝毛笔"和结果"字儿"能共现,但是当材料"这张宣纸"加入以后,由于材料和工具不能共现;因此,只能把工具并入结果格。(3)参照同一个动词的其他有关的语义场景,某种场景中的某一场景要素可以看作是相关场景中的两个要素的合并;相应地,反映这一要素的语义格可以看作是反映那两个要素的两种语义格的合并。例如:

　(13) a. 小王用锥子把卡片穿了一个小孔

　　　b. 子弹把墙穿了一个洞

　(14) a. 老方用锤子把院门砸了一个洞

b. 陨石把房顶砸了一个大窟窿

通过对比,动力(force)"子弹、陨石"可以看作是施事和工具的合并;并且,动力确实不能跟施事和工具在同一个句子中共现。

语义格的转化(transform)指随着透视域的改变,语义场景中的有关要素的作用发生了变化;最终,导致表达这些场景要素的语言成分的语义格发生转移。例如:

(15) a. 他们用水泵抽污水　　b. ?他们正抽着污水呢
     c. 水泵正抽着污水呢
(16) a. 他们用卡车运粮食　　b. ?他们正运着粮食呢
     c. 卡车正运着粮食呢
(17) a. 他们用担架抬伤员　　b. 他们正抬着伤员呢
     c. *担架正抬着伤员呢

"抽"、"运"的工具格"水泵"、"卡车"可以通过施事化这种语义过程而作主语,从而使真正的施事不能单独(不依赖工具格)作主语。我们发现,工具格的施事化是有严格的语义条件的——充当工具格的语言成分必须有〔+动力〕的语义特征。可资比较的是,"抬"的工具"担架"没有〔+动力〕的语义特征,因而不能施事化;最终,造成这两类动词在配位方式上有成体系的差别。值得注意的是,当事、受事、工具和材料格都可以处所化;并且,处所化都是有标记的——加上"上、里"等方位词。例如:

(18) a. 他的衬衫破了一个洞　　b. 他的衬衫上破了一个洞
     c. 他的衬衫上有一个洞
(19) a. 油箱漏了一个眼儿　　b. 油箱上漏了一个眼儿
     c. 油箱上有一个眼儿

上例中 a 是当事主语句,整个句子表示对情状的描写:用"洞"来描写"衬衫"的"破",用"眼儿"来描写"油箱"的"漏"。b是处所主语句,整个句子表示存在的具体方式,而相应的c则表示抽象的存在。可见,处所格作主语的句子都表示存在;使用具体动词就表示具体的存在,使用抽象动词则表示抽象的存在。而其他语义格的处所化,为整个句子表示存在义创造了条件。再如:

(20) a. 他们用沙袋堵大坝的缺口

b. 他们往大坝的缺口里堵沙袋

c. 大坝的缺口里堵了不少沙袋

(21) a. 他们用沙袋堵洪水　　b. *洪水里堵了不少沙袋

(22) a. 他用刀片刮脸/胡子　　b. 他用刀片在脸上刮胡子

(23) a. 他用凉水洒院子　　b. 院子里洒了不少凉水

(24) a. 他用小棍儿掏鸟窝/鸟蛋

b. 他用小棍儿从鸟窝里掏鸟蛋

"堵"可以带对象性受事("缺口"等)和原因性受事("洪水"等),但只有前者可以处所化,后者不能处所化;"刮"可以带对象性受事("胡子"等)和范围性受事("脸"等),但只有后者可以处所化,前者不能处所化。其中的规律是什么,我们目前尚不清楚。"洒"的范围受事处所化后细化为目标处所,"掏"的范围受事处所化后细化为来源处所。值得注意的是,"刮""掏"的对象性受事和范围性受事本来不能共现;但是,当范围受事处所化之后,它们就能在同一个句子中共现了。可见,语义格的转化为有关格的同现创造了条件,从而增强动词的配位能力。再如:

(25) a. 他用炉子烤白薯　　b. 他在炉子上烤白薯

c. 炉子上烤着几个白薯

(26) a. 他用双手捧花生　　b. 他把花生捧手里/盆里了

　　　　c. 他的手里捧着不少花生　d. *盆里捧了不少花生

(27) a. 他用夹子夹报表　　　　b. 他把夹子夹报表上了

　　　c. 他把报表夹夹子上了　　d. 报表上夹着夹子

　　　e. 夹子上夹着报表　　　　f. *夹子上夹报表上了

"烤"的工具格处所化以后，还能作主语。有意思的是，"捧"的工具格处所化以后（"手里"）可以作主语，而原有的处所格（"盆里"）反而不能作主语。其中的道理，说起来还颇费周折。"夹"的工具和受事都可以处所化，处所化以后都可以作主语和宾语，从而形成丰富多彩的配位方式，表示精细复杂的语义差别（比如，图形[figure]与背景[background]的互换）。但是，"夹"的工具和受事不能同时处所化而在一个句子中共现。再如：

(28) a. 他用铅笔/小本子记电话号码

　　　b. 他用铅笔在小本子上记电话号码

　　　c. 小本子上记了不少电话号码

　　　d. *他用小本子在铅笔上记电话号码

(29) a. 我用这个衣架挂大衣→这个衣架我挂大衣

　　　→我在衣架上挂大衣→衣架上挂着大衣

　　　b. 我用这个柜子挂大衣→这个柜子我挂大衣

　　　→我在柜子里挂大衣→柜子里挂着大衣

　　　c. 我用衣架在柜子里挂大衣→*我用柜子在衣架上挂大衣

"挂"的两个工具格都能处所化，而"记"的两个工具格中只有一个能处所化。"记"、"挂"的两个工具格不能共现，只有当其中一个处所化以后才能共现；并且，到底由哪一个工具格来实施处所化也是由动词的语义事先规定的。

第五节 配位方式和语法过程

3.5.1 调整配位的语法机制:(1)话题化

从句法成分和语义格的配位关系上看,施事、感事、当事等主体格一般占据主语的位置,受事、与事、结果等客体格一般占据宾语的位置,工具、材料、方式、处所等外围格一般在介词的引导下占据状语的位置。如果客体格和外围格要占据主语的位置,那么一般需要经过话题化(topicalization)这种语法过程。当然,不同的客体格和外围格在话题化时所受到的限制是很不一样的。一般地说,受事格的话题化是比较自由的。例如:

(1) a. 小王掏过鸟窝/鸟蛋→鸟窝/鸟蛋小王掏过

b. 你用扫帚扫一下院子/树叶→院子/树叶你用扫帚扫一下

(2) a. 你先介绍一下这儿的情况→这儿的情况你先介绍一下

b. 你先介绍一下这儿的情况→你先把这儿的情况介绍一下

(3) a. 你们分了这箱苹果+你们分四份儿

→这箱苹果你们分四份儿

b. 我染这条裙子+我染红色→这条裙子我染红色

c. 我劈了那个树根/一堆柴火→那个树根我劈了一堆柴火

d. 他用锤子把院门砸了一个洞→院门他用锤子砸了一个洞

(4) a. 他们在墙上贴了标语→他们把标语贴墙上了

→标语他们贴墙上了

b. 他们在河边种了柳树→他们把柳树种河边了

→柳树他们种河边了

c. 他们往医院里送伤员→他们把伤员送医院了
　　　→伤员他们送医院了
　　d. 他们在卡片上记单词→他们把单词记卡片上了
　　　→单词他们记卡片上了

从例(1)可以看出,范围受事和目的受事都是可以话题化的。从例(2)可以看出,受事话题化跟"把"字句有相同的语法功能:使语义上有定的名词性成分离开宾语位置。从例(3)可以看出,受事和结果或者根本不能在同一个句子中共现,或者需借助介词"把"引导才能共现;通过受事话题化以后,受事和结果可以在同一个句子中共现,并在主语和宾语的位置上各得其所。从例(4)可以看出,受事话题化以后,处所格就可以紧接在动词之后了。与事格的话题化受到较多的限制,例如:

(5) a. 我送了小李一本词典→小李我送了他一本词典
　　b. 我泼了老王一身污水→老王我泼了他一身污水
(6) a. 我向几个老人打听那事儿→我为那事儿打听了几个老人→那事儿我打听了几个老人
　　b. 我曾经打听过那几个老人→那几个老人我曾经打听过
　　　(后续句:i. 得知他们都活着　ii. 他们都不知道那事)

从例(5)可以看出,能以双宾语的形式出现的与事和受事,其中的与事话题化后一定要在原来的位置上用代词来照应。从例(6)可以看出,不能以双宾语的形式出现的与事和受事,其中的与事或受事一定要用介词引导;只有经过话题化以后,受事和与事才能在主语和宾语的位置上各得其所。不过,由于与事和受事都可以作宾语,并且都可以通过话题化而作主语,因此,例(6b)中的两个句子都是有歧义的:当"那几个老人"是受事时,只能选用后续句 i;当

"那几个老人"是与事时,只能选用后续句 ii。一般来说,结果格的话题化有许多条件限制。例如:

(7) a. 他们在山坡上盖学校→他们把学校盖山坡上了

　　→学校他们盖山坡上了

b. 他在邮票上揭了一个洞→他把邮票揭了一个洞

　　→*一个洞他揭了邮票

(8) a. 小华用那些零件装了一个闹钟

　　→*那个闹钟小华用那些零件装了

　　比较:那个闹钟小华(是)用那些零件装的

b. 阿芳用竹针织了一件毛衣→*那件毛衣阿芳用竹针织了

　　比较:那件毛衣阿芳(是)用竹针织的

从例(7)可以看出,成品结果格可以话题化,而后果结果格是不能话题化的。值得注意的是,如例(8)所示:当跟材料或工具共现时,成品结果也不能话题化;除非用"的"把结果宾语提取出来,让结果格作判断句的主语,让提出了结果宾语的"的"字结构作判断句的谓语。在大多数情况下,工具格的话题化非常自由。例如:

(9) a. 我用这根竹竿轰小鸡→这根竹竿我轰小鸡

b. 他用这笔钱养全家人→这笔钱他养全家人

(10) a. 朱先生用那种朴素的眼光看待汉语

　　→*那种朴素的眼光朱先生看待汉语

b. 新派学者用解构主义分析当代诗歌

　　→*解构主义新派学者分析当代诗歌

(11) a. 我用喷桶/双手洒水→这个喷桶我洒水

　　→*这双手我洒水

  b. 我用钥匙/右手开门→这个钥匙我开门

   →*这右手我开门

(12) a. 我用这把扫帚扫院子/树叶→这把扫帚我扫院子/树叶

  b. 我用这根棍儿掏鸟窝/鸟蛋→这根棍儿我掏鸟窝/鸟蛋

(13) a. 他用这把剪子剪报纸/鞋样→这把剪子他剪报纸/鞋样

  b. 他用这把剪子把书剪了一个洞

   →*这把剪子他把书剪了一个洞

一般地说,工具格的话题化受到较少的条件限制。对比例(9)和(10)可以看出,由实体名词充当的工具格可以话题化,由抽象名词充当的工具格不能话题化。从例(11)可以看出,如果工具格跟施事有不可让渡(inalienable)的关系,那么它就不能话题化。从例(12)可以看出,提升为话题的工具格依然可以跟范围受事和对象受事共现。从例(13)可以看出,跟成品结果共现的工具格可以话题化,但跟后果结果共现的工具格不能话题化。相比起来,材料格的话题化可能是最自由的。例如:

(14) a. 他用那张牛皮纸包了词典→那张牛皮纸他包了词典

  b. 我用这些农药喷果园/果树→这些农药我喷果园/果树

(15) a. 我用那些白灰刷了墙了→那些白灰我刷了墙了

  a'. 我把那些白灰刷墙上了→那些白灰我刷墙上了

  b. 我用那些药水喷了草坪→那些药水我喷了草坪

  b'. 我把那些药水喷草坪上了→那些药水我喷草坪上了

(16) a. 你用这些毛线织一件上衣吧→这些毛线你织一件上衣吧

  b. 我用这些草珠子穿一个门帘→这些草珠子我穿一个门帘

从上例可以看出,跟范围受事、对象受事、成品结果共现的材料格都可以话题化;材料格不能跟后果结果共现,因而也没有充当话题的材料格跟后果结果共现的配位方式。从例(15)可以看出,提升为话题的材料格可以跟从受事转化来的处所格共现。值得注意的是,这种材料话题句是从"把"字句上转换出来的;也就是说,受事处所化这种语义过程在先,材料话题化这种语法过程在后。相比起来,处所格的话题化,情况最为复杂。例如:

(17) a. 小孩在屋子里不停地走→屋子里小孩不停地走
   b. 我常从家里走到学校里
     →*家里我常走到学校里/学校里我常从家里走
(18) a. 妈妈在阳台上晒了几件衣服→阳台上妈妈晒了几件衣服
   b. 爸爸在阳台上收了几件衣服
     →*阳台上爸爸收了几件衣服
(19) a. 舅舅从口袋里掏了五十块钱
     →*口袋里舅舅掏了五十块钱
   b. 奶奶每天往幼儿园里送小孩
     →*幼儿园里奶奶每天送小孩
(20) a. 犯人从监狱里逃了→监狱里逃了一个犯人
     杀人凶手逃国外了→*国外逃了一个杀人凶手
   b. 雪花从空中落地上了→*空中落了许多雪花
     枯叶从树上落房上了→ 房上落了不少枯叶
   c. 环保干部从省里来县里了→县里来了几个环保干部
     环保干部从县里来村里了→县里来了几个环保干部

从上例可以看出,一般处所格的话题化几乎是不受什么条件限制的。但来源处所格和目标处所格的话题化则因个别动词而不同:"走"、"飞"等动词的来源处所格和目标处所格都不能话题化;

"逃"、"跑"等动词的来源处所格可以话题化,而其目标处所格不能话题化;"落"等动词的目标处所格可以话题化,而其来源处所格不能话题化;"来"等动词的来源处所格和目标处所格都能话题化。其中的规律和原因,我们还把握不住。值得注意的是,例(18)中的处所格"在阳台上",既可以理解为一般处所格,又可以理解为目标处所格(如18a)或来源处所格(如18b)。其中,只有可以理解为目标的处所格才能话题化,可以理解为来源的处所格不能话题化。"掏"等动词的来源处所是突出的,而目标处所通常是隐含不表达出来的,"送"等动词目标处所是突出的,而来源处所通常是隐含不表达出来的。这种动词的来源处所和目标处所都是不能话题化的。也许可以作出大胆的假设:只有语义上突出的(salient)处所格才能话题化。由其他格转化来的处所格,其话题化的情况也是十分复杂的。例如:

(21) a. 妈妈正在扫院子/树叶→妈妈正在院子里扫树叶
　　　　→院子里妈妈正在扫树叶
　　b. 弟弟正在舔盘子/芝麻→弟弟正在盘子上舔芝麻
　　　　→*盘子上弟弟正在舔芝麻

(22) a. 桐桐用牙齿咬画片　　桐桐把画片咬了一个洞
　　　　桐桐在画片上咬了一个洞　画片上桐桐又咬了一个洞
　　b. 小刚用脚踩桌子　　小刚在桌子上踩了一个脚印
　　　　桌子上小刚踩了一个脚印

(23) a. 他用脸盆接泉水→他把泉水接盆里了
　　　　→盆里他接了一些泉水
　　b. 他用双手接泉水→他把泉水接手里了
　　　　→*手里他接了一些泉水

(24) a. 她用药膏抹伤口→她在伤口上抹药膏

　　　→伤口上她抹了一些药膏

　　b. 她用口红抹嘴唇→她在嘴唇上抹口红

　　　→*嘴唇上她抹了一些口红

从例(21)可以看出,由范围受事转变来的处所格一般是不能话题化的(如 21b 所示),除非它混同于环境性的、非必有的处所格(如 21a 所示)。从例(22)可以看出,后果性结果格强制性地要求跟受事格或由受事转变来的处所格共现;并且,这种处所格是可以话题化的。从例(23)(24)可以看出,跟施事有不可让渡关系的工具格和受事格是不能话题化的;当它们转变为处所格以后,仍然不能话题化。

3.5.2　调整配位的语法机制:(2)述题化

从信息安排的角度看,句子的主语通常是话题(topic),谓语通常是对话题的说明(comment),宾语通常是说明部分的信息焦点,可以称之为述题(rheme)。① 这样,从配位方式的角度看,主体格通常占据主语位置,从而成为常规的话题;客体格和外围格则需要通过话题化这种语法过程才能占据主语的位置,从而成为有标记的话题。同样的道理,客体格通常占据宾语的位置,从而成为常规的述题;而主体格和外围格则需要通过述题化(rhemization)这种语法过程才能占据宾语的位置,从而成为有标记的述题。例如:

(1) a. 我们在地板上睡→我们睡地板

---

① 我们只是借用 M. A. K. Halliday(1985, pp. 38-43)提出的 Theme-Rheme 中的 Rheme(述题)这一名称,但内涵有本质的不同。

   b. 我们用大碗吃饭→我们吃大碗

   c. 我们用美声唱歌→我们唱美声

 （2）a. 老师正在黑板上写字呢→老师正写黑板呢

   b. 爷爷正用烟斗抽旱烟呢→爷爷正抽烟斗呢

   c. 爸爸正用农药喷草坪呢→爸爸正喷农药呢

   d. 小王正为电影票排队呢→小王正排电影票呢

   e. 我们明天跟日本队打球→我们明天打日本队

（1a）是处所格的述题化，同类的还有"坐沙发、坐炕沿、睡大床、睡沙发、睡躺椅、住洋楼、住工地、住宾馆、吃馆子、吃食堂、跑外圈、跑农村、走小道、走山路"等；（1b）是工具格的述题化，同类的还有"说普通话、说英语、洗凉水"等；（1c）是方式格的话题化，同类的还有"唱高音、弹C调、织平针"等。从表义上看，经过述题化以后，例（1）中的述宾结构表示方式，可用以回答"怎么办？"；例（2）中的述宾结构表示活动，可用以回答"干什么？"。其中，（2a）是处所格的述题化，同类的还有"抄卡片、抄书本、抄黑板"等；（2b）是工具格的述题化，同类的还有"听耳机、看显微镜、写毛笔、打电脑、弹钢琴、吹电扇"等；（2c）是材料格的述题化，同类的还有"浇氨水、刷白灰、搽胭脂、抹口红、擦药水"等；（2d）是目的格的述题化，同类的还有"排带鱼、跑钢材、跑买卖"等；（2e）是本来位于动词前的与事格的述题化，同类的例子并不多见。当然，表示方式还是表示活动只是一个大致的分野，两属和中间的情况也是存在的。

  上面所说的述题化都是单纯的，属于自主型的语法过程。其实，在很多情况下述题化和话题化这两种语法过程往往是互相掺杂、互相利用和互相推动的，属于互动型的语法过程。这里面至少又有四种情况：

1)以受事、结果等客体格的话题化为先导,腾出宾语位置；然后是工具、材料、方式等外围格述题化,占据宾语位置。例如：

(3) a. 我用麻绳捆这头猪→这头猪我用麻绳捆
　　　→这头猪我捆麻绳
　　b. 你用白灰刷这面墙→这面墙你用白灰刷
　　　→这面墙你刷白灰
　　c. 我用C调唱这支歌→这支歌我用C调唱
　　　→这支歌我唱C调
(4) a. 你用毛线织一件上衣→这件上衣你用毛线织
　　　→这件上衣你织毛线
　　b. 你用正楷写一幅标语→这幅标语你用正楷写
　　　→这幅标语你写正楷

例(3)先是受事话题化,然后是工具、材料、方式述题化。例(4)先是结果话题化,然后是材料、方式述题化。

2)材料、方式等外围格述题化在先,工具格话题化在后。例如：

(5) a. 她用这副竹针织细毛线→这副竹针她织细毛线
　　b. 我用这把刷子刷石灰水→这把刷子我刷石灰水
(6) a. 她用这副铝针织棒针　→这副铝针她织棒针
　　b. 我用这枝毛笔写隶书　→这枝毛笔我写隶书

例(5)先是材料格述题化,然后是工具格话题化。例(6)先是方式格述题化,然后是工具格话题化。

3)话题化和述题化先后交替进行,最后造成主语和宾语互换位置；更确切地说,是占据宾语位置的受事和处所先行话题化为主语,随后占据主语位置的施事述题化为宾语。例如：

(7) a. 十个人吃一锅饭→一锅饭吃十个人

　　b. 三个学生坐一条板凳→一条板凳坐三个学生

(8) a. 几个客人来我家了→我家来了几个客人

　　b. 几个小孩住在楼下→楼下住了几个小孩

(9) a. 行人在便道上走→行人走便道→便道走行人

　　b. 几个军人正在马路上慢慢地走着→马路上几个军人正慢慢地走着→马路上慢慢地走着几个军人

　　c. 午后,一帮打工客从酒店里走了→午后,酒店里一帮打工客走了→午后,酒店里走了一帮打工客

例(7)是受事话题化和施事述题化交替进行,从而表示"一定数量的受事可供一定数量的施事享用"一类句式义。例(8)是处所话题化和施事述题化交替进行,从而表示存在、出现一类句式义。例(9)则更为复杂,(9a)先是处所述题化为宾语,然后再话题化为主语;最后,施事述题化为宾语;从而表示跟例(7)相似的句式义——处所可供施事使用。(9b)(9c)先是处所话题化为主语,接着施事述题化为宾语,从而表示跟例(8)相似的句式义——存在、消失。从上例可以看出,施事述题化是很受限制的,它通常需要其他语义格的话题化作为先导。

4)处所、工具、材料、方式、目的等外围格先通过述题化而作宾语,再通过话题化而作主语。例如：

(10) a. 我住过工地→工地我住过

　　　 小林睡过地板→地板小林睡过

　　b. 我吃过大碗→大碗我吃过

　　　 李芳听过耳机→耳机李芳听过

c. 我喷过农药→农药我喷过

姐姐抹过口红→口红姐姐抹过

d. 我唱过美声→美声我唱过

余斌弹过C调→C调余斌弹过

e. 我跑过钢材→钢材我跑过

他也排过带鱼→带鱼他也排过

值得注意的是,处所、工具、材料、方式、目的等外围格的直接话题化和通过述题化中转一下再话题化,在形式和意义上都是有差别的。从例(10)可以看出,通过话题化从宾语位置上提升到主语位置的外围格,它们大都采用名词的光杆形式;在意义上通常是虚指的,即其所指实体在语境中也许存在、也许并不存在。① 而通过话题化从状语位置提升到主语位置的外围格,它们大都采用名词的有定形式;在意义上通常是实指的,即其所指对象是在当时语境中实际存在的事物。例如:

(11) a. 我在那个小镇逗留过→那个小镇我逗留过

→*小镇我逗留过

b. 我用那只大碗吃面条→那只大碗我吃面条

→*大碗我吃面条

c. 我用那团毛线织手套→那团毛线我织手套

→*毛线我织手套

d. 我用那种调门唱民歌→那种调门我唱民歌

→*调门我唱民歌

---

① 关于实指、虚指,我们采用陈平(1987)的定义;见陈平(1991)第127—128页。

e. 我为那些车票排长队→那些车票我排长队
　　→*车票我排长队

可见,如果不假定外围格述题化这一中间环节,我们就很难解释话题主语位置上的外围格为什么要在形式和意义上分为整齐的两套。

现在,我们要问:在外围格述题化的同时,它们在意义上有没有经历受事化这种语义过程呢?这一点似乎并不清楚,不过也不是不露丝毫痕迹。例如:

(12)　　　问　句　　　　　　　答　句

　　a. 这三个孩子睡哪儿呢?　　就睡大床上吧。
　　b. 这三个孩子睡什么呢?　　就睡大床吧。

从形式上看,经过述题化的处所格一定要删去后附方位词。从语义上看,经过述题化的处所格并不表示处所意义,而是跟受事一样,表示动作所支配的对象这种意义。并且,正如例(10)所示:经过述题化的外围格跟受事等客体格一样,能以光杆名词的形式话题化为主语,表示虚指的语法意义。更有甚者,不少外围格经过述题化以后,已经完全混同于受事。例如:

(13) a. 弹钢琴　拉二胡　吹小号　看电视　听收音机
　　 b. 浇氨水　刷白灰　喷农药　抹口红　擦药膏　搽胭脂

在某种透视域之中,这些外围格已经是彻头彻尾的受事了,即含有〔+受动〕的语义特征。再如:

　　以前什么都是集体的……现在可不一样,十指连心,你多<u>犁一下他的牛</u>都心疼,害怕你把牛累倒了,造成莫大损失。(《当代》1984 年第 1 期,第 120 页;转引自邢福义(1993)第 168 页)

在"你多犁一下他的牛"中,"牛"的工具意义已经淡化,受动意义激增;为下文的处置句("(害怕)你把牛累倒了")直接把"牛"表达成受事,在结构和意义上作了充分的铺垫。

事实上,主体格和外围格的述题化并不是非常自由的。由于我们对述题化的限制条件研究得还不充分,因而只能举其大端来分项陈说。从上文的举例可以看出,施事的述题化是很受限制的,一般需要处所或受事的话题化作为先导。例如:

(14) a. 剧场门口围着一群记者　　楼上的大房间住客人

　　　　*上海去小王

　　b. 一锅饭吃十个人　　一张床睡三个大人

　　　　*一个苹果吃俩孩子

相对来说,处所的述题化是比较自由的。不过,也不是所有的处所格都能述题化。例如:

(15) a. 睡凉席　睡躺椅　睡牛棚　睡猪栏　睡田头

　　b. 我们今晚在院子里睡→*我们今晚睡院子

从(15b)可以看出,外在处所格是不能述题化的。工具格能否述题化,在一定程度上取决于它跟动词的语义关系。例如:

(16) a. 吃大碗　听耳机　看显微镜

　　　　比较:*吃一碗　*听一耳机　*看一显微镜

　　b. *切大刀　*听耳朵　*看眼睛　*看眼镜

　　　　比较:切一刀　听一耳朵　看一眼　*看一眼镜

从上例可以看出,如果工具格是动词的语义所隐含的,那么它就不能述题化;如果工具格不是动词的语义所隐含的,那么它就能够述题化。有意思的是,不能述题化的工具格能充当动词的动量宾语,能够述题化的工具格不能充当动词的动量宾语。对于这两个事实之间的联系的确切含义,我们还没有弄清楚。对于动词"看"来说,工具格"眼镜"既不能述题化,但也不能充当动量宾语。我们还不知道该怎样来解释这一事实。

材料格的述题化是比较自由的,但在话题句中受到一定的限制。例如:

(17) a. 我用牛皮纸包这本词典→这本词典我包牛皮纸

b. 我用红毛线织这件上衣→?这件上衣我织红毛线

c. 我用细柳条编这只箱子→*这只箱子我编细柳条

一般地说,方式格的述题化是比较自由的。不过,由于方式格的范围是很难界定的,因而上述论断并没有什么实质性的意义。

述题化作为一种语法过程是有很强的语用动机的,那就是让主体格和外围格能够处在句尾焦点的位置,从而成为句子的语义重心。例如:

(18) 母亲1953年大学毕业后分配到部队工作,一直干到退休。她在工作中执著好强,和男同志一样,跑边疆,住工地,无所畏惧。(《北京晚报》1995年10月31日)

其中的述题化表达"跑边疆、住工地"把处所格置于句尾焦点的位置,突出了工作环境的艰苦。如果改成常规的"往边疆跑、在工地上住"一类表达,那么在对艰苦环境的强调方面就逊色多了。

由于述题化较大幅度地改变了语义格的句法配置,因而产生了一系列语法后果。第一,述题化使得"走、跑、睡"等一些不及物动词也能带宾语,从而具有及物动词的功能。例如:

(19) a. 我走了一条长安街,结果还是没有找到这家公司。

b. 他以前跑过钢材,现在又跑起茶叶来了。

c. 小孩睡大床,大人睡地板。

第二,述题化为外围格争得了可以在宾语位置出现的权利,最终使得某些无家可归的方式格、范围格等外围格找到了一个安定的栖身之所。例如:

(20) a. 吃包伙 吃小灶 印套色 切丝儿 切片儿
        走碎步 踱方步
    b. 跑一百米 跑接力赛 跑马拉松 跑第一棒
        跑了一个冠军

上例中的方式格、范围格和结果格等不能出现在状语这个外围格的常规位置,只能出现在宾语位置。第三,述题化造成了一些意义上比较别致的固定组合。例如:

(21) 走人 走后门 走钢丝 走江湖 走内线 跑生意
    跑买卖 跑江湖 跑码头 跑龙套 跑堂儿 跑圆场
    哭灵 哭鼻子 接站 陪床 住会 蹲盆儿 住医院
    叫床 尿床 尿裤子 闹场 坐牢 坐机关 坐科室

对于这些固定组合的意义的结构理据,只有从述题化的角度才能给出充分的解释。第四,述题化使通常不能共现的语义格得以在同一个句子中共现。例如:

(22) a. 我用大刷子刷墙+我用石灰水刷墙→我用大刷子刷石灰水→这把大刷子我刷石灰水
    b. 我用新毛笔写标语+我用魏碑体写标语→我用新毛笔写魏碑体→这枝新毛笔我写魏碑体

一般地说,工具格和材料格或方式格等外围格是不能在同一个句子中共现的;但是,通过材料格或方式格的述题化,它们就可以在同一个句子中各得其所、相安无事。可见,述题化为调整动词的诸从属成分的配位方式提供了强有力的语法手段。并且,从例(22)

可以看出:当材料等外围格述题化以后,原来的受事宾语虽然在表层结构中被迫删除;但是,它在述题化句子的语义解释中依然发挥作用①,从而大大地扩大了这类句子的语义容量。

第六节 配价语法和汉语语法的意合机制

3.6.1 从基础句到派生句

针对确定动词价的数目的困难和争议,上文提出了配价层级的思想。我们希望这个配价层级能成为计算动词价的一个最小公倍数,不同的研究者或用户可以根据不同的信念或目的在不同的层级上提取动词的价,但这些含义不同的价又是可以互相折算和通约的。接着,在这种配价层级的控制之下,我们分析了动词的诸从属成分的语义角色,着重研究了动词跟语义格不同的各种从属成分的配位方式,努力反映不同的语义格在共现和占据句法位置时的制衡关系,以及不同的配位方式之间的转换关系和限制条件。其中,我们用话题化和述题化这两种语法过程作为调整配位的语法机制,从而沟通了元、项和位这三种层级上的结构差异极大的配位方式。具体地说,元这一层级上的配位方式,反映的是动词所能构成的最小的基础句式(记作 $S_1:S+V+O$)。其中,主语通常由主体格充当,宾语通常由客体格充当;不及物动词不带宾语,双宾动词带两个宾语。项这一层级上的配位方式,反映的是动词所能

---

① 邢福义(1991)对此有详细的论说,值得参考;见邢福义(1993)第 164—165 页。

构成的较大的基础句式(记作 S_2：S+PrepNP+V+O)。其中,介词结构最多只能是两个,介词的宾语通常由工具、处所、材料、方式等外围格充当;也就是说,外围格最多可以出现两个。这两种基础句式可以合记为 S_3：S+mPrepNP+V+nO,其中变量 m、n 的取值范围在 0—2 之间。位这一层级上的配位方式,反映的是由基础句式 S_3 通过话题化或述题化等语法过程派生出来的派生句式。其中,话题化派生句式可以记作 S'_1：X+S[⋯Y⋯],其中 X 代表从基础句 S 中提取出来的话题,Y 代表跟 X 同指的句法、语义空位或其代词形式。① 述题化派生句式可以记作 S'_2：S[⋯Y⋯]+X,其中 X 代表从基础句 S 中提取出来的述题,Y 代表跟 X 同指的句法、语义空位;当 S 中的动词是不及物动词,宾语位置空着时,X 可以直接占据宾语位置;当 S 中的动词是及物动词,宾语位置已经占着时,只有把原先的宾语删除或通过话题化而移走,然后 X 才能占据宾语位置。这两种派生句式可以合记为 S'_3：X_i+S[⋯Y_i⋯Y_j⋯]+X_j,其中 X_i 是话题,X_j 是述题,这两种语法过程通常在不同的句子中分别进行,也可以在同一个句子中先后进行。从这样一种观点出发,由动词的诸从属成分构成的、表层结构极其纷繁的各种句式就可以串连起来,凭借基础句式、派生句式及沟通两者的语法过程等有限的几个概念来作出统一的解释。

当然,从理论上看,这种处理方案的缺陷是显而易见的。因为,述题化的语法过程,隐含了主体性论元和环境性论元向宾语位置移动这种句法操作;于是,在理论上就必须回答两个问题:(i)向后移动的成分有没有留下语迹(trace),如果有,那么后移成

---

① 详见袁毓林(1996)§3 和注释⑩所引的有关参考文献。

分怎么管辖其语迹,从而使句子获得正确的语义解释?(ii)常规的受事宾语到哪儿去了,有没有留下语迹? 如果有,那么由什么成分来管辖? 从 GB 理论的眼光来看,向后移位这种句法操作是根本不可能的,它直接违背了投射原则和论旨准则。如果把述题化看作是介于词库和深层句法结构之间的论元结构平面上的一种语法过程,那么可以避免句法成分必须向后移动这种特设的操作。①

3.6.2 配位方式和意合机制

循着上文提出的思路,我们或许能对汉语词序的性质有一个更为全面和透彻的理解。朱德熙(1985,第 2—3 页)指出:"在谈到汉语语法的特点时,有人一会儿说汉语的词序重要,一会又说汉语的句子组织灵活,忘记了这两种说法是矛盾的。"事实上,"拿英语来说,词在句子里的位置相当稳定,倒是汉语的词序显得有一定的灵活性。"举的例子是:

(1) 我不吃羊肉～羊肉我(可)不吃～我羊肉不吃(吃牛肉)

接着,朱先生又说:"在汉语里,不同的词序往往代表不同的结构。从这个角度看,倒是可以说汉语的词序比印欧语重要。"对此,陆俭明(1990)简洁地概括为:"词序是灵活的,语序是固定的。"并作出大意如下的说明:词序灵活指在不改变语义关系的前提下,词所处的位置相对来说比较灵活;语序固定指有语法结构关系的成分不能随便变动,成分的次序一变化,那么结构和意义就会发生变化。这种情况,用上文的话来说就是:汉语句法成分的排列次序是固定

---

① 详见袁毓林(2003)§6。

的,语义成分的排列次序有一定的灵活性;更准确地说,汉语在语义成分跟句法成分的配位关系上有一定的灵活性。但是,配位方式的变异是有一定的限度的。这里面,既有 S_1—S_3 这种常规的、无标记的、不受限制的配位方式,又有 S'_1—S'_3 这种特异的、有标记的、受到限制的配位方式;并且,从前者这种基础句式到后者这种派生句式又是有话题化、述题化等语法过程作为关联机制的。也就是说,从固定的语序到灵活的词序是可以用一套规则来作出描写和预测的。例如:

(2) 十个人吃一锅饭～一锅饭吃十个人

(3) 行人走便道～便道走行人

三个孩子坐一条板凳～一条板凳坐三个孩子

客人住楼上～楼上住客人

两个大人睡一张大床～一张大床睡两个大人

(4) 报纸糊了窗户了～窗户糊了报纸了

雨布盖了汽车了～汽车盖了雨布了

在这些句子中,充当主语和宾语的词交换位置以后,施受关系并没有发生变化。这些配位关系发生变化而语义格关系保持不变的成对句式,事实上经历了不同的语法派生过程。上例的派生过程可以建构如下:

(2') a. 十个人吃一锅饭 → b. 一锅饭十个人吃

→ c. 一锅饭吃十个人

(3') a. 行人在便道上走 → c. 便道行人走

b. 行人走便道　　　d. 便道走行人

(4') a. 我用报纸糊了窗户了 → d. 窗户我用报纸糊了
    b. 报纸我糊了窗户了   e. 窗户我糊了报纸了
    c. 报纸糊了窗户了   f. 窗户糊了报纸了

基础句式(2'a)通过受事话题化派生出(2'b),(2'b)通过施事述题化派生出(2'c)。最终,(2'a)跟(2'c)构成一对主语、宾语互换的句子。可以预言,凡是施事、受事在主宾位置上互换的句子,都得经历这些派生步骤。基础句式(3'a)通过处所述题化派生出(3'b),通过处所话题化派生出(3'c),(3'c)通过施事述题化派生出(3'd)。最终,(3'b)跟(3'd)构成一对主语、宾语互换的句子。可以预言,凡是施事、处所在主宾语位置上互换的句子,都得经历这些派生步骤。基础句式(4'a)通过材料话题化派生出(4'b),通过受事话题化派生出(4'd),(4'd)通过材料述题化派生出(4'e),(4'b)和(4'e)通过删除主谓式谓语中的施事主语派生出(4'c)和(4'f)。最终,(4'c)跟(4'f)构成一对主语、宾语互换的句子。可以预言,凡是材料、受事在主宾位置上互换的句子,都得经历这些派生步骤。并且,由于施事述题化是很受限制的,而处所和材料的述题化是相对自由的,因而可以预言:类似例(2)这样的句子对是比较少见的,类似例(3)(4)这样的句子对是比较常见的。

许多人指出汉语语法有注重意合的特点,意义上相关的一组词似乎可以作出多种排列而不影响其语义关系。我们希望上文分析配位方式时所发展的一套概念能成为研究这种意合语法的理论工具,从而使表面扑朔迷离的汉语意合语法现象也能作出机械论和还原论的分析,以期能全面地揭示汉语意合法的内在机制,并使研究结果能经得起客观主义的评价。同时,由于配位方式的研究着重在揭示句法成分跟语义成分的连接规则(syntax-semantics linking rule),因而可以为计算机从句法形式上获取语义解释,或从语义表示上生成句法形式提供直接有用的语法规则。并且,由于这种配位方式是在动词的配价层级的控制下进行描写的,因而可以为计算语言学和语言信息处理中的核心驱动的短语结构语法(Head-driven Phrase-structure Grammar)提供富有启发性的设计思想。[1] 我们相信,这种以配位方式为核心的汉语配价语法必定是一种语义透明的语法(semantically transparent grammar),因此,它能为建立以意念表达为核心的汉语交际语法提供坚实的理论基础,从而为对外汉语教学事业作出实际的贡献。[2]

---

[1] 关于核心驱动的短语结构语法,请看 Pollard & Sag (1994)。
[2] 详见袁毓林(1997)《一元动词的配价和配位分析》,提交北京地区第一届对外汉语教学研讨会。参看本书第四章第五节。

第四章 一元动词的配价和配位分析

4.0 考虑到配价的概念在语法研究中的重要作用,我们根据汉语配价语法研究中的理论分歧和实际操作上的困难,提出了在配价层级的控制下研究配位方式的设想。现在我们打算在这种理论的指导下,对现代汉语中常用的80多个一元动词的配价和配位情况进行描写和分析。着重讨论这些动词所能支配的各种从属成分的语义角色(格),考察这些语义格不同的从属成分在不同句式中的共现情况以及它们所能占据的各种句法位置,希望藉此反映动词的主要的句法、语义功能及其相互制约关系,并找到一种集约化的组织体系和形式化的表示方法。值得一提的是,通过一段时间的摸索和试验,我们发现配价层级和配位方式相结合的描写框架特别适合于表示形容词的配价情况。因为形容词在主要的句法分布上跟不及物动词相似,所以我们把对形容词的配价情况的描写也放在这一章。最后,我们想从汉语配价语法在对外汉语教学中应用的角度,讨论把这种以配价层级和配位方式为核心的配价语法改造为"意念—交际语法"的可能性。

第一节 从配价层级到配位方式

4.1.1 汉语配价语法研究的困境

无论出于理论探索的兴趣,还是出于实际应用的考虑,语法研究最起码要做到能揭示形式和意义之间的对应关系。这包括两个方面:(1)从理解(understanding or cognition)的角度,揭示人们是怎样通过形态、语序、虚词以及停顿、语调、重音等形式线索,来获得句子的语义解释的;(2)从表达(expression or generation)的角度,揭示人们是怎样从一定的交际意义出发,借助形态、语序等形式手段,来把有关的词项组织成一个合语法的(因而别人能听懂的)句子的。像形态、语序、虚词以及停顿、语调、重音等语法形式手段都是比较显性的,而层次构造等跟语义表达直接相关的语法形式是比较隐性的,所以直到结构主义语言学兴起以后,才有对层次构造的很好的阐发。随着研究的深入,语言学家发现有必要引入比层次更隐蔽、也更能说明句法和语义之间的映射(mapping)关系的概念,藉以反映同一句子中不同词项之间的组合和依存关系(dependency)。在这种语法描写和解释的需求之下,法国语言学家泰尼埃尔(Lucien Tesnière)巧妙地借用化学上配价(valence)的概念,来概括同一句子中动词对名词性成分的支配关系和名词性成分对动词的依存关系。通常,一个动词能支配 n 个名词就说它是 n 价动词,或者说一个能反映 n 个名词性成分之间的及物性关系的动词是 n 价的。于是,价成了一种反映动词的支配能力的语法范畴,它是动词的组合和支配能力的数量表示。引进了价,不仅给语法描写带来了方便,而且解释了以前无法解释的语法问题(比如,"的"字结构的歧义指数①)。

但是,在怎样确定不同的动词的价的数量方面,语言学家之间有着不同的意见。主要的分歧是:(1)在什么样的句法框架中提取价的指数？比如,袁毓林(1987)认为,应该在动词出现的所有句法结构中,选取与之同现的名词最多的句法结构作为提取框架。吴为章(1993)则强调以简单句(最小的主谓结构)作为提取框架。(2)怎样决定哪些名词性成分(记作 NP)该计入价的指数,哪些 NP 不该计入价的指数？比如,文炼(1982)认为跟动词发生强制性联系的 NP 应该算作价,非强制性的 NP 不算。文炼、袁杰(1990)通过消元法把跟动词相联系的成分区别为必有行动元、可有行动元、自由说明语三种,认为只有必有行动元和可有行动元才能计入价的指数。范晓(1991)指出,一个动词所结合的具有强制性的动元的总和决定这个动词的价的数量。(3)由介词引导的、跟动词发生句法语义联系的 NP 要不要计入价的指数？比如,朱景松(1992)认为,动词的价应该是不借助介词就能跟动词直接组合的 NP 的数目。而袁毓林(1987)则把那些对动词来说不可或缺、但又必须靠介词引导的 NP 也算作价,但称为准价。可见,不论采用上述哪一种方案来计算动词的价,都难以有效地反映动词真正的组合和支配能力。更何况像"必有、可有、强制性、非强制性"等概念缺少可操作性,应用起来难免见仁见智。

---

① 详见朱德熙(1978),参见本书第二章第二节。

4.1.2 配价层级和配位方式

鉴于提取和计算动词的配价指数的复杂性，在第三章中，我们提出了配价层级(valence hierarchy)这一概念。其大意是：反映动词组合和支配能力的价(valence)可以分别在联、项、位和元四个平面上来描写，联(link)指一个动词在各种句子中所能关联的语义角色不同的名词性成分的数量，项(item)指一个动词在一个句子中所能关联的名词性成分的数量(其中包括通过介词引导的名词性成分)，位(position)指一个动词在一个句子中不借助介词所能关联的名词性成分的数量，元(argument)指一个动词在一个简单的基础句中所能关联的名词性成分的数量。希望通过这种分层有序的配价体系，来全面地反映动词的各种组配能力。但是，配价层级也只是对动词在不同的句式系列中的各种组配能力的数量表示，它无法反映动词跟其从属名词之间的各种语义连结方式(semantic relation)和句法配置方式(syntactic arrangement)。比如，当确定"跑"是 n 元 n 位 n 项 n 联动词后，人们依然不知道"跑"跟它的从属成分可以构成哪几种句式，在不同的句式中哪些从属成分可以同现，这些在同一句式中同现的从属成分可以分别占据哪些句法位置，在不同的句式中动词跟其从属名词分别构成什么样的语义关系……而事实上，正是这些句法、语义信息对句子的理解和生成才是最有价值的。因此，为了使配价研究真正对句子的理解和生成两头都管用，就有必要从配价层级研究走向配位方式研究。粗略地说，配位方式的研究包括：(1)在联这一层级上，借鉴菲尔墨格语法的方法，给动词的各个从属成分指派施事、受事等语义角色；为了区别，这种被指派了语义角色的从属成分可以称为论元角色(thematic role,即论旨角色,或称题元角色)。(2)在项、位、元三个层级上,分别考察哪些论元可以在同一句式中共现,它们分别占据什么样的句法位置;这时,句式就可以用动词及其论元的排列顺序来表示。(3)对这种直接反映句子的语义解释的句式作出形式化的刻画,以便研究相关句式之间的变换关系和语义联系。我们希望这种在配价层级框架控制下的配位方式研究能充分地揭示动词的句法组合特点和语义结构特点,从而为计算机自动分析汉语和对外汉语教学提供强有力的语言学支持。在这种理论的指导下,我们花了两年多时间(1995—1997),对现代汉语中800多个常用动词进行了调查和分析,初步掌握了这些动词在配价层级和配位方式上的一些复杂情况。在这一章中,我们把在现代汉语中常用的80多个一元动词和近200个形容词的配价层级和配位关系条陈于下。

第二节 一元一位动词的配价和配位

4.2.1 一元一位一项一联动词,简称一元动词

一元动词只能关联一个从属成分(dependent constituents,又叫配价成分,或简称价[valent]),它的语义角色是主题(theme,简称 Th)或施事(agent,简称 A)。于是,这种一元动词可以记作 V:{Th/A}。

一、配价实例

(1) 开:水～了　　★这炉子真旺,半个小时就～了两壶水
　　 灭:火～了　　★这风真大,一会儿工夫就～了三盏油灯

醒:孩子～了　　★他直着嗓子一喊,一下就～了四个人
(2) 嚷:我都～了一个上午了　　★你～什么啊,～个不停
　　笑:他～了好一阵子了　　★你～什么啊,～个不停
　　哭:她～了大半天了　　★你～什么啊,～个不停
(3) 睡觉:孩子早已～了　　★他常跟爷爷～
　　搬家:老王又～了　　★大家给老王～

二、配位方式

$S_1: Th/A+\_$　　$S_2: A+\_+P$

$S_3: A+\_+Ca$　　$S_4: A+J\text{-}NP+\_$

三、问题讨论

1. 第(1)类动词的主体格是主题,第(2)(3)类动词的主体格是施事。

2. 第(1)类动词在带五星的例句中是使动用法,所以它们可以带受事(patient,简称P),从而构成句式 S_2。比如,"开了两壶水"中的"开",意思是"使……开"(语义上跟"煮开"相当),"开"的施事是"这炉子"。这是一种工具格转喻(metonym)为施事的用法。显然,使动用法的"开"是二元动词。第(1)类动词的主体格是主题。

3. 第(2)类动词都是不及物动词,但它们能带疑问代词"什么"作宾语。比如,"嚷什么"有两种意义:(1)质问理由,意思是为什么要嚷;(2)表示否定,意思是不该嚷。显然,第(2)种意义是从第(1)种意义上引申出来的;但是,这两种意义是可以分离的。比如,"便宜什么啊!一百块钱一斤呢"就只表示否定意义。在"嚷什么"中,"什么"充当原因格(cause,简称Ca)。由于"嚷什么"等形式是一种修辞性的斥问,因而是一种特殊的、超常规的配位方式,不必据此把"嚷、哭、笑"等处理为一元二位动词。

4. 第(3)类动词的带五星的例句中的介词结构(记作 J-NP),对动词来说是非必有的(optional)成分;它们不是由动词的语义所蕴涵的,因而不能算作是动词的一个联。从全句的语义关系来看,可以说是整个句式 S_4 给这个 NP 指派了与事(dative)格。

4.2.2 一元一位二项二联动词,简称一元二项动词

一元二项动词能关联两个论元,一个是施事 A,一个是处所(location,简称 L)。于是,这种一元二项动词可以记作 V:{A,L}。

一、配价实例

(1) 前进:我们向南(边儿)/北方/上海～了四十公里
　　　　部队一直～到营口才停下　　队伍正在～
　　后退:日寇向东(面儿)/南方/城里～了十公里
　　　　队伍慢慢地～到深山老林里了　敌人正在～
(2) 散步:奶奶正～呢　　　　　　他总是在院子里～
　　?散心:?爷爷在小河边～　　爷爷到小河边～去了
　　?散闷:?他老在树林里～　　姐姐到公园里～去了
　　*散会:*我们在礼堂里～　　*会员们到礼堂里～去了

二、配位方式
　　S_1:A+_　　　　　　　　S_2:A+向 L+_
　　S_3:A+在 L+_　　　　　S_4:A+_+到 L

三、问题讨论

1. 第(1)类动词的处所格表示目标(goal),可以记作 L(G)。值得注意的是,L(G)在不同句式中的句法选择是不一样的:在 S_2 中,L(G)可以是单纯方位词、合成方位词、处所词(包括表示地名的专有名词),在 S_4 中,L(G)只能是处所词。

2. 对于动词"散步"来说,处所格 L 好像不是必有成分,但是,跟"散心、散闷、散会"相比,"散步"跟 L 的语义关系要来得紧密,共现的概率要高得多。"散心、散闷"不能直接带 L,只能借助动词"到"构成连动式来引入处所。"散会"则根本排斥处所格。

4.2.3 假一元二位动词

有一类动词,它们表面上能关联两个论元,而事实上,其中一个论元是另一个论元的从属成分,因此,它们本质上仍然是一位动词。为了方便,我们称之为假一元二位动词。

一、配价实例

(1) 合:他一夜没～过眼睛　　　他(的)眼睛一夜没～过
　　睁:他～了一下眼睛　　　　他(的)眼睛～了一下
　　闭:她一个上午没～过嘴　　她(的)嘴一个上午没～过
　　张:他～了一下嘴巴　　　　他(的)嘴巴～了一下
　　伸:他～了一下胳膊　　　　他(的)胳膊～了一下
　　抬:他～了一下大腿　　　　他(的)大腿～了一下
　　缩:她～了一下脖子　　　　她(的)脖子～了一下
　　点:他～了几下头　　　　　他(的)头～了几下
　　扭:她～了两下腰　　　　　她(的)腰～了两下
　　动弹:他～了一下身子　　　他(的)身子～了一下
(2) 谢:这棵丁香～了不少花　　那棵丁香(的)花全～了
　　掉:这个板刷～了不少毛　　这个板刷(的)毛可～了不少
(3) 发抖:*他～了双手　　　　　他(的)双手直～
(4) 脱:那只鸟～了不少毛　　　那只鸟(的)毛全～了
　　他(的)右手～了一层皮　　他(的)手上～了一层皮

二、配位方式

　　$S_1: NP_1 + \_ + NP_2$　　$S_2: NP_1 + NP_2 + \_$　　$S_3: NP_1$ 的 $NP_2 + \_$

三、问题讨论

1. 第(1)类动词是不是自主动词,并不明显。但是,由于含有第(1)类动词的两类句式在自主性(volitionality)上是很不相同的,因而直接影响了 NP_1 和 NP_2 的语义角色。在 S_1 中,"合"等动词表示自主的动作,因此 NP_1 好像是施事,NP_2 好像是受事。在 S_2 和 S_3 中,"合"等动词表示非自主的动作,因此 NP_2 好像是主题,NP_1 则是 NP_2 的从属成分。

2. 第(2)(3)(4)类动词都是非自主动词,因此 NP_2 是主题,NP_1 是 NP_2 的从属成分。

3. 事实上,不论动词和句式的自主性如何,NP_1 和 NP_2 之间都有依存关系:NP_1 是一价名词 NP_2 的从属成分。[1]

4. 配位方式本该是一种语义格的句法排列,有时为了叙述的方便,我们把它退化为一种词类或形式类(form class)的序列。

第三节　一元二位动词的配价和配位

4.3.1　一元二位二项二联动词,简称一元二位动词

一元二位动词能关联两个论元,一个是施事 A 或主题 Th,一个是处所 L 或时间格(time,简称 T)或范围格(range,简称 Ra)或

---

[1] 详见袁毓林(1994),参见本书§2.2.2。

结果格(result,简称 R)。

4.3.1.1　V:{A,L}

一、配价实例

(1) 去:他～上海了　他上海～过两次　上海他～过几回了
(2) 逛:他常～大商场　大商场我～过几回　我大商场～过几回
　　　他在街上～了半天　他把公园～遍了
　　爬:他每天都～香山　香山他每天都～　他香山每天
　　　都～　他在山坡上～了半天　他把香山～遍了
(3) 站:他在门口～着　他～(在)门口　门口～着/了一个人
　　蹲:他在后面～着　他～(在)后面　后面～着/了两个人
　　趴:他在地上～着　他～(在)地上　地上～着/了仨小孩
　　躺:他在床上～着　他～(在)床上　床上～着/了俩老人

二、配位方式

S_1:A+_+(在/到)L　S_2:L+A+_+⋯　S_3:A+L+_+⋯
S_4:A+在L+_+⋯　S_5:L+_ 着/了+A

三、问题讨论

1. 第(1)类动词"去"的处所格是目标 L(G),它在语义上还隐含了一个来源(source)处所格 L(S)——说话人所在的地方。显然,这个 L(S)在句法上是不能实现的。

2. 第(2)类动词"逛、爬"的处所格在 S_1 中接近于受事,因此它们可以用"把"提前构成处置句。这个处所格可以作大主语(话题)或小主语(次话题)。

3. 第(3)类动词构成 S_1 时,处所格用不用介词"在"引导是两可的。那么,这两种变异形式在句式义方面有没有差别呢?这一点,我们目前还说不清楚。

4.3.1.2　V:{Th,L}

一、配价实例

(1) 流:水都～(到)地上了　　他的脸上～着/了(不少)血
　　 沉:漏船～(到)海里了　　　海湾里～了一条船
　　 长(zhǎng):青苔～(到)台阶上了
　　　　　　　　　台阶上～着/了一层青苔
　　 落(飘落):树叶～(到)屋子里了
　　　　　　　　　房顶上～着/了一层雪
　　 倒:病人～(在)马路上了　　马路上～着一匹瘦马
(2) 漏(滴出):汽油～(到)车外了　?地上～了不少汽油
(3) 死:老头～(在)国外了　　　★王冕七岁上～了父亲
(4) 产生:天才～在群众之中　　他们那儿～了不少问题
　　 存在:隐患～于麻痹之中　　班级里～着许多问题
　　 生长:这种植物～在山区　　高山上～着一些名贵的草药
　　 生存:这种动物～在水中　　海中～着许多不知名的生物
　　 发生:故事～在一个小山村里　学校里又～了许多变化
　　 生活:他们～在深山老林中　山林中～着一群快乐的猎人
　　 躲藏:他们～在一个山洞里　地洞里～着几个村干部
　　 出现:他突然～在我们眼前　社会上～了一些不正之风

二、配位方式

S_1:Th+_+(到/在)L　　S_2:L+_ 着/了+Th

S_3:NPb+_+Th(NPa)

三、问题讨论

1. 第(1)类动词的处所格都表示终点 L(G),但句子所隐含的处所意义有所不同:"流、沉、长、落"的主题 Th 的源点跟终点是分离的,Th 通过动词所表示的动作才到达该终点;"倒"的主题 Th 的源点跟终点是邻接的,Th 通过动词所表示的动作而停留于终点。

2. 在"王冕七岁上死了父亲"中,"父亲"是一价名词(记作 NPa),它是"死"的主题格;而"王冕"是一价名词"父亲"的从属成分(记作 NPb),它跟"死"没有直接的配价关系。[①]

3. 第(4)类动词带有书面色彩,所以相应的配价实例具有明显的书卷气。

4.3.1.3 V: {A,T}

一、配价实例

(1) 歇: 他又~了几天　　　　她正~产假/病假呢
(2) 休息:我们厂(在)星期四~　小陈/我们厂~星期四

二、配位方式

$S_1: A + \_ + T$　　$S_2: A + (在)T + \_$

三、问题讨论

1. "歇"的时间格只能是"产假、病假"等极少数名词,施事格只能是指人名词或人称代词。

2. "休息"的时间格只能是"星期一、二……六、天"等时间名词,施事格可以是指人名词或人称代词,也可以是"我们学校/公

[①]　详见袁毓林(1994),参见本书§2.2.2。

司"等表示单位的名词性成分。在当代北京口语中,带时间宾语时说"休"比"休息"更顺口。例如:"我们上半年休星期三,下半年休星期四。"

4.3.1.4 V:{A,Ra}

一、配价实例

迟到:小王体育课/开班会老~　　体育课/开班会小王老~
早退:梁平自修课/搞卫生常~　　自修课/搞卫生梁平常~

二、配位方式

S_1:A+Ra+_　　S_2:Ra+A+_

三、问题讨论

1. 在这里,范围格 Ra 表示动作、行为发生的时间、空间范围,它可以是体词性成分,也可以是谓词性成分。并且,这种句式一般要求有副词出现。

2. 从语义上看,范围格"体育课、搞卫生"等是动词所预设的动作〖到达〗或〖退出〗的对象。或者说,它们是"迟到、早退"所蕴涵的隐性谓词(implicit predicate)"到达、退出"等的受事。正是从这一意义上说,这里的范围格 Ra 实际上是动词"迟到、早退"的降级宾语(downgraded object)。[1]

4.3.1.5 V:{Th,R}

一、配价实例

破:他的衬衫~了　　　　　他的衬衫~了一个洞

---

[1] 关于降级宾语的概念,请看袁毓林(1992)和(1994),参见本书§2.2.2。

?大门上~了一个口子　　★窗户上~了一块玻璃

二、配位方式

$S_1: Th+\_$　　$S_2: Th+\_+R$　　$S_3: L(Th)+\_+R$

$S_4: NP+\_+Th$

三、问题讨论

1. 如果打问号的例句是合格的,那么"破"就是一元二位二项三联动词了;它除了可以关联 Th 和 R 两个论元之外,还可以关联一个由 Th 通过处所化而转换来的处所格 L(Th)。

2. 在打五星的例句中,"窗户"跟"玻璃"有整体和部分的关系,所以,"窗户"是"玻璃"的从属成分。因此,"窗户上"跟动词"破"没有直接的配价关系。

4.3.2　一元二位二项三联动词,简称一元二位三联动词

一元二位三联动词可以关联三个论元,一个是施事 A 或主题 Th,一个是受事 P 或与事 D 或结果 R,一个是处所 L 或工具(instrument,简称 I)。

4.3.2.1　V:{Th,L,R}

一、配价实例

跌:他~了一跤/一个跟斗　　他不小心~地上/水里了

　　?他一个跟斗~地上了　　?他从船上~(到)水里了

摔:他~了一个包/一跤　　他不小心~地上/沟里了

　　?他一个跟斗~地上了　　?他从台上~(到)台下了

二、配位方式

S_1:Th+_+R S_2:Th+_+L S_3:Th+R+_+L
S_4:Th+从 L(S)+_+(到)L(G)

三、问题讨论

1. 这里的结果格有两种:一种是后果(outcome),记作 R(Ou);一种是同源宾语(cognate object),记作 R(Co)。值得注意的是,"摔"既可以带 R(Ou),又可以带 R(Co);"跌"只能带 R(Co),不能带 R(Ou)。

2. 如果打问号的例句是合格的,即 S_3 和 S_4 两种配位方式成立,那么,"跌、摔"就是一元三位三项四联动词了。

4.3.2.2　V:{A,L,P}

一、配价实例

坐:他在前排～着　他～(在)椅子上　前排～着/了几个人
　　我～板凳,你～沙发　～沙发比～板凳舒服
睡:孩子在床上～着呢　他～(在)沙发上了　床上～着俩孩子
　　我～地铺,你～大床　～大床比～地铺舒服
住:他还在窑洞里～着　他～(在)宾馆里了　楼下～着/了几个知青　我～小茅屋,他～大瓦房　～平房比～楼房方便

二、配位方式

S_1:A+在 L+_　　S_2:A+_+(在)L
S_3:L+_着+A　　S_4:A+_+P

三、问题讨论

1. "坐"类动词带受事宾语主要表示方式,并且有对举的意义。因此,S_4 通常不单独成句。

2. S_4 中的受事 P 跟 S_1、S_2、S_3 中的处所 L 的形式差别是不带

方位词,因此,当不能带方位词的名词作"坐"类动词的宾语时,就有可能造成歧义形式。比如,"小王坐前排"既可以理解成 S_2,其否定形式是"小王没坐(在)前排";又可以理解成 S_4,其否定形式是"小王不/别坐前排"。

4.3.2.3　V:{A,D,I}

一、配价实例

(1) 洗澡:小刘正～呢　　小刘正给孩子～呢　　孩子正～呢

我(用)这桶热水/这个大盆/这十块钱～

这桶热水/这个大盆/这十块钱我～

(2) 理发:大哥正～呢　　大哥正给孩子～呢　　孩子正～呢

我(用)这把推子/这五块钱～

这把推子/这五块钱我～

二、配位方式

S_1:A+_　　　　　　S_2:A+给D+_

S_3:A+(用)I+_　　　S_4:I+A+_

三、问题讨论

1. 对于动词"洗澡"而言,热水、大盆、钱等相关事项是不能在同一句子中共现的,因而可以统一处理为工具格。这里的工具格可以比较自由地话题化,从而成为句子的大主语或小主语。

2. 由"洗澡、理发"等动词构成的 S_1 是有歧义的,因此施事 A 应该分化成两个更为精细的(finer)语义角色:(1)施益性施事,即施益者(benefactor),记作 A(Br);(2)受益性施事,即受益者(benefactee),记作 A(Be)。当 A(Br)作主语时,受益者(即与事 D)可以出现,从而构成 S_2;当 A(Be)作主语时,施益者(即施益性施事

A(Br))是不能出现的。

3. 由于"洗澡"和"理发"的语义及相关百科知识(encyclopedic knowledge)上的差异,因而,由它们构成的 S_1 在歧义的理解方面是有差别的:由"洗澡"构成的 S_1 中,A 既可以解释为 A(Be),如"婴儿正～呢";又可以解释为 A(Br)和 A(Be)的合并,如"小张正(给自己)～呢";但是,一般不能解释为 A(Br),如"?小张正(给孩子)～呢"。由"理发"构成的 S_1 中,A 既可以解释为 A(Br),如"大哥正(给孩子)～呢";又可以解释为 A(Be),如"婴儿正～呢";但是,一般不能解释为 A(Br)和 A(Be)的合并,如"?小张正(给自己)～呢"。

4.3.3 一元二位二项四联动词,
简称一元二位四联动词

一元二位四联动词可以关联四个论元,一个是主题 Th,一个是处所 L,一个是结果 R,一个是受事 P。这种动词可以记作 V:{Th,L,R,P}。

一、配价实例

漏(有裂缝):他家的房顶～了　　他家的房顶～了一个洞
　　　　　　盆底上～了一个眼儿　这个窗户～着风呢
　试比较:这个窗户挡风　　　　　这个窗户漏风
　　　　　这个脸盆盛水　　　　　这个脸盆漏水

二、配位方式
　　　S_1:Th+_　　　　　S_2:Th+_+R
　　　S_3:L(Th)+_+R　　S_4:Th+_+P

三、问题讨论

1. 动词"漏"的结果格限于"缝儿、眼儿、洞、窟窿"等少数描写漏的方式、情景的名词。处所格是从主题格转变过来的,所以记作L(Th),它一般要求结果格共现。

2. 受事格"风、水"等是对漏的状况、程度的具体说明,我们通过比较它们跟"挡、盛"等动词的语义关系而确定它们是受事格。显然,它们是受事格的非典型成员。

4.3.4 一元二位二项五联动词,简称一元二位五联动词

一元二位五联动词能关联五个论元,一个是施事 A,一个是处所 L,一个是受事 P,一个是方式(manner,简称 M),一个是与事 D。这种动词可以记作 V:{A,L,P,M,D}。

一、配价实例

跪:他在地上~了一会儿　他~(在)地上了　地上~着两个人

　　他~过地板/搓板/钉板　她常~菩萨　　　他~过单腿

　　试比较:他~着双腿　他(的)双腿~着

　　　　　他~在地上　他(的)双腿~在地上

二、配位方式

　　S_1:A+在 L+_　S_2:A+_+(在)L　S_3:L+_ 着+A

　　S_4:A+_+P　　S_5:A+_+D　　　S_6:A+_+M

三、问题讨论

1. 在"她常跪菩萨"中,"跪"的意思是跪拜。因此,严格地说,应该算作两个不同的义项,从而有不同的配价和配位方式。

2. 在"他跪着双腿"中,"跪"的施事是"双腿",而"他"则是一价

名词"双腿"的从属成分。由于相关词项的语义推导关系,"双腿"有时可以省去,让其从属名词充当施事。①

4.3.5 一元二位三项三联动词,简称一元二位三项动词

一元二位三项动词能关联三个论元,一个是施事 A 或主题 Th,一个是来源处所 L(S),一个是目标处所 L(G)。

4.3.5.1 V:{A,L(S),L(G)}

一、配价实例

(1) 逃：犯人～了　犯人从监狱里～了　监狱里～了一个犯人
　　　　犯人～(到)国外了　他从香港～(到)美国了

　　跑(逃)：兔子～了　兔子从笼子里～了　笼子里～了一只兔子
　　　　兔子～(到)菜园里　兔子从屋里～(到)屋外了

　　飞(逃)：鸽子～了　鸽子从鸟笼里～了　鸟笼里～了一只鸽子
　　　　鸽子～(到)屋外了　鸽子从鸟笼里～(到)屋外了

(2) 到达：代表团已经～了　代表团已经～广州了
　　　　火车早已从天津～北京了
　　　　火车从天津～北京的时间……

(3) 到：　检查团早已～了　李平～过莫斯科　车站上～了一批新兵
　　　　他从南京～苏州　他从南京～苏州的时候……

(4) 来：　医生早已～了　?我妈也从老家～了　(从)老家～
　　　　了几个亲戚　我爸～北京了　我爸从苏州～我家了

---

① 详见袁毓林(1994),参见§2.2.2。

我家～了几个亲戚

二、配位方式

$S_1: A + \_$　　　　　　　　$S_2: A + 从L(S) + \_$

$S_3: (从)L(S) + \_ + A$　　　$S_4: A + \_ + L(G)$

$S_5: A + 从L(S) + \_ + L(G)$　$S_6: L(G) + \_ + A$

三、问题讨论

1. 从配价和配位的角度看,"飞(逃)"这一义项的独立是很有必要的。

2. 由"到、到达"构成的 S_5 独立性较差,更多地用于内嵌句中。

3. "到"可以构成 L(G) 作话题的 S_6,但同义的"到达"不能。由此可见,动词的配价、动词跟其论元的配位方式,并不完全取决于动词的词汇意义。

4. "逃"等第(1)类动词的来源处所格 L(S) 可以作话题,但目标处所格 L(G) 不能。第(3)类动词"到"的目标处所格 L(G) 可以作话题,但来源处所格 L(S) 不能。而第(4)类动词"来"的 L(S) 和 L(G) 都可以作话题,因此像"县里又来了几个干部"、"银行里又来了几个会计"等由处所词作主语的句子是有歧义的。

4.3.5.2　$V: \{Th, L(S), L(G)\}$

一、配价实例

(1) 掉(下落):树叶全～了　　树叶～了不少

　　　　　　树叶都～地上了　?地上～了不少树叶

　　　　　　鲜血直往地上～　鲜血从鸡脖子上直往大碗里～

　　　　　　敌人的飞机从空中～(到)大海里了

　　　　　　★这棵树～了不少叶子

★这棵树(的)叶子～了不少

(2) 摔(下落)：敌机～海里了　一个工人从脚手架上～地上了

二、配位方式

S_1：Th+_　　S_2：Th+_+L(G)　　S_3：L(G)+_+Th

S_4：Th+往L(G)+_　S_5：Th+(从)L(S)+(往)L(G)+_

S_6：Th+(从)L(S)+_+(到)L(G)　S_7：NP_1+_+NP_2

S_8：NP_1(的)NP_2+_+…

三、问题讨论

1. 像"树上掉了不少叶子"一类说法的合格性是可疑的。如果这种说法符合语法，那么就有 L(S)+_+Th 这种配位方式。于是，上例便是一个歧义句："树上"既可以是 L(S)，又可以是 L(G)。

2. 在 S_7 "这棵树掉了不少叶子"中，"这棵树"不是"掉"的论元，而是一价名词"叶子"的从属成分。因此，"这棵树"和"叶子"可以构成偏正结构，形成 S_8 这种配位方式。

4.3.6　一元二位三项四联动词

一元二位三项四联动词可以关联四个论元，一个是施事 A，一个是一般处所 L，一个是来源处所 L(S)，一个是目标处所 L(G)。这种动词可以记作 V：{A,L,L(S),L(G)}。

一、配价实例

(1) 跑：我才～了半个小时　　　他在操场上～了一会儿

　　　马路上～着两个小伙子　他早从学校～到家里了

(2) 飞：燕子在空中～着　　　　空中～着一群小鸟

　　　鸟儿都～(到)竹林里了

　　　几只麻雀从檐下～到打谷场上了

爬：蚂蚁在地上～着　　　　院子中～着一群蚂蚁
螃蟹都～(到)岸上了　　　螃蟹从田里～到洞里了
(3) 跳：她轻松地～了几下　　小孩在桌子上～了半天了
他忽然～(到)河里了　　　他竟然往河里～
他从岸上往河里～　　　　他从船上往水里～

二、配位方式

$S_1: A+\_$　　$S_2: A+在 L+\_$　　$S_3: L+\_着+A$

$S_4: A+\_+(到)L(G)$　　$S_5: A+从 L(S)+\_+到 L(G)$

$S_6: A+往 L(G)+\_$　　　$S_7: A+从 L(S)+往 L(G)+\_$

三、问题讨论

1. 当强调移动行为的起点时,这种处所格便是 L(S);当强调移动行为的终点时,这种处所格便是 L(G);当既不强调移动行为的起点,也不强调移动行为的终点时,这种处所格便是 L。

2. "跑"一般没有 S_4 这种配位方式,除非:(1)在内嵌句中,如:"他跑到学校一看,人都走光了";(2)在修辞色彩较强的表达中,如"他一口气跑到家里"。

第四节　一元三位动词的配价和配位

4.4.1　一元三位三项六联动词,
　　　简称一元三位六联动词

一元三位六联动词可以关联六个论元,一个是施事 A,一个是一般处所 L,一个是来源处所 L(S),一个是目标处所 L(G),一个是由处所格转化来的受事格 P(L),一个是方式 M。这种动词可以记作 V:{A,L,L(S),L(G),P(L),M}。

一、配价实例

走：老人常在院子里～　　　他又向河边～了几步

　　他一直～到学校里　　　他慢慢地从家里～到厂里

　　他常～小道/山路　　　　马路上匆匆～着两个年轻人

　　老王正～着正步呢　　　我们老师常～八字步

　　战士们在操场上认真地～着正步

　　大路上两个妇女正慢慢地～着碎步

二、配位方式

　　S_1：A+在 L+__　　　　S_2：A+向 L(G)+__

　　S_3：A+__+到 L(G)　　S_4：A+从 L(S)+__+到 L(G)

　　S_5：A+__+P(L)　　　　S_6：L+__着+A

　　S_7：A+__+M　　　　　S_8：A+在 L+__+M

　　S_9：L+A+__+M

三、问题讨论

1.受事格 P(L)是由处所格 L 通过受事化这种语义过程而转化来的，因此这两个格是不可能在同一句子中共现的。来源格 L(S)和目标格 L(G)合起来相当于一个一般处所格 L，因此 L(S)和 L(G)可以共现，而 L 跟 L(S)或 L(G)不能共现。

2.只有处所格 L 可以通过话题化(同时删除格标记"在")而作主语，来源格 L(S)和目标格 L(G)都不能话题化，因而不能作主语。

3.只有处所格 L 可以跟方式格 M 共现，来源格 L(S)和目标格 L(G)都不能跟方式格 M 共现。道理很简单，方式是对动作描述的精细化，把处所分化为来源和目标本身也是对动作描写的精细化；而一个句子只能有一个精细描述的语义中心，因此 M 跟 L

(S)或 L(G)不能共现。

4.4.2 一元三位四项五联动词

一元三位四项五联动词能关联五个论元,一个是施事 A,一个是范围格(range,简称 Ra),一个是方式格 M,一个是结果格 R,一个是处所格 L。这种动词可以记作 V:{A,Ra,M,R,L}。

一、配价实例

跑(赛跑):今年他才~了两次　　我~过八百米/马拉松
　　　　　四百米他~了个冠军　　这回接力赛我~第一棒
　　　　　这回一百米我在里圈~　这回一百米我~里圈
　　　　　这回接力赛小王在里圈~第二棒
　　　　　这回一百米他在外圈还~了个第一名

二、配位方式

S_1:A+___　　　　　　　　S_2:A+___+Ra
S_3:Ra+A+___+R　　　　　S_4:Ra+A+___+M
S_5:Ra+A+在 L+___　　　 S_6:Ra+A+___+L
S_7:Ra+A+在 L+___+M　　 S_8:Ra+A+在 L+___+R

三、问题讨论

1. 对于动词"跑"而言,"八百米、马拉松、接力赛"是一种介于受事和方式的语义格。由于"八百米、马拉松、接力赛"不能作由"跑"作谓语核心的"被"字句的主语,因而不便处理为受事。由于它们跟真正的方式格"第一棒"能够在同一个句子中共现,因而不便处理为方式格。为了方便,我们姑且称之为范围格 Ra。

2. 动词"跑"跟方式格"第一棒"构成述宾结构表示方式,跟处所格"里圈"构成述宾结构也表示方式。

3.赛跑有起点和终点,但是这些情景要素似乎很难在句法上实现为 L(S) 和 L(G) 来跟"跑(赛跑)"共现。例如,"*运动员一齐从起点～"、"*运动员拼命地向终点～"、"*运动员们先后～到终点"、"?选手们从起点～到终点"。

第五节 形容词的配价层级和配位方式

4.5.1 形容词和动词的界线

尽管形容词和动词在可以作谓语这种主要分布上很相似,但是它们之间还是存在着明显的界线。根据朱德熙(1982),形容词是可以受"很"修饰而不能带宾语的谓词,动词是不受"很"修饰或能带宾语的谓词。[①] 据此,"熟～熟悉、精～精通、门清～清楚"这几对同义词的词性是很不相同的。例如:

(1) a. 小王对这一带很熟 →*小王很熟这一带
　　b. 小王对这一带很熟悉→小王很熟悉这一带
(2) a. 老温对围棋很精 →*老温很精围棋
　　b. 老温对围棋很精通 →老温很精通围棋
(3) a. 他对院里的事全门清→*他全门清院里的事
　　b. 他对院里的事很清楚→他很清楚院里的事

从上例可以看出,"熟、精、门清"可以受"很"修饰,但不能带宾语,因此是形容词;"熟悉、精通、清楚"可以受"很"修饰,又可以带宾语,因此是及物动词。

---

① 详见朱德熙(1982)§5.1,第55—57页。

不过,在复杂的语言事实面前,朱先生的定义需要作出进一步调整和限定。例如:

(4) a. 我比小王大三岁 → *我比小王很大三岁

　　b. 我大小王三岁　　→ *我很大小王三岁

(5) a. 大哥比我高两个年级 → *大哥比我很高两个年级

　　b. 大哥高我两个年级　→ *大哥很高我两个年级

如果说"大三岁"中的"三岁"还可以看作是准宾语,那么"大小王三岁"中的"小王"就不能不算作是真宾语了。这样一来,"大、高"等老牌的形容词竟也符合了动词的定义。事实上,真正的能受"很"修饰的动词,一定同时能带宾语,例见(1)—(3)。而在特定格式中能带宾语的形容词,一定不能同时受"很"修饰,例见(4)—(5)。据此,可以这么说:能受"很"修饰的动词一定同时能带宾语,而能带宾语的形容词一定不能同时受"很"修饰。可以用分布框架表示如下:(O 代表宾语)

(6) a. *很__或　　　b. 很__O

(7) a. 很__和　　　b. *很__O

凡符合分布框架(6)的谓词是动词,凡符合分布框架(7)的是形容词。

从例(4)(5)可以看出,大多数形容词可以跟三个从属名词发生结构和意义关系,所以从某种意义上说它们都是三价的[①],而例(1)—(3)中"熟、精、门清"等在意义和结构功能上跟及物动词相近的形容词反而是二价的。这实在跟一般人的语感相差太远。现

[①] 文炼、袁杰(1990)注⑬指出:Chao Yuen Ren(1968,690f.)在谈及形容词作谓语时,提到了带非同源宾语的形容词(Adjectives with Noncognate Objects),并举了"姐姐大我三岁"这个例子。两位作者说,这里的形容词"大"在句中支配"姐姐"、"我"、"三岁"三个成分,依照他们的看法,这正是汉语三向形容词的一个实例。他们认为,这里的一个向也可以介词结构形式出现,如:"姐姐比我大三岁"。

在,有了配价层级和配位方式相结合的描写框架,我们就可以说"大"等是一元三位三项三联形容词,"伟大"(如:孔子比孟子伟大)等是一元一位二项二联形容词,"熟"等是二元二位二项二联形容词。这样,一方面可以对不同的形容词的组合和支配能力作出更为精确的描写,另一方面可以使对形容词的配价的确定更符合一般人对于形容词的组配能力的语感。下面,我们尝试用这种办法对现代汉语中常用的形容词的配价层级和配位方式作出描写。

4.5.2 一元形容词的配价和配位分析

一元形容词是能带一个必有补足语的形容词,至于可有补足语有零到三个不等。据此,可以把一元形容词分为如下四个小类。

4.5.2.1 一元一位一项一联形容词,简称一元形容词

一元形容词只能关联一个从属成分,它的语义角色是主题 Th。于是,这种一元形容词(adjective,简称 A)可以记作 A:{Th}。

一、配价实例

对: 你～,他错　　这样做很～　　～的答案
巧: 这事儿很～　　很～的事儿
自满:小章很～　　他是一个容易～的人
小心:妈妈一辈子～　　他是一个很～的人
平安:他晚年很～　　她着实过了一段～的日子
奇怪:这事很～　　一件～的事情
秘密:这事很～　　很～的方案
恶心:这事真～　　★这事太～人了

恼怒：老严很～　　　★这可～了程瑶

二、配位方式

$S_1: Th + \underline{\quad}$　　$S_2: Cau + \underline{\quad} + Th$

三、问题讨论

1. 从意义上看，一元形容词都是所谓表示绝对性质的形容词①，它们在意念上不能表示程度的区别。这样的形容词为数极少。

2. "恶心、恼怒"还有使动用法，如上面带星号的例句所示。在这种情况下，它们能够带宾语，并且不能受"很"修饰。这说明它们已经转变为表示使动意义的及物动词了，其主体格是致事（Causer，简称Cau），其客体格是主题Th，跟形容词用法的主体格相同。

3. 像"真、假、生、横、竖、紫、温、方、永久、和平"也是表示绝对性质的，但它们不能作谓语、不能受"很"修饰。因此，它们不是形容词，而是区别词。

4.5.2.2　一元一位二项二联形容词，简称一元二项形容词

一元二项形容词可以关联两个从属成分，一个是主题Th，一个是系事（relative，简称Re）。于是，这种一元二项形容词可以记作 A:{Th, Re}。

一、配价实例

圆：　这个圈很～　　　这个圈比那个圈～一点儿
平：　这条路很～　　　这条路比那条路～十倍
香：　这种饭很～　　　这种饭比那种饭～一点儿
坏：　这家伙很～　　　这家伙比你～好几倍

---

① 参见朱德熙(1956)§0.2，又见朱德熙(1980)第5—6页。

热闹:城里很~　　　城里比乡下~十倍

精彩:这出戏很~　　　这出戏比那出戏~一点儿

公平:这样做很~　　　这样做比那样做~十倍

危险:前线很~　　　前线比后方~一百倍

二、配位方式

　　S_1:Th+＿　　S_2:Th+比 Re+＿

三、问题讨论

1. 这里的系事 Re 都表示比较的参照标准,它跟主题 Th 在语义和句法上都是属于同一范畴的。或者说,在意义上,它们一定是同一个上位概念下面的两个平行的下位概念;在句法上,它们一定属于同一种形式类——要么都是名词性成分,要么都是谓词性成分。

2. 在比较句 S_2 中,事实上还有一个表示程度的"一点儿、十倍"等伴随成分。这种成分在结构上都是可有可无的(optional),在意义上都是比较空虚的或者表示夸张。比如,其中的"一点儿"不能说成"二点儿","十倍"不能说成"十一倍"。因此,我们不把它们看作是形容词的配价成分。

3. 常见的一元二项形容词可以列举如下:(按照音序)

白 饱 笨 扁 差 丑 臭 饿 肥 乖 怪 好 黑 红 慌 黄 坏 尖 贱
静 旧 渴 苦 困 辣 蓝 老 累 亮 乱 绿 忙 美 闷 猛 难 嫩 胖
偏 涩 傻 湿 瘦 顺 酸 碎 疼 痛 秃 甜 平 弯 稳 歪 咸 闲 香
斜 新 腥 哑 严 痒 圆 晕 糟 正 直 壮 准
安静 安全 安稳 宝贵 保守 卑鄙 悲哀 不幸 残酷 残忍 常见
畅快 彻底 诚恳 丑陋 出色 聪明 粗鲁 粗心 大胆 大方 呆板
胆小 倒霉 丢人 恶劣 繁荣 反动 方便 肥沃 丰富 复杂 富有

富裕 干脆 高大 公平 公正 固执 光荣 广泛 规矩 贵重 好看
合理 合适 糊涂 滑头 活泼 基本 激烈 急躁 坚固 坚决 坚强
艰苦 艰难 尖锐 简单 健康 健壮 骄傲 结实 进步 谨慎 紧急
紧密 紧张 精彩 精明 具体 可爱 可恶 可靠 可乐 可怜 可怕
可笑 苦闷 快活 困难 懒惰 老实 凉快 灵便 落后 啰嗦 麻烦
茂盛 美好 美丽 美满 美妙 密切 勉强 敏捷 明确 明显 模糊
难看 能干 努力 暖和 强烈 勤恳 勤快 勤劳 轻松 全面 疲劳
疲乏 片面 漂亮 平常 平静 朴素 普遍 普通 谦虚 强大 清楚
清净 容易 热烈 热闹 深刻 实际 适当 爽直 踏实 特别 甜蜜
痛苦 痛快 妥当 顽固 顽皮 顽强 旺盛 威风 危险 伟大 卫生
详细 响亮 小气 小心 辛苦 兴奋 幸福 性急 凶恶 雄壮 虚心
严密 严重 阴险 勇敢 优越 有名 圆满 糟糕 正常 正式 整齐
周到 主动 自觉 自私 自由 仔细

4.5.2.3 一元一位三项三联形容词,简称一元三项形容词

一元三项形容词能关联三个从属成分,一个是主题 Th,一个是系事 Re,一个是结果 R。于是,这种一元三项形容词可以记作 A:{Th,Re,R}。

一、配价实例

粗： 这棵树很～　　　　　这棵树比那棵树～三寸

细： 这根棍儿很～　　　　这根棍儿比那根棍～四公分

宽： 这根带子很～　　　　这根带子比那根带子～两厘米

窄： 这张纸很～　　　　　这张纸比那张纸～一厘米

长(cháng)：这根线很～　　这根线比那根线～五米

短： 她的头发很～　　　　她的头发比我～半寸

厚： 这块板很～　　　　　　这块板比那块板～三毫米
薄： 这块玻璃很～　　　　　这块玻璃比那块玻璃～两毫米
深： 这口井很～　　　　　　这口井比那口井～八米
浅： 未名湖很～　　　　　　未名湖比昆明湖～一两米
贵： 菠菜很～　　　　　　　菠菜比白菜～一毛
响： 汽笛声很～　　　　　　汽笛声比车铃声～十个分贝
热： 室外很～　　　　　　　室外比室内～三四度
冷： 哈尔滨很～　　　　　　哈尔滨比北京～十来度
早： 中考很～　　　　　　　中考比高考～两个星期
晚： 晚饭很～　　　　　　　晚饭比平时～一个小时
远： 大姨家很～　大姨家离车站很～　大姨家比二姨家～
近： 小学校很～　小学校离马路很～　小学校比幼儿园～
便宜:土豆很～　　　　　　　土豆比山药～六毛
年轻:小赵很～　　　　　　　小赵比我～四岁

二、配位方式

S_1：Th+__　　S_2：Th+比/离 Re+__+R

三、问题讨论

1.这里的结果格都是表示主题与系事比较的结果,是一种对比较结果的度量(measure)。因此,这种结果格一般是数词和表示度量衡的量词组合成的数量词。严格地说,这种结果格应该记作R(Me)。

2.这种一元三项形容词跟上面讨论的一元二项形容词在配价上的差别仅在于:一元形容词所带的表示度量结果的成分都表示虚指的(如:尖一点儿)和夸张的(如:他比你聪明十倍),而一元二项形容词的结果格都是实指的。因此,在形式上的区别是:前者的数词是受限制的,后者的数词是不受限制的。

3.这两类形容词的界线并不是固定不变的,随着科学的发展、测量技术的精密化,一元形容词可以转变为一元二项形容词。比如,原来对声音的响度没有测量指标,所以"响"是一元形容词;后来发展出监测声音的仪器和度量指标(分贝),所以"响"变成了一元二项形容词。

4."早、晚"的系事可以是跟主题不一致的时间词,如:"放学比往常早"。

5."远、近"的系事如果不出现,那么一定指说话人所在地或上文说到的某地。

4.5.2.4 一元三位三项三联形容词,简称一元三位形容词

跟一元三项形容词一样,一元三位形容词可以关联三个从属成分:一个是主题 Th,一个是系事 Re,一个是结果 R。于是,这种一元三位形容词也可以记作 A:{Th,Re,R}。

一、配价实例

大: 爸爸年纪很～　　哥哥比我～五岁　　哥哥～我五岁
小: 弟弟年龄很～　　弟弟比我～三岁　　弟弟～我三岁
高: 小王个头很～　　小王比我～一头　　小王～我一头
矮: 小吴个儿很～　　小吴比我～一头　　小吴～我一头
低: *李阳年级很～　　李阳比我～两个年级
　　李阳～我两个年级
长(zhǎng):*我辈分很～　我比阿明～一辈　我～阿明一辈

二、配位方式

S_1:Th+＿　　S_2:Th+比 Re+＿　　S_3:Th+＿+Re+R

三、问题讨论

1. 在上文 S_1 的实例中,主题格"年级、个头"等是一价名词,它们支配"爸爸"等从属名词。①

2. 在 S_2 和 S_3 中,当形容词带宾语时就不能受"很"等程度副词修饰,这一点区别于能受"很"修饰的及物动词,参看上文 §4.5.1。

3. 尽管"李阳年级很低"不合格,但"李阳辈分很低"是合格的,所以说"低"是形容词基本没有问题。而"(辈分)长"是不能受"很"修饰的,所以"长"不像是形容词。除了不受"很"修饰之外,"长"在其他分布上跟一元三位形容词差不多是一样的。

4. 上文讨论的一元二项形容词、一元三项形容词、一元三位形容词的系事 Re 和度量性结果 R(Me),在句法和语义上都是非必有成分,都可以删除而不影响句子的结构和意义的完整。因此,我们不把它们看作是二元一位二项形容词、二元二位三项形容词、二元三位三项形容词。

4.5.3 二元形容词的配价和配位分析

二元形容词是能带两个必有补足语的形容词,根据其中一个补足语是否一定要用介词引导而分成如下两个小类。

4.5.3.1 二元一位二项二联形容词,简称准二元形容词

准二元形容词能关联两个从属成分,一个是主题 Th,一个是系事 Re。于是,这种准二元形容词可以记作 A:{Th,Re}。

---

① 详细的讨论请看袁毓林(1994)《一价名词的认知研究》,参见本书§2.2.2。

一、配价实例

(1) 好：导师对我很~　　　　他俩很~
    对劲：她跟婆婆很不~　　他俩不太~
    投缘：这孩子跟我很~　　他俩很~
    要好：他跟小刚很~　　　他俩很~

(2) 不利：目前的形势对我们很~　　这样做~于团结
    有利：这种天气对农作物很~　　降雪~于消灭病虫害
    有益：这部书对教育青年很~　　散步~于身心健康
    有害：吸烟对身体健康很~　　　生闷气~于身体健康
    专心：他对画画儿一向很~　　　他最近~于收藏古玩

(3) 严：朱先生对学生很~　　　对孩子他一向很~
    亲：李书记对工友很~　　　?对工友李书记很~
    薄：他对我也不~　*他对我很~　?对我他也不~
    不薄：?他对我很~　　　　*对我他很~
    热情：沈老师对学生很~　　对顾客她一向不~
    和气：郭掌柜对老主顾很~　对小字辈他也很~
    友好：老唐对留学生很~　　对邻居他特别~
    不错：钱大妈对我很~　　　对我她还算~
    亲热：她对同事的孩子很~　对街坊的小孩他很~
    耐心：小彭对小孩很~　　　对病人徐大夫很~
    和蔼：宋主任对学生很~　　对谁他都很~
    冷淡：老汤对徒弟们很~　　对穷亲戚她很~
    冷漠：小戴对同事很~　　　对同学他也很~
    严格：老董对孩子们很~　　对部下他一向~
    礼貌：小刘对长辈很~　　　对老师她一直很~

恭敬:小陈对老教师很～　　　对老干部他也不～
乐观:我对经济形势很～　　　对前途他倒很～
悲观:他对今后的前途很～　　对家庭生活她很～
见效:中药对慢性病很～　　　对哮喘这种药很～
有效:这种药对心脏病很～　　对气管炎这种药很～
重要:这笔钱对我们很～　　　对我们这个建议很～
动心:他对买股票很～　　　　对下海经商小杨很～
合适:这儿对你很～　　　　　对你这地方不～
愤慨:大家对此很～　　　　　对这种事群众很～
细心:老高对账目很～　　　　对花钱他比较～
门清:小金对炒股票很～　　　对办护照的事他全～
(4) 淡薄:他对足球的兴趣很～　对象棋他的兴趣～了
　　含糊:他对市场的认识很～　　对政治的认识他一向～
　　淡漠:他对子女的感情很～　　对家庭的感情她很～

二、配位方式

S_1:Th＋对/跟 Re＋__　　S_2:对 Re＋Th＋__

S_3:Th＋__＋于 Re　　　S_4:Th－Re＋__

三、问题讨论

1. 第(1)类形容词就是刘丹青(1987)所谓的相向形容词,谭景春(1992)所谓的多指形容词。它们有 S_1 和 S_4 这两种配位方式,S_4 中的 Th－Re 表示由主题和系事合并成的复数性名词性成分。其中的"对劲"只能用在否定句中,属于否定极项(negative polarity item)。

2. 第(2)类形容词是由"有、无"类动词构成的表示利益关系的形容词,它们有 S_1 和 S_3 这两种配位方式。其中,S_3 这种配位方式是古代汉语句法结构的遗留,在现代汉语中是不太能产的。

3. 第(3)类形容词有 S_1 和 S_2 这两种配位方式,其中 S_2 是把包含系事的介词结构提前到了句首;由于这里的介词是不可删除的,因而这是系事的一种不彻底的话题化。

4. 表示感情冷淡的"薄"以及由它构成的"不薄"都不能受"很"修饰,从这一点看,它们不符合形容词的定义;但是,在其他主要分布上它们跟形容词是一样的。

5. 在第(4)类形容词构成的 S_1 和 S_2 中,系事 Re 其实是二价名词"兴趣、认识、感情"的从属成分;因此,实际上"淡薄、含糊、淡漠"是一元形容词。

4.5.3.2　二元二位二项二联形容词,简称真二元形容词

真二元形容词也能关联两个从属成分,一个是主题 Th,一个是系事 Re。于是,这种真二元形容词也可以记作 A:{Th,Re}。

一、配价实例

(1) 有用:这支笛对你很～　　对我们这本书还～

　　　　这个脸盆你或许还～

　　没用:这本词典对你很～　　对你这本词典也许～

　　　　这本词典你根本～

(2) 熟：　老任对计算机很～　　对这一带小韩很～

　　　　这一带小韩很～　　　小韩这一带很～

　　精：　刘龙对象棋很～　　　对象棋刘龙很～

　　　　象棋刘龙很～　　　　刘龙象棋很～

　　内行:小金对无线电很～　　对无线电小金很～

　　　　无线电小金很～　　　小金无线电很～

　　　　在行:奶奶对包饺子很～　　　对包饺子奶奶很～
　　　　　　　包饺子奶奶很～　　　　奶奶包饺子很～
　　　　外行:老郑对管理很～　　　　对管理老郑很～
　　　　　　　企业管理老郑很～　　　老郑企业管理很～
　　　　生疏:我对五线谱很～　　　　对五线谱我很～
　　　　　　　微积分我很～　　　　　我各方面都～
（3）眼生:这个盆儿我很～,好像不是咱家的
　　　眼熟:这本词典我很～,好像在哪儿见过
　　　耳生:这声音我很～,是谁家的孩子呀
　　　耳熟:这曲子我很～,不知道在哪儿听过
　　　面生:这个人我很～,不像是我们系里的人
　　　面熟:这个人我很～,就是想不起叫什么名字

二、配位方式

　　S_1:Th+对 Re+__　　S_2:对 Re+Th+__
　　S_3:Re+Th+__　　　S_4:Th+Re+__

三、问题讨论

　1. 第(1)类形容词有 S_1、S_2 和 S_4 这三种配位方式,这类形容词为数不多,它们都是表示有无用途的。

　2. 第(2)类形容词有 S_1—S_4 这四种配位方式,这类形容词为数也不多,它们都是表示对某种事物熟悉与否的。

　3. 第(3)类形容词基本上只有 S_3 这种配位方式,其中的主题差不多只能是第一人称代词"我"。这类形容词为数极少,它们都是主谓式合成词。有意思的是,这些内部结构相同的合成词的语义关系是很不一样的:"眼生、眼熟、耳生、耳熟"说的是主题的眼睛、耳朵等感觉器官对系事在感知上的生疏或熟悉,"面生、面熟"

说的是主题感到系事的面貌生疏或熟悉。因此,两者的分布略有差异:前者不能修饰系事,如:"*我今儿在家门口碰到了一个很眼生的人";后者可以修饰系事,如:"我今儿在我们院里碰到了一个面熟的人"。

4. 上文讨论的两种二元形容词的主题和系事在结构和意义上都是不可删除的必有成分,其中的主题很像是施事,其中的系事很像是受事或与事。

第六节 从配价语法走向意念——交际语法

4.6.1 对配价层级的反思

上面对80多个一元动词和近200个形容词(以义项出条)的配价层级和配位方式进行了分析和讨论,从中我们可以发现:动词的元这一层级反映的是人们对动词的支配能力的最直接(不假思索)的认识,比如"跑(赛跑)"最直接、最必需的从属成分只有一个:行为的主体,即施事。至于范围、处所、方式和结果等,都是可有可无的(optional)。因此,我们说"跑"是一元动词。可见,动词的元虽然有一定的模糊性,但人们对它还是容易达成共识的。语言学家可以凭直觉来判别,在拿不准的时候,可以用§3.1.2中提出的包孕测试、自指测试和删除测试来鉴定和检验。动词的位和项这两个层级反映的是人们对动词在同一句子中对从属成分的支配能力的认识,具有一定的明确性和客观性。但是,对某些句子的合法性的不同意见会直接影响对某些动词的位和项的断定。比如,"他一个跟斗跌地上了"、"他从船上跌(到)水里了"、"他一个跟斗摔地上了"、"他从台上摔(到)台下了"。如果认为这些配位方式是合格的,那么"跌"和"摔"就不是二位二项动词,而是三位三项动词。动词的联这一层级反映的是人们对动词在不同的句子中对各种语义格的支配能力的认识,具有较大的模糊性和不确定性。主要的问题在于:人们对语义格的同一性的认识有很大的差异,以致 Dowty(1991)断言:给动词的所有配项标明题元角色类型在经验上几乎是不可能的(Total indexing of verbal arguments by thematic role TYPE is almost certainly empirically impossible. p. 613)。比如,"这个盆漏水"和"水从盆里漏地上了"中的"水"是不是同一个语义格?到底是什么格?这些问题就颇费斟酌。再如,"他在小路上走了半天"跟"他常走小路"、"她坐在沙发上"跟"她坐沙发上"跟"她坐沙发","他在河边走了一个小时"跟"他从河边走到家里",对于其中的P(L)和L、L跟L(S)和L(G)的分还是合,直接影响到这些动词的联的数量。在这个问题上,本文主要依据相同的语义格不能在同一句子中共现的配位原则来酌情分合的。可见,不管在哪个层级上提取价的指数,都有一定的不确定性。只有综合考察这四个层级,才能对动词的组合和支配能力有一个比较全面的认识和把握。我们希望这个配价层级能成为计算动词价的一个最小公倍数,不同的研究者或用户可以根据不同的目的在不同的层级上提取动词的价,而这些含义不同的价又是可以互相折算和通约的。

4.6.2 走向意念—交际语法

在这种配价层级框架的控制之下,这一章着重分析了一元动词的诸从属成分的配位方式,努力反映不同的语义格在同现和占据句法位置时的制衡关系以及不同句式之间的转换关系。这样做有一个强烈的应用动机,那就是为实用性很强的"意念—交际语法"(notion-communication grammar)提供坚实的理论语法的支持。大家知道,近年来在外语(即第二语言)教学中,兴起了一种注重培养实际的外语交际能力的意念—交际语法。这种语法尝试以思想概念为中心,以实际的交际目的为出发点,按照功能和意念来重新编排语法大纲,强调同一个思想概念可以用不同的语言形式来表达。① 显而易见,这种语法的一个核心的思想是:展示相同或相近的意念和思想跟各种可能的语句表达形式之间的对应关系。一般地说,造成同义语句有两种主要的途径:(1)词汇变化,即用同义词、同义词组、近义词、近义词组来替换或取代句子的某一部分,从而造成一组同义句。比如,"我当时不懂它的含义"这句话表示的意思,可以有如下很多种英语说法:

(1) a. I didn't know/understand/comprehend/make out its implication.

b. I didn't/couldn't/failed to/was not able to/was unable to comprehend its implication.

c. I was not clear about/had no idea of its implication.

(2) a. 我不知道/明白/清楚/了解他的意思

b. 我不知道他的意思/思想/想法/意图

仅是变化其中的名词、动词和否定方式就能造成这么多同义句子,如果再把这两方面交叉起来,那么同义句的数量就必然成倍地增加。(2)语法变化,即通过被动化(passivization)、话题化(topicalization)、名词化(nominalization)等句法转换方法,来改变各种句

---

① 参考王逢鑫(1989)第 1、264—267 页。

子成分在句子中的位置,从而造成一组具有相同的格关系的同义句。比如,上例中的某些句子通过语法变化可以造成下列同义句:

(3) a. Its implication couldn't be understood/comprehended.

b. Its implication was not known/understandable/comprehensible/clear to me.

c. What it implied was not known/understandable/comprehensible/clear to me.

(4) a. 我可不知道他的真实意图

b. 他的真实意图我可不知道

如果把这些语法变化跟词汇变化结合起来,那么可以表达同一概念或意思的句子形式将多得难计其数。在一定程度上可以这么说,如果一个学生自觉地生成同义句式的能力越强,那么他的语言交际能力也就越强。比如,"打听"是个二元三位三项三联动词,可以构成下列句子形式:

(5) a. 我曾经打听过那件事

b. 我曾经向好几个老人打听过

c. 我曾经打听过好几个老人

d. 我曾经向好几个老人打听过那件事

e. 我为了那件事曾经向好几个老人打听过

f. 为了那件事我曾经向好几个老人打听过

g. 那件事我曾经向好几个老人打听过

h. 那件事我曾经打听了好几个老人

i. 那几个老人,我向他们打听过那件事

j. 那几个老人我都打听过了

在上列句子中,相对于动词"打听"而言,"我"是施事,"好/那几个老人"是与事,"那件事"是受事。通过不同的配位方式,可以构成十个意义相近的句子。从语言水平测试的角度看,一方面,如果一个学习汉语的外国学生能造出其中的句子形式越多,那么说明他的汉语水平越高;另一方面,如果一个学习汉语的外国学生能造出像(5d—i)这种配位方式复杂的句子越多,那么说明他的汉语水平越高。也就是说,在汉语水平考试的试卷中,一方面要有测试学生能否造出足够数量的同义句子的项目,另一方面要有测试学生能否造出配位方式相对复杂的同义句子的项目。我们相信,配位方式是测试语言水平的一个重要的指标,同时也是一个比较容易操作、具有一定客观性的指标。

显而易见,在配价层级框架控制之下的配位方式的研究,能有效地展示动词跟其各从属成分所能构成的各种同义句式;并且,通过话题化和述题化等语法过程,可以以简驭繁地说明这些同义句子之间的派生关系,从而为意念—交际语法说明同一概念和意思的各种不同的表达方式提供了一个必要的理论基础。例如:

(6) a. 我用这根麻绳绑(这头)小猪

b. 这根麻绳我绑(这头)小猪

c. 这头小猪我用(这根)麻绳绑

d. 这头小猪我绑(这根)麻绳

(7) a. 我用这把小刀切黄瓜/黄瓜片儿

b. 这把小刀我切黄瓜/黄瓜片儿

c. 这根黄瓜我用小刀切片儿

d. 我用小刀在案板上切了不少黄瓜片儿

e. 我用小刀把黄瓜片儿切案板上了

  f. 黄瓜片儿我切案板上了

  g. 案板上切了不少黄瓜片儿

在例(6)中,"我"是施事,"(这头)小猪"是受事,"(这根)麻绳"是工具。其中,(6a)是基础句,如果想以工具作为言谈的出发点,那么可以通过工具话题化从(6a)派生出(6b);如果想以受事作为言谈的起点,那么可以通过受事话题化从(6a)派生出(6c);如果同时还想突出强调工具格,那么可以通过工具述题化从(6c)派生出(6d)。在例(7)中,"我"是施事,"黄瓜"是受事,"片儿"是方式,"案板上"是处所,受事"黄瓜"和方式"片儿"可以通过合并这种语义过程而转化成结果"黄瓜片儿"。其中,(7a)是基础句,如果想以工具作为言谈的出发点,那么可以通过工具话题化从(7a)派生出(7b);如果想让受事和方式在一个句子中共现,那么需要用到受事话题化和方式述题化两种语法过程,最终从(7a)派生出(7c)。如果想让施事、结果、工具和处所在一个句子中共现,那么工具和处所都要用介词引导(如7d)。这时,如果想突出处所,那么在基础句(7d)的基础上,结果要通过介词"把"提前到动词之前,这样,腾出宾语位置,让处所述题化为处所宾语,最终派生出(7e)。如果想让结果作为言谈的起点,那么通过结果的话题化从(7e)派生出(7f)。如果想以处所作为言谈的起点,那么可以通过处所话题化从(7d)派生出(7g);当然,这里面还要用到施事删除等语法过程。

  初次接触汉语的外国学生,碰到像例(6)(7)这样的同义句子系列,大都会感到:汉语造句几无定法,句子的构成成分可以搬来搬去,不受拘束。这就是所谓的意合法、人治的语言,甚至汉语无语法的事实根据。如果透过这些表面的观察,深入到汉语的语言事实的内部,那么我们可以发现:汉语中施事、受事等语义成分跟主语、宾语等句法成分的配位关系是十分严格的,从基础句到派生句的派生过程是十分明确的,同义句子系列之间的推导和演化的脉络同样是十分清晰的。问题在于,我们能否找到一种适合于表达汉语句子结构之间的这种结构关联的语法理论和具体的研究方法。我们希望以配价层级为框架的配位方式研究,能成为一种适宜于反映汉语句子的构造方式、同义句子之间的推演关系的描写框架和组织体系;通过对动词的配价层级和配位方式的描写来揭示汉语语法的意合机制,并对汉语语法的意合特点作出具有当代语言学的严谨性和可操作性,同时又可以通俗直观地施之于语言教学的说明。

至于怎样巧妙地把汉语配价语法的研究成果转变为合适的汉语意念—交际语法,并在教学中实施,尚待从事对外汉语教学的各位同人根据实际情况进行实验。正如英国哲学家培根(France Bacon)所言:"知识本身并没有告诉人们怎样运用它,运用的智慧乃在书本之外。"

第五章 二元动词的配价和配位分析

5.0 鉴于提取和计算动词的配价指数的复杂性,我们在第三章中提出了把单一的价分化为配价层级(valence hierarchy)的思想。其大意是:反映动词组合和支配能力的价(valence)可以分别在联、项、位、元四个平面上来描写,联(link)指一个动词在各种句子中所能关联的语义角色不同的名词性成分的数量,项(item)指一个动词在一个句子中所能关联的名词性成分的数量(其中包括通过介词引导的名词性成分),位(position)指一个动词在一个句子中不借助介词所能关联的名词性成分的数量,元(argument)指一个动词在一个简单的基础句中所能关联的名词性成分的数量。这样,动词的价就不再是一种单一的、僵硬的、说一不二的数字,而是一种有内部结构的数组。在这种配价层级的控制下,我们就可以从容地在项、位、元三个层面上,分别来考察动词在最小的基础句、扩展了的基础句和由基础句转换出来的派生句中的配位关系。在这里,配位关系(argument selection)指的是上述各种不同的句式及其中的各种句法位置对不同论元的选择关系,以及语义角色不同的各种论元在同一句子中的同现限制关系。我们希望通过这种分层有序的配价体系来全面地反映汉语动词的各种组配能力,并作出形式化的刻画,从而为计算机自动分析汉语和对外汉语教学等应用事业提供强有力的语言学支持。

在这种理论的指导下,我们花了两年多时间(1995—1997),对现代汉语中800多个常用动词进行了调查和分析,初步掌握了这些动词在配价层级和配位方式上的一些复杂情况。在这一章中,我们打算对现代汉语中将近300个二元动词的配价层级和配位方式进行描写和分析。着重讨论这些动词所能支配的各种从属成分的语义角色(格)、这些语义格不同的从属成分在不同句式中的共现情况以及它们所能占据的各种句法位置,希望藉此反映动词的主要的句法、语义功能及其相互制约关系,并找到一种集约化的组织体系和形式化的表示方法。

第一节 二元二位二项动词的配价和配位

5.1.1 二元二位二项二联动词,简称二元动词

二元动词只能关联两个从属成分(dependent constituents),其中一个是施事(agent,简称A)或主题(theme,简称Th),另一个是处所(location,简称L)或结果(result,简称R)或受事(patient,简称P)。

5.1.1.1 V:{A,L}

一、配价实例

上(由低向高):小王~床了　　　老刘~飞机了
　　　　　　　两个孩子~了汽车　汽车上~了两个孩子
上(去某处):　爷爷~公园了　　　姐姐~过大学

下(由高向低)：小王～床了　　　　老刘～飞机了
　　　　　　　两个孩子～了汽车　汽车上～了两个孩子
下(进入)：　　老郭没～过馆子　　新兵都～连队了
进(进入)：　　客人～里屋了　　　我也～过工厂
　　　　　　　雨水都～屋里了　　屋里～了不少雨水
出：　　　　　老爷子～过北京城　她几天没～家门了
回：　　　　　新媳妇～娘家了　　我哥早～苏州了
过：　　　　　车队已经～了桥了
　　　　　　　小朋友们手拉手地～了马路
　　　　　　　?一队士兵～了村前　村前～了一队士兵
登：　　　　　孔子～过泰山
　　　　　　　他～了黄山(还想～庐山)
钻：　　　　　火车正～山洞呢　　耗子早～洞里了
靠(挨近)：　　船快～码头了　　　我们学校～村东头

二、配位方式

　　　S_1：A+＿+L　　S_2：L+＿了+A

三、问题讨论

1. V{A,L}这类动词共有的语义特征是〔+位移〕、〔+附着〕，跟"来、去"等一元动词的差别是：处所格 L 这个论元是必有的(obligatory)，并且对宾语位置有偏好；只有在施事后置于动词、表示出现或消失的句子中，这种处所格才可以作主语。

2. 在 S_1 中，充当 L 的 NP 中可以不含方位词；在 S_2 中，L 是话题，充当 L 的 NP 中一定要有方位词。

3. "孩子们正钻地洞呢"、"孩子们早钻地洞里了"，这两句中的"地洞"和"地洞里"的语义格是否相同？如果它们都是 L，那么充当 L 的 NP 加不加方位词似乎跟句子的时态(aspect)是相关的。①

5.1.1.2　V:{Th,L}
一、配价实例

(1) 挂(蒙、糊)：泪水～在脸上　　　脸上～着泪水②

　　　　　　　蜘蛛网～在墙上　　蜘蛛网～着蜘蛛网

　　　　　　　厚厚的一层土～在窗户上

　　　　　　　窗户上～着厚厚的一层土

　　　拖(奔拉)：一条小辫～在脑后　　脑后～着一条小辫

　　　　　　　你的围巾在地上～了半天了

　　　　　　　裤腿～在地上

(2) 夹：一条小溪～在两座大山之间

　　　两座大山(之间)～着一条小溪

---

① 现在，由于设置了受事化这种语义过程和述题化这种语法过程，因而我们就可以对此作出很好的解释了：S_2"孩子们正钻山洞呢"是派生句，它的基础句是 S_1"孩子们正往山洞里钻呢"。从 S_1 到 S_2 的派生过程大致是这样的：在语义上，通过目标处所格的受事化，删除方位词"里"并删除格标记"往"；在语法上，通过目标处所格的述题化，把由处所格转变过来的受事移位到动词之后。而 S_4"孩子们早钻山洞里了"是 S_3"孩子们早钻到山洞里了"的紧缩形式，通过删除介词"到"，处所格直接出现在动词之后作处所宾语。

② 动词"挂"的基本义是借助绳子、钩子、钉子等使物体依附于某处的一点或几点。它有两个义位：(1)动作，实施一种使物体依附于某处的动作，例如："姐姐正往墙上～画呢"、"唐永明想在墙上～两个条幅"；(2)状态，由挂的动作造成或遗留的依附状态，例如："墙上～了/着一幅齐白石的画"、"一轮明月～在夜空中"。"挂"的动作和状态这两种意义常常是纠缠在一起的，例如："这面墙上可以～一幅国画"、"这些标语～了三天了"。但这两种意义又是可以分离的。像这里的"挂"的〖蒙上、附着〗意义，就是从状态这一义位上引申出来的。同样地，这里的"拖(着辫子)"、"(两座大山)夹(着一条小溪)"用的都是由状态义引申出来的意义。

(3) 挤：这一版上还可以～一篇补白

你们宿舍（里）再～一个人吧

二、配位方式

S_1：Th＋＿＋在 L　　S_2：L＋＿（着）＋Th

S_3：Th＋在 L＋＿＋…

三、问题讨论

1. V{Th, L} 这种动词共有的语义特征是〔＋既成〕、〔＋静态〕、〔＋附着〕。

2. 充当 L 的 NP 中一般都含有方位词。

5.1.1.3　V：{A, R}

一、配价实例

开（开设）：王老师又～了一门新课　这门课王老师以前～过

生：　　　美珍～了一个男孩①

　　　　　我家的白猫～了五只小花猫

举行：　　我们明天～毕业典礼　　结婚典礼他们至今还没～

二、配位方式

S_1：A＋＿＋R　　S_2：R＋A＋＿

三、问题讨论

1. V{A, R} 这种动词共有的语义特征是〔＋制作〕。

2. 这种动词通常不能构成"把"字句和"被"字句。

---

① "生（孩子）"的施事可以不是实施生这个行为的人，而是实施生的行为的相关的人。例如："我哥又～了一个女孩"、"张老伯～了一个孙子"、"他家共～了四个孩子"。这里的"我哥、张老伯、他家"是一种假施事（pseudo-agent），严格地说是主题（Th）。

5.1.1.4 V:{A,P}

一、配价实例

(1) 参观：　　我~过那个工厂　　　那个工厂我~过
　　　　　　　我那个工厂~过

　　尝：　　　你~一下这酒　　　　这酒你~一下
　　　　　　　你这种酒没~过

　　打扮：　　她正~孩子呢　　　　孩子我还没~(好)呢

　　弄(玩)：　他老~花儿鸟儿的　　鸟儿我也~过
　　　　　　　花儿我没~过

　　弄(搞)：　他~了一点粮食①

　　落：　　　她又~了一身新衣裳
　　　　　　　种了一冬蘑菇，他~了不少钱

　　追(赶)：　一群掉队的女兵正~大部队呢
　　　　　　　他~队伍去了

　　追(求)：　两个小伙子同时~一个姑娘
　　　　　　　他以前~过阿媚

　　驱逐：　　伊拉克~了两名美国记者
　　　　　　　美国~了几个伊拉克外交官

　　开除：　　校长~了一个学生　　国家队~了一个球员

　　放松：　　你该~一下神经了　　你的神经该~一下了
　　　　　　　他~了对孩子的教育　他对孩子~了教育

　　招(招收)：陆先生只~了一个博士生
　　　　　　　饭店又~了几个女招待

---

① 这里的"弄(粮食)"表示设法取得的意思。

招（招惹）： 他净～孩子　　　　　　你可千万别～那条狗
招（招供）： 人犯～了全部事实　　　他已经～了口供了
传（传播）： 张嫂～过几次小道消息　他净～闲话
传（传导）： 这种材料不～热　　　　这根管子能～声音
传（传唤）： 法庭～过被告　　　　　法院又～了几个证人
伤害：　　　他～过我的自尊心
　　　　　　这种做法～了中国人民的感情
庆祝：　　　大伙儿一起～他的生日
　　　　　　清华正～建校九十五周年呢
调动：　　　他们～了一切积极因素
　　　　　　侯义群～了各种人际关系
取：　　　　我已经～了行李了　　行李我已经～了
　　　　　　我行李已经～了
解：　　　　我～了两根绳子　　　绳子我全～了
甩：　　　　他使劲地～了一下胳膊
　　　　　　他的胳膊使劲地～了一下
　　　　　　他轻轻地～了一下袖子
　　　　　　他的袖子轻轻地～了一下
搓：　　　　弟弟～了一天老玉米　?他双手～老玉米
　　　　　　他双手～了一下　　　他～了一下双手
称：　　　　老许正～西瓜呢　　　这条鱼我还没～呢
　　　　　　这筐梨你～一下分量　这些孩子你～一下体重
关：　　　　他早～了大门了　　　大门他早～了
添：　　　　李咏又～了几件新衣服
　　　　　　我家刚～了两个沙发

等：　　　　我们～汽车吧　　　　他们正～客人呢
等待：　　　我只好～机会　　　　她～着儿子的平安归来
等候：　　　店员在门口～客人　　您就～佳音吧
迎接：　　　他们都～贵宾去了
　　　　　　大家正紧张地～期末考试呢
帮助：　　　我妈常～别人　　　　同学之间互相～
访问：　　　刘少奇～过东亚五国　小陈最近～了几个作家
招呼(呼唤)：你先～一声爷爷　　　他正在～几位来客
招呼(照料)：他长期～隔壁的王奶奶
　　　　　　邻居们一直～着这几个孤寡老人
注意：　　　你～一下最近的天气情况
　　　　　　你～楼上的动静
收拾(整理)：妈妈正～行李呢　　　房间我刚～过
收拾(修理)：爸爸正～沙发呢　　　自行车你～了吗？
收拾(惩治)：民警～了那帮流氓　　我早晚会～你的
介绍：　　　你先～一下这儿的情况
　　　　　　这儿的情况你先～一下
欢迎：　　　用户们很～这种新产品
　　　　　　?这种产品用户们很～

(2) 靠(依靠)：我们全～工资吃饭　　吃饭我们全～工资
　　　　　　他们～收割机收庄稼　收庄稼他们～收割机
依靠：　　　你们要～群众办好这件事　这件事你们要～群众
　　　　　　他的学费主要～姑妈　　　学费他主要～姑妈
劝：　　　　你～他早点儿退休吧　　　我～你死了这条心
骂(斥责)：　我爸老～我不思上进　　　师傅～小刚败坏规矩

请(邀请)：今天我～朋友吃饭

　　　　　老江又～了几桌客人(吃饭)

请(请求)：小邵～医生看牙

　　　　　这件事儿你得～他(帮忙)

邀请：　　李明～几个朋友过生日　我们～他来开会

介绍：　　程文超～我入党

　　　　　他又～了三个人来做工

祝贺：　　学生们～季老九十华诞

　　　　　我们～你再次当选为共和国总统

欢迎：　　我们～你来参加研讨会

　　　　　老生们在校门口～新生报到

(3) 包圆：　这几个苹果我～了

　　　　　剩下的花生你一个人～了吧

二、配位方式

　　$S_1: A + \_\_ + P$　　$S_2: P + A + \_\_$

　　$S_3: A + P + \_\_$　　$S_4: A + \_\_ + P + VP$

三、问题讨论

1. $V\{A, P\}$ 的第(1)组动词是自由动词，它们可以跟它们的从属成分构成一个自足的句法结构；第(2)组动词是黏着动词，它们跟它们的从属成分之后还得有一个 VP 支持才能构成一个自足的句法结构。纯粹从组配能力的角度，也可以把这种 VP 看作是黏着动词的一个超级价(super-valence)。这样，黏着动词就是三元动词了。

2. "甩"的对象 P 必须是附着在施事 A 上的一个组成部分，因此 A 跟 P 可以构成表示领属关系的偏正结构，一起作"甩"的主语,形成这样的配位方式:A+的+P+__。①

3."称"的语义中隐含了"重量"、"体重"等的意义,而"重量"、"体重"是一价名词,它们可以支配"梨"、"孩子"等从属成分。因此,我们认为"这筐梨你称一下重量"、"这些孩子你称一下体重"中的"称"仍然是二元动词。同样,"搓"的语义中隐含了"双手"的意义,而"双手"是一价名词,它可以支配"他"等从属成分。因此,"搓"仍可看作是二元动词。②

4."放松"的宾语可以是体词性的,如:"你可以～一下神经了";也可以是谓词性的,如:"他～了对孩子进行教育"。"神经"是一价名词,可以跟其从属成分构成偏正结构,形成这样的句式"你的神经可以～一下了"。"教育"是动词,它的从属成分 P 可以通过介词"对"引导而前置。因此,我们认为"他对孩子～了教育"中的"(对)孩子"不是"放松"的配项(即从属成分),而是名动词"教育"的配项。③

5.黏着动词的后续的 VP 有时可以省去,但 VP 的配项却可以保留。④例如:"这件事儿你得请他(帮忙)","这件事儿"是"帮忙"的配项。因此,"请"仍是二元动词。

6."包圆"的受事只能出现在动词之前,并且只能在施事之前。

5.1.2 二元二位二项三联动词,简称二元三联动词

二元三联动词能关联三个从属成分,其中一个是主题 Th 或

---

①② 在"他甩了一下胳膊"中,甩的对象"胳膊"是一价名词,而施事"他"是这个一价名词的从属成分。详见袁毓林(1994),参见本书§2.2.2。

③ 详见袁毓林(1992),参见本书§2.2.2。

④ 详见袁毓林(1996),参见本书§8.2。

施事 A 或材料格(material,简称 Ma),一个是受事 P 或与事(dative,简称 D)或结果 R,另一个是处所格 L。

5.1.2.1　V:{Th,Ma,L}
一、配价实例
淋:小玲昨儿～雨了　　　他被雨水～过好几回了
　　这衣服雨水～过好几次了　雨水～你头上了
　　他身上～了不少污水　　?他被雨水～了一个全身透
二、配位方式
　　　S_1:Th+＿+Ma　S_2:Th+Ma+＿　S_3:Th+被 Ma+＿+...
　　　S_4:Ma+＿+L(Th)　　S_5:L(Th)+＿+Ma
三、问题讨论
1.这儿的处所格是由主题转变过来的,所以记作 L(Th)。
2.即使在这样的句子 Th+L+＿+Ma(他,头上淋了不少雨水)中,由于"他"是一价名词"头"的配项,因而"淋"仍是二元二位动词。

5.1.2.2　V:{A,P,D}
一、配价实例
传(传染):老鼠～鼠疫　　　　蚊子能～疟疾和脑膜炎
　　　　　这种病～人,也～家畜
传染:　　蚊子能～疾病　　　　这种病专门～幼儿
指导:　　王先生只～过一个博士生　我～过两篇硕士论文
　　　　　林教授正～三个博士生的学位论文
二、配位方式
　　　S_1:A+＿+P　　S_2:A+＿+D　　S_3:A+＿+D 的 P

三、问题讨论

1. 在"这种病传人"中,"这种病"也可以看作是主题格。

2. 由于"指导"是二位动词,因而 D 和 P 只能通过合并(incorporation)来合占一个句法位置。

5.1.2.3　V:{A,P,R}

一、配价实例

凑(聚集):　我们～了一点钱　　他们临时～了一个戏班子
绕(围着转):他～了几个圈儿　　地球～太阳转
　　　　　　你还是～三环路走吧

二、配位方式

　　　$S_1:A+\_\_+R$　　$S_2:A+\_\_+P$　　$S_3:A+\_\_+P+VP$

三、问题讨论

1. 当"凑"带结果宾语时,整个句子就含有贬义的感情色彩。

2. "绕"是黏着动词,带受事宾语时必须要有后续的 VP 来支持。只有带同源宾语 R 时,才可以独立。

第二节　二元二位三项动词的配价和配位

5.2.1　二元二位三项三联动词,简称二元三项动词

　　二元三项动词能关联三个从属成分,一个是施事 A,一个是受事 P 或与事 D 或结果 R,另一个是处所 L 或工具(instrument,简称 I)或方式(manner,简称 M)。

5.2.1.1　V:{A,R,L}

一、配价实例

开:刘大姐在公路旁边～了一个小商店

　　他们把小店～在学校对面　　饭店就～在路边

　　路边～了一个饭店

办:我哥在郊外～了一个香料厂　他们把化工厂～在农村

　　养鸡场～在村里　　　　　　村里～了一个养鸡场

盖:他们在山里～了一所小学　　他们把工厂～在河边

　　小楼～在山坡上　　　　　　山坡上～着一排小洋楼

二、配位方式

　　S_1:A+在 L+＿+R　　S_2:A+把 R+＿+在 L

　　S_3:R+＿+在 L　　　S_4:L+＿着+R

三、问题讨论

1. V{A,R,L}这类动词都含有〔＋制作〕、〔＋附着〕的语义特征。
2. 当处所格在动词之后出现时,一定要用介词"在"引导。

5.2.1.2　V:{A,P,L}

一、配价实例

(1) 埋葬:　他们在山上～了死去的战友

　　　　　万人坑里～着千万个无辜的生灵

　　　　　他们把阵亡的将士～在山下

　　　　　阵亡的英雄被他们～在山脚下[1]

---

[1]　这里用的是"埋葬"的基本义,而比喻义的"埋葬"(＝消灭)是不能支配处所格的。

　　　　混(搀)：他在我的雪碧中~了白酒
　　　　　　　　大米里~了不少小石子儿
　　　　　　　　他们把次品~在正品中　　坏的被~在好的里头了
　　（2）留：　小桐~客人(吃饭)　　　　家里~了两个客人
　　　　　　　他把客人~家里了　　　　客人被他~家里了
　　（3）锁：　我把孩子~家里了　　　　他把钥匙~在屋里了
　　　　　　　孩子被我~(在)屋里了　　屋里~着一个小孩
　　（4）压(搁)：他把信~了好几天了　　这封信(被)他~了五天
　　　　　　　　来稿全~他那儿了　　　抽屉里~着好几千块钱呢
　　　　　　　　那些东西都~(在)他那儿
　　　　　　　　(在)他那儿~了一堆文件
　　（5）遗失：小周~了一个皮包　　　小周的皮包~在汽车上

二、配位方式

S_1：A+__+P(+VP)　　　S_2：A+在L+__+P
S_3：A+把P+__+(在)L　　S_4：P+(被)A+__+(在)L
S_5：P+__+(在)L　　　　S_6：(在)L+__了/着+P

三、问题讨论

1. "埋葬"的配位方式跟"开、办、盖"等动词相似，差别只在客体格(objective case)是P还是R。

2. "留"是个黏着动词，带受事宾语时必须要有后续的VP来支持。

3. "锁"是个自主动词(volitional verb)，但"我把孩子锁(在)家里了"和"孩子被我锁(在)家里了"却都有故意和无意两种可能性。

5.2.1.3　V:{A,P,I}

一、配价实例

(1) 揉:他用双手～孩子的肚子　　他用右手～自己的眼睛
(2) 嚼:他用门牙～口香糖　　　　这副假牙不能～蚕豆
　　 啃:他用门牙～老玉米　　　　他的牙齿不能～肉骨头了
(3) 说:吴宓用英语～了一个笑话　他会～普通话
　　 讲:妈妈用苏州话～了一个故事　王老师会～闽南话

二、配位方式

　　　S_1:A+用I+__+P　　S_2:I+__+P　　S_3:A+__+I

三、问题讨论

1. 这三类动词的工具格都是动词的语义所隐含的,它们是这类动词的缺省值(default value)。因此,除非特殊的表达需要,它们是可以不出现的。

2. "说、讲"的工具格可以通过语义上的受事化和语法上的述题化而作宾语。

5.2.1.4　V:{A,P,D}

一、配价实例

(1) 催:他老～我(办手续)　　　　刘主编～稿子(来)了
　　　　那篇稿子我～过他几次了　杂志社向我～稿子(来)了
(2) 量:护士正给病人～体温呢　　孩子的体温你～了吗?
(3) 交:钱伟这次又～了几个新朋友 黄斌最近～了几个坏孩子
　　　 小平跟一个大学生～朋友　　他坏朋友～了不少
　　 磨:小陈又～了一个假条　　　小陈正～领导呢
　　　 小陈正跟领导～假条呢　　　他为了职称又～主任去了

(4) 打听：他又～了一些草药的事　我已经～了不下十个人了
　　　　我向旁人～了他的下落　我为了这事～了好些人
　　要求：他又～了五十元补助　　他多次～领导（照顾他）
　　　　他向领导～一套房子　　他为了房子又～领导（照顾）

二、配位方式

$S_1: A+\_+P(+VP)$　　　$S_2: A+\_+D(+VP)$

$S_3: A+向/跟 D+\_+P$　$S_4: A+为了 P+\_+D$

$S_5: P+A+\_+D$　　　　$S_6: P+A+\_$

三、问题讨论

1. "催"和"要求"是黏着动词，需要后续的 VP 的支持。

2. "磨、打听、要求"的受事可以通过介词"为了"的引导而前置，表示目的。这么说，似乎是受事等同于目的了。其实，"为了 P"是"为了 V+P"的省略。比如，"为了[解决]职称"、"为了[了解]这事"、"为了[得到]房子"。

3. "打听"的受事和与事都可以作宾语，因此"我又打听了那几个当事人"一类句子是有歧义的。当其中的"那几个当事人"是受事时，句子的意思是向某人打听那几个当事人；当其中的"那几个当事人"是与事时，句子的意思是向那几个当事人打听某事。

5.2.1.5　V:{A, R, M}

一、配价实例

唱：王芳～了一首流行歌曲　　　余子敏常～男中音
　　他用美声～了一首拿波里民歌　这首民歌她可以～花腔

二、配位方式

$S_1: A+\_+R$　　　　$S_2: A+\_+M$

$S_3: A+用 M+\_\_+R \qquad S_4: R+A+\_\_+M$

三、问题讨论

1. "唱"的同源宾语"歌曲"、"拿波里民歌"等的语义角色介于结果 R 和受事 P 之间。如果 S_4 这种格式可以接受,那么"唱"就是二元三位三项三联动词了。

2. 方式 M 可以通过语义上的受事化和语法上的述题化而作宾语。

5.2.2 二元二位三项四联动词,简称二元三项四联动词

二元三项四联动词可以关联四个从属成分,一个是施事 A,一个是受事 P,一个是结果 R 或目标(aim,简称 Ai),一个是处所 L 或工具 I。

5.2.2.1 V:{A,P,Ai,L}

一、配价实例

挤:你干吗使劲地～我? 大家别～柜台

他天天～公共汽车(上班) 我儿子～电影票(去)了

他们一下把我～角落里了 我被他们～一边儿了

二、配位方式

$S_1: A+\_\_+P \qquad S_2: A+\_\_+Ai+VP$

$S_3: A+把 P+\_\_+L \qquad S_4: P+被 A+\_\_+L$

三、问题讨论

1. 在"挤公共汽车"、"挤电影票"等格式中,"挤"的意义已经引

申了一步。这儿为了方便,姑且合在一起讨论。

2. 引申义的"挤"是一个黏着动词,但对后续的 VP 依赖性不大。

5.2.2.2　V:{A,P,R,L}

一、配价实例

(1) 碰：　　小王～了我一下　　　老人不小心～电线杆上了

　　　　　孩子在树上～了一个包　他头上～一个包

(2) 磨：　　这双鞋～脚　　　　　他的脚上～了两个泡

　　　　　这双鞋把他的脚～了两个泡

　　　　　他的脚被新鞋～了两个泡

(3) 撞：　　小华～了一个老太太　汽车～树上了①

　　　　　汽车把围墙～了一个大窟窿

　　　　　围墙被汽车～了一个大窟窿

　　　　　自行车前轮～我腿上了　我腿上～了一个大包

(4) 挂(钩):　这颗钉子老～人　　　那根铁丝～我裤腿上了

　　　　　树枝把衣服～了一个口子

---

① 在《现代汉语词典》(修订本)中,"撞"的释义是:运动着的物体跟别的物体猛然碰上;如:～人、别让汽车～上。"敲"的释义是:在物体上面打,使发出声音;如:～门、～锣打鼓。在《辞海·语词分册》中,"撞"的释义是:敲,击;如:～钟。"敲"的释义是:击,叩。单凭《现代汉语词典》的释义,要理解古代汉语的"撞钟"的意义是很困难的。借助《辞海》的释义,虽然勉强可以大概地理解"撞钟"的意义,但是总觉得还是隔了一层。如果了解到古代打钟通常用悬挂在钟旁的木槌撞击,或者在现代的庙宇或电影中见过这种情景,那么"撞钟"的意义就涣然冰释了。可见,词语的意义的本质在于它的可兑现性;也就是说,只有当词语符号能转化为关于现实世界中的对象和情景时,它才是有意义的(参见袁毓林(1994)§6)。

衣服被树枝～了一个口子

衣服上～了一个口子

?衣服上被树枝～了一个口子

二、配位方式

$S_1:A+\_+P$　　　　　$S_2:A+\_+L$

$S_3:A+在L+\_+R$　　$S_4:L+\_+R$

$S_5:A+把P+\_+R$　　$S_6:P+被A+\_+R$

三、问题讨论

1.这里的"碰"是个非自主动词(non-volitional verb),它强调的是碰上这种结果。

2.在"这双鞋磨脚"、"这颗钉子老挂人"一类句子中,"这双鞋"、"这颗钉子"等的语义角色是工具性的施事,即工具施事化了。

3.由"撞"构成的句子通常有故意和无意两种意义,因此"撞"兼属自主动词和非自主动词。

5.2.2.3　$V:\{A,P,L(S),L(G)\}$

一、配价实例

摘(选取):小红正～例句呢　　他从杂志上～了不少谚语

他把警句全～(在)日记本上了

日记本上～不少例句

二、配位方式

$S_1:A+\_+P$　　　　　　　$S_2:A+从L(S)+\_+P$

$S_3:A+把P+\_+(在)L(G)$　$S_4:L+\_+P$

三、问题讨论

1.这里出现了两个处所格,可以根据其语义作用的不同而分化为来源(source,简称 L(S))和目的(goal,简称 L(G))。

2. 有意思的是,"摘"的来源处所和目的处所是不能在一个句子中共现的。可见,动词的配价和配位情况并不能直接从动词的词汇意义上推导出来。据此,可以说配价是一种语法范畴,而不是语义范畴。

5.2.3 二元二位三项五联动词,简称二元三项五联动词

二元三项五联动词能关联五个从属成分,一个是施事 A,一个是受事 P,一个是结果 R,一个是工具 I,一个是材料 Ma。

5.2.3.1 V:{A,P,R,I,Ma}

一、配价实例

烧:小王正用树枝～水呢　　妹妹用电炉～了一锅米饭
　　他家还～煤油炉　　　　我家都～液化气了
　　这炉子只能～蜂窝煤　　炉子上～着水呢

二、配位方式

S_1:A+(用 Ma/I+)__+P/R　　S_2:A+__+Ma/I

S_3:I+__+Ma　　　　　　　S_4:L(I)+__着+P

三、问题讨论

1. 对于动词"烧"而言,"煤油炉"和"液化气"都可以看作是工具格。但根据相同的语义格不能在同一个基础句中共现的配位原则,它们应该分别细化为工具和材料。

2. 动词"烧"的工具格和材料格可以通过语义上的受事化和语法上的述题化而作宾语。

第三节 二元二位四项动词的配价和配位

5.3.1 二元二位四项四联动词,简称二元四项动词

二元四项动词能关联四个从属成分,一个是施事 A,一个是受事 P,一个是工具 I,另一个是处所 L 或结果 R。

5.3.1.1 V:{A,P,I,L}
一、配价实例

舔:他用舌头～掉在桌上的芝麻　他用舌头～盘子/嘴唇
　他用舌头在盘子底上～芝麻粒儿 他～了一下自己的舌头
　他的舌头上还～着几粒芝麻呢　他把盘子/嘴唇～了一下

二、配位方式

　　S_1:A+(用 I+)＿+P　　S_2:A+(用 I+)在 L+＿+P
　　S_3:A+＿+I　S_4:L(I)+＿着+P　S_5:A+把 P+＿+…

三、问题讨论

1.工具格"舌头"是动词"舔"的语义所隐含的,因此它是一个缺省的配项。

2.工具格"舌头"可以通过附加方位词"上"而处所化,因此标记作 L(I)。

5.3.1.2 V:{A,P,R,I}
一、配价实例

涂:他用墨水～了几个错别字　他用墨水把纸～了个大窟窿

他用刷子把墙上的字全～了 墙上的字被他用刷子～了

二、配位方式

S_1:A+(用 I+)＿+P　　S_2:A+(用 I+)把 P+＿+R

S_3:A+(用 I+)把 P+＿了　S_4:P+被 A+(用 I)+＿了

三、问题讨论

1. 上例中的"墨水"也可以看作是材料格,但它不能跟工具格"刷子"共现,因此统一处理为工具格。

2. 当动词"涂"带"窟窿"等结果宾语时,在语义上明显地含有致使性(causativity)。

5.3.2 二元二位四项五联动词,简称二元四项五联动词

二元四项五联动词能关联五个从属成分,一个是施事 A,一个是受事 P,一个是结果 R,一个是工具 I,一个是处所 L。

5.3.2.1　V:{A,P,R,I,L}

一、配价实例

扯:小王用右手～了一张标语

　　医生用双手在我裤腿上～了一个口子

　　他用双手把我的上衣～了一个口子

　　裤腿上～了一个口子

　　我的上衣被他用双手～了一个口子

　　裤腿上被人～了一个口子

踩:小孩用脚使劲地～桌子

　　他用脚在桌子上～了几个脚印

匪徒用脚把桌子～了一个窟窿

桌子上～一个窟窿/脚印

桌子被他用脚～了一个窟窿眼儿

桌子上被人～了一个窟窿/脚印

咬:我女儿老用牙齿～玩具书

孩子用牙齿在画片上～了一个洞

小孩用牙齿把布娃娃～了一个洞

?布娃娃上～了一个洞

二、配位方式

S_1:A+(用 I+)__+P　S_2:A+(用 I+)在 L(P)+__了+R

S_3:A+(用 I+)把 P+__了+R　S_4:L(P)+__了+R

S_5:P+被 A+用 I+__了+R　　S_6:L(P)+被 A+__了+R

三、问题讨论

1.这些动词都表示通过人体的某个部位的行为来达到破损某物的目的,即含有〔+人体〕、〔+破损〕的语义特征。

2.其中的工具格都是施事的一个不可让渡的(inalienable)组成部分,是由动词的语义所隐含的。因此,这种工具格可以记作 I(A)。I(A)是一种缺省的配项,即使不在句子中出现,听话人也可以推知。

第四节　二元三位三项动词的配价和配位

5.4.1　二元三位三项三联动词,简称二元三位动词

二元三位动词能关联三个从属成分,一个是施事 A,一个是受

事P或结果R,一个是处所L或工具I或材料Ma或原因(cause,简称Ca)。

5.4.1.1　V:{A,P,L}

一、配价实例

(1) 晒:妈妈在阳台上~了许多衣服　　被子你~阳台上吧
　　　姐姐把毛衣~外头了　　　　　　毛衣被姐姐~外头了
　　　衣服早~阳台上了　　　　　　　阳台上~了不少衣服
　　塞:弟弟在书包里~了不少玩具　　　毛巾你~背包里了吗?
　　　弟弟把玩具~书包里了　　　　　玩具被弟弟~书包里了
　　　圆规早~书包里了　　　　　　　口袋里~了不少零食
　　挤:他正往牙刷上~牙膏呢　　　　　牙膏你~这把牙刷上吧
　　　他把牙膏全~牙刷上了　　　　　药膏被他全~我伤口上了
　　　药膏都~伤口上了　　　　　　　他手心里~了不少药膏
　　藏:他在地洞里~了一袋米　　　　　钱你都~什么地方了
　　　她把伤员~(在)地窖里了　　　　伤员被她~(在)地窖里了
　　　手枪早~怀里了　　　　　　　　她枕头下~着/了一把剪子
　　存:她在地窖里~了许多土豆　　　　土豆你还是~地窖里吧
　　　她把土豆全~地窖里了　　　　　土豆被她全~地窖里了
　　　土豆早~地窖里了　　　　　　　地窖里~了五十公斤土豆
　　留:他在家里~了一份底稿　　　　　底稿我~家里了
　　　他把底稿~家里了　　　　　　　复印件被他~在家里了
　　　底稿~办公室里了　　　　　　　家里只~了一份底稿
　　搁:老爸在窗台上~了一盆花儿　　　这盆花儿你~窗台上吧
　　　他把花儿~阳台上了　　　　　　垃圾被保姆~门外了

	闹钟～床头柜上了	桌子上～了一个大花瓶
放:	妈在衣柜里～了一些樟脑	钳子你～哪儿了？
	我把樟脑全～衣柜里了	樟脑被我全～衣柜里了
	饭桌～这儿吧	衣柜里～了一些樟脑
安:	我在阳台上也～了一盏灯	开关你还是～这儿吧
	他把日光灯～客厅里了	日光灯被他～在客厅里了
	大镜子～这面墙上	墙上～了一面大镜子
装:	他在花园里～了一盏电灯	电灯他～花园里了
	他把电灯～花园里了	电灯被他～在花园里了
	电灯～花园里了	花园里～了一盏电灯
插:	他在花瓶里～了几枝花	这几枝花你～花瓶里吧
	他把花全～花瓶里了	那些花早被他～在花瓶里了
	那些花早～花瓶里了	花瓶里～～了几枝花
撒:	他在麦地里～了不少化肥	这些肥料你～稻田里吧
	他把牛粪全～西瓜地里了	牛粪被他全～西瓜地里了
	那些农药早～菜园里了	菜园里～了不少农药
烧:	他在铁锅里～大块肉呢	茄子你～小锅里吧
	他把茄子～小锅里了	茄子被他～小锅里了
	茄子早～铁锅里了	铁锅里～着肉呢
加:	他又在文末～了几个注释	注释你还是～页末吧
	他把符号一律～在右上角	符号被他一律～在右上角
	注释已经～文末了	文章中～了不少注
关:	他在笼子里～了几只小鸡	小鸡你先～笼子里吧
	他早把小鸡～笼子里了	小鸡早被他～笼子里了
	小鸡先～笼子里	笼子里～了几只小鸡

绕:他在脖子上~了一条围巾　　围巾你快~脖子上吧
　　他竟把围巾~腰上了　　　　围巾被他~腰上了
　　围巾早~他脖子上了　　　　脖子上~了一条红围巾
铺:他在桌上~了一块桌布　　　桌布你~这儿吧
　　他把桌布~饭桌上了　　　　桌布被他~饭桌上了
　　那块桌布早~餐桌上了　　　餐桌上~了一块桌布

(2) 送:他每天往幼儿园~孩子　　孩子我~姥姥家了
　　我把孩子~姥姥家了　　　　孩子被我~幼儿园了
　　孩子已经~幼儿园了　　　　*幼儿园里~了不少孩子
吐:他在痰盂里~了一口痰　　　枣核你~垃圾筒里吧
　　孩子把饭粒全~地上了　　　饭粒全被孩子~地上了
　　枣核~你自己的手心里　　　?地上~了不少饭粒

(3) 招:他往家里~了不少小孩　　小孩你全~家里了
　　他把附近的孩子全~家里了　附近的孩子全被他~家里了
　　苍蝇都~屋里了　　　　　　屋里~了不少苍蝇

(4) 咽:他~了一口吐沫　　　　　几个玻璃珠他全~肚子里了
　　吞:他~了一丸药　　　　　　药丸他全~肚子里了
　　吸:他~了一口橘子汁　　　　剩下的可乐他全~嘴里了
　　弄:孩子正~汤(玩)呢　　　　汤他全~桌子上了
　　拐:他一共~了三个小孩　　　孩子他早~山里(去)了
　　丢:他~了一笔钱　　　　　　钱包她可能~电影院里了
　　掉:他~了一枝钢笔　　　　　钢笔他~河里了
　　脱:他正~衣服呢　　　　　　鞋子你~门外吧
　　摔:他~了一个杯子　　　　　杯子他~地上了
　　甩:他~了一双鞋　　　　　　鞋子他~门外了

开：他～着一辆小汽车　　　汽车他～城里(去)了

收：他～了几件衣服　　　　衣服他全～柜子里了

二、配位方式

S_1：A+在L+__+P　　S_2：P+(A+)__+L

S_3：L+__着/了+P　　S_4：A+把P+__+L

S_5：P+被A+__+L　　S_6：A+__+P

三、问题讨论

1.第(1)(2)(4)类动词都有〔+附着〕的语义特征,因此这里的处所格都是L(G)。

2."吐"和"送"没有S_3这种配位方式,我们还不知道该如何解释。

3."招"可以说成"这条咸鱼特～苍蝇",在这里"这条咸鱼"与其说是施事,不如说是主题。

4.第(4)类动词的配位能力明显地小于其他三类动词。

5.4.1.2　V:{A,P,L(A)}

一、配价实例

穿：他上身～了一件毛衣　毛衣他早～身上了　身上～着/了毛衣

戴：他头上～了一顶礼帽　草帽他早～头上了　头上～着/了草帽

披：他上身～了一件斗篷　大衣他早～身上了　身上～着/了斗篷

二、配位方式

S_1：A+(L+)__+P　　S_2：P+(A+)__+L

S_3：L+__着/了+P

三、问题讨论

1.这里的处所格都是施事的一个不可让渡的组成部分,所以应该记作L(A)。

2.这里的处所格都是由动词的语义所隐含的,因此是一种缺省性配项。

5.4.1.3　V:{A,P,I}

一、配价实例

(1) 养：　老王用一个人的工资～全家人

　　　　　一个人的工资他～一家四口人

　　买：　小龙用全年的奖金～了一台电脑

　　　　　那笔钱他～了一辆摩托车

　　擦：　妈妈每天用海绵～那面镜子　　这块鹿皮我～眼镜

　　刷：　你怎么用牙刷～皮鞋？　　　　这把刷子我～床单

　　打：　他用竹竿～枣儿　　　　　　　这根竹竿我～枣儿

　　开：　你用这把钥匙～房门　　　　　这把钥匙我～院门

　　割：　他用镰刀～韭菜　　　　　　　这把镰刀我～麦子

　　杀：　他用小刀子～鸡　　　　　　　这把刀我～老母鸡

　　磨：　他用砂轮～剪子　　　　　　　这块砂轮我～菜刀

　　轰：　他用竹竿～小鸡　　　　　　　这根竹竿我～小鸡

　　赶：　他用扇子～苍蝇　　　　　　　这把扇子我～苍蝇

　　拨：　他用细针～手上的刺儿　　　　这根针我～手上的刺儿

　　观察：他每天用望远镜～星星　　　　这副望远镜我～星星

(2) 闻:他([用]鼻子)～了一下馒头

　　揭:他([用]左手)～锅盖

　　拉:他([用]右手)～了一下车门

　　摸:他([用]右手)～了一下胡须

　　掰:他([用]双手)～馒头

拔:他([用]双手)～麦子

扶:他([用]双手)～奶奶

指:他([用]手指)～黑板

拍:他([用]左手)～了一下脑门

(3) 看:他用这副眼镜～电视　　这副眼镜我～书

　　他用显微镜～果蝇　　　他正～显微镜呢

望:他用这副望远镜～远景　　这副望远镜我～远景

?他正～望远镜呢

听:他用这副耳机～音乐　　这副耳机我～音乐

小静正～耳机呢

二、配位方式

S_1:A+(用 I+)＿+P　S_2:I+(A+)＿+P　S_3:A+＿+I

三、问题讨论

1. 对于动词"养"和"买"来说,"工资"和"钱"也可以看作是材料格。这种用法的"养",在口语中经常说成"养活(yǎng·huo)"。

2. 第(2)类动词的工具格是缺省性配项,是施事的一个不可让渡的组成部分。第(3)类动词的工具格可以是缺省性配项,也可以是独立的工具格;并且,只有这种独立的工具格才能通过受事化而作宾语。

5.4.1.4　V:{A,P,Ca}

一、配价实例

笑(讥笑):大张老～我　(因为)这事他又该～我了

骂:　这婆娘老～我　(为了)这事他一定又要～我了

怪:　妈妈老～我　这事儿都～他　这事我不～他

怨： 你别～我　　这事儿都～他　　这事我不～他
赖： 你又～我了　　这事儿都～他　　这事你不能～我
谢： 我怎么～您呢？　　这事儿你得～她
感谢： 我衷心地～大家　　这事你得～大伙儿

二、配位方式

$S_1: A+\underline{\quad}+P$　　$S_2: Ca+A+\underline{\quad}+P$　　$S_3: Ca+\underline{\quad}+P$

三、问题讨论

1.这些动词在一定程度上说是黏着动词,后续的 VP 用以说明"笑"、"谢"等的原因。当 VP 中的有关成分话题化成原因格以后,它们便成了自由的三位动词了。①

2."怪"、"怨"和"赖"等动词似乎只有在否定的情态下才能有 S_2 这种配位方式。

5.4.1.5　V:{A,P,R}

一、配价实例

分： 我们五个人～一箱苹果　　他们把一箱苹果～了四堆
　　　这箱苹果你们～四份儿　　你们这些人～两拨儿
处罚：工商部门～了一批奸商　　随地吐痰的人我们一律～五元

二、配位方式

$S_1: A+\underline{\quad}+P$　　　　$S_2: A+把P+\underline{\quad}+R$

$S_3: P+(A+)\underline{\quad}+R$

三、问题讨论

1.在"你们这些人分两拨儿"中,"你们这些人"是施事和受事

---

① 参考袁毓林(1996)中有关的讨论,参看本书§8.2。

的合并。

2.上例中"五元"的语义格可能介于结果和方式之间。

5.4.1.6 　V:{A,R,Ma}

一、配价实例

装:小华用那些零件～了一个电视　那些零件小华～了一个电视
织:姑姑用那些毛线～了一件毛衣　那些毛线姑姑～了一件毛衣
叠:桐桐用那张花纸～了一只小船　那张花纸桐桐～了一只小船
包:妈妈用那些馅儿～了十个饺子　那些馅儿妈妈～了十个饺子
搓:爸爸用那些麻丝～了一根井绳　那些麻丝爸爸～了一根井绳
接:我爸用那些木板～了一张小床　那些木板我爸～了一张小床
铺:他们用那些沥青～了一条公路　那些沥青他们～了一条公路

二、配位方式

S_1:A+(用 Ma+)＿了+R　　S_2:Ma+(A+)＿了+R

三、问题讨论

1.S_1中的介词"用"可以换成"把",但可接受性就差了一点。

2.严格地说,这里的结果格是一种成品(product,简称 R(Pr)),它在语义上要求材料格共现;而"孩子用牙齿在画片上咬了一个洞"中的结果格"一个洞"是一种后果(outcome,简称 R(Ou)),它在语义上要求工具格共现。

5.4.2　二元三位三项四联动词,
　　　简称二元三位四联动词

二元三位四联动词能关联四个从属成分,一个是施事 A,一个是受事 P,一个是结果 R 或方式 M,另一个是处所 L 或材料 Ma 或工具 L。

5.4.2.1　V:{A,P,Ma,L}

一、配价实例

(1) 填：小方用石子～了一口枯井　　小方用石子把一口枯井～了
　　　　小方往沟里～了不少渣土　　沟里已经～了不少渣土了
　　　　小方把那些渣土全～沟里了　　那些渣土小方全～沟里了
　　　　这个大坑我们用沙土～　　这些沙土我们～那个坑

(2) 堵：他们用沙袋～洪水/缺口　　他们用沙袋把缺口全～了
　　　　他们往裂口里～了沙袋　　裂口里已经～了不少沙袋了
　　　　他们把沙袋全～缺口里了　　那些沙袋他们全～缺口里了
　　　　这些缺口我们用沙袋～　　这些沙袋我们～大堤的缺口

(3) 铺：我们用瓷砖～厨房　　厨房我们用瓷砖～
　　　　老李在大厅里也～了瓷砖　　那些瓷砖我都～大厅里了
　　　　小牛把瓷砖全～厕所里了　　这些瓷砖我们～厨房
　　　　我们去年在这条马路上～了一层沙子
　　　　这条马路我们去年～过一层沙子

二、配位方式

　　S_1:A+用 Ma+__+P　　S_2:A+用 Ma+把 P+__
　　S_3:A+在/往 L+__+P　　S_4:L+__+P
　　S_5:A+把 Ma+__+L　　S_6:Ma+A+__+P/L
　　S_7:P+A+用 Ma+__　　S_8:P+A+__+Ma

三、问题讨论

1.这些动词共同的配位特征是材料格可以通过受事化而作宾

语,受事格又可以通过加"里"、"上"等方位词而转变为处所格。

2."堵"还可以带"洪水"等类似于原因的受事格,这种受事格是不能转变为处所格的。

5.4.2.2　V:{A,P,I,L(A)}

一、配价实例

喝:小彭一连～了三杯水　　这水我不～了

　　我用小碗～酒　　　　　你～大碗

　　这个杯子我～药　　　　那些药我早～肚子里了

二、配位方式

　　S_1:A+＿+P　S_2:P+A+＿　　S_3:A+用I+＿+P

　　S_4:A+＿+I　S_5:I+A+＿+P　S_6:P+A+＿+L(A)

三、问题讨论

1."喝"的工具格"大碗、小杯"等可以通过语义上的受事化和语法上的述题化而作宾语。

2."喝"的处所格是施事的一个不可让渡的组成部分,所以记作L(A)。并且,这个处所格又是由动词"喝"的语义所隐含的,因此是一种缺省性配项(default valent)。

5.4.2.3　V:{A,P,I,L(P)}

一、配价实例

(1) 压:爸爸用雨布～谷堆　　　　爸爸把雨布～谷堆上了

　　　　两张雨布他全～谷堆上了　谷堆上～着旧雨布

(2) 盖:我哥用雨布～麦子　　　　我哥把雨布都～麦子上了

　　　　几张雨布他全～麦子上了　麦子上～着旧雨布

　　　　　我给孩子～了一条毯子　　　我把毯子～孩子身上了
　　　　　?我儿子～着一条毯子　　　孩子身上～着一条毯子
　(3) 锁:管家用大锁～了院门　　　管家把大锁～院门上了
　　　　　挂锁他～院门上了　　　　院门上～着一把大锁
　　　　　房门我用这把锁～　　　　这把锁我～房门
　(4) 夹:会计用夹子～报表　　　　他把夹子都～报表上了
　　　　　四个夹子他全～报表上了　每叠报表上都～着一个夹子
　　　　　报表我用夹子～　　　　　这些夹子我～报表
　　　　　那些报表我全～夹子上了　夹子上～着几张报表

二、配位方式

　　S_1:A+用I+＿+P　　　S_2:A+把P+＿+L(I)
　　S_3:I+A+＿+L(P)　　S_4:L(P)+＿+I
　　S_5:A+给P+＿+I　　　S_6:A+把I+＿+L(P)
　　S_7:P+A+用I+＿　　　S_8:I+A+＿+P
　　S_9:P+A+＿+L(I)　　S_{10}:L(I)+＿着+P

三、问题讨论

1. 当"盖"的受事是指人的名词时,它不能作宾语;它只能通过介词"给"的引导而前置于动词,即在语义格方面经历了一种与事化过程。

2. "夹"可以关联两种类型的处所格:一种是由受事格加方位词"上"而转换来的,记作 L(P);一种是由工具格加"上"而转换来的,记作 L(I);但这两种处所格不能在同一个句法结构中共现。

5.4.2.4　V:{A,P,I(A),L}

一、配价实例

(1) 捏:他用右手～虫子　　　他手里～着一条虫子

第五章 二元动词的配价和配位分析

　　　　他早把虫子～手里了　　虫子([被]他)～手里了

　　夹:他用左胳膊～雨伞　　他胳膊下～着一把雨伞

　　　　他早把雨伞～胳膊下了　雨伞([被]他)～胳膊下了

　　担:他用右肩～行李　　　他肩上～着一副挑子

　　　　他早把铺盖～肩上了　　铺盖([被]他)～肩上了

　　扛:他用左肩～锄头　　　他肩上～着一把锄头

　　　　他早把锄头～肩上了　　锄头([被]他)～肩上了

　　握:他竟用左手～手术刀　他手里～着一把菜刀

　　　　他早把菜刀～手里了　　菜刀([被]他)～手里了

　　托:他用双手～茶盘　　　他手里～着一个茶盘

　　　　他早把茶盘～手里了　　茶盘([被]他)～手里了

(2) 捉:他用双手～泥鳅　　　他手里～着一条大鱼

　　　　他早把鱼～手里/厨房里了

　　　　鱼([被]他)～手里/厨房里了

　　拖:他用双手～毛竹　　　他手里～着一根毛竹

　　　　他早把毛竹～手里/河边了

　　　　毛竹([被]他)～手里/河边了

　　捧:他用双手～花生　　　他手里～着不少花生

　　　　他早把花生～手里/盆里了

　　　　花生([被]他)～手里/盆里了

　　牵:他用左手～小羊　　　他手里～着一只山羊

　　　　他早把小羊～手里/后院了

　　　　小羊([被]他)～手里/后院了

(3) 举:他用双手～国旗　　　他手里～着一面小旗

　　　　他早把小旗～手里了　　国旗([被]他)～手里了

　　　　他(的)双手～着　　　他～着双手

(4) 带：*他用身体～干粮　　他身上～着几斤干粮

　　　　他早把证件～身上/家里了

　　　　证件([被]他)～身上/家里了

二、配位方式

S_1：A+用 I(A)+__+P　　S_2：A+L(A)+__着+P

S_3：A+把 P+__+L　　　S_4：P+([被]A+)__+L

S_5：A+I(A)+__着　　　S_6：A+__着+I(A)

三、问题讨论

1.这四类动词都能关联一个由动词的语义所隐含的工具格，并且这个工具格是施事的一个不可分割的组成部分。因此，这个工具格应该记作 I(A)。

2.这四类动词都能关联一个由工具格 I(A)转化来的处所格 L(I(A))，可简记作 L(A)。显然，跟 I(A)一样，L(A)也是由动词的语义所隐含的。它们都是缺省性配项，是听说双方共同默认的，因此不必说出来。

3.第(2)(4)类动词还能带一个非缺省的处所格 L(G)，这种 L(G)如果说话人不说，听话人就无从推知。

5.4.2.5　V：{ A, P, I, L(I) }

一、配价实例

(1) 烤：他正在炉子上～白薯呢　　炉子上～着几个馒头

　　　　馒头我～炉子上了　　　　这个炉子他专门～烧饼

(2) 装：他正往箱子里～衣服呢　　箱子里～了不少衣服

　　　　衣服我～箱子里了　　　　这个箱子他专门～衣服

　　　　他正慢慢地～箱子呢　　　这些书我们明天～箱子
二、配位方式
　　　S_1：A＋在/往 L＋__＋P　　S_2：L＋__＋P
　　　S_3：P＋(A＋)__＋L　　　　S_4：I＋(A＋)__＋P
　　　S_5：(P＋)A＋__＋I　　　　S_6：P＋(A＋)__＋I

三、问题讨论

1.这两类动词的处所格都是由工具格转化来的,因此 L(I)和 I 是不可能在一个句子中共现的。

2."装"的工具格还能通过语义上的受事化和语法上的述题化而作宾语,从而构成"装箱子、装卡车、装船"一类表达形式。

5.4.2.6　V：{A,P/R,I,M}

一、配价实例

(1) 吹：他用长笛～了一支小夜曲　　这支笛子我～小夜曲
　　　　我没～过长笛　　　　　　　长笛我没～过
　　　　他用 C 调～这支曲子　　　　这支曲子你还是～C 调

(2) 剃：他用刀片～胡子/头发　　　　这把刀我～胡子/头发
　　　　我没～过光头　　　　　　　光头我没～过

二、配位方式
　　　S_1：A＋用 I＋__＋P/R　　S_2：I＋A＋__＋P/R
　　　S_3：A＋__＋I/R　　　　　S_4：I/R＋A＋__
　　　S_5：A＋用 M＋__＋R　　　S_6：R＋A＋__＋M

三、问题讨论

1.对于"吹"来说,"小夜曲"是结果还是受事并不清楚。

2.对于"剃"来说,"光头"是结果还是方式也不清楚。

5.4.2.7　V:{A,P,L,M}

一、配价实例

(1) 种：他们正在路的两旁～树呢　　他们把树～在路的两旁
　　　　这些树我们～门口/宽行　　门口～了不少松树
(2) 摆：他在桌上～了不少餐具　　他把餐具都～(在)桌上
　　　　这些书你～书架上/方形　　桌上～了不少小玩艺儿
　　　　他用棋子～了一个长蛇阵　　他用筷子～一个五角星

二、配位方式

S_1: A+在 L+ __ +P　　　　S_2: A+把 P+ __ +(在)L
S_3: P+A+ __ +L/M　　　　S_4: L+ __ 了/着+P
S_5: A+用 P+ __ +M(R)

三、问题讨论

1. 对于动词"摆"来说，"方形"和"长蛇阵"到底是方式格还是结果格并不清楚。也许因为人类的经验在对这类名词的所指的范畴划分方面，本身是很模糊的。

2. "种、摆"的处所格在动词后面出现时，用不用介词引导是两可的。

5.4.2.8　V:{A,P/R,M,Ma}

一、配价实例

(1) 包：他正用牛皮纸～书呢　　这张牛皮纸我～词典
　　　　这本书你用牛皮纸～　　这本书你～牛皮纸
　　　　这捆书你～双十字　　这些糖你～小包
(2) 编：他正用柳条～篓子呢　　这些柳条我～一个筐
　　　　老田头正～柳条呢　　这条席子你～双股/花纹

二、配位方式

$S_1: A+用Ma+\_\_+P/R$ $S_2: Ma+A+\_\_+P/R$

$S_3: P+A+用Ma+\_\_$ $S_4: P+A+\_\_+Ma$

$S_5: A+\_\_+Ma$ $S_6: P/R+A+\_\_+M$

三、问题讨论

1. "包"的对象是受事格,它有 S_3 和 S_4 这两种配位方式。

2. "编"的对象是结果格,它有 S_5 和 S_6 这两种配位方式。

5.4.3 二元三位三项五联动词,简称二元三位五联动词

二元三位五联动词能关联五个从属成分,一个是施事 A,一个是受事 P,一个是结果 R 或方式 M,一个是工具 I,一个是处所 L。

5.4.3.1 $V: \{A, P, R, I, L\}$

一、配价实例

(1) 劈:爸用刀~了一个树根/一堆柴火　这把刀我~树根/柴火

　　　他不小心~手上/凳子上了　这个树根我要~柴火

(2) 梳:她用牛角梳子~头/头发　这把梳子我~头/头发

　　　她给我女儿~了头/俩小辫　孩子头上~了两个小辫

二、配位方式

$S_1: A+(用I+)\_\_+P/R$ $S_2: I+A+\_\_+P/R$

$S_3: A+\_\_+L$ $S_4: P+A+\_\_+R$

$S_5: A+给D+\_\_+P/R$ $S_6: L+\_\_+R$

三、问题讨论

1. "劈"带处所格构成的 S_3 表示无意中动作施及 L,整个句子表示一种无意性。①

2. "梳"的对象"头"和"头发"在语义角色方面有没有差别,这一点并不清楚。但在配位方式方面是有差别的,比如"她的头发可以~两条大辫子";在这里,"头发"像是材料格。②

3. 当"梳"的对象是指人名词时,它不能作宾语,只能转变成与事 D 而前置于动词。

5.4.3.2 $V_5\{A,P,I,L,M\}$

一、配价实例

(1) 吃:他用大碗~面条　这个碗我~面条　我常~大碗

他在食堂~午饭　午饭他在食堂~　午饭他~食堂

他常~馆子/包伙　他~过小灶/全聚德

他从来不~麦当劳

(2) 抄:他用毛笔/卡片~唐诗　这支毛笔/些卡片我~唐诗

---

① 同类的例子是"扎(针)",例如:

a. 针扎在手上—b. 在手上扎针—c. 针扎到手上

当用在缝纫的语境中,指的是做活的时候不小心无意中让针扎了手。这时,"手上"指的是"扎"这个动作的趋向,因此 a 可以变换为 c,但不能变换为 b。当用在跟针灸相关的语境中,指的是有意在手上扎针。这时,"手上"指的是"针"所在的位置,因此 a 可以变换为 b,一般不能变换为 c。详见朱德熙《"在黑板上写字"及相关句式》§3.3,见朱德熙(1990)第 9 页。

② 严格地说,对于动词"梳"来说,"头"是范围受事 P(Ra),"头发"是对象受事 P(Ta),"辫子"是结果 R。而对于这种结果格,"头发"又像是材料格。可见,语义格是相对的,并且是互相制约的;在同一个语义场景中的有关要素,随着透视域的改变,其语义角色可以有一定的变化。

第五章 二元动词的配价和配位分析

　　他常～卡片　　　　　　他在卡片/黑板上～几首唐诗
　　那几首诗他全～卡片/黑板上了　她正～卡片/黑板呢
　　卡片/黑板上～了几首唐诗　　这首诗我～行书/仿宋体
(3) 染：她用红粉～裙子　　　这包红粉我～裙子
　　这条裙子我～红色　　　她把裙子～缸里了
　　裙子我～缸里了　　　　缸里～着一条裙子
(4) 印：他们用道林纸～教材　　这批纸我们～讲义
　　这张地图～套色/封面上　封面上～了一张中国地图

二、配位方式

S_1：A+用I+＿+P　　　S_2：I+A+＿+P
S_3：A+＿+I　　　　　S_4：A+在L+＿+P
S_5：P+A+在L+＿　　　S_6：(P+)A+＿+M
S_7：P+A+＿+L　　　　S_8：I+A+＿+P
S_9：L+＿了/着+P　　　S_{10}：A+把+P+＿+L
S_{11}：P+＿+M/L

三、问题讨论

1. 这四类动词的工具格都可以通过话题化而作主语，其中"吃"和"抄"的工具格可以通过受事化而作宾语。

2. 对于"抄"、"染"和"印"来说，工具格"卡片"、"红粉"和"道林纸"更像是材料格。

3. 对于"印"而言，"教材"等受事更像是结果格。

4. "她正抄黑板呢"是有歧义的，一种意思是往黑板上抄东西，跟"她正抄卡片呢"相平行；一种意思是从黑板上抄东西，跟"她正抄书呢"相平行。在前一种意思中，"黑板"是目的处所格L(G)；在后一种意思中，"黑板"是来源处所格L(S)。

第五节 二元三位四项动词的配价和配位

5.5.1 二元三位四项四联动词，简称二元三位四项动词

二元三位四项动词可以关联四个从属成分，一个是施事 A，一个是受事 P，一个是工具 I，一个是处所 L 或结果 R。

5.5.1.1 V:{A,P,I,L}
一、配价实例
(1) 夹：他用筷子～了一块肉　　　这双筷子我～花生
　　　　他用筷子把肉全～碗里了　几块瘦肉他全～我碗里了
　　刮：他用刀片～脸/胡子　　　　这把刀我～土豆/土豆皮
　　　　他用刀把土豆皮～地上了　案板上的油他都～桶里了
　　扫：他用扫帚～马路/垃圾　　　这把扫帚我～院子/树叶
　　　　他用扫帚把废渣～门外了　屋里的纸片他全～门外了
(2) 抽：他们用水泵～污水/鱼塘　　这个水泵我们～污水/鱼塘
　　　　他用水泵把污水～沟里了　井里的浑水他全～河里了
　　　　污水/鱼塘我们用水泵～　　水泵正～着水呢
　　运：他们用卡车～粮食　　　　　这辆卡车我们～大白菜
　　　　他们用轮船把肥料～乡下了　这些行李你～火车站吧
　　　　大白菜我们用卡车～　　　　卡车正～着大白菜呢
(3) 抬：他俩用双手/担架～伤员　　这副担架我们～伤员
　　　　他俩用双手/担架把她～山下了　伤员他们全～医院了

第五章 二元动词的配价和配位分析

　　　　　　?担架正~着伤员呢　　　担架上~着一个伤员
(4) 抱：她用双手~小孩　　　　　她这双手~过几百个孩子
　　　她用双手把孩子~怀里/里屋了　她早把孩子~手里了
　　　她手里~着一个刚满月的孩子　孩子我~张奶奶家了
(5) 埋：他用沙子~土豆　　　　　这些沙子我们~土豆
　　　他用草袋把土豆~地里了　　那些土豆他全~沙子里了
　　　沙子/地里~了不少土豆　　这些土豆我们用沙子~
(6) 贴：他用刷子/浆糊~标语　这把刷子/些浆糊我们正好~标语
　　　他用刷子/浆糊把标语~墙上了
　　　几张标语他全~墙上了
　　　墙上~了不少标语　　这些标语我们用浆糊~墙上
　　刷：他用刷子/浆糊~广告
　　　这把刷子/些浆糊我们正好~广告
　　　他用刷子/浆糊把广告~墙上了
　　　几张广告他全~墙上了　　墙上~了不少广告
　　　这把刷子我~浆糊

二、配位方式

S_1：A＋用I＋__＋P　　　　S_2：I＋A＋__＋P

S_3：A＋用I＋把P＋__＋L　S_4：P＋A(＋用I)＋__＋L

S_5：I＋正__着＋P＋呢　　　S_6：L＋__了/着＋P

S_7：P＋A＋用I＋__

三、问题讨论

1."刮"和"扫"可以带两种语义角色颇为不同的受事：一种是动作所施的范围(range)，如"(刮)脸"、"(扫)地/马路"，可以记作

P(Ra)；一种是动作所施的对象(target)，如"(刮)胡子"、"(扫)垃圾/纸屑"，可以记作 P(Ta)。其中，范围受事 P(Ra)可以通过加方位词而处所化，如"在他脸上轻轻地刮"、"在马路上不停地扫"；而对象受事 P(Ta)是不能处所化的。

2. "抽"和"运"可以有 S_5 这种配位方式，在这种句式中，工具格有施事化的倾向，从而挡住了施事格的出现。

3. "贴"、"刷"都有两种性质不同的工具格：一种是器具性的工具(tool)，如"刷子"，可以记作 I(To)；一种是材料性的工具，如"浆糊"，可以记作 I(Ma)。对于"刷"来说，分化这两种工具格是必要的；因为它们可以在一个句子中共现，比如"这把刷子我～浆糊"，即 I(Ma)可以受事化。

5.5.1.2　V：{A,P,I(A),L}

一、配价实例

(1) 扔：他用双手～球　　　他用双手把球～场外了
　　　　球(被)他(用双手)～场外了
　　推：她用左手～铅球　　　她用左手把铅球～线外了
　　　　铅球(被)她(用左手)～线外了
　　投：他用左手～手榴弹　　他用左手把手榴弹～远处了
　　　　手榴弹(被)他(用左手)～河里了
　　弹：他用手指～灰尘　　　他用手指把小球～树上了
　　　　小球(被)他(用手指)～树上了

(2) 洒：他用双手/喷桶～水　　　这个喷桶我～水/院子
　　　　他用双手/喷桶把水～地上了　地上～了不少水
　　　　消毒水(被)他(用双手/喷桶)全～地上了

(3)掏:他用右手～鸟窝/鸟蛋　　他用铁丝～螃蟹

　　　这孩子老～舅舅的口袋　　他从口袋里～了几块钱

　　　他用小棍从鸟窝里～鸟蛋　这根小棍我～鸟窝/小鸟

二、配位方式

　　S_1:A+用 I+__+P　　　S_2:A+用 I+把 P+__+L

　　S_3:P+(被)A+(用 I+)__+L　S_4:I+A+__+P

　　S_5:A+(用 I+)从 L+__+P　S_6:L+__了+P

三、问题讨论

1.第(1)类动词的工具格 I(A)是缺省性配项,第(2)(3)类动词除了能带 I(A)这种缺省性配项之外,还能带器具工具格 I(To)这种非缺省性配项。

2."洒"和"掏"都能带范围受事 P(Ra)和对象受事 P(Ta),其中范围受事能处所化。但这两种处所格有差别:"洒"的处所格是目的 L(G),它可以作主语和宾语;"掏"的处所格是来源 L(S),它只能在介词的引导下作状语。

5.5.1.3　V:{A,P,I,L(I)}

一、配价实例

(1)记:他用小本子～电话号码　　电话号码他全～小本子上了

　　　他用铅笔在小本子上～账号　这支钢笔我～英语单词

　　　这个本子我～日常开支　　小本子上～着日常开支

(2)挂:他用衣架～衣服　　衣服他全～衣架上/柜子里了

　　　他用衣架在柜子里～衣服

　　　这个衣架/柜子我～西装

他把衣服～衣架上/柜子里了

　　衣架上/柜子里～着不少衣服

(3) 盛：他用勺子～米饭　　　菜汤他全～勺子里/盆里了

　　他用勺子从锅里～米饭　这个勺子/盆我～菜汤

　　他把汤全～勺子里/盆里了　勺子里/盆里～了一些菜汤

(4) 接：他用双手/脸盆～滴下来的水

　　滴下来的他～手里/盆里了

　　他把泉水全～手里/盆里了　盆里/手里～了一些水

　　这个盆我～雨水　　　　脸盆正～着雨水呢

二、配位方式

S_1：A＋用I＋__＋P　　　　S_2：P＋A＋__＋L

S_3：A＋用I＋在L＋__＋P　　S_4：I＋A＋__＋P

S_5：A＋用I＋从L＋__＋P　　S_6：L＋__着/了＋P

S_7：A＋(用I＋)把P＋__＋L　S_8：I＋正__着＋P＋呢

三、问题讨论

1. 这四类动词都能带两种不同的工具格，如"用钢笔/小本子记"、"用衣架/衣柜挂"、"用勺子/大盆盛"、"用双手/脸盆接"。其中，第(2)(3)(4)类动词的两种工具格都能处所化，第(1)类动词只有一种工具格能处所化。这两种工具格及相应的处所格在语义角色和句法功能方面到底有没有差别，这还需要作进一步的研究。

2. "盛"还能带表示来源的处所格L(S)，因此它实际上是一个二元三位四项五联动词。为了比较和讨论的方便，姑且安排在这儿。

5.5.1.4　V:{A,P,R,I(A)}

一、配价实例

(1) 揭:他正用双手～标语呢　他用左手把邮票～了一个窟窿
　　　　那张邮票(被)他(用右手)～一个窟窿眼儿
(2) 敲:他用双手/木棍～钟　他用铁棒把铜锣～了一个窟窿
　　　　这个棒槌我～鼓　　那面锣(被)他(用铁棒)～了一个洞

二、配位方式

S_1:A+用 I+＿+P　　S_2:A+用 I+把 P+＿+R
S_3:I+A+＿+P　　　S_4:P+(被)A+(用 I+)＿+R

三、问题讨论

1. "敲"除了跟"揭"一样能带属于施事的一部分的人体工具格 I(A)之外,还能带一个器具工具格 I(To)。并且,只有这个 I(To)才能通过话题化而作主语。

2. 当"敲、揭"等动词带"洞、窟窿"等结果宾语时,在语义上明显地含有致使性。

5.5.1.5　V:{A,P(Ma),R,I}

一、配价实例

吹:小文用吸管～肥皂水/肥皂泡　这根吸管我～肥皂水/肥皂泡
　　他正用肥皂水～肥皂泡呢
　　这些肥皂水我用吸管～肥皂泡(玩儿)
弹:老董用那张弓～棉花/被套　这张弓我～棉花/被套
　　他用旧棉花～了一个被褥　这些棉花我用弓～一床被套
磨:秦锋用砂轮～青石/砚台　这块砂轮我～青石/砚台
　　他用青石～了一个砚台

这块青石你用砂轮～一个砚台吧

炼:他们用高炉～矿石/铁　　　这个高炉他们～矿石/铁

他们用十吨矿石～了一吨铁

那些矿石他们用高炉～了不少铁

裁:小婧用剪刀～花布/裙子　　　这把剪子她～棉布/衣服

她用那块花布～了一条裙子

那块绸子她用剪刀～了一件衬衫

二、配位方式

S_1:A＋用 I＋__＋Ma/R　　S_2:I＋A＋__＋R

S_3:A＋用 Ma＋__＋R　　S_4:Ma＋A＋用 I＋__＋R

三、问题讨论

1.这些动词都有〔＋制作〕、〔＋加工〕的语义特征,所以要求有材料格共现。

2.材料格可以通过话题化而作主语,还可以通过受事化而作宾语。并且,在没有结果格共现的情况下,这种材料格跟受事格并没有什么差别,因此记作 P(Ma)。

5.5.2　二元三位四项五联动词

二元三位四项五联动词可以关联五个从属成分,一个是施事 A,一个是受事 P,一个是工具 I,一个是材料 Ma 或方式 M,一个是处所 L。

5.5.2.1　V:{A,P,I,Ma,L}

一、配价实例

抹:他用红药水～伤口　　　　他把红药水～伤口上了

红药水他全～伤口上了　　　伤口上～着红药水
　　他用棉花棍～红药水　　　　这些棉花棍我～红药水
　　他用棉花棍把红药水全～伤口上了
擦:她常用胭脂～嘴唇　　　　她把胭脂全～嘴唇上了
　　那些胭脂她全～嘴唇上了　　她的嘴唇上～着胭脂
　　她用海绵～底粉　　　　　　这块海绵我～底粉
　　她用海绵把底粉全～脸上了
搽:他用碘酒～伤口　　　　　　他把碘酒～伤口上了
　　剩下的碘酒他全～伤口上了　伤口上～着碘酒
　　他用棉球～碘酒　　　　　　这些棉球我～碘酒
　　他用棉球把碘酒全～伤口上了
刷:他用白灰～墙壁　　　　　　他把白灰全～墙上了
　　那些白灰他全～墙上了　　　墙上～了一层白灰
　　他用大刷子～白灰　　　　　这个刷子我～白灰
　　他用大刷子把白灰全～墙上了
喷:他用农药～果树　　　　　　他把药水全～果树上了
　　那些药水他全～草坪上了　　草坪上～了不少药水
　　他用喷枪～药水　　　　　　这杆喷枪我～农药
　　他用喷枪把药水全～草坪上了
补:她用碎布头～衣服　　　　　她把那块绸子～我衬衫上了
　　那块花布她全～被子上了　　被子上～了一块新布
　　她用大号针～衣服　　　　　这根针我～衣服
　　你用针把这块皮子～肩上吧　衣服上～了几个补丁

二、配位方式

　　　$S_1: A + 用 Ma + \_\_ + P$　　　　$S_2: A + 把 Ma + \_\_ + L$

$S_3: Ma+A+\_\_+L$ 　　　　$S_4: L+\_\_着+Ma$

$S_5: A+用I+\_\_+Ma$ 　　　$S_6: I+A+\_\_+Ma$

$S_7: A+用I+把Ma+\_\_+L$ $S_8: L+\_\_着/了+P/R$

三、问题讨论

1. 这里的材料格可以通过话题化而作主语，还可以通过受事化而作宾语。

2. 这里的材料格并不跟结果格相对待，但不能看作是工具格；因为它能跟真正的工具格共现。

3. 这里的处所格是由受事格通过处所化而转变来的，因此它不能跟受事格共现。

4. "补丁"如果看作是结果格而不是受事格，那么"补"就是二元三位四项六联动词了。

5. S_3"那些白灰我刷墙上了"不能看作是 S_0"那些白灰被我刷墙上了"的省略形式，加上副词"早"就清楚了："那些白灰我早刷墙上了"～"那些白灰早被我刷墙上了"。在 S_3 中，"早"在动词之前；在 S_0 中，"早"在施事之前。可见，S_3 不是从 S_0 上删除"被"而派生出来的。

5.5.2.2　V:{A,P,R,I,L}

一、配价实例

(1) 挖：他用铲子～人参/地洞　　　这把铲子我～人参/地洞

　　　他用铲子在院子中间～了一个洞

　　　院子中间他～了一个洞

　　掏：他用铁锹～黄沙/地道　　　这把铁锹我～黄沙/地道

　　　他用铁锹在围墙上～了一个窟窿

　　　　围墙上他～了一个窟窿
　　掘：他用铲子～土豆/菜窖　　　这把铲子我～土豆/菜窖
　　　　他用铲子在后院～了一个菜窖
　　　　后院他～了一个菜窖
(2) 砍：他用斧子～木头　　　　　这把斧子我～木头
　　　　他用斧子把大门～了一个窟窿
　　　　每扇门他都～一个窟窿
(3) 划：他用刀片～玻璃　　　　　这把刀我～玻璃
　　　　他用刀把玻璃～了一个圆孔　每块玻璃他都～一个圆孔
　　　　他用刀片在玻璃上～了一个圆孔
　　　　玻璃上他～了一个圆孔
(4) 穿：他用锥子～卡片　　　　　这个锥子我～卡片
　　　　他用锥子把卡片～了一个小孔
　　　　那些卡片他都～了小孔
　　　　他用锥子在卡片上～了一个小孔
　　　　卡片上他～了一个小孔
　　　　子弹把墙～了一个洞　　　墙被子弹～了一个洞
　　砸：她用锤子～核桃　　　　　这个锤子我～核桃
　　　　他用锤子把院门～了一个洞　院门他竟～了一个洞
　　　　他用锤子在院门上～了一个洞　院门上他～了一个洞
　　　　陨石把房顶～了一个大窟窿
　　　　房顶被陨石～了一个大窟窿
(5) 剪：她正用剪子～报纸/鞋样呢　这把剪子我～报纸/鞋样
　　　　他用剪子把报纸～了一个洞　那张报纸他～了一个洞
　　　　她用剪子在袖口上～了一个洞　袖口上她～了一个洞

她用/把那张红纸~了一个窗花

那张红纸她~了一个窗花

(6) 按:他用手指~窗户纸　　　她用双手~琴键

他用手指把窗户纸~了一个洞

窗户纸他~了一个洞

他用手指在窗户纸上~了一个洞

窗户纸上他~了一个洞

(7) 踏:他用右脚~了一下冰面　　　他用双脚~桌面

他用左脚在桌面上~了一个脚印

桌面上他~了一个脚印

(8) 推:他用双手~我

他无缘无故地~了我一个跟斗

他用双手把我~了一个跟斗

他用双手一下子把我~门外了

(9) 穿:他用铁丝~山里红　　　这些铁丝我~山里红

山里红我全~铁丝上了　　　铁丝上~着不少山里红

他用/把草珠子~了一个门帘

这些草珠子我~一个门帘

他用尼龙线把那些草珠子~了一个门帘

(10) 卷:他~了一下袖子/竹帘

他用双手把那张纸~了一个喇叭筒

他用/把那张纸~了一个喇叭筒

这张纸我~一个喇叭筒

他往大饼里~了一根葱　　　大饼里他又~了一根葱

那根葱他早~大饼里了　　　他把那根葱~大饼里了

二、配位方式

S_1:A+用I+__+P/R S_2:I+A+__+P/R

S_3:A+用I+在L+__+R S_4:L+(A+)__+R/P

S_5:A+用I+把P+__+R S_6:P+A+__+R

S_7:F(=A+I)+把P+__+R S_8:P+被F+__+R

S_9:A+__+P+R S_{10}:A+(用I+)把P+__+L

S_{11}:P+A+__+L S_{12}:A+L+__+P

三、问题讨论

1."挖"等第(1)类动词的受事格和结果格的区别并不明显,不过分立开来倒有助于解释"他挖/掘了一个墓"一类歧义形式。这里的"墓"既可以理解为受事,意思是他平了一个坟墓;又可以理解为结果,意思是他做了一个墓穴。显然,"掘墓人"这个歧义形式也可以用上述办法来分化。①

2."穿"等第(4)类动词的施事和工具能合并成动力格(force,简称F),因此记作F=A+I。

3.第(5)类动词"剪"、第(9)类动词"穿"和第(10)类动词"卷"

---

① 事实上,"掘"可以激活三种语义场景,从而有三个义项:(1)掘取,通过掘土而获得土中的植物根茎或果实;如:~草根、~土豆、~花生。(2)掘除,通过挖掘而刨除地上或土中的建筑物等东西;如:~祖坟、~无主墓、~木桩。(3)掘造,通过挖掘而建造某物;如:~水沟、~水井、~墓穴。不同的语言使用者由于生活经验的不同,可能优先激活其中的某个语义场景,或只能激活其中的某个语义场景。例如,笔者在上小学时屡见农业学大寨、开荒地、平坟墓、大造粮田的情景;等到上初中时学习无产阶级专政下继续革命的理论,其中大讲"无产阶级是资本主义的掘墓人"(资本主义造就了大批产业工人,他们将埋葬资本主义制度)。于是,我就用刨除坟墓的语义场景来兑现这儿的"掘墓人"的意义,结果是大惑不解:已经把资本主义埋葬在坟墓之中了,何以又掘出来呢? 可见,描写从词语符号到世界模型的映射,语义场景的概念非常有用,而且非常直观。

的受事,在跟成品结果格 R(Pr)共现时,就更像是一个材料格。

4.第(8)类动词"推"的受事和结果,能在一个句子中分别以近宾语和远宾语的形式共现。

5.5.2.3　V:{A,P/R,I,M,L}

一、配价实例

(1) 绑:他正用绳子～小猪呢　　　　这根绳子我～小猪
　　　这头猪你用麻绳～　　　　　　这头猪我～塑料绳
　　　他用绳子把小偷～树上了　　　树上～着一个小偷
　　　小偷被人用麻绳～树上了
　　　他用绳子把小偷～了一个大五花
　　捆:他正用带子～被子呢　　　　这根带子我～被子
　　　这些麦秆你用草绳～　　　　　这些麦秆你～草绳
　　　他用绳子把土匪～树上了　　　树上～着一个土匪
　　　土匪被人用麻绳～树上了
　　　他用绳子把土匪～了一个五花大绑

(2) 写:他正用毛笔/仿宋体～标语呢　这枝毛笔我～标语/小篆
　　　这些标语你用毛笔/正楷～　　　这些标语你～正楷
　　　他用毛笔把标语～墙上了　　　墙上～着几条标语
　　　寻人启事被他用毛笔～墙上了
　　　他用粉笔在/往黑板上～了一首唐诗

(3) 画:他正用毛笔～人像/水彩画呢
　　　这枝毛笔我～人像/水彩画
　　　这些风景你用毛笔/国画～　　　这种风景你～水彩画
　　　他用毛笔把人像～墙上了　　　墙上～着一个人像

逃犯的像被他用漆～墙上了

他用蜡笔在/往墙上～了一幅年画

二、配位方式

S_1：A＋用 I/M＋＿＋P/R　　S_2：I＋A＋＿＋P/R/M

S_3：P/R＋A＋用 I/M＋＿　　S_4：P/R＋A＋＿＋I/M

S_5：A＋用 I＋把 P/R＋＿＋L/M　S_6：L＋＿着/了＋P/R

S_7：P/R＋被 A＋用 I/M＋＿＋L 了

S_8：A＋用 I＋在/往 L＋＿＋P/R

三、问题讨论

1. 第(1)类动词"绑"和"捆"的对象是受事格,第(2)类动词的对象有时像是结果(如"他即兴写了一首诗"、"他即兴画了一幅画"),有时像是受事(如"他用正楷写了一首李白的诗"、"他用淡墨画了一幅徐悲鸿的奔马图")。至于"他写过知青"、"他画过黄山"中的"知青"和"黄山"似乎是一种类似于主题 Th 的受事。

2. 对于动词"画"来说,"毛笔"肯定是工具格,"水彩"呢倒像是材料格。如果是这样,那么"蜡笔"就是工具格和材料格的合并。好在"毛笔"和"水彩"不能在一个句子中共现(?"这枝毛笔我画水彩"),因此我们可以把上述三者都看作是工具格。

5.5.3 二元三位四项六联动词

二元三位四项六联动词能关联六个从属成分,一个是施事 A,一个是受事 P,一个是结果 R,一个是方式 M 或材料 Ma,一个是工具 I,一个是处所 L。

5.5.3.1　V:{A,P,R,M,I,L}

一、配价实例

(1) 切：他用小刀～黄瓜/黄瓜片　　这把刀我～黄瓜/黄瓜片
　　　　这根黄瓜你～丝儿/片儿　　他把黄瓜片儿～案板上了
　　　　黄瓜片儿他～案板上了　　　案板上～了不少黄瓜片儿
　　　　小刚用水果刀把黄瓜片儿全～案板上了

(2) 炒：他用豆油/铁锅～油菜/木须肉
　　　　这些油/个锅我～油菜/木须肉
　　　　这些黄花菜你～一个木须肉
　　　　他把油菜/木须肉～铁锅里了
　　　　那些油菜他全～大锅里了　　铁锅（里）正～着猪肝呢
　　　　他用豆油把那些猪肝全～大锅里了

(3) 缝：她用粗针/细线～纽扣/衣服
　　　　这根针/些线我～纽扣/衣服
　　　　这些布你～一件衬衫吧　　　她把纽扣/皮子～大衣上了
　　　　那些纽扣你～大衣上吧　　　大衣上～了几个铜纽扣
　　　　她用白线把几个铜纽扣全～我大衣上了
　　　　这根针我～细线　　　　　　这件上衣你～双线/白线

(4) 弹：他用吉他～乡村音乐　　　　这把吉他我～民谣曲
　　　　小凤用左手～琵琶　　　　　这首曲子我～C调
　　　　他用双手在钢琴上～了一曲《夜莺》

(5) 射：山民们用弓/箭～野兔　　　这把弓/些箭我～大鹰
　　　　他用硬弓一连～了三支箭　　他们向城门～箭
　　　　那些箭都～城门上了　　　　城门上～了不少箭
　　　　他们用箭把城门～了几个窟窿眼儿

（6）揉：他用双手/大盆～面/馒头　这个大盆我～面

这些面我～馒头　　　　　他往面/馒头里～了不少碱

那些碱他全～面/馒头里了　他在案板上～面/馒头

馒头他都～案板上了

他用双手在案板上～面/馒头　?案板上～了不少馒头

（7）织：小王用竹针/毛线～了一件上衣

这副竹针/些毛线我～上衣　这些毛线你～一件上衣吧

这件上衣我～红毛线/平针　这副铝针～细毛线/棒针

她在毛衣上～了一个五角星

她用竹针在毛衣上～了一个五角星

二、配位方式

S_1：A＋用 I/Ma＋__＋P/R　　S_2：I/Ma＋A＋__＋P/R

S_3：P/R＋A＋__＋M/Ma/R　S_4：A＋把 P/R＋__＋L

S_5：R/Ma＋A＋__＋L　　　S_6：L＋__着/了＋R/Ma

S_7：I＋A＋__＋M/Ma　　　S_8：A＋在 L＋__＋R/Ma

S_9：A＋往 L(P/R)＋__＋Ma　S_{10}：Ma＋A＋__＋L(P/R)

S_{11}：A＋用 I＋把 P＋__＋R/L　S_{12}：A＋用 I＋在 L＋__＋P/R

三、问题讨论

1. 对于动词"切"来说，"黄瓜片"是结果格，这个结果格可以看作是受事"黄瓜"和方式"片儿"的合并。可以标记成：R＝P＋M。

2. 对于动词"炒"来说，"铁锅"无疑是工具格，"豆油"呢似乎介于工具和材料之间。由于"豆油"可以跟材料格"黄花菜"共现（如"这些黄花菜你用豆油炒一个木须肉"），但不能跟工具格"铁锅"共现（在"他用豆油把油菜炒铁锅里了"中，"铁锅"已经通过加上方位词而处所化了），因而不妨把它看作是工具格。

3. "缝衣服"是有歧义的,当指缝补衣服时,"衣服"是受事格;当指缝制衣服时,"衣服"是结果格。严格地说,这两个"缝"应该分作两条来考察其配价和配位情况。

4. 对于动词"弹"来说,"钢琴"是器具工具格 I(To),当跟施事相关的人体工具格 I(A)出现时,I(To)只能通过受事化而作宾语(如"他用双手弹钢琴");而当受事或结果已经占了宾语位置时,I(To)只能通过处所化而作状语(如"他用双手在钢琴上弹了一曲《我的太阳》")。

5. 对于动词"射"来说,"弓"是工具格;"箭"呢因为能跟"弓"共现,所以不便处理为工具格;处理为材料格可能比较稳妥,因为它跟其他材料格有相同的配位形式。比如"她用旧布头补衣服"~"他用箭射野兔"、"那块绸子补衬衫上了"~"那支箭射城门上了"、"衬衫上补了一块绸子"~"城门上射了一支箭"。"衬衫上"、"城门上"等由受事转化来的处所,可以记作 L(R)。

6. 对于动词"揉"来说,"面"可以看作是受事格;但当它跟结果格"馒头"共现时,就清楚地显现出材料格的真面目。

7. 在"用毛线织毛衣/五角星"中,"毛衣"和"五角星"都是结果格;当两者在一个句子中共现时,为了不违反同一语义格不能在一个句子中共现的配位原则,只能把结果格"毛衣"转变为处所格(如"她在毛衣上织了一个五角星"),可以记作 L(R)。

5.5.3.2 V:{A,P,I,L(S),L(G),L(A)}
一、配价实例
(1) 扛:他用右肩~木头　　　　那袋米他早~肩上了
　　　他肩上~着一袋米　　　　他从仓库里~了一袋米

第五章 二元动词的配价和配位分析

他把那袋米～自己家里了
他用左肩把那袋米～自己家里了
他把那袋米从公场上～自己家里了

(2) 背：他用双肩/竹筐～柴火　　这个竹筐我～柴火
　　柴火/竹筐他早～肩上了　　他肩上～着柴火/竹筐
　　我～大筐,你～小筐　　　　这种柴火/竹筐我没～过
　　他用双肩把草药～镇上了　　他把草药从山上～山下了

(3) 挑：他用左肩/木桶～河泥　　这对木桶我～河泥
　　箱子/木桶他早～肩上了　　他肩上～着河水/木桶
　　我～大桶,你～小桶　　　　这种肥料/水桶我没～过
　　他用双肩把麦子～屋里了　　他把麦子从场上～屋里了

(4) 推：他用双手/小车～肥料　　这辆小车我～肥料①
　　他双手～着小车/一车肥料　他手里～着小车/一车肥料
　　我～大车,你～小车　　　　这种独轮车我没～过
　　他用小车把牛粪～田里了　　他把牛粪从场上～田里了

二、配位方式

S_1:A+用I+＿+P　　　　　S_2:P/I+A+＿+L(A)/L(G)

---

① 在下列由动词"推"构成的句子中：
他用双手/小车～肥料　　他用小车把牛粪～麦田里了
这辆小车我～肥料　　　　他把牛粪从场上～瓜地里了
其中的"推"可以用"运、送"等动词替换。事实上,"推"除了表示抽象的运输义之外,还表示具体的运输方式——推着车子运送。这类似于下列句子中的情况：
　　(1) a. 屋里有酒席　　b. 屋里摆着酒席
　　(2) a. 酒席在屋里　　b. 酒席摆在屋里
(1a)表示抽象的存在(有),(1b)除了表示抽象的存在之外还表示具体的存在方式(摆着);(2a)表示抽象的占据处所(在),(2b)除了表示抽象的占据处所之外还表示具体的占据处所的方式(摆在)。参见本书第三章143页的脚注①中的有关讨论。

$S_3: L(A)+\_\_\ 着+P/I$ $S_4: A+从 L(S)+\_\_+P$
$S_5: A+把 P+\_\_+L(A)/L(G)$
$S_6: A+用 I+把 P+\_\_+L(G)$
$S_7: A+把 P+从 L(S)+\_\_+L(G)$ $S_8: A+\_\_+I/P$
$S_9: I+A+\_\_+P$ $S_{10}: P/I+A+\_\_$

三、问题讨论

1.第(1)类动词只能带人体工具格 I(A),其他三类还能带器具工具格 I(To)。因此,如果从分不从合,那么第(2)(3)(4)类动词就是七联动词。

2.这四类动词都能带来源处所格 L(S)、目的处所格 L(G)和由人体工具格转化来的人体处所格 L(A)。L(S)跟 L(G)能共现,L(A)跟它们不能共现。L(A)实质上也是一种目的处所格,因此 L(A)可以归入 L(G)。

3.配位形式 S_6 和 S_7 的可接受性有争议,如果否定这两种形式的合格性,那么这些动词就是三项动词了。

第六节 二元三位五项动词的配价和配位

5.6.1 二元三位五项五联动词,简称二元三位五项动词

二元三位五项动词能关联五个从属成分,一个是施事 A,一个是受事 P,一个是工具 I,一个是来源处所格 L(S),一个是目的处所格 L(G)。

5.6.1.1　V:{A,P,I,L(S),L(G)}

一、配价实例

(1) 摘:他用右手～了一个桃儿　　他从树上～了一个桃儿
　　　他把桃儿全～筐里了　　　?筐里～了不少桃儿
　　　他用双手把桃儿从树上全～筐里了

　　采:她用双手～茶籽　　　　她从茶树上～了一些茶籽
　　　她把茶籽全～袋里了　　　?袋里～了不少茶籽
　　　她用双手把茶籽从树上全～袋里了

　　捡:他用左手～了几支麦穗　他从地里～了几支麦穗
　　　他把麦穗全～筐里了　　　?筐里～了不少麦穗
　　　他用左手把麦穗从地里全～筐里了

　　拾:他用右手～了几支麦穗　他从地里～了不少麦穗
　　　他把麦穗全～筐里了　　　?筐里～了不少麦穗
　　　他用右手把麦穗从地里全～筐里了

　　挑:他用左手～了几根萝卜　他从筐里～了几根萝卜
　　　他把白萝卜全～篮子里了　?篮子里～了不少白萝卜
　　　他用左手把白萝卜从筐里全～篮子里了

　　搬:他用双手～椅子　　　　他从里屋～了一把椅子
　　　他把椅子～屋里了　　　?屋里～了不少椅子
　　　他用双手把椅子从屋外全～屋里了

(2) 拿:他用左手～了一个苹果　他从箱子里～了一个苹果
　　　他把苹果～手里/客厅里了　他手里～着一个苹果
　　　他用右手把苹果从里屋～客厅里了

　　　　*客厅里～着苹果

(3) 抓:他用左手～了几颗花生　他从碟子里～了几颗花生

　　　　　他把两颗花生全~手里了　他手里~了几颗花生
　　　　　他用小手把花生从碟子里一下就~手里了
（4）提：他用右手/木桶~井水　　这个木桶我~井水
　　　　　他从井里~了两桶水　　他把石灰浆~房顶上了
　　　　　他手里~着满满的两桶水　我没~过这种木桶
　　　　　井水/这种木桶我~过
　　　　　他用右手/木桶把石灰浆从河边~房顶上了
　　　捞：他用左手/勺子~饺子　　这个勺子我~饺子
　　　　　他从锅里~了几个饺子　他把饺子~碗里了
　　　　　他用左手/勺子把饺子从锅里~碗里了

二、配位方式

S_1：A+用I+__+P　　　　　　S_2：A+从L(S)+__+P
S_3：A+把P+__+L(A)/L(G)　S_4：L+__着+P
S_5：A+用I+把P+从L(S)+__+L(G)
S_6：I+A+__+P　　S_7：A+__+I　　S_8：P/I+A+__

三、问题讨论

1."拾"这个动词在北京话中是不说的，但在书面语中是常用的。因此对它的配价和配位情况，我们是通过书面材料并比照"捡"的实例来确定的。

2. S_5 这种配位形式是极其笨拙的，一般口语中是不说的，但也不是绝对不能说。如果否定这种形式的合法性，那么我们就可以说：能在一个句子中共现的从属成分的最大值是四，而不是五。

3.这几类动词都能带人体工具格I(A)，但只有"拿"、"抓"和"提"三个动词的I(A)可以处所化为L(A)，我们还不知道该怎样来解释这一事实。

第七节 对配价层级和配位方式的再认识

5.7 上面对近 300 个二元动词(以义项出条)的配价层级和配位方式进行了分析和讨论,从中我们可以发现:动词的元这一层级反映的是人们对动词的支配能力的最直接(不假思索)的认识,比如"切"最直接、最必需的从属成分有两个:一个是行为的主体,即施事;一个是行为的客体,即受事。至于工具、处所、方式等,都是可有可无的(optional)。因此,我们说"切"是二元动词。可见,动词的元虽然有一定的模糊性,但人们对它还是容易达成共识的。语言学家完全有理由相信自己对动词的组配能力的直觉知识。只有在把握不准时,才需要用第三章提出的包孕测试、自指测试和删除测试等形式手段来检验和核定。动词的位和项这两个层级反映的是人们对动词在同一句子中对从属成分的支配能力的认识,具有一定的明确性和客观性。但是,对某些句子的合法性的不同意见会直接影响对某些动词的位和项的断定。比如,"这个望远镜我观察星星"、"他用双手从树上把苹果全摘筐里了",如果认为这些配位方式是不合格的,那么"观察"就不是三位动词,"摘"就不是五项动词。动词的联这一层级反映的是人们对动词在不同句子中对各种语义格不同的名词性成分的支配能力,具有较大的模糊性和不确定性。主要的问题在于:人们对语义格的同一性的认识有很大的差异。比如,"他扫地/垃圾"、"她剪了一个窗花/窟窿"、"他用右手/铁桶提石灰浆"、"他把石灰浆提手里/房顶上了",对于其中的范围受事 P(Ra) 和对象受事 P(Ta)、产品结果 R(Pr) 和后果结果 R(Ou)、人体工具 I(A) 和器具工具 I(To)、人体处所 L(A) 和目标处所 L(G)的分还是合,直接影响到这些动词的联的数量。究其原因,语义格反映的是人们对由动词所激活的语义场景中的有关要素的作用的认识和划分,而人类在对连续事物的离散划分方面是有相当的模糊性和灵活性的。这里面既有边界比较清晰的典型成员,又有边界模糊的非典型成员。这种现象投射到语言上,就表现为对动词的从属成分的语义角色的认定上,既有界限清晰的现象,又有界限模糊的现象。在这个问题上,我们主要依据相同的语义格不能在同一句子中共现的配位原则来酌情分合的。

可见,不管在哪个层级上来提取价的指数,都有一定的不确定性。只有综合考察这四个层级,才能对动词的组合和支配能力有一个比较全面的认识和把握。我们希望这个配价层级能成为计算动词价的一个最小公倍数,不同的研究者和用户可以根据不同的目的在不同的层级上提取动词的价,而这些含义不同的价又是可以互相折算和通约的。为了有效地描写动词的诸从属成分的配位方式,除了工具格、受事格的话题化之外,我们提出了工具格和受事格等的处所化、工具格和材料格等的受事化等语义过程和工具格、处所格、材料格、施事格的述题化等语法过程,只有这样,才能简洁而明了地反映不同的语义格在同现和占据句法位置时的制衡关系以及不同句式之间的转换关系及其限制条件。

从上文的实践来看,这么一个看起来相对严密和复杂的配价层级系统和语义角色(格)系统,在用以对动词的组配能力进行描写和分析时仍不免捉襟见肘。还真是应了一句老话:其网虽密,犹有漏网之鱼。对此我们不得不从心底里感叹:任何语言学理论都是灰色的,唯有语言事实之树常青。

第六章 准二元动词的配价和配位分析

6.0 从配价层级的角度看,动词的组合和支配能力可以用一组有内部结构的数字来表示。其中,动词的联的最大值一般不超过七,也就是说,动词在不同的句子中所能关联的语义角色不同的名词性成分的数量不超过七个。这倒符合人类短时记忆的常数 7 ± 2。① 因为语义格源于名词性成分代表的事物在由动词激活的语义场景中的作用,而人们由于短时记忆容量的限制,因而对同一语义场景中的相关作用要素最多只能关注七个左右。同样由于短时记忆容量的限制,动词的项的最大值一般不超过四。也就是说,动词在同一个句子中所能支配的从属成分的数量不超过四个,这就是第三章所说的句子压模。② 动词的位的最大值一般不超过三,也就是说,动词在同一个句子中所能直接支配(不借助介词)的从属成分的数量不超过三个。动词的元的最大值一般不超过二,只有能带双宾语的动词是三元的。也就是说,动词在一个句子中所能支配的必有补足语的数量一般不超过两个,只有双宾动词可以带三个必有补足语。显然地,从联到项、从项到位、从位到元,数

---

① 详见 Miller(1956a,b),参见本书第三章第三节中有关的讨论。
② 详见本书第三章第三节中有关的讨论。

目是递减的。只有少数例外,比如"热情、门清"等二元一位二项二联形容词。由于这种二元形容词只有一个位,因而另一个元一定要用介词引导。为了区别于"熟、内行"等真正的二元形容词,我们称二元一位形容词为准二元形容词。无独有偶,像"相识、交手、求援、受业"一类动词,它们在组配能力方面跟准二元形容词相似——能支配两个必有补足语,但其中的一个补足语必须用介词引导。从配价层级的角度看,这是一种二元一位二项二联动词。为了区别于"吃、切"等真正的二元动词,我们称之为准二元动词。从这种组配能力比较特殊的动词和形容词来看,配价层级在描写谓词的组配能力方面相当有弹性,可以适应各种复杂的情况。

在第二章中,我们有意把动词的价看作是动词的一种分布情况。[①] 因为从技术上看,动词的功能表现为动词的分布,而动词的支配能力是动词功能的一个重要的方面,所以,反映动词支配能力的价就是动词的一种特定的分布,是对动词的主要分布的一种集约化的数量表示。基于这样的认识,这一章我们尝试用结构主义语言学关于项目与配列、焦点与语境等经典的分布分析方法,描写现代汉语中准二元动词的配位方式。我们遵照形式与意义互相结合、互相验证的原则,根据准二元动词内部不同动词的句法和语义特点,把它们分成两个小类。着重描写这两个动词小类所能构成的基本句式,考察准二元动词的从属成分的各种句法表现形式和逻辑语义特征,努力揭示动词与句式之间的推演关系。此外,还打算构造准二元动词句从深层的语义结构向表层的句法结构推导实现的过程,反映动词的语义要求与句法实现之间的映射关系。最

---

① 详见本书§2.4.1中有关的讨论。

后,讨论现代汉语中为数极少的零元谓词和二元不及物动词,并分析谓词的配位方式的改变和价的飘移现象。

第一节 准二元动词的归类和分类

6.1.1 确定准二元动词的分布框架

现代汉语中有这样一类动词:它要求两个名词性成分与它发生强制性的句法、语义联系,并且当这两个名词性成分与之共现(cooccurrence)时,其中有一个名词性成分必须用介词来引导。例如:

(1) 我经常和他来往→*我来往

(2) 我去年和他相识→*我相识

(3) 我明天和他交手→*我交手

(4) 我一直和他对立→*我对立

(5) 我们为人民服务→*我们服务

(6) 我们向工人求援→*我们求援

(7) 我们求助于老师→*我们求助

(8) 我们受业于章门→*我们受业

根据这种动词特有的配价层级体系,我们称之为准二元动词(记作V)。相应地,由准二元动词构成的句子,我们称之为准二元动词句(记作Sv)。在Sv中,一个名词性成分出现在句首(记作NP_1);另一个名词性成分出现在V的前面或后面(记作NP_2),NP_2用介词(记作prep)引导。Sv由于prep NP_2的不同位次而形成两种基本句式：

$$S_1: NP_1 + prepNP_2 + V \qquad S_2: NP_1 + V + prepNP_2$$

从上例(1)—(8)中可以看出：在 Sv 中，NP_2 也是必有的强制性成分[①]；去掉 $prepNP_2$，Sv 往往不能成立。

上文的定义，说明了准二元动词在句法配列上的两个同现限制(coocurrence restriction)条件：

A. 必须有两个名词成分(NP_1、NP_2)与它(V)发生强制性的句法、语义联系。

B. 其中有一个名词性成分(NP_2)必须由介词(prep)来引导。

通过条件 A，可以把准二元动词和一元动词区别开来。例如：

(9) 太阳升起来了

(10) 孩子们哈哈大笑

(11) 天空中闪耀着两颗小星星

(12) 秋天树叶飘零

例(9)(10)中只出现了一个名词性成分，例(11)(12)中虽然有两个名词性成分，但其中一个是表示时间、方位的自由说明语，它们对动词来说不是必须出现的。例如：

(11') 两颗小星星在闪耀

(12') 树叶飘零

并且，这种自由说明语一般不能跟动词构成直接成分。例如：

(11'') *天空中闪耀

(12'') *秋天飘零

---

① "必有的，是指如果没有语言环境的帮助，一定要在句中出现"。详见吴为章(1982)。

通过条件 B,可以把准二元动词和真正的二元动词区别开来。例如：

(13) 小张把教室扫干净了

(14) 苹果被小王吃掉了

(15) 这件事由老张负责

(16) 我们对你完全信任

这种由真二元动词构成的 NP+prepNP+VP 句,一般能自由地变换成 NP+VP+NP 句。例如：

(13') 小张扫干净了教室

(14') 小王吃掉了苹果

(15') 老张负责这件事

(16') 我们完全信任你

由于 NP+VP+NP 是二元动词的最基本的分布框架,因而可以断定例(13)—(16)中的动词是二元动词。上面的讨论启示我们：界定准二元动词,除了需要一个积极标准——能进入 S_1 和 S_2 外,还应增加一个消极标准——不能进入 S_3：NP+VP+NP。

这样,我们自然地导出了准二元动词的形式定义：准二元动词是只能进入 S_1 和/或 S_2,而不能进入 S_3 的一类动词。我们以《现代汉语词典》(修订本)为主要样本(sample),共检得准二元动词 750 余条(见第四节)。这 750 多个动词在句法上有相同的分布：只能进入 S_1 和/或 S_2,不能进入 S_3；在语义上有相同的语义要素：表示两个或两个以上的个体之间的行为关系；或者是一方针对另一方的,或者是双方互相协同的。例如："辩论"是双方互相用一定的理由来说明自己对事物或问题的见解,揭露对方的矛盾,以便最后得到正确的认识或共同的意见；"辩护"是为了保护自己或别人而为自己或别人进行申辩;"握手"是相见的双方彼此伸出手来相互握住,以示亲切友好或慰问安抚;"报警"是向治安机关报告危急情况或向有关方向发出紧急信号。

但有少数动词虽然符合准双向动词的形式定义,但在语义上却并不表示两个个体之间的协同或针对的关系。例如"自居、见长、发源、沉溺、着眼、告终、出生、接手"等,它们在句法形式上也强制性地要求两个 NP 同现,其中一个 NP 用 prep 引导,表示动作的施事、时间、地点、方面、方式等。例如:

(17) 这件事由他接手

(18) 这种歌曲发源于宋代

(19) 他出生在海南

(20) 他以音乐见长

(21) 他以失败告终

根据形式和意义相互结合、相互渗透的原则,同时为了保持所讨论的形式类(from class)的内部一致性,这里所讨论的准二元动词暂时不包括这种动词。而这类准二元动词,我们将在下文(第五节)中专门讨论。

6.1.2 协同动词和针对动词的分布框架

准二元动词,根据其语义特征和句法表现,可以分为两大类:协同动词(记作 Va)和针对动词(记作 Vb)。协同动词 Va 所表示的动作、状态是由两个或两个以上的个体协同作用而形成的。例如:"搏斗"是敌对双方之间徒手或用刀、棒等激烈地对打;"结婚"是男子和女子经过合法手续结合成为夫妻;"接境"是一个地方和紧邻的另一个地方交界;"通航"是一国和别国、一地跟另一地有船

只或飞机来往。这是 Va 的语义特征,这些语义要求的句法实现,使 Va 具有以下两项句法形式特征:

A. 从项目(item)和配列(arrangement)的角度看,表协同的准二元动词 Va:(1)或者要求其前面的成分(主语)是由两个或两个以上的体词性成分构成的联合词组。例如:

(1) 李红和特务正在搏斗

(2) 小张和小李明天结婚

(3) 江苏和浙江历来接境

(4) 中国和美国早已通航

(2)或者要求其前面的成分(主语)是表示复数的词或词组(不包括联合词组)。① 例如:

(5) 他们正在搏斗

(6) 他们俩明天结婚

(7) 江浙两省历来接境

(8) 这两个国家早已通航

(3)或者要求前面有两个体词性成分,其中一个用介词引进。例如:

(9) 李红正在和特务搏斗

(10) 小张明天和小李结婚

(11) 江苏历来和浙江接境

(12) 中国早就和美国通航

B. 从焦点(focus)和语境(context)的角度看,Va 是能出现在下面三个分布框架中的一种形式类:

(1) $NP_1 + NP_2 + Va$

---

① 为了讨论的方便,联合词组我们单独讨论。

(2) NPc+Va

(3) $NP_1+prepNP_2+Va$

(NPc 指复数名词、代词或名词性词组,其中不包括联合词组)

上文 A、B 分别从不同的角度显示了 Va 的句法分布特征。

针对动词 Vb 所表示的动作、状态是由一个个体对另一个个体发生作用而形成的。例如:"拜年"是一方向另一方祝贺新年;"说情"是替别人讲情或代人请求宽恕;"自绝"是因为做了对不起人的事而又不愿悔改,所以自行断绝跟对方的关系;"求助"是向别人请求帮助。这是 Vb 的语义特征,这些语义要求的句法实现,使 Vb 具有以下两项句法形式特征:

A. 从项目与配列的角度看,表针对的准双向动词 Vb:(1)或者要求出现两个体词性成分,一个表示动作的发出者——施事,处于句首;另一个表示动作所针对的对象——与事,它由介词引进,处于动词之前。例如:

(13) 徒弟给师傅拜年

(14) 母亲为儿子说情

(15) 敌人向我们挑战

(16) 他们对工人招手

(2)或者要求出现两个体词性成分,一个是施事,处于 Vb 之前;一个是与事,处于 Vb 之后,并用介词引导。例如:

(17) 他自绝于人民

(18) 他求助于我们

(19) 他致力于化学研究

(20) 他怪罪于同室伙伴

B. 从焦点和语境的角度看,Vb 是能出现在下面两个分布框

架中的一种形式类:
(1) $NP_1 + prepNP_2 + Vb$
(2) $NP_1 + Vb + prepNP_2$

上文 A、B 分别从不同的角度显示了 Vb 的句法分布特征。

第二节 准二元动词构成的基本句式

6.2.1 协同动词构成的基本句式

准二元动词的两个次类能构成不同的基本句式,由 Va 构成的句式记作 Sa,由 Vb 构成的句式记作 Sb。

Sa 有三种基本形式:

SaI: $NPc + Va$

SaII: $NP_1 + NP_2 + Va$

SaIII: $NP_1 + prepNP_2 + Va$

下面我们分别讨论。

6.2.1.1 SaI: $NPc + Va$

在 SaI 中,NPc 是指复数的词或词组(除联合词组外),用以表示形成协同动作或关系的复合主体。从构成 NPc 的形式类及其句法关系的角度看,NPc 主要有以下几种形式:

1) 表示复合概念的名词或代词,例如:

(1) 同学聚会,纵论海内外大事

(2) 朋友相见,格外高兴(R)①

---

① R 表示例句是有出处的,为了行文简洁,不一一注明。

(3) 我们愉快地交谈着(R)

(4) 大家相处得很好(R)

一般地说,SaI独立性较差,通常需要后续小句,如例(1);或者SaI以主谓词组的身份作主语,后面有评述性谓语,如例(2)。在独立的SaI中,Va往往不能以光杆形式出现,通常是或者前面带有修饰语,如例(3);或者后面带上补充语,如例(4)。

2) 数量词组或指量词组,例如:

(5) 两个陌生人在车站相遇

(6) 三个穷朋友又经常在一起聊天解愁了(R)

(7) 这些学生经常吵到深夜

(8) 这对苦别了两度春秋的恋人抗战胜利后重逢了(R)

值得注意的是,这里的数量词组和指量词组的中心词有两种情况:A. 单数名词,前面加上数量词组或指量词组构成表示复数的组合,如例(5)(7);B. 表示具有某种关系的复数名词,如例(6)(8)。这种名词的特点是:既可以用作复数,指具有某种关系的全部成员;也可以用作单数,指具有这种关系的全部成员之一,如"同学、朋友、恋人、同事、伙伴……"。

3) 同位词组,例如:

(9) 夫妻两人唇枪舌剑,争斗了半天

(10) ……对建都问题,南北双方争执不休(R)

(11) 妯娌三人争吵了半天

(12) 连襟四人交谈到深夜

这里的同位词组的特点是:本位成分是个表示复数意义的名词,如"兄弟、夫妻、妯娌、连襟、南北、东西、左右、前后……",复指成分是个数量词组,从数量上指明复数名词的具体数量。值得注意的是,这里的复数名词也是指具有某种关系的全部成员,但它只能用作复数,不能用作单数(指具有这种关系的成员之一)。这一点与上面的数量词组、指量词组中的复数名词不同。

4) 偏正词组,例如:

(13) 他们的主张正好相悖

(14) 小张和小王的意见恰恰暗合

(15) 两个人的外貌相似

(16) 师徒俩的观点相左

这里,偏正词组的定语是个"的"字结构,"的"字结构中包含表示复数意义的名词或代词,如(13);或者包含联合词组、数量词组、指量词组和同位词组,如(14)(15)(16)。所以,整个偏正词组是表示复数意义的。从句式之间的转换和推导的角度看,表示领属关系的偏正词组作主语时,其中的定语和中心语在保持领属关系的前提下,在句法形式上可以拉断,同时删去定中之间的"的"。于是,这个表示领属者的定语充当全句的主语——大主语,表示所属物的中心语充当后边主谓词组的主语——小主语,整个主谓词组作前面大主语的谓语。说得专门一点,就是领属定语中的领属者话题化为大主语。例如:

(13') 他们主张正好相悖

(14') 小张和小王意见恰恰暗合

(15') 两个人外貌相似

(16') 师徒俩观点相左

(17) 张春桥决定"以文会友",从此两人鸿雁往来,几封信后,张春桥已称对方为"李岩兄"(R)

显然,这里的大主语和小主语都是从 NPc 分化出来的,分别记作:NPc' 和 NP'。于是,NPc+Va 可以扩展为:[NPc']_{主语}+[[NP']_{主语}+[Va']_{谓语}]_{谓语}。NPc'+NP'+Va' 是 NPc+Va 的一个变式。

NPc+Va 是 SaI 的基本句式,有时 NPc 可以不止一项,形成 NPc_1+NPc_2……序列,共同作 Va 的主语,构成了 SaI 的另一个变式:$NPc_1+NPc_2\cdots+Va$。例如:

(18) 兄弟、妯娌经常为一点小事争吵

(19) 两种文化、两种意识形态激烈搏斗(R)

这种 NPc_1 和 NPc_2,通常在语义上是相关的、在结构上是相似的,或者是表示复数的名词,如例(18);或者是表示复数的词组,如例(19)。

这样,SaI 有三种句法形式,其中 NPc+Va 是最基本的句式,NPc'+NP'+Va' 和 $NPc_1+NPc_2\cdots+Va$ 是较少出现的变式。可以标记如下:

$$SaI:NPc+Va$$
$$\{NPc'+NP'+Va'$$
$$NPc_1+NPc_2\cdots+Va\}$$

6.2.1.2　SaII:NP_1+NP_2+Va

在 SaII 中,NP_1 和 NP_2 组成联合词组,表示形成协同动作、关系的双方。公式中的 NP_1+NP_2 是一种抽象的表达方式——类型(type),在具体的言语中它有下列三种可能的实现方式——实例(token):[1]

---

[1]　关于类型和实例,请看 Lyons(1977)§1.4,pp.13-18。

1) NP_1+NP_2,例如:

(1) 小张小王在车站见面

(2) 小张小王交谈到半夜

NP_1和NP_2紧相连接,中间不用连词;也没有停顿,在书面上没有顿号①;形成了SaII的这种句法序列:NP_1+NP_2+Va。这种句式通常出现在口语中,在书面语中并不多见。

2) NP_1+、$+NP_2$,例如:

(3) 小张、小李昨天又吵架了

(4) 父亲、母亲天天在那儿拌嘴

NP_1和NP_2之间有语音停顿,在书面上用顿号表示;形成SaII的这种句法序列:NP_1+、$+NP_2+Va$。这种句式通常出现在口语中,在书面语中并不多见,除非用作内包含的小句。例如:

(5) 宠、孙一见面,孙殿英就同庞司令跪下请罪……(R)

3) NP_1+和$+NP_2$,例如:

(6) 你和密司脱王结婚了吗(R)

(7) 厨房内,妈妈与她交了锋(R)

(8) 在日本的撮合下,丁、李与汪精卫集团合流(R)

(9) 1943年2月,英国和挪威的抵抗力量合作,成功地破坏了重水工厂的重要生产设施(R)

NP_1和NP_2通过连词"和"、"同"、"跟"、"与"来关联(我们在讨论时以"和"为代表词)②,形成了SaII的代表句式,而NP_1+NP_2+Va和NP_1+、$+NP_2+Va$是SaII的两种变式。可以标记如下:

---

① 当然,标点符号并不能完全反映语音实际,语音上有停顿的,书面上不一定用顿号;书面上用顿号的,在语音上不一定有停顿。我们讲的都是理想的对应形式。

② 这些句子中的"和"等也可以认为是介词,下文有专门的讨论。

$$\text{SaII:} NP_1 + 和 + NP_2 + Va$$
$$\{NP_1 + NP_2 + Va$$
$$NP_1 + 、 + NP_2 + Va\}$$

6.2.1.3　$\text{SaIII:} NP_1 + \text{prep} NP_2 + Va$

在 SaIII 中，NP_1 表示动作 Va 的主动发出者——施事、或状态 Va 的主体——当事，NP_2 表示动作 Va 的合作者或状态 Va 的涉及者——系事，NP_2 用介词"和"、"同"、"跟"、"与"引导。我们在讨论时以"和"为代表词，于是 SaIII 可以改写成：$NP_1 +$ 和 $NP_2 + Va$。

由于现代汉语中"和"等是同形词，有时是介词，有时是连词，因而，$NP_1 +$ 和 $NP_2 + Va$ 是个同形结构；当"和"是连词时，它是 SaII，其结构层次是：

$$[NP_1 + 和 + NP_2]_{主语} + [Va]_{谓语}$$

当"和"是介词时，它是 SaIII，其结构层次是：

$$[NP_1]_{主语} + [[和\ NP_2]_{状语} + [Va]_{中心语}]_{谓语}$$

从理论上说 $NP_1 +$ 和 $+ NP_2 + Va$ 有两种可能的结构类型：SaII 和 SaIII。事实上，在实际言语中 $NP_1 +$ 和 $+ NP_2 + Va$ 必须解释为 SaII 的例子是不多的①，因为在"$NP_1 +$ 和 $+ NP_2$"之间可以自由地插入其他成分，而联合结构是不允许这样插入的。

$NP_1 +$ 和 $+ NP_2 + Va$ 基本上属于 $\text{SaIII:} NP_1 + \text{prep} NP_2 + Va$，即前者是带有抽象性的实例，后者是更为抽象的类型。② SaIII 是

---

①　赵元任先生说："'A 跟 B'必须解释为 A 和 B 并列的例子是相对地说来不多的。"见《汉语口语语法》第 351 页，吕叔湘译，商务印书馆，1979 年。

②　类型和实例是相对而言，它们都有不同的抽象层次。详见王维贤(1984)。

Sa 的主体句型。因为 SaII：NP_1+NP_2+Va 的实例大都是 NP_1+ 和 $+NP_2+Va$，而 NP_1+ 和 $+NP_2+Va$ 没有必然的理由一定要解释成是 SaII 的实例。相反，由于在"和"前可以添加副词、连词和介词结构等成分，因而 NP_1+ 和 $+NP_2+Va$ 可以自由地解释成 SaIII 的实例。

我们在讨论 SaI 时说，在 $NPc+Va$ 中，作为偏正词组的 NPc 可以拉断，形成 SaI 的另一种形式：$NPc'+NP'+Va$。基于同样的句法类聚的理由，在 $NP_1+prepNP_2+Va$ 中，NP_1 为表示领属关系的偏正词组时，能分裂成 $NP'+NP_1'$。于是 $NP_1+prepNP_2+Va$ 便扩展成为 $NP'+NP_1'+prepNP_2+Va$。NP' 是大主语，NP_1' 是小主语，$NP_1'+prepNP_2+Va$ 以主谓词组的形式作谓语，陈述大主语 NP'。其层次构造为：$[NP']_{主语}+[[NP_1']_{主语}+[prepNP_2+Va]_{谓语}]_{谓语}$，例如：

（1）湖北省黄陂县，南邻武汉，东与红安接壤，北枕大别山脉，与大悟县为邻（R）

$NP_1+prepNP_2+Va$ 是 SaIII 的基本句式，有时候 prepNP 可以不止一项，形成这样的句法序列：$NP_1+prepNP_2+prepNP_3\cdots+Va$。例如：

（2）严复在维新运动中是一个重要的启蒙思想家，但在实际活动中，却很少作为，这同他社会政治思想的软弱性，同他所接受的斯宾塞尔的庸俗进化论密切相关（R）

（3）本书的出版也与联邦德国学者对大量黑格尔文献的版本考证，与苏联重视黑格尔新文献的翻译有关（R）

根据我们的观察，$NP_1+prepNP_2+prepNP_3\cdots+Va$ 中的 Va 大都是表示协同关系的动词，如"有关、无关、相合、偶合……"。

综上所述,$NP_1+prepNP_2+Va$ 是 SaIII 的基本句式,也是整个 Sa 的基本句式。$NP'+NP_1'+prepNP_2+Va$ 和 $NP_1+prepNP_2+prepNP_3+\cdots+Va$ 是 SaIII 的两种变式。可标记如下:

SaIII:$NP_1+prepNP_2+Va$

$\{NP'+NP_1'+prepNP_2+Va$

$NP_1+prepNP_2+prepNP_3+\cdots+Va\}$

6.2.2 针对动词构成的基本句式

针对动词 Vb 构成的 Sb 有如下两种基本形式:

SbI:$NP_1+prepNP_2+Vb$

SbII:$NP_1+Vb+prepNP_2$

下面我们分别讨论。

6.2.2.1 SbI:$NP_1+prepNP_2+Vb$

在 SbI 中,NP_1 表示动作的发出者——施事,NP_2 表示动作所针对的对象——与事,NP_2 由介词"向、对、为、给、和、同、跟、与"等引导。根据这些介词不同的表义功能(对语义格的标记功能)和由它引导的 NP_2 的不同的语义角色(格),可以把 SbI 分为三个次类。即类型 $NP_1+prepNP_2+Vb$ 有以下三种实例:

1) NP_1+向/对 NP_2+Vb

其中,NP_1 是施事,NP_2 是与事。NP_1 发出的动作 Vb 对 NP_2 来说:(a)可能是有益的,如"道喜、请安、敬礼、问好……";(b)可能是有害的,如"报复、算账、犯罪、宣战、发难……";(c)也可能是无所谓有利还是有害的,如"报到、靠拢、请假、报失、告急……"。例如:

(1) 他向母亲请安　　他向老师问好
(2) 他对公民犯罪　　德向英法宣战
(3) 他向老师请假　　他对法官起誓

"对"、"向"作为介词，在 SbI 中的功能是引进与事。相对而言，"对"表示的针对性更强，在 SbI 中能与它同现的 Vb 较少。即能进入 NP_1＋对 NP_2＋Vb 这种格式的 Vb 较少，常见的有"发火、挥手、犯罪、拱手、招手、起誓……"。并且，它们大都能进入 NP_1＋向 NP_2＋Vb 这种格式。只有"有利、有益、犯罪……"少数几个动词能进入 NP_1＋对 NP_2＋Vb 这种格式，但不能进入 NP_1＋向 NP_2＋Vb 这种格式。所以说，NP_1＋向 NP_2＋Vb 是 NP_1＋向/对 NP_2＋Vb 的优势句式。

2) NP_1＋为/给 NP_2＋Vb

其中，NP_1 是施事，NP_2 是与事。由于 Vb 所表的动作是一种施益性的行为——NP_1 发出的动作 Vb 对 NP_2 来说是有益的；因而 NP_1 是施益者，NP_2 是受益者。这种 Vb 常见的如"服务、保密、辩护、拜年、讲情、接风、尽忠、平反、效劳、祝福、解围、分忧、导航、撑腰、鼓气……"。例如：

(4) 我们给师傅拜年　　我们为旅客服务
(5) 我们给你们撑腰　　我们为国家分忧
(6) 李宗仁还想为自己的想法辩解(R)

"为"、"给"作为介词，在 SbI 中的功能是引进动作的受益者。相对而言，"给"表示施益性的意义很强，能与它同现的 Vb 较少。有些 Vb 不能进入 NP_1＋给 NP_2＋Vb 这种格式，但能进入 NP_1＋为 NP_2＋Vb 这种格式。例如"尽忠、效劳、分忧、接风……"。而能进入 NP_1＋给 NP_2＋Vb 这种格式的 Vb，一般也能进入 NP_1＋为

NP_2+Vb 这种格式。所以说,NP_1+为NP_2+Vb 是 NP_1+为/给 NP_2+Vb 的优势句式。

3) NP_1+和$+NP_2+Vb$

其中,NP_1 是 Vb 所表示的行为的主动发出者——施事,NP_2 的语义角色较特殊,它既像是 Vb 所表示的行为的针对者——受事,又像是 Vb 所表示的行为的参与者——与事。在由 Vb 所表示的整个行为过程中,NP_1 既把 NP_2 当作对象,又把 NP_2 当作配角。介词除了用"和"之外,还可以用"同"、"跟"、"与"。能进入这种句式的 Vb 为数不多,常见的有"怄气、搭话、搭讪、顶嘴、翻脸、应酬、周旋、作对……"。例如:

(7) 他主动跟我搭话　　我们不必和他赌气

(8) 他从不和领导顶嘴　　他整天与来宾周旋

(9) 那天我干嘛要和丈夫怄气(R)

(10) 你专和王力作对(R)

"搭话"是由一方向另一方发出的,不同于双方协同的"交谈";"顶嘴"是争吵、辩论的意思,但限于下对上、卑对尊的争辩。正因为这些 Vb 所表的动作需要双方才能形成,所以在语义上比较接近于 Va,在形式上用了表示关涉的介词"和、同、跟、与"。同时,因为这些 Vb 动作是由 NP_1 针对 NP_2 而发出的,而并非是由 NP_1、NP_2 协同完成的,所以 NP_2 不能以 NPc 的形式来替换。也就是说,SbI 的 NP_1+和$+NP_2+Vb$ 不能变换成 $NPc+Vb$。这样,能否变换成 $NPc+V$ 成了鉴别 Va 和 Vb 的最有效的形式手段。

通过以上的讨论,我们可以发现:SbI:NP_1+和$+NP_2+Vb$ 是与 SaIII:NP_1+和$+NP_2+Va$ 比较接近的一种句式。相应地,从句法和语义上看,这里的 Vb 是处于 Va 和 Vb 交界处的一种准二元动词。

总之，SbI：$NP_1 + prepNP_2 + Vb$ 有下列三种表现形式：

(1) $NP_1 + 向/对\ NP_2 + Vb$

(2) $NP_1 + 为/给\ NP_2 + Vb$

(3) $NP_1 + 和/同/跟/与\ NP_2 + Vb$

可以标记如下：

$SbI: NP_1 + prepNP_2 + Vb$

$\{NP_1 + 向/对\ NP_2 + Vb$

$NP_1 + 给/为\ NP_2 + Vb$

$NP_1 + 和/跟\ NP_2 + Vb\}$

6.2.2.2　$SbII: NP_1 + Vb + prepNP_2$

在 SbII 中，NP_1 是施事或当事，NP_2 是与事。能进入 $NP_1 + Vb + prepNP_2$ 这种格式的 Vb 为数不多，常见的有：

A：失身、失信、受业、受制、就学、从师、自绝、无愧、怪罪、加害……

B：垂青、屈服、倾心、求助、无补、无益、有益、有助、有意……

其中 A 组的 Vb 只能进入 SbII，不能进入 SbI。也就是说，这类 Vb 只能构成句式：$NP_1 + Vb + prepNP_2$。例如：

(1) 他早年从学于太炎先生

(2) 我们无愧于伟大的祖国

(3) 你不能加害于他

(4) 他可从来不失信于人

而 B 组的 Vb 既能进入 SbII，又能进入 SbI。也就是说，这类动词能构成下面两种句式：$NP_1 + Vb + prepNP_2$ 和 $NP_1 +$

prepNP$_2$+Vb。例如：

(5) 我们决不屈服于权贵～我们决不向权贵屈服

(6) 他们经常求助于神灵～他们经常向神灵求助

(7) 她怎么会垂青于小王～她怎么会对小王垂青

(8) 跑步有益于身体健康～跑步对身体健康有益

值得注意的是 SbII 中的 prep 是"于"，而 SbI 中的 prep 是"向/对"。可以说 SbI 和 SbII 是两种互补的句式，只是 SbII 的使用范围较小。这也就是说，SbI 是 Sb 的优势句式。

SbI 跟 SbII 相比，有三点不同：

1) 从表层的句法序列来看，prepNP$_2$ 在 SbI 和 SbII 中所处的位次不同。

2) 从进入这两种句式的 Vb 的数量看，绝大多数 Vb 能进入 SbI，只有少数能进入 SbII。

3) 从进入这两种句式的形式类来看，SbI 中的 NP$_1$ 和 NP$_2$ 一定要是体词性的成分；而 SbII 中的 NP$_1$ 和 NP$_2$ 就相对复杂一点，分为两种情况：(a)不能与 SbI 互相变换的 SbII 中，NP$_1$ 和 NP$_2$ 一定要是体词性的成分；(b)能与 SbI 互相变换的 SbII 中的 NP$_1$ 和 NP$_2$ 可以是体词性的（例见上文），也可以是谓词性的。例如：

(9) 上街游行也无补于解决问题

(10) 每天早上打打拳有助于身心健康

(11) 在人类的任何活动中，个人之间的相互了解和友谊，都有利于把事情办妥(R)

(12) 现在失败的局面已定，扣蒋(介石)无补于大局，反而为天下人所耻笑(R)

在例(9)(10)中，出现在 NP$_1$ 和 NP$_2$ 位置上的都是谓词性成分（记用 VP);所以,这里的 $NP_1+Vb+prepNP_2$ 应当修正为:$VP_1+Vb+prepVP_2$。在例(11)中,出现在 NP_2 位置上的是谓词性成分;所以,这里的 $NP_1+Vb+prepNP_2$ 应当修正为:$NP+Vb+prepVP$。在例(12)中,出现在 NP_1 位置上的是谓词性成分;所以,这里的 $NP_1+Vb+prepNP_2$ 应当修正为:$VP+Vb+prepNP$。

综上所述,SbII 中的施事和与事能否以谓词性的形式类出现,同句式 SbII 能否跟 SbI 互相变换相关。而我们已经证明了 SbII 与 SbI 能否变换,取决于能进入 SbII 中的 Vb 的次类。这样,我们也就得出了结论:谓词性成分能否作为施事和与事在 SbII 中与 Vb 同现,取决于 Vb 本身的句法功能。具体地说,同现限制的条件是:只有那些既能构成 SbI 又能构成 SbII 的 Vb,才允许其施事和与事可以是谓词性的。

总之,SbII 除了有主体句式 $NP_1+Vb+prepNP_2$ 之外,还有三种变式:$VP_1+Vb+prepVP_2$、$NP+Vb+prepVP$、$VP+Vb+prepNP$。可以标记为:

SbII:$NP_1+Vb+prepNP_2$
  {$VP_1+Vb+prepVP_2$
   $NP+Vb+prepVP$
   $VP+Vb+prepNP$}

第三节 准二元动词句的语义模式

6.3.1 协同动词句的语义模式

在准二元动词句 SV 中,V 是句子中最大的结构和语义核心;

它对 SV 中的名词性成分 NP 有着语义选择和限制关系,即不同的 V 要求具有不同语义特征的 NP 与之同现。下面我们拟讨论 SV 中 V 的不同次类对 NP 的语义选择关系,进而建立 SV 的语义模式,最后讨论 SV 从深层的语义结构向表层的句法结构实现的手段和过程。

在由协同动词构成的 Sa 中,Va 要求与之同现的两个 NP 具有相同的语义特征:或者都是指人的,或者都是指物的。Va 把这两个具有相同的语义特征的 NP 关联起来,形成 Sa 的两种基本的语义模式:

$Sa_1:NP_1〔+人〕+Va+NP_2〔+人〕$

$Sa_2:NP_1〔+物〕+Va+NP_2〔+物〕$

Sa_1 中的 Va 能关联两个指人的 NP,记作 Va_1。常见的 Va_1 有:相爱、往来、作战、交手、相处、握手、合作、争执、同行、会谈、会面、团聚、攀谈、结婚、抗衡、较量、拥抱、分家、座谈、结伴、和解、吵架、重逢、交往、辩论、约会、争吵、决斗……。

Sa_2 中的 Va 能关联两个指物的 NP,记作 Va_2。常见的 Va_2 有:吻合、并行、平行、冲突、并存、隔绝、相关、相左、相似……。

我们发现,只有少数 Va 既能进入 Sa_1,又能进入 Sa_2。例如:媲美、相比、合流、对抗……。另外,有的 Va_1 虽然能用于 Sa_2 中,但这时的 SV 往往是拟人化的句子;其中的 NP 被拟人化了,于是在特定语境中临时有了〔+人〕这一语义特征。例如:

(1) 红与专决不能分家

(2) 无产阶级的意识一直在和资产阶级的意识搏斗

总之,Va 要求与之同现的 NP_1 和 NP_2 处于同一个语义场中:或者是〔+人〕{NP_1、NP_2},或者是〔+物〕{NP_1、NP_2}。这是由

Va 的语义特征决定的。因为 Va 所表示的动作是对称性的[①],所以它要求与之同现的 NP_1 和 NP_2 在语义上也具有对称性。即 NP_1 和 NP_2 互为镜像,如果 NP_1 有〔+人〕这一语义特征,则其镜像 NP_2 也必然有〔+人〕这一语义特征,反之亦然;如果 NP_2 有〔+物〕这一语义特征,则其镜像 NP_1 也必然有〔+物〕这一语义特征,反之亦然。Sa 的这种语义结构特点,可以用逻辑式刻画如下:

(NP_1) Va $(NP_2) \rightarrow (NP_2)$ Va (NP_1)

这个公式的非形式化表达就是:如果 NP_1 和 NP_2 之间有某种关系 Va,那么可以推出:NP_2 和 NP_1 之间也有某种关系 Va。比如,如果"张三正在和李四吵架"成立,那么"李四正在和张三吵架"也成立。总之,在 Sa 中,NP_1 和 NP_2 的语义选择条件是一致的。因此,Sa_1 和 Sa_2 可以合并简写为:Sa_3:NP_1+Va+NP_2。这 Sa_3 可以看作是 Sa 的抽象的语义表达式。

下面,我们把 Sa_3:NP_1+Va+NP_2 作为 Sa 的深层的语义结构,来讨论怎样由这一深层结构转换成 Sa 的各种表层的句法结构。

(1) 因为在语义上 Va 要求由两个个体来协同完成某一行为、形成某种状态,而 NP_1 和 NP_2 具有语义一致性,并且 Va 对 NP_1、NP_2 又有相同的语义选择限制,所以,语义表达式 NP_1+Va+NP_2 最方便的表层句法实现形式是 NP_1+NP_2+Va。即具有相同语义特征的两个 NP 首先构成联合词组,作 Va 的主语;最终,形成句式 SaⅡ:NP_1+NP_2+Va。可以把这一转换生成过程记作:

TvaⅠ:NP_1+Va+$NP_2 \rightarrow NP_1$+NP_2+Va

[①] 参考朱德熙(1982)第 176 页。

(例如:张明+结婚+李红→张明和李红结婚了)

(2) 由于 NP_1 和 NP_2 具有相同的语义特征,而且 Va 对这两个 NP 的语义选择条件是一致的,因而,NP_1 和 NP_2 除了可以以联合词组的形式出现外,还可以以下列形式出现:表示复数的名词、代词、数量词组、指量词组、同位词组、偏正词组等。即在表层结构中以 NPc 的形式来实现深层结构中的两个 NP。NPc 作 Va 的主语,形成了 Sa 的另一种表层形式 SaI:NPc+Va。可以把这一转换生成过程记作:

$TvaII:NP_1+Va+NP_2→NPc+Va$

(例如:张明+结婚+李红→他们结婚了)

(3) 由于 Va 表示 NP 之间对称性的协同关系,因而在深层的语义平面上,哪个 NP 先出现(作为 NP_1),哪个 NP 后出现(作为 NP_2)是无关紧要的,这种语义特征在句法上的表现是两个 NP 可以以联合词组的形式出现,两个 NP 可以任意调换次序;或者两个 NP 合并成一个 NPc。从语用的角度看,两个 NP 以什么句法形式来实现是受言谈的目的、语境、线索等要素制约的。一般的情况是,把宜于作话题——言谈的起点的成分安排在句首(即充当 NP_1),NP_1 是 Va 所表示的协同行为的主动者;另一方配合 NP_1 完成这一协同行为(即充当 NP_2),NP_2 是这一协同行为的参与者,通过用介词"和、同、跟、与"引导 NP_2,来表示这种参与关系,这样形成了 Sa 的另一种表层形式 SaIII:NP_1+prepNP_2+Va。可以把这一转换生成过程记作:

$TvaIII:NP_1+Va+NP_2→NP_1+prepNP_2+Va$

(例如:张明+结婚+李红→张明已经和李红结婚了)

6.3.2 针对动词句的语义模式

在由针对动词构成的 Sb 中，Vb 并不要求与之同现的两个 NP 具有相同的语义特征。这两个 NP 可以都是指人的，或者都是指物的，也可以一个是指人的，一个是指物的。这样就形成了 Sb 的三种基本的语义模式：

$Sb_1: NP_1〔+人〕+Vb+NP_2〔+人〕$

$Sb_2: NP_1〔+人〕+Vb+NP_2〔+物〕$

$Sb_3: NP_1〔+物〕+Vb+NP_2〔+物〕$

Sb_1 中的 Vb 能关联两个指人的 NP，记作 Vb_1。Vb_1 占了 Vb 的绝大多数，常见的有：投降、效劳、行贿、靠拢、直言、送行、洗尘、请假、敬酒、告辞、祝寿、鞠躬、求和、垂青、致谢、道歉、打气、摊牌、密报、送终、讨教、讲情、乞怜、报复、撒野、起诉、加害、致意、从师、倾慕、尽忠、质询、投稿、约稿、授权……。例如：

(1) 陈律师为被告辩护

(2) 组织上给他们平反

(3) 学生们向当局发难

(4) 王小波倾心于小李

Sb_2 中的 Vb 能关联一个指人的 NP，一个指物的 NP，记作 Vb_2。常见的 Vb_2 有：辩护、屈服、平反、翻案、发难、反叛、倾心、求助……。例如：

(5) 徐律师为这事辩护

(6) 组织上给该案平反

(7) 胡适向旧文化发难

(8) 丰子恺倾心于美术

我们可以发现,Vb_2 一般都能进入 Sb_1。因此,Vb_2 可以看作是 Vb_1 的一个次类;其特点是既能进入 Sb_1,又能进入 Sb_2。

Sb_3 中的 Vb 能关联两个指物的 NP,记作 Vb_3。常见的 Vb_3 有:有益、有利、无补、无益……。Vb_3 都是一些关于利害关系的动词,它们为数极少。因此,我们确认 Vb 的代表类型是 Vb_1。这样,Sb_1 也当然成了 Sb 的典型的语义模式。

总之,Vb 一般要求与之同现的两个 NP 处于同一语义场中:〔+人〕{NP_1、NP_2}。这是由 Vb 的语义特征所决定的。因为 Vb 所表示的动作是针对性的,一方有意识地针对另一方发出一个社会性的行为,所以,它要求与之同现的 NP_1、NP_2 都是指人的名词性成分。Sb_1 是 Sb 的代表句式,由于 Sb_1 中的 NP_1 和 NP_2 具有语义上的一致性——都是指人的名词性成分,因而 Sb_1 可以简写为 Sb_4:$NP_1+Vb+NP_2$。同时,因为 Sb_1 是 Sb 的代表式,而 Sb_4 又是 Sb_1 的简写形式;所以,我们可以把 Sb_4 看作是 Sb 的抽象的语义表达式。

下面,我们把 Sb_4:$NP_1+Vb+NP_2$ 作为 Sb 的深层的语义结构,来讨论怎样由这一深层结构转换成 Sb 的各种表层的句法结构。

由于 Vb 表示的是一种针对性的动作,而不是对称性的动作;因而两个 NP 在 Sb 中的句法、语义地位是不平等的。它们不可能像在 Sa 中那样构成联合结构,更不能以 NPc 的形式出现。通常的情况是:针对动作的主动发出者以 NP_1 的形式实现,分布在句首作主语;针对动作所向的对象以 NP_2 的形式实现、并用介词引导,整个 $prepNP_2$ 修饰 Vb、分布在 Vb 的前面或后面。最终,形成了两种句式:SbI:$NP_1+prepNP_2+Vb$ 和 SbII:NP_1+Vb+

prepNP$_2$。可以把这一转换生成过程记作：

TvbI：NP$_1$+Vb+NP$_2$→NP$_1$+prepNP$_2$+Vb

（例如：我们+求助+老师→我们向老师求助）

TvbII：NP$_1$+Vb+NP$_2$→NP$_1$+Vb+prepNP$_2$

（例如：我们+求助+教师→我们求助于老师）

我们说 Vb 表示的是一种针对性的动作，NP$_1$ 是施事，NP$_2$ 是与事，这是非常抽象的概括。所以，NP$_1$+Vb+NP$_2$ 是 Sb 的最抽象的语义模式。相应地，SbI 和 SbII 也是非常抽象的句式类型。如果根据 NP$_1$ 所发出的动作 Vb 对 NP$_2$ 的利害关系，根据 NP$_1$ 和 NP$_2$ 在 Vb 行为中的主动性；那么我们可以把 NP$_1$+Vb+NP$_2$ 分化为三种更为精细的语义模式，同时推导出与此相应的四种表层的句法形式。

(1) NP$_1$[施事者]+Vb+NP$_2$[与事者]

施事者针对与事者有意识地发出一个动作，这个动作对与事者来说可能是有益的，可能是有害的，也可能是无所谓利害的。这种语义模式的句法实现是：施事者以 NP$_1$ 的形式出现、分布在句首作主语；与事者以 NP$_2$ 的形式出现，并用介词引导。prepNP$_2$ 的分布规律是：用"对/向"引进的 NP$_2$ 处于 Vb 之前，用"于"引进的 NP$_2$ 处于 Vb 之后。这样，这种语义模式就有了两种句法实现形式：SbI：NP$_1$+prepNP$_2$+Vb 和 SbII：NP$_1$+Vb+prepNP$_2$。如果用"向/对"代入 SbI，那么可以得到 SbI：1) NP$_1$+向/对 NP$_2$+Vb；如果用"于"代入 SbII，那么可以得到 SbII：NP$_1$+Vb+于 NP$_2$。可以把这一转换生成过程记作：

TvbI：1) NP$_1$[施事者]+Vb+NP$_2$[与事者]

→NP$_1$+向/对 NP$_2$+Vb

(例如:小张+请假+老师→小张向老师请假)

TvbII:NP$_1$[施事者]+Vb+NP$_2$[与事者]

→NP$_1$+Vb+于 NP$_2$

(例如:我们+求助+友军→我们求助于友军)

(2) NP$_1$[施益者]+Vb+NP$_2$[受益者]

施益者有意识地对受益者发出一个施益性的行为,也就是说这个行为对受益者来说是有益的。这种语义格式的句法实现是:施益者以 NP$_1$ 的形式出现,分布在句首作主语;受益者以 NP$_2$ 的形式出现,并且用介词"为/给"引导,整个介词结构分布在 Vb 之前。最终,形成表层的句法形式:SbI:NP$_1$+prepNP$_2$+Vb。如果用"为/给"代入 SbI,那么可以得到 SbI:2)NP$_1$+为/给 NP$_2$+Vb。可以把这一转换生成过程记作:

TvbI:2) NP$_1$[施益者]+Vb+NP$_2$[受益者]

→NP$_1$+为/给 NP$_2$+Vb

(例如:我们+拜年+老师→我们给老师拜年)

(3) NP$_1$[主动者]+Vb+NP$_2$[参与者]

主动者有意识地对参与者发出一个行为,并使参与者加入到这个行为中去。这种语义结构的句法实现是:主动者以 NP$_1$ 的形式出现,分布在句首作主语;参与者以 NP$_2$ 的形式出现,并用介词"和、同、跟、与"引导,整个介词结构作 Vb 的状语。最终,形成了表层的句法形式:SbI:NP$_1$+prepNP$_2$+Vb。如果用"和"等代入 SbI,那么可以得到 SbI:3)NP$_1$+和/同/跟/与 NP$_2$+Vb。可以把这一转换生成过程记作:

TvbI:3) NP$_1$[主动者]+Vb+NP$_2$[参与者]

→NP$_1$+和 NP$_2$+Vb

（例如：小明＋顶嘴＋老师→小明和老师顶嘴）
通过以上的讨论，我们可以发现：准二元动词句内部语义结构的差异，直接影响着其表层句法结构的差异；而任何表层句法的不同，又都是有一定的语义原因可寻的。

第四节 常用的准二元动词及其界限

6.4.1 常用的协同动词

暗合 拜堂 班配 般配 拌嘴 笔战 比配 比赛 比试 比武 辩论 并存 并肩
并举 并列 并排 并行 并重 搏斗 不合 不和 不配 藏猫 唱和 吵架 吵嘴
扯淡 成婚 成亲 冲突 重叠 重逢 重复 重合 酬唱 酬和 串供 搭伴 搭帮
搭档 （不）搭界 搭配 搭腔 打赌 打架 打交道 打牌 打仗 倒挂 抵触 缔交
缔约 掉过儿 定婚 定亲 对唱 斗 斗法 斗歌 斗气 斗争 斗智 斗嘴 赌博
赌钱 断交 对称 对待 对歌 对攻 对话 对换 对接 对抗 对口 对垒 对立
对流 对门 对饮 对应 对峙 对质 恶斗 分别 分餐 分成 分肥 分工 分家
分界 分居 分开（＝分手）分离 分袂 分手 分玺 分赃 分账 反目 干杯 格斗
隔绝 共处 共存 共居 共勉 共栖 共生 共事 勾搭 媾和 挂钩 关联 酣战
寒暄 和解 合得来 合不来 合伙 合卺 合流 合拢 合谋 合拍 合影 合资
合葬 合辙 合作 红（过）脸 呼应 互补 互惠 互利 互让 互助 划拳 化合
话别 话旧 换班 换防 换个儿 换工 换亲 换贴 换文 会餐 会操 会攻 会合
会面 会师 会谈 会晤 混合 混战 火拼 激战 建交 见面 僵持 讲和 交兵
交叉 交错 交锋 交媾 交火 交界 交口 交配 交涉 交手 交谈 交往 交心
交战 交织 较劲 较量 接触 接轨 接火 接界 接境 接壤 接谈 接头 接吻
结拜 结伴 结仇 结婚 结盟 结亲 解约 竞渡 竞赛 竞争 纠结 就伴 绝交
绝缘 诀别 决撒 决斗 决绝 决裂 决赛 决战 角斗 角力 开战 开仗 抗衡

口角 拉扯 拉平 来往 类似 离婚 联欢 联袂 联盟 联名 联网 联姻 恋爱
聊天 轮班 论争 骂架 摩擦 谋面 扭打 偶合 攀比 攀亲 攀谈 碰杯 碰面
碰头 配对 匹敌 匹配 媲美 拼对 拼命 姘居 平列 平行 破裂 齐名 齐心
巧合 契合 亲善 亲吻 亲嘴 倾谈 热恋 肉搏 赛车 赛跑 深交 深谈 神交
神聊 失散 摔跤 说得来 私通 厮混 厮杀 厮打 抬杠 谈得来 谈不来 谈话
谈判 谈天 谈心 通车 通航 通好 通话 通婚 通奸 通连 通气 通商 通信
通邮 同班 同步 同房 同居 同事 同室 同岁 同心 同行 同学 偷欢 偷情
团聚 团圆 调情 调笑 跳舞 往来 吻合 握别 握手 无干 无关 无缘 晤面
晤谈 为伍 下棋 闲扯 衔接 相爱 相安 相差 相背 相成 相称 相持 相处
相当 相等 相对 相反 相仿 相逢 相干 相符 相关 相好 相加 相见 相交
相近 相配 相亲 相扰 相商 相识 相似 相通 相同 相向 相像 相协 相遇
相左 携手 协力 协调 协作 偕老 邂逅 性交 修好 叙别 叙旧 叙谈 要好
永别 永诀 议和 幽会 有别 有关 有旧 有缘 圆房 约会 约期 战斗 争辩
争吵 争持 争宠 争斗 争衡 争论 争鸣 争执 争嘴 杂交 做爱 做伴 作爱
作伴 作别 作对 作战 座谈

6.4.2 常用的针对动词

拜年 颁奖 伴唱 伴舞 伴奏 帮忙 保驾 保密 保值 报案 报仇 报到 报复
报警 报名 报丧 报失 报时 报喜 报信 奔忙 辩护 辩解 辩难 表演(示范)
搏杀 补课 擦屁股 操心 唱对台戏 唱反调 撑腰 称臣 冲刺 冲锋 冲击 传话
吹风 吹喇叭 抬轿子 垂爱 垂青 垂问 辞行 辞职 搭话 搭讪 打气 打下手
打掩护 打招呼 打针 代考 代课 担保 道别 道乏 道歉 道喜 道谢 导读
导购 导航 导游 点头 顶缸 顶牛儿 顶嘴 动刑 斗智 赌气 对抗 发火 发奖
发难 发脾气 翻案 翻脸 犯罪 分类 分忧 服务 告便 告辞 告急 告假 告警
告密 告饶 告状 拱手 鼓劲 鼓气 鼓掌 挂钩 怪罪 关涉 过敏 喝彩 贺年
贺喜 胡来 护短 护航 还礼 挥手 回礼 加害 加油 讲情 交账 叫板(你敢
跟文化人～) 叫屈 接风 解难 解围 解忧 进击 进军 进言 尽忠 敬酒 敬礼

就学 鞠躬 捐款 捐躯 开刀 开道 开火 开炮 开枪 开战 看齐 靠拢 宽容
拉关系 拉后腿 拉交情 拉近乎 拉下脸 理发 领道 领路 领航 卖好（不）
摸头 （不）摸门 怄气 赔不是 赔礼 赔情 赔笑 赔罪 平反 破脸 铺路搭桥
起名 起誓 起诉 乞和 乞怜 乞援 敲边鼓 倾心 请安 请功 请假 请降 请援
请愿 请战 请罪 求爱 求和 求婚 求教 求乞 求亲 求情 求饶 求援 求战
求助 劝酒 劝降 屈服 屈膝 认错 认罪 撒娇 撒野 上书 上诉 生气 施暴
施肥 示威 施诊 失身 失信 示范 示威 受业 受制 说和 说理 说媒 说情
送别 送礼 送行 送终 松绑 诉苦 诉冤 算命 算账 索贿 索赔 摊牌 讨教
讨饶 讨债 讨账 套交情 套近乎 题词 提亲 提问 挑战 投案 投稿 投降
投诚 透风 问安 问好 问候 无补 无害 无愧 无益 洗尘 献花 献计 献技
献礼 献媚 献旗 效劳 效力 效忠 谢罪 行贿 宣战 压惊 应酬 永别 永诀
有意 有益 圆场 圆梦 争光 争脸 争气 折身 致哀 致敬 致谢 质问 质疑
致意 昭雪 周旋 助威 祝福 祝酒 祝寿 自绝 自首 组稿 作保 做媒 做寿

说明：本词表按音序排列，有部分词到底是形容词、副词还是动词很难确定，如：相反、相称、协力、相协、并肩、有关、相似……。它们的句法表现同一般的准二元动词相似，所以本表从宽收入。

6.4.3 准二元动词的内部差异和外部界限

在许多情况下，一个动词是否属于准二元动词不易判断。因为有一些动词通常带两个补足语，其中一个用介词引导；但是，那个介词结构有时也可以不出现。例如：

(1) 伴唱：王芳（为陈政宪）~

(2) 结婚：李明（跟褚志颖）~了

(3) 做媒：金大婶经常（给年轻人）~

(4) 站岗：刘成扬正（为军长）~呢

(5) 使坏：这小子老（对我）～

也就是说，准二元动词内部的支配能力有差别：有的准二元动词一定要求系事格共现，有的准二元动词允许系事格在一定的语境中不出现。

有的时候，一个准二元动词到底是协同动词还是针对动词不易判断。例如：

(6) 打交道：a. 我和小邵经常～　　我们常常～
　　　　　 b. 他只得跟黑帮～　　　老范常年跟牲口～
(7) 闹别扭：a. 她和姐姐经常～　　姐妹俩经常～
　　　　　 b. 他常常跟爸爸～　　　他无端地跟奶奶～
(8) 谈话：　a. 他和同屋的人～　　他们经常在咖啡厅～
　　　　　 b. 他常跟后进生～　　　江书记又跟小赵～了
(9) 有缘：　a. 任海茫跟张小姐～　他们俩实在～
　　　　　 b. 阿森纳队跟冠军～　司马贺跟诺贝尔奖～
(10) 无缘：　a. 小刚和阿苹的确～　他们俩看来～
　　　　　 b. 中国队跟世界杯～　中国人跟诺贝尔奖～

显然地，"打交道"的 a 种用法是协同动词，意思是"来往"；b 种用法是针对动词，意思是"应付"。"闹别扭"的 a 种用法是协同动词，意思是"合不来"；b 种用法是针对动词，意思是"为难"。"谈话"的 a 种用法是协同动词，意思是"聊天"；b 种用法是针对动词，意思是"做思想工作"。"有缘"、"无缘"的 a 种用法是用的基本义，这时是协同动词；b 种用法用的是引申义，这时是针对动词。可见，准二元动词内部两个小类的界线是不明确的，有若干模糊的中间地带。我们所能做的，只是使两头尽可能清楚而已。

在外部，准二元动词跟及物动词、形容词和副词等也有边界不清的地方。例如：

(11) 摸门：a. 我对外贸方面的事一点儿也不～
　　　　　b. 外贸方面的事我一点儿也不～
　　　　　c. 他对外贸方面的事很不～
(12) 冲击：a. 中国体操队正在向世界冠军～
　　　　　b. 中国体操队正在～世界冠军
(13) 合伙：老刘跟小孙～做生意
(14) 并肩：志愿军和人民军～战斗

如果认为例(11c)这种用法是合格的,那么"(不)摸门"就是二元形容词。如果认为例(11c)这种用法不合格、例(11b)这种用法是合格的,那么"(不)摸门"是准二元动词还是另外的一种二元不及物动词依然需要研究。如果认为例(12b)这种用法是合格的,那么"冲击"就是一个二元及物动词。如果认为动词的入选条件是能单独作主谓结构的谓语,那么"并肩"、"合伙"就不是动词,因而也不是什么准二元动词。说"并肩"是副词而不是动词,大概没有多少人反对；但是,要说"合伙"不是动词,好像跟许多人的语感不合。凡此种种,都说明了准二元动词的外部界限的模糊性。不过,也正是这些地方,为我们今后的研究提供了无穷的研究空间。

第五节　配位方式的转变和谓词价的飘移

6.5.1　动词和形容词在配位方式上的差异

在上面的讨论中,我们比较强调谓词的支配能力决定了它们的配位方式;现在,我们想换一个角度,从配位方式上看不同的谓词在支配能力上的差异。我们先从句法组合方面来看一下动词和形容词在支配能力上的差异。例如:

(1) a. 熟悉:我很~这一带　这一带我很~　我对这一带很~
　　 b. 熟　:*我很~这一带　这一带我很~　我对这一带很~
(2) a. 精通:他很~无线电　无线电他很~　他对无线电很~
　　 b. 精　:*他很~无线电　无线电他很~　他对无线电很~
(3) a. 讨厌:我很~这种事　这种事我很~　我对这种事很~
　　 b. 厌烦:*我很~这种事　这种事我很~　我对这种事很~
(4) a. 厌恶:她很~这工作　这工作她很~　她对这工作很~
　　 b. 厌倦:*她很~这工作　这工作她很~　她对这工作很~
(5) a. 尊敬:他很~徐老师　他对徐老师很~
　　 b. 恭敬:*他很~徐老师　他对徐老师很~

上例的五组谓词是同义词,它们在配价能力和配位方式上大致相似:都能支配两个从属成分,都能受程度副词"很"修饰;唯一的差别是:a组的谓词可以带宾语,因而是二元及物动词;b组的谓词不能带宾语,因而是形容词。① 不过,例(1)—(4)b组中打星号的例句也不是绝对不能说,一旦这种用法被大家普遍接受,那么"熟、精、厌烦、厌倦"就会从二元形容词变成二元及物动词。有意思的是,有些二元谓词有动词和形容词两种用法。例如:

(6) 冷淡:a. 王经理对客人很~
　　　　 b. 王经理从不~客人
(7) 淡泊:a. 林先生一向对名利很~

---

① 请参考本书§4.5.1对动词和形容词的界限的讨论。

b. 林先生一向～名利

在例(6)中,"冷淡"的 a 种用法是形容词,意思是(态度)不热情、不亲热;b 种用法是动词,意思是使(客人)受到不热情的待遇。在例(7)中,"淡泊"的 a 种用法是形容词,意思是(对名利)不热衷;b 种用法是动词,意思是不追求(名利)。值得注意的是,当"冷淡"、"淡泊"作动词用法时,是不能受"很"修饰的。这一点跟例(1)—(5)中的及物动词"熟悉、精通、讨厌、厌恶、尊敬"不同,但跟形容词的使动用法很相似。例如:

(8) 端正:态度很～　　～态度　　*很～态度

(9) 清洁:环境很～　　～环境　　*很～环境

据此,我们可以断定:"冷淡"、"淡泊"的动词用法是通过使动用法从形容词上引申出来的。

事实上,意义相近的动词在支配能力和配位方式上也有很大的差别。例如:

(10) a. 执导:张艺谋～了这部电影　　这部电影由张艺谋～

　　 b. 执笔:*张承志～了这部小说　　这部小说由张承志～

(11) a. 强奸:匪徒们～妇女　　　　　*匪徒们对妇女～

　　 b. 施暴:*匪徒们～妇女　　　　　匪徒们对妇女～

(12) a. 接管:军代表～了报社　　　　 报社由军代表～

　　 b. 接手:*老王～了这项工作　　　这项工作由老王～

(13) a. 收审:公安局～了那几个地痞

　　　　　　那几个地痞被公安局～了

　　 b. 收监:*公安局～了那几个地痞

　　　　　　那几个地痞被公安局～了

(14) a. 掩护： 我～你　　我给你～

　　b. 打掩护：*我～你　　我给你～

(15) a. 寄： 妈妈～(给)我一本书　　妈妈给我～了一本书

　　b. 邮寄：*妈妈～(给)我一本书　　妈妈给我～了一本书

(16) a. 租： 我～了黄大妈两间平房

　　　　　我向黄大妈～了两间平房

　　b. 租借：*我～了黄大妈两间平房

　　　　　　我向黄大妈～了两间平房

(17) a. 指责：后人常常～《马氏文通》模仿拉丁语法

　　　　　《马氏文通》因为模仿拉丁语法而被后人～

　　b. 诟病：*后人常常～《马氏文通》模仿拉丁语法

　　　　　　《马氏文通》因为模仿拉丁语法而为后人～

在例(10)—(14)中，a组中的动词是及物二元动词，它们的系事格可以用介词引进，也可以直接作宾语；b组中的动词是准二元动词，它们的系事格只能通过介词才能引进。在例(15)—(17)中，a组中的动词是三元动词，它们的受事和与事或原因能够以双宾语的形式出现在动词之后；b组中的动词是准三元动词，它们的与事或原因只能通过介词才能引进。

也正是基于这种事实，我们才坚持认为谓词的配价必须跟它们的配位方式挂钩，谓词的支配能力只能从它们在句子中的配列方式上去考察，而不能(事实上也做不到)从谓词的意义上去推导。因此，我们可以发现：有一些谓词，随着它们的配位方式的改变，它们的支配能力也发生了改变，也就是说，它们的价会在使用和发展过程中发生飘移(shift)。例如：

(18) 忠诚：a. 朱先生对教育事业很～
       b. 朱先生毕生～教育事业
       c. *朱先生很～教育事业
(19) 热心：a. 余大妈对居委会的工作很～
       b. 余大妈～(于)居委会的工作
       c. *余大妈很～(于)居委会的工作
(20) 热衷：a. 任书记一向对仕途很～
       b. 任书记一向～(于)仕途
       c. *任书记一向很～(于)仕途
(21) 服务：a. 市政部门全心全意地为市民～
       b. 市政部门全心全意地～市民
(22) 造福：a. 我们要为子孙后代～
       b. 我们要～子孙后代
(23) 效力：a. 巴斯腾一直在国家队～
       b. 巴斯腾一直～国家队

"忠诚"本来是二元形容词，后来其系事可以后移作宾语，于是变成了二元动词。"热心"、"热衷"本来是二元形容词，后来其系事可以在介词"于"的引导下后移到动词之后，变成准二元动词；再后来介词"于"可以省去，最终变成真二元动词。作为真二元动词或准二元动词的"忠诚、热心、热衷"是不能受"很"修饰的。"服务、造福、效力"本来是准二元动词，后来其系事可以后移作宾语，于是变成了真二元动词。而上文讨论的"冷淡"、"淡泊"则除了保持二元形容词的用法之外，又引申出二元动词的用法。再如，上文讨论的"精、熟、厌烦、厌倦"则有从二元形容词向二元动词飘移的迹象。

6.5.2 谓词的支配能力和介词的作用

关于准二元动词,除了上文讨论的协同动词和针对动词之外还有好多。我们根据用介词引导的从属成分的语义角色和引导这些从属成分的介词来分别讨论。

1.用介词"由、被"引导施事的准二元动词,配位方式是:Th/P+由/被 A+__。例如:

带队:这次足球赛由徐根宝~

领队:这次夏令营由姜老师~

发落:这几个小子全由你~

供稿:本版图片由新华社~

执笔:这篇文章由卢永生~

致词:开幕式最后由丁校长~

主事:校庆活动由闵副校长~

托管:?这些岛屿由美国~

收监:那几个流氓被公安局~了

"主事"更常见的用法是"主其事",其中的"其"跟主题同指照应;例如:"校庆活动由闵副校长主其事"。"托管"的意思是由联合国委托一个或几个会员国在联合国的监督下管理还没有获得自治权的地区,它的配位方式比较特殊。

2.用介词"把、拿"引进受事的准二元动词,配位方式是:A+把/拿 P+__。例如:

毒打:周扒皮把高玉宝~了一顿

凑趣:老孙头常拿我~

开心:大伙儿老拿小韩~

开涮:你们别拿我大爷~

撒气:张二嫂老拿孩子~

打哈哈:同事们常拿牛大姐~

"毒打"跟"打"不同,它的受事不能作宾语,只能用介词"把"引进。"开心"也可以说成"寻开心",例如:"大伙儿老拿小韩寻开心"。"寻开心"的受事也可以嵌入"开心"的定语中,例如:"大伙儿老寻小韩的开心。"

3. 用介词"用"引进工具的准二元动词,配位方式是:A+用I+__。例如:

抵押:他们用不动产~

抵债:张老三用两间草房~

抵账:农民们用刚打下来的谷子~

抵罪:他们用劳务~

堵嘴:他常常用礼物~

押账:这家公司用产品~

"抵押"更多地说成"作抵押",例如:"他们用不动产作抵押"。而"堵嘴"则常说成"堵×××的嘴",例如:"她用两条万宝路堵厂长的嘴"。这类动词都是动宾结构的支配式合成词。

4. 用介词"从、在、于"引进处所的准二元动词,它们有两种配位方式:S_1:A/Th+从/在/于/向 L+__,S_2:A/Th+__+在/于/到 L。例如:

撤兵:苏联从阿富汗~

撤军:苏联从阿富汗~

导源:黄河~于青海

发源:淮河～于桐柏山
根植:优秀的艺术～于民族精神
自外:他无法～于这场运动
陶醉:他常～于山川景色之中
出没:野兽常在这一带～　　野兽常～在这一带
矗立:纪念碑在广场高高～　纪念碑～在广场上
穿行:战士们在森林中～　　战士们～在森林中
埋伏:他们在公路两旁～　　他们～在公路两旁
蔓延:小路向远方～　　　　小路一直～到遥远的天边
潜伏:他受命在大陆～　　　他长期～在大陆
潜藏:这念头在她心中～了十年　这念头一直～在她心中
挺立:小亭子在山顶上～着　小亭子～在山顶上
漂泊:游艇在海面上～　　　游艇～在海面上

"撤兵、撤军"只有 S_1 一种配位方式,其中的 L 是来源处所;"导源、发源、自外、陶醉"只有 S_2 一种配位方式,其中"导源、发源、自外"的 L 是来源处所,"陶醉"的 L 是一般处所。"出没、矗立、穿行、埋伏、蔓延、潜伏、潜藏、挺立"有 S_1 和 S_2 两种配位方式,其中"蔓延"的 L 是目标处所,其他动词的 L 是一般处所。

5. 用介词"以、为"引进结果等从属成分的准二元动词,它们的配位方式是 S_1:A+以 R+__,或 S_2:A+__+为 R。例如:

自居:老马总是以功臣～
见长:吴老师以词学～
告终:二战以德意日的失败～
自封:小王～为搓麻将专家
当选:杨强～为工会主席

说上例动词用介词引导的从属成分是结果并不确切,对于"自居"来说,"功臣"像是工具格;对于"见长"来说,"词学"像是处所格(在某一方面擅长)。

上面讨论的准二元动词都不能直接支配其施事、受事、工具、处所等从属成分,只有在介词的帮助下才能支配这些从属成分。据此,我们可以说这些动词都是支配能力较弱的二元动词,而介词的功能正是在于帮助这些支配能力较弱的动词能顺利地支配在语义上从属于它们的从属成分。在语言的发展过程中,许多准二元动词的配位方式发生了变化;其中最显著的变化是不借助介词也能跟处所等从属成分直接组合,最终大大地扩充了这些动词的支配能力,使它们向真二元动词方向飘移。例如:

不下:参观人数~(于)两千人

不屑:我实在~(于)干这种事

着眼:我们必须~(于)未来

献身:他们一辈子~(于)教育事业

葬身:两架敌机~(于)海底

投身:她热情地~(于)这场运动

置身:他们义无反顾地~(于)群众运动之中

听命:我决不~(于)别人

取悦:他设法~(于)上司

下榻:美国总统~(于)北京饭店

挂靠:古籍所暂时~(在)中文系

漫步:他俩常常~(在)江边

寄情:他从此~(于)山水秀色

涉及:这件事~(到)好些人

定居:两位老人最终~(在)北京

飘泊:少年时代他曾经~(在)外乡许多年

萦回:当年的情景时常~(在)脑际

驻守:他们常年~(在)边疆

更有甚者,相当数量的动词已经发展到不仅可以直接支配处所格等从属成分,并且在动词和处所格之间不能插入介词。例如:

饮誉:他年轻时曾经~文坛

驰誉:朱先生很早就~学界

驰名:这种产品~中外

进驻:工宣队~大学和中学

萦系:思乡之念一直~心头

侧身:他早年曾~教育界

厕身:他也算得上~士林

跻身:她努力地~上流社会

寄身:我虽~浮世,但已看破红尘

寄寓:他晚年~他国

涉足:豪门集团也~旅游业

奔逃:他不得已~他乡

这些动词的处所格等从属成分只能以宾语形式跟动词直接组合,另有一些动词的处所格还能在介词的引导下出现在动词之前。例如:

驻军:他们在云南~ 他们~云南

屯兵:他们在边疆~ 他们~边疆

屯守:他们在边城~ 他们~边城

发兵:他们向太原~ 他们~太原

游学:他曾在海外~ 他曾~海外

留学：她曾在日本～　　　她曾～日本
漫游：他们在西湖～　　　他们～西湖
游行：老道在四方～　　　老道～四方
风行：这种款式在全国～一时　　这种款式～全国
风靡：这种发型在东南亚～一时　　这种发型～东南亚

应该指出的是，当这些动词的处所格处于动词后面时，在语义上没有发生受事化这种变化。这跟下列动词的情况不同。例如：

停靠：a. 游船在码头上～着　　游船～在码头上
　　　b. 游船正在～码头
遨游：a. 宇宙飞船在太空中～　　宇宙飞船～在太空中
　　　b. 长征号飞船正在～太空
驰骋：a. 巴金在文坛上～了一辈子
　　　　巴金一辈子～在文坛上
　　　b. 巴金一辈子～文坛，著作等身
挺进：a. 刘邓大军再次向大别山～
　　　b. 刘邓大军再次～大别山
陪伴：a. 李梦竹一直在丈夫身边～着
　　　　李梦竹一直～在丈夫身边
　　　b. 李梦竹一心一意地～（着）丈夫

在"停靠、遨游、驰骋、挺进"的 b 种用法中，处所格在语义上经过受事化这种语义过程而转变为受事格，所以一定要删除方位词"上、中"等处所格的标记；这种处所格在语法上经过了述题化这种语法过程，已经变成真正的受事宾语，所以这种动宾之间不能插入"在、于"等介词。至于"陪伴"的两种用法之间的关系，我们还不敢肯定：到底是由处所格（丈夫身边）通过受事化变成受事（丈夫），还是由受事(丈夫)通过处所化变成处所(丈夫身边)。

6.5.3 谓词和介词的合并

在上文中,我们根据动词是否能不依赖介词的帮助、独立地支配两个从属成分,把动词分为真二元动词和准二元动词两类;在第四章(§4.4.3)中,我们根据形容词是否能不依赖介词的帮助、独立地支配两个从属成分,把形容词分为真二元形容词和准二元形容词两类。如果把真二元的动词和形容词合称为真二元谓词,把准二元的动词和形容词合称为准二元谓词;那么我们可以推断:一个准二元谓词和介词的组合在配价能力上等于一个真二元谓词。现在我们要问:这种推论有没有心理现实性,也就是说,在说话人的心理上有没有根据。答案是肯定的,证据之一是:虽然"动词+介词+宾语"的结构层次是"动词+介词结构",但是表示实现的体标记"了"却可以插在介词和宾语之间。例如:

(1) a. 吃完饭,他躺在了炕上(老舍《骆驼祥子》)

   b. 她本人可是埋在了城外(同上[1])

(2) a. 扔在了床上

   b. 倒在了地上

   c. 摔在了地上

   d. 掉在了地下[2]

在现代汉语中,介词和动词在功能上的一个重要的区别是:动词可以带"着、了、过"等体标记,介词不能带这些体标记。[3] 那么说话

---

[1] 这两例转引自朱德熙(1987),见朱德熙(1990)第175页。
[2] 这四例转引自范继淹(1982),见范继淹(1986)第168页。
[3] 详见朱德熙(1982)§13.1,第174页。

人为什么要突破层次构造和介词的分布两重限制,把"了"置于介词之后呢?一种可能的解释是:说话人想强调,在"动词+介词+宾语"结构中,处所宾语在深层次上从属于"动词+介词"结构。这种用法,从20世纪30年代老舍的作品一直到现代书面作品,虽然没有得到广泛的发展,但是也没有消亡。并且,原来这种用法只限于书面语中,现在则在口语中也屡见不鲜;原来"动词+介词+了+处所"中的动词限于单音节的,现在则双音节的也很常见。①例如:②

(3) a. 一种已经被人遗忘的淡淡的伤感萦绕在了她的心怀……(张廷竹《五十四号墙门》)

b. 张汉臣接到这封信顿时昏倒在了沙发上面(同上)

(4) a. 讨厌的冬天追随着一批南迁的大雁,降临在了黄土高原上(路遥《在困难的日子里》)

b. 一片杜梨树的叶子轻轻地飘落在了我的头发上(同上)

证据之二,在从古代汉语向现代汉语演变的过程中,一批"动词/形容词+于/乎+宾语"结构的前两个部分凝固为合成词。例如:

处于:他始终~有利地位　　在于:目的~鼓励大家
限于:考生年龄~四十岁以下　居于:她的成绩~全班之首
位于:图书馆~学校中央　　　归于:光荣~祖国
期于:这次考核~了解大家的基础　濒于:这家公司~破产

---

① 参考范继淹(1982)§1.2,见范继淹(1986)第167—168页;朱德熙(1987)§4,见朱德熙(1990)第175—176页。

② 转引自朱德熙(1987),见朱德熙(1990)第175—176页。

源于:文学艺术～现实生活　　属于:傅晋如～豪放之士
等于:这样做～没做　　　　　陷于:他们最终～很被动的局面
敢于:女排队员～拼搏　　　　难于:这样做～奏效
易于:这样做～统一管理　　　急于:他～知道比赛结果
忠于:她一向～职守　　　　　善于:小李～团结同学
苦于:老人家～不懂英语　　　长于:孔如东～社交
甘于:老爷子～寂寞　　　　　乐于:王大妈～帮助别人
便于:这样做～大家复印资料　利于:这样做～同学们互相讨论
忙于:费秋元～赚钱　　　　　惯于:这小子～说谎
关乎:这个问题～国计民生　　近乎:这样做～借刀杀人

这样看来,谓词和介词的合并在句法平面上阻力重重,没有取得彻底的胜利;在词法平面上长驱直入,获得可观的成果。

第六节　零元谓词和二元不及物动词

6.6.1　零元谓词及其假论元

在现代汉语中,有为数极少的动词和形容词没有必有补足语,但可以支配一定数量的可有补足语和自由说明语。这种没有必有补足语的零元动词和零元形容词可以合称为零元谓词。例如:

晴:　～了　　　天～了　　　今天～了　　　香港～了
阴:　～了　　　天～了　　　今天～了　　　上海～了
下雨:～了　　　天～了　　　昨夜～了　　　苏州～了
下雪:～了　　　天～了　　　昨晚～了　　　郑州～了
下霜:～了　　　?天～了　　昨夜～了　　　?北京～了

起风:~了　　?天~了　　现在~了　　外面~了

起雾:~了　　?天~了　　昨夜~了　　外面~了

打雷:~了　　?天~了　　刚才~了　　?天上~了

打闪:~了　　?天~了　　刚才~了　　天上~了

这些都是所谓的气象动词(weather verbs)和形容词,其中"晴、阴、下雨、下雪"还可以用"天"作填补性主语(expletive subject),"下霜、起风、起雾、打雷、打闪"则不一定行。但是它们一般都可以带时间、处所等可有补足语和自由说明语,作为它们的假论元(pseudo-argument)。说上例中的填补词"天"和时间、处所格是假论元,是因为它们都不能用"的"字结构去独立地指称。例如:

天晴了→*晴的天→*晴的

天阴了→*阴的天→*阴的

天下雨了→*下雨的天→*下雨的

天下雪了→*下雪的天→*下雪的

昨夜下雨了→下雨的晚上→*下雨的

昨晚下雪了→下雪的夜晚→*下雪的

昨夜下霜了→下霜的晚上→*下霜的

现在起风了→起风的时候→*起风的

昨夜起雾了→起雾的夜晚→*起雾的

刚才打雷了→打雷的时候→*打雷的

刚才打闪了→打闪的时候→*打闪的

零元谓词的填补词"天"不能用"的"字结构去提取,零元谓词的时间、处所格可以用"的"字结构去提取;但是,这样的"的"字结构只能作定语,不能独立指代这种时间、处所格。① 零元谓词的填补词"天"的意思是天气,它除了可以作主语外,还可以在合成词或短语词中作中心语。例如:

天晴了～晴天　　　　　天阴了～阴天

天下雨了～下雨天　　　天下雪了～下雪天

?天刮风了～刮风天　　?天起风了～?起风天

零元谓词"晴"、"阴"是形容词,它们可以受副词"很"修饰。例如:

天很晴　　今天(天)很晴

天很阴　　今天(天)很阴

"晴"、"阴"的填补词"天"很像是主题格。从上例可以看出,"晴"、"阴"的主题格跟时间格可以共现,这时时间格一定在主题格之前。需要指出的是,在天气预报一类语境中,处所格很像是主题格。例如:

上海晴　　29号上海晴　　?上海很晴

杭州阴　　30号杭州阴　　?杭州很阴

当时间格跟这个处所/主题格共现时,时间格一般在前面。有意思的是,当处所/主题格作主语时,"晴"、"阴"一般不能受"很"修饰。

下面我们讨论一下"地震、着火、封港、涨潮"到底是不是零元动词。先来看一些实例:

地震:～了　　唐山～了　　昨天～了

　　唐山昨天～了　　　昨天唐山～了

　　哪儿～了?　　　　—张家口～了。

---

① 参看陆俭明(1997)§3,第161页。

着火：～了　　仓库～了　　昨天～了
　　　仓库昨天～了　　昨天仓库～了
　　　哪儿～了？　　　　—大兴安岭～了。
封港：～了　　大连～了　　昨天～了
　　　大连昨天～了　　昨天大连～了
　　　哪儿～了？　　　　—天津港～了。
涨潮：～了　　黄海～了　　昨天～了
　　　黄海昨天～了　　昨天黄海～了
　　　哪儿～了？　　　　—渤海～了。

从支配能力和配位方式上看，"地震、封港、涨潮"和"着火"很相似；它们的处所格很像是主题格，并且很像是必有成分，这从由它们构成的问句和相应的答句上可以看出来。据此，似乎可以把它们定为一元动词。但是，它们都通不过转指测试。例如：

唐山地震了→地震的地方→*地震的

昨天地震了→地震的时候→*地震的

仓库着火了→着火的地方→*着火的

昨天着火了→着火的时候→*着火的

大连封港了→封港的地方→*封港的

昨天封港了→封港的时候→*封港的

黄海涨潮了→涨潮的地方→*涨潮的

昨天涨潮了→涨潮的时候→*涨潮的

可见，"地震、着火、封港、涨潮"的处所/主题和时间格虽然可以用"的"字结构提取，但不能用"的"字结构独立指代。从这一点来看，这处所/主题格也不像是必有成分，因而"地震、着火、封港、涨潮"

又像是零元动词。

6.6.2 二元不及物动词

在语法学上,动词的及物、不及物一向是一对很模糊的概念。如果纯粹从语义上考虑,那么凡是能支配主体格(施事、感事、当事、主题)和客体格(受事、结果、与事、系事)的动词都是及物动词。这样,本书所讨论的二元动词(包括这一章讨论的准二元动词)都是及物动词。并且,二元形容词(包括真二元形容词和准二元形容词)也可以归入及物动词。可是,事实上,一般的语法著作都把准二元动词和二元形容词排除在及物动词之外。如果纯粹从句法上考虑,那么凡是带宾语的动词都是及物动词。当然,这里所说的宾语不包括动词之后表示时量、动量或程度的词语。例如:

  歇了一会儿 咳嗽过几次 认真过几天 高了一点儿

因为这种成分可以用在各种动词和形容词的后面,对动词的小类没有区别作用。[①] 可是,事实上,一般的语法著作把带处所宾语、存现宾语的动词也排除在及物动词之外。例如:

  飞昆明 来北京 去学校 新到了一批货 来了个客人

  死了父亲

比如,朱德熙(1982,第56页)认为这种带准宾语的动词是不及物动词。

在这里,我们要问:把汉语的动词分为及物、不及物两类在语法描写上有什么作用?这一点,从目前的研究来看似乎并不明朗。从消极的方面来看,好像是因为汉语语法学据以建立的模板印欧语语

[①] 详见陆俭明(1991)§1,第160页。

法学中是区分及物动词和不及物动词的,所以汉语语法学中似乎也应该把动词区分为及物和不及物两类。陆俭明(1991)指出,英语语法学上是按照语法标准来区分动词的及物和不及物的,后面能直接(不借助介词)带宾格(accusative)的动词是及物动词。例如:

　　　　to see an aeroplane　to kill a dog　to buy a car

后面不能带宾格或一定要借助介词才能带宾格的动词是不及物动词。例如:

　　　　to apologize　to cry　to look at the aeroplane

可见,在英语中按照动词的组合能力把动词分为及物、不及物两类对说明动词的句法功能,对指导人们正确地遣词造句,都有十分积极的作用。有鉴于此,陆俭明(1991)倡议:因为区分动词及物和不及物的目的是为了更好地说明动词的语法作用,所以应该以语法标准来区分动词的及物和不及物。具体地说,凡能直接带宾语的动词是及物动词,凡不能直接带宾语的动词是不及物动词(第164页)。①

---

① 有意思的是,德语语法学家是这样从语法上强硬地规定德语动词的及物和不及物的:支配第四格宾语的动词是及物动词,支配第二格宾语、第三格宾语、介词宾语以及不支配任何宾语的动词是不及物动词。韩万衡(1997)指出,这种传统语法的规定是很牵强的;因为第四格宾语、第二格宾语和第三格宾语所表达的内容并无原则上的区别。这种划分对说明德语的句子结构和指导学生使用动词来造句都没有多少积极的作用。因为许多支配第四格的动词(即所谓的及物动词)在支配第四格的同时,还支配另一个必有成分。例如:
　　　　Er stellt die Bücher (ins Regal).(他把书放[到书架上])
而那些不支配任何宾语的动词,在主语之外也往往要求一个必有成分。例如:
　　　　Meier ist (mein Freund).(麦野是[我的朋友])
　　　　Sie wohnt (dort).(她住[在那儿])
上例中括号中的成分对于句子结构和意义的完整性来说,都是不可缺少的。因此,动词的及物和不及物这两个概念无论在理论上还是在实践上都没有任何意义(第15页)。

现在,我们根据陆先生的这种定义,考察一下动词的及物(能带宾语)、不及物(不能带宾语)跟二元动词的关系。准二元动词因为不能带宾语,所以肯定不是及物动词。因为二元动词一般都能带宾语,所以它们大都是及物动词。只有那些主体格和客体格都只能出现在动词之前、因而不能带宾语的二元动词才是不及物动词。为了方便,我们称这种动词为二元不及物动词。二元不及物动词为数极少。我们通检了《现代汉语词典》,只找到下列这些常用的二元不及物动词。例如:

插手:这种事你别~	你呀,这种事就别~了
上手:这件事你别~了	你呀,这件事就别~了
粘手:这个项目我就不~了	我啊,这个项目就不~了
沾边:学生工作老张从不~	老张吧,学生工作从不~
声张:这事儿你别~(出去)	你呀,这事儿就别~了
当真:他的话你千万别~	你呀,他的话千万别~
挨边:沈小同都六十~了	
知底:她的事我最~了	?我啊,她的事最~了
包涵:这事儿您老多~	您呐,这事儿多~
分心:这件事您多~吧	您呐,这事儿多~一点儿
定稿:那篇文章我早~了	我呢,那篇文章早~了
交稿:这本书我二月底~	我啊,这本书二月底~
发稿:这篇新闻她才~	她呀,这篇新闻才~
付印:那几本教材我们刚~	我们呢,那几本教材才~
付排:这篇文章你们可以~了	你们呢,这篇文章可以~了
掌厨:今天的晚饭(由)老爸~	
掌勺:中饭的炒菜(由)我~	

掌舵:公司的事情(由)万总裁～

掌权:我们家(由)妈妈～

出面:这件事(由)你～

分摊:聚餐的费用(由)大家～　?大家～了聚餐的费用

介意:他的话你别～　　　　?你别～他的话

在意:这种事他可不～　　　?他可不～这种事

这种二元不及物动词在分布上都是很受限制的,"插手、上手、粘手、沾边、声张、当真"一般只能用在否定句中,包括一般性否定句和否定式祈使句;"包涵、分心"一般只能用在肯定式祈使句中;"定稿、交稿、发稿、付印、付排"一般只用在编辑、出版领域;"掌厨、掌勺、掌舵、掌权、出面、分摊"的施事格通常用介词"由"引导,当然也可以不用介词引导;"分摊、介意、在意"的打问号的用法如果是合格的,那么它们就是二元及物动词,而不是二元不及物动词。

从总体上看,二元不及物动词可以关联施事和系事两种从属成分,一般有下面两种配位方式:

$$S_1: Re+A+\underline{\quad} \quad S_2: A+Re+\underline{\quad}$$

其中,S_1 是占优势的配位方式,也就是说,这种动词以话题句为主要的出现环境。"插手、上手、粘手、沾边、声张、当真、知底、包涵、分心、定稿、交稿、发稿、付排、付印"等二元动词可以有 S_1 和 S_2 两种配位方式,"掌厨、掌勺、掌权、出面、分摊、介意、在意"等二元动词只有 S_1 一种配位方式,"挨边"只有 S_2 一种配位方式。

第七章　三元动词的配价和配位分析

7.0 上文我们说到,动词的元的最大限额是二到三。事实上,三元动词为数不多。从语义上看,三元动词大都或者表示给予,例如:给、送、赏、传、交、付、通知、告诉、转交、归还……;或者表示取得,例如:买、收、偷、抢、娶、要、赢、拿……。它们都能关联施事(A)、与事(D)和受事(P)三个语义格,造成 A+__+D+P 这种基本的配位方式。由三元动词构成的句子表示的意义也主要是:给予——A 把 P 给了 D,或者:取得——A 从 D 那儿取得了 P。有意思的是,有些动词本身并不包含给予或取得意义,但是它们也能有上述三元动词的那种配位方式。例如:扔:小王~我一包香烟;浇:阿龙~我一身脏水;舀:妈妈~我一勺子鸡汤;吃:我~了老陈两顿饭;花:我~过他几十块钱。另外,还有一种三元动词,至少有一个配项一定要借助介词来引导,我们称之为准三元动词。例如:扭送:门卫把小偷~到派出所;判罚:阿森纳队被裁判~点球;商量:爸爸跟大哥~盖房子的事;请求:他们向上级~任务。

下面,我们首先讨论表示取得、给予意义的三元三联动词,其次讨论三元四联和三元五联动词,然后讨论三元一位或二位动词(即准三元动词)。接着,从"吃、浇、扔、免(学费)、踢(给我一个好球)"等不包含给予、取得意义的三元动词上,讨论动词的语义预设对动词的配价能力和配位方式的影响。最后,讨论"借、匀、舀、换

(粮票)"等既可以表示给予义又可以表示取得义的三元动词的配价和配位情况。

第一节　取得义三元动词的配价和配位

7.1.1　表示取得义的三元动词

表示取得义的三元三位三项三联动词能够关联三个从属成分：一个是施事 A，一个是与事 D，一个是受事 P。于是，这种三元动词可以记作 V:{A,D,P}。

一、配价实例
(1) 收:批发公司～了厂家几千块钱

　　　*厂家被批发公司～了几千块钱

　　　*厂家的几千块钱被批发公司～了

　　　*批发公司把厂家的几千块钱～了
(2) 罚:税务局～这家工厂几千块钱

　　　这家工厂被税务局～了几千块钱

　　　*这家工厂的几千块钱被税务局～了

　　　*税务局把这家工厂的几千块钱～了

　　　坑:小王～了我一百块钱　　我被小王～了一百块钱

　　　*我的一百块钱被小王～了　*小王把我的一百块钱～了
(3) 贪污:老王～了学校几个信封　*学校被老王～了几个信封

　　　学校的几个信封被老王～了

　　　老王把学校的几个信封～了

浪费:铁蛋～了我家好些木料

?我家被铁蛋～了好些木料

我家的好些木料被铁蛋～了

铁蛋把我家的好些木料～了

糟蹋:这孩子又～了我十块钱　?我被这孩子～了十块钱

我的十块钱被他～了　　这孩子把我的十块钱～了

(4) 占:社科院～了地质学院一幢楼

地质学院被社科院～了一幢楼

地质学院的一幢楼被社科院～了

社科院把地质学院的一幢楼～了

扣:学校～了小李一个月奖金

小李被学校～了一个月奖金

小李的一个月奖金被学校～了

学校把小李的一个月奖金～了

(5) 求:我～您一件事　　　　　这事儿我～过张主任

(6) 欠:项大水～公司五百块钱　　你还～我一顿饭呢

该:我先～你三块钱

差:你还～我八毛钱

短:我先～你两块钱

(7) 瞒:李小红～了费真年一件事　那件事我～了他好几年

(8) 藏:杨光明～了曹备战一本书

(9) 问:我～倪老师一道数学题　　我向倪老师～一道数学题

这道题你～郭老师吧　　我有一个问题～您

我为了这道数学题～过好多老师

请教：我～您一个问题　　　　我向您～一个问题
　　　这个问题你还是～周老师吧　我有一个问题～您
　　　我为了这个问题～过好多老师
请示：我～吴局长几个问题　　　我向吴局长～了几个问题
　　　这个问题你最好～刘主席　我有一个问题～您
　　　我为了这个问题～过周副主席

二、配位方式

S_1：A+＿+D+P　　　　　S_2：P+A+＿+D
S_3：D+被 A+＿了+P　　　S_4：D 的 P+被 A+＿了
S_5：A+把 D 的 P+＿了　　S_6：A+向 D+＿+P
S_7：A+有 P+＿+D　　　　S_8：A+为了 P+＿+D

三、问题讨论

1. 从意义上看，典型的表示取得的语义场景至少涉及三个要素：(1)获得者(A)，(2)失去者(D)，(3)得失之物——获得者所得之物亦即失去者所失之物(P)。从三者的关系来看，一般的情况是获得者主动地使 P 由 D 转移到 A。①

2. "收、罚、贪污、占、扣"等动词符合上述的取得场景的典型情况，"坑、糟蹋、浪费"等动词强调 A 使 D 失去 P，但并不表示 A 使 P 离开 D 最终转移到 A。"求、欠、该、差、短、瞒"等动词的 D 跟 P 之间不一定有领属关系，所以 A 的获得意义和 D 的失去意义都是很不明显的。"问、请教、请示"等动词的 D 和 P 之间谈不上有无领属关系，当实施了这些动作之后，A 可能有所得，而 D 则肯定无所失。

---

① 参考朱德熙(1979)§2,见朱德熙(1980)第 154—155 页。

3. 值得注意的是,配位方式 S_3、S_4、S_5 中的"了"不是动词后缀或语气词,而是作补语的动词"了"(liǎo),它在北京口语中的弱读形式是(·lou)。①

4. 当"问、请教、请示"处于配位方式 S_8 之中时,受事格似乎转化成了目的格;如果的确是这样,那么它们就是三元四联动词了。

5. 第(1)组中的动词"收"、第(6)组中的动词"欠、该、差、短"、第(8)组中的动词"藏",都只有 S_1 一种配位方式,第(2)组中的"罚、坑"等动词只有 S_1、S_3 两种配位方式;第(3)组中的"贪污、浪费、糟蹋"等动词都有 S_1、S_4、S_5 三种配位方式,至于它们能不能进入"被"字句 S_3 则不太明朗;第(4)组中的"占、扣"等动词都有 S_1、S_3—S_5 共四种配位方式,第(5)组中的"求"、第(7)组中的"瞒"等动词只有 S_1、S_2 两种配位方式,第(9)组中的"问、请教、请示"等动词共有 S_1、S_2、S_6—S_8 五种配位方式。

7.1.2 谓词隐含造成的三元动词

有些动词通常需要有后续的动词性词组才能构成独立的句子,当后续的动词性词组中的谓词省去以后,这个隐含的谓词的从属成分就变成了其先行动词的配项,从而使那些本来是二元动词的先行动词变成了三元动词。这种三元动词能够关联三个从属成分,一个是施事 A,一个是与事 D,一个是受事 P 或原因 C_a。于是,这种三元动词可以记作 $V:\{A,D,P\}$ 或 $V:\{A,D,C_a\}$。

一、配价实例

(1) 招待:我～她(吃)一顿涮羊肉/西餐

---

① 关于动词"了"的弱化形式,详见马希文(1982)。

(2) 烦：我～您老人家（做）一件事儿

我～您老人家（给我）带个信儿

劳：我～您老人家（办）一件事儿

我～您老人家（陪我）走一趟

(3) 麻烦：我～你（干）一件事　　我～你（给我）捎一包香烟回来

我有一件事～你　　　这件事我就不～您了

(4) 讨厌：我～他（长着）一口黄牙　我～他　　*我～一口黄牙

(5) 原谅：我只～你一件事　　　这件事老王～了她

老王～她（做错了）一件事　在这件事上，老王～了她

二、配位方式

$S_1: A + \_\_ + D + P$　　$S_2: A + \_\_ + D + V + P$

$S_3: A + \_\_ + D + Ca$　　$S_4: A + 有 P + \_\_ + D$

$S_5: P + A + \_\_ + D$　　$S_6:$ 在 Ca 上 $+ A + \_\_ + D$

三、问题讨论

1. S_1 是上列三元动词的典型的配位方式。在理论上，S_1 可以看作是从 S_2 上通过删除谓词而派生出来的。

2. 对于动词"讨厌"来说，"一口黄牙"可以看作是原因格。

3. "招待"只能隐含"吃"一类动词，"烦、劳"只能隐含"干、做"一类动词。在我们的调查中，大家对"我招待她（看）一场电影"的合格性意见不一致。

4. "麻烦"除了有 S_1—S_3 这三种配位方式之外，还有 S_4 这种配位方式。"原谅"没有 S_4 这种配位方式，但有 S_1—S_3 和 S_5、S_6 五种配位方式。

5. 对于动词"原谅"来说，"这/一件事"作宾语时还像是受事；作主语时像是由原因格转变成的范围格，因此可以有 S_6 这种配位

方式。

7.1.3 使动用法造成的三元动词

有些动词本来是二元动词,经过使动用法而增强了配价能力,变成可以支配三个从属成分的三元动词。这三个必有论元分别是施事 A、工具 I 或原因 Ca,受事 P 或与事 D,结果 R。于是,这种三元动词可以记作 V:{A/I,P/D,R},或 V:{Ca,D,P}。

一、配价实例

(1) 急:这孩子～了我一身汗　　这事儿～了我一身冷汗
　　　　这事儿真～人　　　　　*这孩子真～人
　　吓:这家伙～了我一身冷汗　这黑影～了我一身汗
　　　　这黑影真～人　　　　　这家伙真～人
　　　　这家伙～了我一哆嗦　　这黑影～了我一激灵

(2) 费:这事儿～我半天工夫　　我为了这事儿～了半天工夫
　　　　(为了)这事儿我～了半天工夫
　　花:这篇论文～了我三年时间　我为了这篇论文～了三年时间
　　　　(为了)这篇论文我～了三年时间

(3) 咬:石锁～了他两道牙印　　*牙齿～了他两道牙印
　　泼:她有意～了我一身水　　*脸盆～了我一身水
　　浇:他不小心～弟弟一身污水　*舀子～了弟弟一身污水
　　滋:我～了女儿一脸橘子汁　*水龙头～了他一脸水

(4) 烫:开水～了小英子好几个燎泡　*老郝～了孩子好几个水泡
　　拉:小刀～了好几条口子　　*小魏～了阿福好几道口子

(5) 捂:唐大嫂～了芸芸一身痱子　这被子～了芸芸一身痱子

抹:这孩子～了我一脸西瓜汁　这毛巾～了我一脸西瓜汁
粘:这孩子～了我一手面粉　这块抹布～了我一手面粉
踩:这孩子～了我两脚泥　　这块垫子～了我两脚泥
蹭:这孩子～了我一身土　　这土墙～了我一身土
溅:这孩子～了我一身泥点子　这汽车～了我一身泥点子

二、配位方式

S_1:A/Th+＿+D+R　　　S_2:A/Th+真＿+D

S_3:A/Th+＿+D+VP　　S_4:Th/Ca+＿+D+P

S_5:A+为了Ca+＿+P　　S_6:为了Ca+A+＿+P

S_7:Th/Ca+＿+A+P　　S_8:Th(=A/I)+＿+D+R

S_9:A+＿+D+P　　　　S_{10}:I+＿+D+P/R

三、问题讨论

1.这些动词都是通过使动用法才变成三元动词的。其中,在配位方式S_2中,"急、吓"只是单纯的使动用法(如:这事儿真急人);而在配位方式S_1(如:这孩子急了我一身汗、这黑影吓了我一身冷汗)中,除了使动用法外,还有谓词隐含在起作用。这可以从S_3这种配位方式上看出一些端倪,例如:这家伙吓了我一哆嗦、这黑影吓了我一激灵。也就是说,"这黑影吓了我一身冷汗"的底层形式是:"这孩子使我吓得出了一身冷汗"。

2.对于动词"急、吓"来说,"这孩子、这黑影"等都是使动主体,所以记作A/Th。

3.动词"费、花"的配位方式S_4的最基础的底层形式是S_5(如:我为了这事儿费了半天工夫),通过原因格的提前(如S_6所示)、并删除格标"为了"变成话题句S_7。在S_7中,原因格变成了主题格,所以记作Th/Ca。话题句S_7(如:这事儿我花了半天时间)通过使动用法派生出 S_4(如:这事儿花了我半天工夫),相应地 S_7 中的施事格 A 变成了 S_4 中的与事 D。

4. 动词"咬、泼、浇、滋"只有 S_9 这种配位方式,也就是说,它们的施事可以作双宾语句的主语;而这些动词在语义上所蕴涵的工具格不能实现为主语。相反,动词"烫、拉"只有 S_{10} 这种配位方式,也就是说,它们的工具可以作双宾语句的主语;而这些动词在语义上所蕴涵的施事格不能实现为主语。动词"捂、抹、粘、踩、蹭、溅"可以有 S_9 和 S_{10} 两种配位方式(合记为 S_8),当工具作主语时,整个句子强调动作及其结果的无意性;当施事作主语时,整个句子既可以表示动作及其结果的有意性,也可以表示动作及其结果的无意性。正因为这样,这里的施事和工具已经中和化为主题了;所以在配位方式 S_8:Th(=A/I)+__+D+R 中,我们在主语的语义格的标记方面作了特殊的安排。

7.1.4 表示称号的三元动词

表示称号的三元动词能关联三个从属成分:一个是施事 A,一个是与事 D,一个是受事 P。于是,这种三元动词可以记作 V:{A, D, P}。

一、配价实例

(1) 喊: 阿明～我三叔　　　论辈分他要～我姨妈
    叫: 胖胖～我大爷　　　大伙儿～他老黑
    论辈分她得～我姑姑
    称呼:大家～她张大姐
(2) 称: 大家～他(为)活雷锋
    夸: 大人们～她(是)好孩子

骂：爸爸～弟弟(是)大笨蛋
　　　封：皇上～他(为)襄阳王
　　　定：职称办～刘刚(为)三级工
　　　评：?学术委员会～他(为)一等奖　全厂一致～他当劳模
　　　选：?我们一致～她(为)课代表
　　　　　我们一致～她当数学课代表
(3)　损：我又～了小温几句　　　他常用尖刻的话～同学
　　　说：妈妈又～了我几句　　　妈妈用严肃的口气～我
　　　安慰：我又～了她几句　　　她用暖心的话～受伤的同事
　　　赞扬：老师～了我几句　　　老师用热烈的话语～大家
(4)　存：我们～火车站两只大包　东西我们～老高家了
　　　　　行李房里～了不少东西

二、配位方式

$S_1: A + \_\_ + D + P$　　$S_2: A + \_\_ + D + V + P$

$S_3: A + \_\_ + L + P$　　$S_4: P + A + \_\_ + L$

$S_5: L + \_\_ + P$　　　　$S_6: A + 用 I + \_\_ + P$

三、问题讨论

1."喊、叫"是专门表示招呼亲属称谓的动词,但它们也可以表示招呼非亲属的称谓;"称呼"则只能用于表示招呼非亲属的称谓,所以不能用在"论辈分……"一类句子中。

2."称、夸、骂、封、定"有 S_1 这种配位方式,它们可以看作是由谓词隐含而造成的三元动词。而"评、选"只能进入 S_2,不能进入 S_1,所以不是三元动词;不过,它们似乎正在朝三元动词的方向发展,但没有最终完成。

3."损(挖苦)、说(批评)、安慰、赞扬"表面上也有 S_1 这种配位方式,但因为这里的受事格只能是"几句"这个没有多少语义内容的假论元(pseudo-argument),所以我们称它们为假三元动词。再如,"克(申斥)、熊(斥责)、责备、奉承、挖苦、批评、感谢、称赞、夸奖、鼓励、赞美"等都是假三元动词。这种动词实质上是二元二位三项三联动词,其中,施事作主语、受事作宾语、工具通过介词引导作状语。

4. "存(寄存)"是一个能关联施事 A、受事 P、处所 L 的三元动词,可以记作 V:{A, P, L}。这种动词可以有 S_3—S_5 这三种配位方式,因为数量少而安插在这儿。

第二节　给予义三元动词的配价和配位

7.2.1　不能用介词引导与事的三元动词

表示给予义的三元动词能关联三个从属成分,一个是施事 A,一个是与事 D,一个是受事 P。于是,这种三元动词可以记作 V:{A,P,D}。在这一小节中,我们先讨论与事不能用"向、给"一类介词引导的三元动词。

一、配价实例

(1) 给：　江老师～大林一本词典　　这本书我～二妹
　　　　　江老师把那本词典～了大林
　　　　　那本词典被江老师～了大林了
　　归还：乡里～村民一批物资　　那批物资我们～承包户了
　　　　　乡里把那批物资～村民了　那批物资被乡里～村民了
　　孝敬：我～爸爸一瓶茅台　　　　这包点心我～老丈人

我把那瓶茅台～我老爸了

?那瓶茅台被我～我爸爸了

奖励:学校～小陈一辆汽车

?这辆汽车我们将～有功人员

?学校把那辆车～小陈了

?那辆车被学校～小陈了

学校～每个三好生一台电脑

每个三好生(学校)～一台电脑

让： 小邵～我一支烟　　　　*这支烟我～小沈

　　*徒弟把一杯酒～了师傅　*杨师傅被徒弟～了一杯酒

(2) 告诉:刘利～我一个好消息　这件事我只～过杨荣祥

　　我把那件事～老杨了　　这事儿被她～马老师了

通知:你赶快～小李一件事　　这件事你赶快～小李

　　?你赶快把这事～小李　　*那事儿被他～小李了

答应:他～了我三个条件　　　这个条件你也～她了

　　*你赶快把这条件～她　　*那个条件被她～小项了

答复:我只～他们两个问题　　这个问题我已经～他们了

　　*你赶快把这两个问题～他们

　　*这两个问题被他～他们了

二、配位方式

　　S_1:A+＿+D+P　　　S_2:P+A+＿+D

　　S_3:A+把 P+＿+D　 S_4:P+被 A+＿+D

　　S_5:D+＿+P

三、问题讨论

1.从意义上看,典型的表示给予的语义场景至少涉及三个要素:(1)给予者(A),(2)接受者(D),(3)授受之物——给予者所与之物亦即接受者所受之物（P）。从三者的关系来看，一般的情况是给予者主动地使 P 由 A 转移到 D。①

2. "给、让、孝敬、奖励"等三元动词符合上述的给予场景的典型情况，而"归还"就不典型了，因为施事 A 归还与事 D 的东西 P 本来就是 D 的。"告诉、通知、答应、答复"都是表示传递信息的，施事 A 使与事 D 获得某种信息 P。

3. "奖励"的与事可以作主语，形成 S_5 这种比较特别的配位方式。其派生步骤可能是首先与事话题化，接着删除施事主语，最后删除近宾语位置上的填空代词。例如：学校奖励每个三好生一台电脑→每个三好生学校奖励他们一台电脑→每个三好学生奖励他们一台电脑→每个三好学生奖励一台电脑。

7.2.2 在后面用"给"引导与事的三元动词

这一小节讨论能用介词"给"引导与事的三元动词 V:{A,P,D}，这种"给＋D"只能置于动词之后。

一、配价实例

(1) 送： 我～(给)志强一双皮鞋　　这双皮鞋(我)～(给)志强
　　　　 我把那双皮鞋～(给)志强了
　　　　 那双皮鞋被我～(给)志强了　我～了一双皮鞋给志强
　　转送：王平～(给)小韩一本词典　　这本词典(我)～(给)小陈
　　　　 王平把那本词典～(给)小陈了
　　　　 那本词典被王平～(给)小陈了
　　　　 王平～了一本词典给小韩

---

① 参考朱德熙(1979)§1，见朱德熙(1980)第 152—153 页。

赔： 曹永忠~(给)学校一块玻璃
那块玻璃(永忠)~(给)学校了
永忠把那块玻璃~(给)学校了
那块玻璃被永忠~(给)学校了
曹永忠~了一块玻璃给学校

还： 小张~(给)老夏一本小说
这本小说(你)~(给)老夏
小张把那本小说~(给)老夏了
?那本小说被小张~(给)老夏了

转交：任二虎~(给)老秦一封信
这封信(你)~(给)秦其明
二虎把那封信~(给)老秦了
?那封信被二虎~(给)老秦了
二虎~了一封信给秦其明

退还：公安局~(给)我们一批自行车
这些自行车(你们)~(给)失主
公安局把一批自行车~(给)失主了
?那辆汽车被公安局~(给)失主了
公安局~了一批自行车给失主

(2) 让[1]： 孔融~(给)哥哥一个大梨
那个大梨孔融~给哥哥了
孔融把那个大梨~给哥哥了
那个大梨被孔融~给哥哥了
孔融~了一个大梨给哥哥

让[2]： 刘为~(给)王静一套瓷器

　　　　　　　这套瓷器刘为～给王静了

　　　　　　　刘为把那套瓷器～给王静了

　　　　　　　那套瓷器被刘为～给王静了

　　　　　　　刘为～了一套瓷器给王静了

　　　递： 老高～我一张报纸

　　　　　　这张报纸(你)～给小钱

　　　　　　老高把那张报纸～了小钱

　　　　　　那张报纸被老高～了小钱

　　　　　　老高～了一张报纸给小钱

　　　扔： 赵谦～(给)我一包红塔山

　　　　　　这种球(你)应该～给前锋

　　　　　　小赵把球～给了后卫

　　　　　　小孩被我～给他爷爷奶奶了

　　　　　　赵谦～了一个好球给我

(3) 传： 父亲～(给)我一套《四部丛刊》

　　　　　那套书(父亲)～给二弟了　父亲把那幅画～给大哥了

　　　　　*那幅画被父亲～给大哥了　父亲～了一套书给我

　　　教： 王师傅～(我)许多本领

　　　　　那套工夫(师傅)只～(给)大师兄

　　　　　师傅把那套剑法～给了大师兄

　　　　　*那套剑法被师傅～给了大师兄

　　　　　师傅又～了一套剑法给大师兄

(4) 嫁： 杨家～(给)李家一个闺女　　*那个闺女杨家～给李家了

　　　　　杨家把一个闺女~给了李家　*那个闺女被杨家~给
　　　　　　　　　　　　　　　　　李家了
　　　　　杨家~了一个闺女给李家　雪梅从杨家~到了李家
(5) 还：老彭~（给）小费一份礼　　老彭~了一份礼给小费
　　赔偿：我们厂~（给）对方一笔医疗费
　　　　　我们厂~了一笔医疗费给对方
　　偿还：我们厂~（给）银行一笔贷款
　　　　　我们厂~了一笔贷款给银行
　　奖：学校~（给）王选一辆汽车　学校~了一辆汽车给王选
　　赏：杜长官~（给）冯排长五个大洋
　　　　杜长官~了五个大洋给冯排长
(6) 托：我~（给）小郭一件事　　这件事你~（给）小郭吧
　　　　老刘把家里的事~给小郭了　我~小郭（办）一件事
　　　　这件事我~小郭（办）
　　委托：小张~（给）老何一件事　那件事我~（给）杨子强了
　　　　　老孙把看家的事~给一个研究生了
　　　　　他~我（办）一件事　　　这件事他~张伟东（办）了
　　托付：老殷~（给）我一件事　　这件事你~（给）朱琦吧
　　　　　陈先生把校对的事~给小朱了
　　　　　老葛~我（办）一件事　　那件事老葛~小戴（办）了
(7) 供：舅舅常年~（给）小刚学费　学费由舅舅~给小刚
　　补：学校~（给）住西三旗的教师一笔车费
　　　　车费由单位~给各位代表
　　贴补：我们厂~（给）职工一笔医疗费
　　　　　菜篮子钱由各单位~给职工

二、配位方式

$S_1: A+\_\_+D+P$ $S_1': A+\_\_+给 D+P$

$S_2: P+A+\_\_+D$ $S_2': P+A+\_\_+给 D$

$S_3: A+把 P+\_\_+D$ $S_3': A+把 P+\_\_+给 D$

$S_4: P+被 A+\_\_+D$ $S_4': P+被 A+\_\_+给 D$

$S_5: A+\_\_+P+给 D$ $S_6: Ex+从 L(S)+\_\_+到 L(G)$

$S_7: A+\_\_+D(+V)+P$ $S_8: P+A+\_\_+D(+V)$

$S_9: P+由 A+\_\_+给 D$

三、问题讨论

1. 第(1)组中的"送(赠送)、转送、赔、还、转交"等动词有 S_1—S_5 共五种配位方式,但是由"还、转交"构成的 S_4 的合格性有疑问。并且,由"还、转交"构成的"被"字句用不用"给"引导与事在句式义上有差别:S_4 含有无意性,S_4' 既可以表示无意性,也可以表示有意性。比如"那本书被小张还老夏了"好像含有把书还错了人的意味。

2. 第(2)组中的"让¹(无偿让给)、让²(有偿转让)、递、扔(递)"有 S_1、S_1'、S_2'—S_4'、S_5 共六种配位方式,这种动词的支配能力有限,所以在许多句式中都需要借助介词"给"来引导与事。

3. 第(3)组中的"传(留给)、教(传授)"有 S_1、S_1'、S_2'、S_3'、S_5 共五种配位方式,它们可以构成"把"字句,但不能构成"被"字句。

4. 第(4)组中的"嫁"这个动词有 S_1、S_1'、S_3'、S_5、S_6 共五种配位方式,它可以构成"把"字句,但不能构成"被"字句。在 $S_6: Ex+$从 $L(S)+\_\_+$到 $L(G)$ 中,当事格 Ex 就是 S_1 中的受事格 P,来源处所 L(S) 就是从 S_1 中的施事格 A 转变过来的,目标处所 L(G) 就是从 S_1 中的与事格 D 转变过来的。从中可以看出透视域对动词的配位方式和相关的从属成分的语义角色的影响。

5. 第(5)组中的"还(回报)、赔偿、偿还、奖、赏"只有 S_1、S_1'、S_5 三种配位方式,不能构成"把"字句和"被"字句。

6. 第(6)组中的"托、委托、托付"有 S_1、S_1'、S_2、S_2'、S_3'、S_5 共六种配位方式,它们能构成"把"字句,但不能构成"被"字句。从 S_7、S_8 这两种配位方式可以看出,这些动词能直接支配三个必有补足语的能力是由谓词隐含促成的。

7. 第(7)组中的"供、补、贴补"等动词除了有 S_1、S_1' 这两种配位方式外,只有 S_9 这种用介词"由"引导施事的配位方式。可见,它们的支配能力相当有限。

7.2.3 在前面用"给"引导与事的三元动词

这一小节讨论能用介词"给"引导与事的三元动词 V:{A,P,D},这种"给+D"只能放在动词之前,不能置于动词之后。

一、配价实例

(1) 喂： 翠嫂～小孩牛奶　　　　　翠嫂给小孩～牛奶
　　灌： 我～了张黎两杯白酒　　　我给他～了两杯白酒
　　长： 公司～了她两级工资　　　公司给她～了两级工资
　　添： 小平～了他一桩心事　　　小平给他～了一桩心事
　　免： 学校～了他一年学费　　　学校给他～了一年学费
　　安排：厂里～郭轮一个副职　　　厂里给他～了一个副职
　　布置：上级～我们一项任务　　　上级给他～了一项任务
(2) 教： 余老师～我们英语　　　　?余老师给你们～英语
　　　　 英语由余老师～你们　　　　你们由余老师～英语
　　辅导：尤老师～我们政治　　　　尤老师给你们～政治

政治由余老师～你们　　你们由余老师～政治

二、配位方式

$S_1: A + \_\_ + D + P$　　　$S_2: A + 给 D + \_\_ + P$

$S_3: P + 由 A + \_\_ + D$　　$S_4: D + 由 A + \_\_ + P$

三、问题讨论

1. 第(1)组的"喂、灌、长(zhǎng)、添、免、安排、布置"等动词只有 S_1、S_2 两种配位方式。其中,"添"是通过使动用法而增强了配位能力的;比如:"小平添了他一桩心事"的意思是——小平使他多了一桩心事。据此,可以知道:"小平给他添了一桩心事"中的"给"并不单纯表示给予,而是兼表致使或使动。可资参照的是:"城里城外跑了三天,给我累得够呛"、"你看着小鸟儿,别给飞了",这里的"给"纯粹表示致使,用法跟"叫、让"相近。[①]

2. 第(2)组的"教、辅导"等动词有 S_1—S_4 四种配位方式,其中 S_3—S_4 两种配位方式对语境的依赖性较大。《现代汉语词典》对"教"的释义是:把知识或技能传给人。从配位方式的角度看,好像应该分化为两个最小义项:(1)教学、教授,即教师把知识、技能传授给学生的过程,它有 S_1—S_4 四种配位方式;(2)传授、教艺,即一般性的传授经验、技术、知识,它有"智化师傅教(给)我们武功"、"智化师傅把迷踪拳法教给大师兄了"等配位方式。参考上文 7.2.2 对第(3)组动词的讨论。

7.2.4　在前后用"给"引导与事的三元动词

这一小节讨论能用介词"给"引导与事的三元动词 V:{ A,P,

---

① 参考吕叔湘主编(1980)第 196 页。

D},这种"给+D"既能放在动词之前,又能置于动词之后。

一、配价实例

(1) 付: 我们～(给)厂家一笔定金　这笔佣金你～给推销商
我们给厂家～了一笔定金　我们～了一笔定金给厂家
我们把定金～给生产厂家了

派: 局里～(给)我一件公差　这件苦差事局长～给小孔了
局里给我～了一件公差　局里～了一件公差给我
局长把任务～给各个办事员了

拨: 上级～(给)他们一批物资　这笔救济金～给受灾地区
上级给他们～了一批粮食　上级～了一批粮食给他们
县政府把救济粮～给各个乡了

(2) 分: 公司～(给)我一项任务　这项艰巨的任务～给小姜了
公司给我～了一项任务　公司～了一项任务给我
总裁把任务～给各个经理了　?系里～我管学术交流

分配: 局里～(给)他一项工作　这项工作～给张渭水了
局里给我～了一项工作　局里～了一项工作给小张
主任把工作～给各部门了　学校～他管后勤和基建

(3) 发: 局里～(给)我们两份文件　那些文件早～给各个部门了
局里给我们～了两份文件　局里～了两份文件给我们
局里把文件～给各单位了　一个处级单位～一份文件
每个三好学生～一台收音机

分: 学校～(给)我一套房子　这套平房就～给周先生吧
学校给我～了一套住房　学校～了一套房子给我
学校把房子～给新教工了　一个职工～一间宿舍
每个教员～一台计算机

分配：学校~(给)我一间宿舍

学校~了一个办公室给比较所

学校给我~了一间宿舍

学校~了一间宿舍给我

学校把办公室~给各系所了

一个教师~一间宿舍

每个教研室~一个办公室

二、配位方式

$S_1: A+\_\_+D+P$ $S_2: A+\_\_+给D+P$

$S_3: A+给D+\_\_+P$ $S_4: A+\_\_+P+给D$

$S_5: P+(A+)\_\_+给D$ $S_6: A+把P+\_\_+给D$

$S_7: A+\_\_+D+VP$ $S_8: D+\_\_+P$

三、问题讨论

1. 第(1)组的"付、派(分派)、拨"等动词有 S_1—S_6 共六种配位方式，它们可以构成"把"字句，但不能构成"被"字句。

2. 第(2)组的"分(分派)、分配(分派)"等动词除了有第(1)组动词那样的配位方式之外，还常常用在连谓结构 S_7 中。

3. 第(3)组的"发(分发、发放)、分(分给)、分配(分给)"等动词除了有第(1)组动词那样的配位方式之外，还能构成 S_8 这种与事作主语、受事作宾语的句式。

4. 值得注意的是，在 S_2、S_3、S_5、S_6 中，"给"是介词；在 S_4 中，"给"是动词。必须指出的是，$S_3: A+给D+V+P$ 是歧义格式。它既可以表示服务，例如："我给你开门、你给她穿衣服、大夫给病人打针、妈妈给孩子讲故事"；又可以表示给予，例如："我给你打一件毛衣、你给客人沏一杯茶、画家给我画了一幅画、妈妈给孩子煮了一个鸡蛋"。表示服务的 S_3 中的"给"能用"替、为"等介词替换，例如："我替你开门、你替她穿衣服、大夫为病人打针、妈妈为孩子讲故事"；表示给予的 S_3 能变换为 S_4：A＋_＋P＋给 D，例如："我打一件毛衣给你、你沏一杯茶给客人、画家画了一幅画给我、妈妈煮了一个鸡蛋给孩子"。许多动词构成的 S_3 本身是有歧义的，例如："我给妹妹寄了一封信、他给父亲送了一包东西、弟弟给爸爸买了一条香烟、邻居给她打了一个电话"。也就是说，S_3 作为类型是有歧义的，并且许多 S_3 的实例本身又是有歧义的。①

7.2.5 用"向/给"引导与事的三元动词

这一小节讨论能用介词"向"或"给"引导与事的三元动词 V：{A,P,D}。一般来说，这种"向＋D"只能放在动词之前，这种"给＋D"通常只能置于动词之后，偶尔也可以放在动词之前。

一、配价实例
(1) 送： 小刘～系主任一份申请书　　这份报告你～孙校长
　　　　 中文系向学校～了一份提案
　　敬： 我～陆老师一杯酒　　　　　这杯酒我～赵老师
　　　　 小陈向侯老师～了一杯酒
　　报告：费主任～校长一些事　　　这种事你直接～公安局
　　　　 费主任向上级～了一些事

---

① 参考朱德熙(1979)§3，见朱德熙(1980)第 158—160 页。不过，朱先生把表示服务意义的 S_3：A＋给 D＋V＋P 中的"给"看作是介词，把表示给予意义的 S_3 中的"给"看作是动词；这样，S_3 和跟它有变换关系的 S_4：A＋V＋P＋给 D 中的"给"在词性上就统一起来了。我们觉得，表示给予意义的 S_3 中的"给"像是一个弱化动词，它比表示服务意义的 S_3 中的介词"给"意义实在，但比 S_4 中的"给"意义空灵。

(2) 交： 每个新生～(给)学校 100 元　　党费你就～给陈保亚吧
老王把文件～给我了　　　　　出版社～了八百万给学校
出版社每年向学校～八百万元

交代：老刘～(给)我一项任务　　　这事儿我就～给你了
水成把值班的事～给我了
宋主任～了一些工作给老杨
宋主任向老杨～了一些工作

赠送：三元公司～(给)北大一笔钱　这批资料我们～给北大
他们把一批图书～给了居委会
奔驰公司～一笔钱给北大
他们向贫困地区～了一批物资

(3) 献： 小王～(给)她一束鲜花　　　这束鲜花我～给张老师
张友仁把一枚老校徽～给了学校
张先生～了一批图书给学校
老魏向国家～了一个古砚台　　她给获奖演员～了花篮

二、配位方式

$S_1: A + \_ + (给) D + P$　　$S_2: P + A + \_ + D$

$S_3: A + 把 P + \_ + D$　　$S_4: A + \_ + P + 给 D$

$S_5: A + 给 D + \_ + P$　　$S_6: A + 向 D + \_ + P$

三、问题讨论

1. 第(1)组中的"送(递交)、敬、报告(汇报)"等动词只有 S_1、S_2、S_6 三种配位方式，而跟单音动词"送(递送)、交(递交)"同义的"递送、递交"等双音动词只有 S_6 这种配位方式；例如："韩大海向孙主任递交了辞呈"。

2. 第(2)组中的"交(缴纳)、交代(布置)、赠送"等动词有 S_1—S_4、S_6 共五种配位方式,其中"赠送"跟单音词"送"在配位方式上有很大的差别。

3. 第(3)组中的"献"有 S_1—S_6 六种配位方式,构成 S_1 时以带"给"为常,也就是说,"献"直接带双宾语的能力是很有限的。

第三节 三元四联动词的配价和配位

7.3.1 表示取得义的三元四联动词

表示取得义的三元四联动词可以关联四个从属成分:一个是施事 A,一个是与事 D,一个是受事 P,一个是由与事转化来的处所 L(D)。所以,这种动词可以记作 V:{A,D,P,L(D)}。

一、配价实例

(1) 要: 国明～了我一把尺子　　国明向/跟我～了一把尺子
　　　　国明从安安那儿～了一张纸

(2) 赚: 李平～了老外不少钱　　李平从老外那儿～了不少钱
　　拿: 桐桐～了姥姥一本书　　桐桐从姥姥那儿～了一本书
　　夺: 小章～了我一张报纸　　小章从我那儿～了一张报纸
　　缴: 三连～了敌人一辆车　　三连从敌人那儿～了一辆车
　　缴获:我们～了敌人五门炮　　我们从敌人那儿～了五门炮

(3) 偷: 汪汪～了爸爸十块钱　　汪汪从爸爸那儿～了十块钱
　　　　他们从仓库里～粮食　　他们～仓库
　　抢: 小项～了老李一张报纸　小项从老李那儿～了一张报纸
　　　　他们从银行里～现钞　　他们～银行

(4) 讹： 老陈～了我二十块钱　老陈从我那儿～了二十块钱
　　　　老陈常从邻居那儿～钱　老陈常常～邻居
　　骗： 老王～了我一百块钱　老张从我那儿～了一百块钱
　　　　老王常从小孩那儿～东西　老王常常～小孩
　　诓： 小明～了文文一个玩具　小明从文文那儿～了一个玩具
　　　　李岩常从小孩那儿～东西　李岩常常～小孩

二、配位方式

$S_1: A + \_\_ + D + P$　　　　$S_2: A + 向/跟 D + \_\_ + P$
$S_3: A + 从 L(D) + \_\_ + P$　　$S_4: A + \_\_ + D$

三、问题讨论

1. 第(1)组的"要"有 $S_1—S_3$ 三种配位方式,其中 S_3 中的处所格是由与事格通过处所化这种语义过程转变过来的。

2. 第(2)组的"赚、拿、夺、缴、缴获"等动词只有 S_1、S_3 两种配位方式,值得注意的是:从意义上看,二元动词的"拿"侧重在移动,三元动词的"拿"侧重在取得。

3. 第(3)组的"偷、抢"等动词有 S_1、S_3、S_4 三种配位方式,其中 $S_4: A + \_\_ + D$ 中的与事 D 是不是经过受事化这种语义过程变成了受事,我们还不敢断定。

4. 第(4)组的"讹、骗、诓"等动词有 S_1、S_3、S_4 三种配位方式,其中,由"骗、诓"构成的 S_4 是有歧义的:(1)表示向与事行骗以获取实物,而由"讹"构成的 S_4 只有这一种意义;(2)表示单纯的欺骗,跟由"欺骗"构成的 S_4 一样。

7.3.2 表示给予义的三元四联动词

表示取得义的三元四联动词能关联四个从属成分:一个是施

事 A，一个是与事 D，一个是受事 P，一个是处所 L 或者方式 M。所以，这种动词可以记作 V:{A,D,P,L}或者 V:{A,D,P,M}。

一、配价实例

(1) 传：我～(给)他一个好球　　我把球～给了他

　　　　我给他～了一个好球　　我～了一个好球给他

　　　　小王把球～我身后了　　我把球～他脚下了

(2) 寄：阿明～(给)我二百块钱　我把书～给她了

　　　　我给她～了一个包裹　　我～了一个包裹给他

　　　　这些材料我～快件　　　这封信我～航空

(3) 找：你快～他两块钱　　　　我把钱～给他了

　　　　我～了五毛钱给她　　　我～了她一把钢镚儿

二、配位方式

　　S_1：A＋＿＋D＋P　　　　S_2：A＋把 P＋＿＋给 D

　　S_3：A＋给 D＋＿＋P　　　S_4：A＋＿＋P＋给 D

　　S_5：A＋把 P＋＿＋L(D)　S_6：P＋A＋＿＋M

三、问题讨论

1. 动词"传(传递、传送)"有 S_1—S_5 五种配位方式，如果把"好球、斜线球"看作是方式而不是受事，那么"传"就是一个三元五联动词。

2. 动词"寄(邮寄)"有 S_1—S_4、S_6 五种配位方式，如果认为"我寄家里一百块钱"的"家里"是处所格，那么"寄"就是一个三元五联动词。

3. 动词"找(找补给)"有 S_1、S_2、S_4、S_6 四种配位方式，如果把"钢镚儿、毛票"看作是受事而不是方式，那么"找"就是一个三元三联动词。

7.3.3 三元五联动词的配价和配位

三元五联动词能关联五个从属成分:一个是施事 A,一个是与事 D,一个是受事 P,一个是处所 L 或者是范围 Ra,一个是方式 M 或者是结果 R。所以,这种动词可以记作 V:{A,D,P,L,M},或者 V:{A,D,P,L,R},或者 V:{A,D,P,M,Ra}。

一、配价实例

(1) 存:我~银行一笔养老金　　我在银行里~了一笔钱
　　　　那笔钱我~银行了　　　那笔钱我~银行里了
　　　　我把钱~银行了　　　　我把钱~银行里了
　　　　这笔钱我~活期　　　　他银行里~了很多钱

(2) 吐:这孩子~了我一身水　　我~了他一口唾沫
　　　　他~了两个烟圈　　　　他~了一口痰
　　　　她把葡萄皮~地上了　　地上~了不少葡萄皮
　　　　瓜子壳他全~地上了　　他瓜子壳全~地上了
　　　　你地上~了这么多瓜子壳

(3) 考[1]:王老师~我们语文　　我~你几道算术题
　　　　　写作~你的想象能力　几何~你的推理能力
　　　　　外语~听力　　　　　作文~笔试/口试

(4) 考[2]:我~数学　　　　　　语文我~了第一名

(5) 考[3]:小王明年~研究生　　小王~北京大学
　　　　　他孩子今年~大学　　我~中科院数学所
　　　　　小费~了一张驾驶执照　会计证我~过了

(6) 卖:小魏~(给)学校一批旧书　小魏~了一批旧书给学校

那些书小魏～(给)学校了　那些西瓜老马～了好价钱

那堆旧衣服她～了三十块钱

小贩们常常以高价～时鲜菜　菜贩子常常～高价

小贩们常常用杆秤～东西　小贩们常常～杆秤

老赵把那些材料～给鞋厂了

那些材料被老赵～给鞋厂了

二、配位方式

$S_1: A+\_+D+P/R$　　　　$S_2: A+(在)L+\_+P$

$S_3: P+A+\_+D$　　　　　$S_4: P+A+\_+L$

$S_5: A+把P+\_+D$　　　　$S_6: A+把P+\_+L$

$S_7: P+A+\_+M$　　　　　$S_8: A+\_+P$

$S_9: A+\_+R$　　　　　　$S_{10}: L+\_了/着+P$

$S_{11}: A+L+\_+P$　　　　$S_{12}: A+P+\_+L$

$S_{13}: Ra+\_+P$　　　　　$S_{14}: P+\_+M$

$S_{15}: P+A+\_+R$　　　　$S_{16}: A+\_+L$

$S_{17}: A+\_+Go$　　　　　$S_{18}: P+A+\_+给D$

$S_{19}: A+\_+给D+P$　　　$S_{20}: A+\_+P+给D$

$S_{21}: A+以M+\_+P$　　　$S_{22}: A+\_+M$

$S_{23}: A+用I+\_+P$　　　 $S_{24}: A+\_+I$

$S_{25}: A+把P+\_+给D$　　$S_{26}: P+被A+\_+给D$

三、问题讨论

1. 动词"存(储蓄)"有 S_1—S_8、S_{11} 共九种配位方式。在 S_1—S_6 中,与事"银行"是从处所"银行里"通过与事化而转化过来的。

2. 动词"吐(tǔ)"有 S_1、S_4、S_6、S_8—S_{12} 共八种配位方式。其中,"这孩子～了我一身水"中的"一身水"是结果格。

3. 动词"考¹"的意思是考查(考别人)，有 S_1、S_{13}、S_{14} 三种配位方式。在"几何～你的推理能力"中，"推理能力"是受事，而原先的受事"几何"转变为范围格。在"作文～笔试/口试"中，"作文"是受事，"笔试/口试"是方式。在"外语～听力"中，如果"听力"是受事（跟"推理能力"一样），那么"外语"就是范围；如果"听力"是方式（跟"口试、听写"一样），那么"外语"就是受事。

4. 动词"考²"的意思是应考(被别人考)，有 S_8、S_{15} 两种配位方式。

5. 动词"考³"的意思是投考(报名应试以获得某种资格)，有 S_{16}、S_{17} 两种配位方式。"～大学"中的"大学"是处所格(跟"～研究所"中的"研究所"一样)，"～研究生"中的"研究生"是目的格(跟"～驾驶执照"中的"驾驶执照"一样)。

6. 动词"卖"有 S_1、S_3、S_{15}、S_{19}—S_{26} 共十一种比较重要的配位方式。其中，S_{22} 和 S_{24} 分别是通过方式和工具的述题化而派生出来的。

7.3.4　三元四项动词的配价和配位

表示取得或给予意义的三元三位四项四联或五联动词，简称三元四项动词。三元四项动词可以关联四—五个从属成分：一个是施事 A，一个是与事 D，一个是受事 P 或者结果 R，一个是工具 I 或者范围 Ra，一个是由与事转化来的处所 L(D)。所以，这种动词可以记作 V：{A, D, P, L(D), I}，或者 V：{A, D, R, Ra}，或者 V：{A, D, R, I}。

一、配价实例

(1) 买：我～了老王一只鸡　　我从老王那儿～了一只鸡

第七章 三元动词的配价和配位分析

　　　　　我用十块钱～了一只鸡　　我用十块钱从集市～了一只鸡

(2) 赢：延边队～了申花队三个球　　延边队～了申花队

　　　　延边队～了三个球　　　　延边队～了

　　　　这场球赛延边队～了申花队三个球

　　　　这场球赛延边队～了申花队

　　　　这场球赛延边队～了三个球

　　　　这场球赛延边队～了　　　延边队～了这场球赛

　　　　小王～了老张十块钱　　　小王从老张那儿～了十块钱

　　　　那次打赌小王～了老张十块钱

　　　　那次打赌小王从老张那儿～了十块钱

　　　　那次打赌小王～了　　　　*小王～了那次打赌

(3) 输：申花队～(给)延边队三个球　　申花队～给了延边队

　　　　申花队～了三个球　　　　申花队～了

　　　　这场球赛申花队～(给)延边队三个球

　　　　这场球赛申花队～给了延边队

　　　　这场球赛申花队～了三个球

　　　　这场球赛申花队～了　　　申花队～了这场球赛

　　　　那次打赌小王～了　　　　*小王～了那次打赌

(4) 捂：张大嫂～小孩一身痱子　　张大嫂老～着她的孩子

　　　　张大嫂用毛毯～孩子　　她用毛毯～了小孩一身痱子

(5) 省：老王～了我五百块钱

　　　　这次办喜事老王～了我五百块钱

　　　　那张优惠券～了我八十块钱

　　　　这次办年货那张优惠券～了我八十块钱

二、配位方式

$S_1: A + \_\_ + D + P/R$　　$S_2: A + 从 L(D) + \_\_ + P/R$

$S_3: A + 用 I + \_\_ + P$　　$S_4: A + 用 I + 从 L(D) + \_\_ + P$

$S_5: A + \_\_ + D$　　$S_6: A + \_\_ + P/R$

$S_7: A + \_\_$　　$S_8: Ra + A + \_\_ + D + R$

$S_9: Ra + A + \_\_ + D$　　$S_{10}: Ra + A + \_\_ + R$

$S_{11}: Ra + A + \_\_$　　$S_{12}: A + \_\_ + Ra$

$S_{13}: Ra + A + \_\_ + 给 D + R$　$S_{14}: Ra + A + \_\_ + 给 D$

$S_{15}: A + 用 I + \_\_ + D + R$

三、问题讨论

1. "买"是三元四项五联动词,即 $V:\{A,D,P,L(D),I\}$。它有 S_1—S_4 四种配位方式。

2. "赢"是三元四项五联动词,即 $V:\{A,D,R,Ra\}$。它有 S_1、S_5—S_{12} 共九种主要的配位方式。其中,S_{11}(如:这场球赛延边队～了)和 S_{12}(如:延边队～了这场球赛)的派生关系似乎是不明朗的——既可以认为 S_{12} 是通过范围格的受事化和述题化从 S_{11} 上派生来的,又可以认为 S_{11} 是通过受事格的范围化和话题化从 S_{12} 上派生来的。但是,放在整个由"赢"构成的句式系列,可以发现 S_{11} 是从 S_8(如:这场球赛延边队～了申花队三个球)、途经 S_9(如:这场球赛延边队～了申花队)或 S_{10}(如:这场球赛延边队～了三个球)通过删除转换逐步生成的。并且,S_{11} 受到的限制较少(例如"那次打赌小王～了"是合格的),是无标记的句式;S_{12} 受到的限制较多(例如"*小王～了那次打赌"是不合格的),是有标记的句式。相对来说,无标记的句式是基础句式,有标记的句式是派生句式。因此,我们可以比较有把握地推定:S_{12} 是从 S_{11} 上派生出来的。

3. "输"是三元四项动词,即 V:{A,D,R,Ra}。它有 S_1、S_6—S_8、S_{10}—S_{14} 共九种主要的配位方式。值得注意的是,反义词"赢—输"和跟它们同义的"胜—败、胜利—失败"在配价能力和配位方式上差别极大。这说明了从动词的语义蕴涵上确定动词配价的危险性。

4. "省"是通过使动用法造成的三元四项动词,其意义是"A/I 使 D 少花 P/R"。其中的使动者可以是人或工具,受动者是与事,客体格是结果还是受事不明显。动词"捂"的情况有些不明朗,我们在§7.1.3 中把它列入第(5)组动词讨论过了。

第四节 准三元动词的配价和配位

7.4.1 三元一位动词的配价和配位

一般地说,三元动词也是三位动词,只有少数三元动词只能直接占据一个或两个句法位置。为了方便,我们称这种位数小于元数的动词为准三元动词。这一小节讨论准三元动词中的三元一位动词。

三元一位动词能关联三个必有补足语,但其中的两个必须用介词引导。这三个从属成分分别是:施事 A,受事 P,处所 L,或结果 R,或原因 Ca,或关涉 Ra。于是,这种准三元动词可以分别记作 V:{A,P,L},或 V:{A,P,R},或 V:{A,P,Ca},或 V:{A,P,Ra}。

一、配价实例

(1) 归咎:马爱文把他的错误~于客观条件

归罪：沈冈把这次失利～于团长指挥不当
　　归功：同学们把取得的成绩～于老师的教导
(2) 埋藏：村民们把粮食～在山洞里　　村民们把粮食～了起来
　　埋葬：乡亲们把阵亡的战士～在山坡上
　　　　　乡亲们～了牺牲的战士
(3) 扭送：联防队员把小偷～到了派出所
　　押送：他们把罪犯～到了公安局
(4) 分割：他把一张大彩纸～成八张包装纸
　　分隔：老钱把一个大房间～成两个小房间
　　翻译：王宁把一本英文小说～成中文
　　　　　王宁把一本小说从英文～成中文
　　　　　王宁～了一本英文小说
(5) 看待：我一直把小费当亲兄弟～
(6) 提名：老许被大家～为民进中央委员
(7) 诟病：《马氏文通》因其模仿拉丁语法而为后人～
(8) 垫付：这批钢材由总公司～了货款

二、配位方式

S_1：A+把P+__+于D　　S_2：A+把P+__+在L

S_3：A+把P+__+到L　　S_4：A+把P+__+成R

S_5：A+把P+当R+__　　S_6：P+被A+__+为R

S_7：P+因Ca+为A+__　　S_8：A+把P+__…

S_9：Ra+由A+__+P

S_{10}：A+把P+从L(S)+__+成L(G)

三、问题讨论

1.第(1)组的"归咎、归罪、归功"等动词只有 S_1 一种配位方式,他们在口语中并不常用。

2. 第(2)组的"埋藏、埋葬"等动词尽管有 S_2 这种配位方式,但是他们还有 S_8、S_9 等配位方式;因此,它们是二元动词,而不是三元动词。

3. 第(3)组的"扭送"只有 S_3 一种配位方式,所以是三元一位动词;"押送"除了有 S_3 一种配位方式外,似乎还可以说"我们经常～罪犯",所以是二元动词,而不是三元动词。

4. 第(4)组的"分割、分隔"都有 S_4 这种配位方式,所以都是三元一位动词。但是,它们还是略有差别:"分割"的用法比较接近于二元二位动词,例如:"帝国主义列强～中国"。"翻译"虽然有 S_4 这种配位方式,但它还有 S_9 这种配位方式;所以,它是二元二位动词,而不是三元一位动词。它可以关联四个从属成分,并且这四个配项可以在同一个句子中共现;所以"翻译"是一个二元四项动词。

5. 表示对待义的"看待"是三元一位动词,表示审视义的"看待"是二元动词,例如:"朱先生用朴素的眼光～汉语事实"。

6. "诟病"只在书面语中运用,在口语中是听不到的。例如:朱德熙先生在《〈汉语语法丛书〉序》中写道"《马氏文通》往往因其模仿拉丁语法而为人诟病"(第1页)。

7.4.2 表示取得义的三元二位动词

表示取得义的三元二位动词能关联三个从属成分:一个是施事 A,一个是受事 P,一个是与事 D。于是,这种动词可以记作 V:{A,D,P}。

一、配价实例

(1) 索取:人类不断地向大自然～财富

订购:百货公司向玩具厂~了一批货

征求:李琮清向朋友们~了一些意见

征收:税务局向小贩们~了管理税

征用:市政府向近郊农民~土地

(2) 请求:第二组再次向上级~任务　　我~大家原谅他

　　逼：　房东又向我~房租　　　　　二哥老~我做家务

(3) 调查:我们向当事人~事情的经过　那事我向证人~过

　　　　我们~过这起事件　　　　　我们~了好多目击者

　　　　我们在好多地方向幸存者~事件的经过

　　　　我们为了这起事件~了好多地方

　　　　(为了)这起事件我们~了好多地方

　　　　我们为了这起事件~了许多目击者

　　　　(为了)这起事件我们~了许多目击者

(4) 作为:我把散步~锻炼身体的一种方法

　　　　她把骂人~一种武器

　　当作:这孩子把老师的话~耳边风　老孙把单位~自己的家

　　当：　老张把研究所~自己的家　　她把脚盆~尿盆(使)

(5) 抵还:电扇厂只能用电扇~欠款

　　抵消:他们用产品~借款

　　兑换:老培事先用韩币~了一些美元

　　　　他来不及把手头的韩币~成美元

(6) 判罚:延边队被裁判~点球　　　　泰森被拳联~停赛两年

二、配位方式

$S_1: A+向D+\_\_+P$　　　$S_2: A+\_\_+D+VP$

$S_3: P+A+向D+\_\_$　　　$S_4: A+\_\_+P$

$S_5: A+\_\_+D$ $S_6: A+在 L+向 D+\_\_+P$

$S_7: A+为了 Ca(P)+\_\_+P(L)$

$S_8: (为了)Ca(P)+A+\_\_+P(L)$

$S_9: A+为了 Ca(P)+\_\_+P(D)$

$S_{10}: (为了)Ca(P)+A+\_\_+P(D)$

$S_{11}: A+把 P+\_\_+Re$ $S_{12}: A+用 I+\_\_+P$

$S_{13}: P+被 A+\_\_+R$

三、问题讨论

1.第(1)(2)组动词是表示取得义的,第(3)组的"调查"是不是包含取得义并不清楚;第(4)—(6)组动词并不包含取得义,因为数量不多,所以挂靠在这儿。

2.第(1)组动词只有 S_1 一种配位方式,第(2)组动词有 S_1、S_2 两种配位方式。我们还拿不准 S_1、S_2 中的"请求、逼"在意义上的差别,是不是到了要分立义项的地步。

3.第(3)组的"调查"是三元二位四项五联动词,它有施事、受事、与事、处所、原因等从属成分,可以记作 V:{A,D,P,L,Ca}。"调查"有 S_1、S_3—S_{10} 共九种配位方式。在 S_7—S_{10} 中,原来的受事格转化为原因格并移位到动词之前,它腾出的位置由从处所或与事转化来的受事格通过述题化而占据。这个从受事格转化来的原因格可以在介词"为了"的引导下前移到句首,并且可以删除介词而话题化。

4.第(4)组动词有 S_{11} 一种配位方式,第(5)组动词只有 S_{12} 一种配位方式,"兑换"只有带了补语"成"以后才能进入 S_{11},第(6)组动词只有 S_{13} 一种配位方式。

7.4.3 表示给予义的三元二位动词

表示给予义的三元二位动词,有的是三元二位三项动词,它们能关联三个从属成分:一个是施事 A,一个是受事 P,一个是与事 D。于是,这种动词可以记作 V:{A,D,P}。有的是三元二位四项动词,它们能关联四个从属成分:一个是施事 A,一个是受事 P,一个是与事 D,一个是处所 L。于是,这种动词可以记作 V:{A,D,P,L}。

一、配价实例

(1) 介绍[1]:张叔叔给我～了一个工作

张叔叔给我～了一个单位

张叔叔在食堂里给我～了一个工作

〔比较:张叔叔在食堂里给我找了一个工作〕

(2) 介绍[2]:刘二嫂给王平～了一个女大学生

刘二嫂把一个女大学生～给王平

刘二嫂给王平～了一个女朋友

*刘二嫂把一个女朋友～给王平

(3) 拨款:民政部(从救济金中)给灾区～十万元

民政部(从救济金中)～给灾区十万元

民政部(从救济金中)～十万元给灾区

(4) 写:孙和扬(从北京)给我～了一封信

孙和扬(从北京)～给我一封信

孙和扬(从北京)～了一封信给我

汇:爸爸(从苏州)给我～了五百块钱

爸爸(从苏州)～给我五百块钱

爸爸(从苏州)～了五百块钱给我

捎:保华(从内蒙古)给我家～了一箱土豆

　　保华(从内蒙古)～给我家一箱土豆

　　保华(从内蒙古)～了一箱土豆给我家

带:国明(从美国)给我～了一捆书

　　国明(从美国)～给我一捆书

　　国明(从美国)～了一捆书给我

(5) 表白:小王向老刘～了自己的心迹

　表明:中国政府向世人～了自己的立场

　表示:章伟衡向他爸爸～了自己的决心

　转达:田纪云向灾区人民～了江主席的慰问

　解释:市政府向市民～了蔬菜涨价的原因

　夸耀:老白向大伙儿～自己的功劳

　夸示:汪清运向同事们～了自己的奖杯

　倾诉:卢聪文向老朋友～了衷情

　倾吐:杜如明向陈媛媛～了衷肠

　诉说:林奶奶向孩子们～了这个石碑的历史

　坦白:盗窃犯向公安局～了全部犯罪事实

　通报:教委向各个高校～了今年的招生情况

　吐露:老沈向文莉莉～了隐衷

　演示:王田苗向大家～了机器人的各种功能

　缴纳:我们每个月向组织～党费

　兜售:李教授向学生～自己的理论

　兜销:小贩们竭力向游客～纪念品

(6) 透露:他向朋友们～了一些家庭秘密

　　　　　　他把一些家庭秘密～给朋友们
(7) 推荐：郭教授向/给同学们～几本小说
　　　　　胡适把吴晗～给了清华大学
　　　　　杨先生～润之当图书管理员
　　介绍：吴校长向/给我们～新上任的教务长
　　　　　吴校长把新教务长～给大家
　　　　　吴校长～我认识王教务长
(8) 留：A. 姐姐临走给我～了一本词典
　　　　　　姐姐临走～给我一本词典
　　　　　　姐姐临走～了一本词典给我
　　　　　　姐姐临走把一本词典～给了我
　　　　B. 我把《辞海》～家里了　　《辞海》我～家里了
(9) 踢：A. 小王给我～了一个球/好球
　　　　　　小王～给我一个球/好球
　　　　　　小王～了一个球/好球给我
　　　　　　小王把一个球～给了我
　　　　　　*小王把一个好球～给了我
　　　　B. 郝海东～了一个斜线球　　*郝海东向中场～球
　　　　　　郝海东把球～向中场　　郝海东～前锋

二、配位方式

S_1：A＋给 D＋＿＋P　　　S_2：A＋把 P＋＿＋给 D

S_3：A＋给 D＋＿＋P/R　　S_4：A＋从 L＋给 D＋＿＋P/R

S_5：A＋＿＋给 D＋P/R　　S_6：A＋从 L＋＿＋给 D＋P

S_7：A＋＿＋P/R＋给 D　　S_8：A＋从 L＋＿＋P/R＋给 D

S_9：A＋向 D＋＿＋P　　　S_{10}：A＋＿＋P＋VP

S_{11}:A+把 P+＿+L S_{12}:P+A+＿+L

S_{13}:A+把 P+＿+向 L S_{14}:A+＿+P/M

三、问题讨论

1. 第(1)组的动词"介绍[1]"的意思近于引荐、保荐，它是三元二位四项动词，它只有 S_1 一种配位方式。在"张叔叔给我～了一个工作"中，"一个工作"属于目标性受事(target patient，记作P(Ta))；在"张叔叔给我～了一个单位"中，"一个单位"属于处所性受事(locative patient，记作P(Lo))。当这两种语义格共现时，P(Lo)只能还原为纯粹的处所格，例如："张叔叔在食堂里给我介绍了一个工作"。有意思的是，这种处所格并不表示谓语动词"介绍"所表示的动作发生的处所，而是表示目标受事的处所。这跟"张叔叔在食堂里给我找了一个工作"不同，这里的处所格既表示谓语动词"找"所表示的动作发生的处所，又表示目标受事的处所。前一种句子的处所格不能置于与事之后，例如："*张叔叔给我在食堂里介绍了一个工作"；后一种处所格的处所可以放在与事之后，例如："张叔叔给我在食堂里找了一个工作"。

2. 第(2)组动词"介绍[2]"的意思近于做媒、引见，它有 S_1—S_3 三种配位方式。它的受事和结果不能共现，所以是三元二位三项四联动词。在"刘二嫂给王平～了一个女大学生"中，"一个女大学生"是受事，它可以在介词"把"的引导下而前置于动词，形成配位方式 S_2。在"刘二嫂给王平～了一个女朋友"中，"一个女朋友"是结果，它不能在介词"把"的引导下而前置于动词。

3. 第(3)(4)组动词都是三元二位四项动词，它们有 S_3—S_8 共六种配位方式。它们的处所格都表示受事(或结果)在谓语动词的动作发生前的处所(即受事的来源处所)，区别是：第(4)组动词的处所也是施事所在的处所,第(3)组动词的处所不是施事所在的处所。

4. 第(5)组动词只有 S_9 一种配位方式,第(6)组动词有 S_9、S_2 两种配位方式,第(7)组动词有 S_1、S_2、S_9、S_{10} 四种配位方式。

5. 第(8)(9)组动词在配价能力和配位方式上非常复杂,这是由"留、踢"的基本义(不包含给予义)的用法(例句 B)和给予义的用法(例句 A)混杂在一起的结果。在"郝海东～了一个斜线球"中,"一个斜线球"的语义角色像是由方式和受事合成的结果。在"郝海东～前锋"中,"前锋"的语义格类似于方式;这句话的基础形式可能是"郝海东以前锋身份踢球",通过删除受事宾语和方式的述题化变成"郝海东踢前锋"。

7.4.4 表示协同义的准三元动词

表示协同义的三元二位动词,有的是三元二位三项动词,它们能关联三个从属成分:一个是施事 A,一个是受事 P,一个是与事 D。于是,这种动词可以记作 V:{A,D,P}。有的是三元二位四联动词,它们能关联四个从属成分:一个是施事 A,一个是受事 P,一个是与事 D,一个是由受事转变过来的原因 Ca。于是,这种动词可以记作 V:{A,D,P,Ca}。

一、配价实例

(1) 互通:王钢跟小马～信息　　　　它们～有无
　　 互惠:美国和韩国～关税　　　　两国～关税
　　 会审:设计院和建筑系～了图纸　两家单位～了那个方案
　　 会诊:消化科和外科～了她的胆病　两科大夫～了她的病
　　 联营:永忠跟建平～了一个小餐馆　他们～了一个小饭馆
　　 联络:小张常跟老同学～感情　　　他们经常～感情

相约：蔡虹和赵谦～明年见面　　　他们～明年见面
密谋：太后和宰相～另立太子　　　他们～另立太子
密谈：厂长和会计～兼并的事　　　他们～兼并的事
密商：书记和主任～提职的事　　　他们～提职的事
洽商：老陈跟小沈～搬家事宜　　　他们～搬家事宜

(2) 谈：书记正跟主任～工作呢　　　他们正～工作呢
　　　这事儿你跟费主任～一下
　　　我为了这事跟老张～了半天
　　　(为了)这事儿我跟她～了半天

洽谈：科长正跟客户～生意呢　　　他们正～业务呢
　　　这事儿你跟厂家～一下
　　　我为了这事儿跟公司～了半天
　　　(为了)这事儿我跟公司～了半天

商量：老徐正跟殷望～事儿呢　　　正副主任正～事儿呢
　　　这事儿你跟葆耕～一下
　　　我为了这事儿跟老李～了半天
　　　(为了)这事儿我跟老李～了半天

磋商：老徐正和老胡～开会的事　　他们正～开会的事呢
　　　这事儿你跟外事处～一下
　　　我为了这事儿跟外事处～了半天
　　　(为了)这事儿我跟外事处～了半天

商谈：老丁和小刘正～教材的事儿呢 他们正～教材的事儿呢
　　　这事儿你跟留办～一下
　　　我为了这事儿跟留办～了半天
　　　(为了)这事儿我跟留办～了半天

商讨：小杜正和总编～选题的事儿呢 他们正～选题的事儿呢
这事儿你跟美编室～一下
我为了这事儿跟美编室～了半天
(为了)这事儿我跟美编室～了半天

商议：老张正跟小李～改选的事呢 他们正～改选的事呢
这事儿你跟杨强～一下
我为了这事儿跟校办～了半天
(为了)这事儿我跟校办～了半天

谈论：经理正跟科长～降价的事儿呢 他们正～降价的事儿呢
这事儿你跟有关教师～一下
我为了这事儿跟老钱～了半天
(为了)这事儿我跟老钱～了半天

协商：顾客正和值班经理～退货事宜呢
他们正～退货事宜呢
这事儿你跟值班经理～一下
我为了这事儿跟经理～了半天
(为了)这事儿我跟经理～了半天

讨论：责编正跟作者～书中插图的事
他们正～书中插图的事
这事儿你跟作者～一下
我为了这事儿跟作者～了半天
(为了)这事儿我跟作者～了半天

(3) 交涉：病人家属正和院方～善后事宜呢
＊他们正～善后事宜呢
这事儿你再跟院方～一下

他为了这事儿跟院方～了半天

(为了)这事儿他跟院方～了半天

接洽：张科长正和车队～租车的事呢

*他们正～租车的事呢

这事儿你和车队～一下

我为了这事儿跟车队～了半天

(为了)这事儿我跟车队～了半天

二、配位方式

S_1：A＋和/跟 D＋＿＋P　　S_2：(A＋D)＋＿＋P

S_3：P＋A＋和/跟 D＋＿…

S_4：A＋为了 Ca(P)＋和/跟 D＋＿…

S_5：为了 Ca(P)＋A＋和/跟 D＋＿…

S_6：Ca(P)＋A＋和/跟 D＋＿…

三、问题讨论

1. 第(1)组协同动词的配位能力最弱，只有 S_1、S_2 两种配位方式。

2. 第(2)组协同动词的配位能力最强，共有 S_1—S_6 六种配位方式。

3. 第(3)组协同动词的配位能力较弱，共有 S_1、S_3—S_6 五种配位方式。

4. 第(1)(2)组动词所表示的协同动作基本上是对称性的，所以施事和与事可以合成为一个超级施事(super-agent，记作(A＋D))；于是有 S_2 这种配位方式。第(3)组动词所表示的动作是有偏向的，是施事主动针对与事发出动作、与事被动地参与，所以施事和与事不能合并；因此，也没有 S_2 这种配位方式。

第五节　动词的语义预设和配价转变

7.5.1　动词意义的转变及其对与事的预设

在化学上,元素的原子相互结合成为某种化合物的分子时,表现出一定的化合价。比如,碳和氧相互化合成二氧化碳时,1个碳原子只能和2个氧原子结合。在二氧化碳CO_2中,碳原子是四价。但是,碳和氧相互化合时,由于反应时的条件不同,并不一定生成二氧化碳。例如,碳在空气不充足的地方燃烧,除了生成二氧化碳外,还能生成一氧化碳。在一氧化碳CO中,碳原子是二价。大多数元素(特别是金属元素),在不同的化合物里都能显示出不同的化合价。它们的化合价称为可变化合价。也有一些元素,它们在所有的化合物里,都表现出一种化合价。比如,钠、钾、氢等元素在一切化合物里都是1价,锌、钙、氧等元素在一切化合物里都是2价等。这些元素的化合价称为不变化合价。虽然有些元素在不同的化合物里表现出不同的化合价,但其中常有一种化合价是比较主要的,在它的大多数化合物里,都表现出这种化合价。[①]

在语言中,动词的配价也有这种有条件的可变性。大概说来有下列这么几种情况:

第一,有些二元动词由于句子中谓词隐含的结果,使它们另有三元动词的配价能力和配位方式。例如:

[①] 详见《化学》第一册,数理化自学丛书编委会化学编写小组编,上海科学技术出版社,1980年,第92—93页。

招待：我～过这几个同事　　　我～她(吃)一顿涮羊肉/西餐
麻烦：我也～过他老人家　　　我～你(干)一件事
讨厌：我很～这个管家婆　　　我～他(长着)一口黄牙
原谅：老王还是～了小平　　　老王～她(做错了)一件事
夸：　大人们总是～三妹　　　大人们～她(是)好孩子
骂：　我爸爸老是～弟弟　　　爸爸～弟弟(是)大笨蛋
评：　化肥厂正在～劳模　　　大伙儿都～他(当)劳模
选：　我们正～课代表呢　　　我们一致～她(为)课代表

关于这些动词的配价能力和配位方式的具体情况，请看§7.1.2和§7.1.4中的讨论。

第二，有些动词本来是一元动词或二元动词，通过使动用法而使它们另有三元动词的配价能力和配位方式。例如：

急：我很～　　我～得出了一身汗　　我～了一身冷汗
　　这孩子～了我一身汗　　这事儿～了我一身冷汗
吓：这家伙老～我　　我～得出了一身汗　　我～了一身冷汗
　　这家伙～了我一身冷汗　　这黑影～了我一身汗
烫：开水～得小英子起了一身燎泡　开水～了小英子好几个燎泡
捂：唐大嫂～得芸芸起了一身痱子　唐大嫂～了芸芸一身痱子
费：我为了这事儿～了半天工夫
　　(为了)这事儿我～了半天工夫　这事儿～我半天工夫
花：我为了这篇论文～了三年时间
　　(为了)这篇论文我～了三年时间
　　这篇论文～了我三年时间
省：老王让我～了五百块钱　　　老王～了我五百块钱
　　那张优惠券使我～了八十块钱　那张优惠券～了我八十块钱

从上例可以看出,使动用法往往跟谓词隐含是结合在一起的;而这两种语法过程的结合,又极大地增强了这些动词的配价能力和配位能力。关于这些动词的配价能力和配位方式的具体情况,请看§7.1.3中的讨论。

第三,有些二元动词本身含有使动意义,当只关涉使动者(施事)和受动物(受事)时,它们表现为二元动词;当还要关涉到受动物的领有者(与事)时,它们表现为三元动词。例如:

浪费:铁蛋~了好些木料　　好些木料被铁蛋~了
　　　铁蛋~了我家好些木料　我家被铁蛋~了好些木料
糟蹋:这孩子~了两张宣纸　　两张宣纸都被他~了
　　　这孩子~了我两张宣纸　我被这孩子~了两张宣纸
藏:　杨光在枕头下~了一本书　杨光~了姜文明一本书

"浪费、糟蹋"的意思是不适当或无节制地使用某物,隐含了某人(A)使某人(D)失去某物(P)的意义,可以表示成:A 使 D 失去 P。"藏"的意思是放起来不让发现,隐含了某人(A)不让某人(D)发现某物(P)的意义,可以表示成:A 不让 D 发现 P。可见,它们能关联三个必有论元的配价能力是由这些词的意义所预设的。

第四,有些二元动词的意义范围较宽,当侧重其给予或取得意义时,就关涉到施事、受事和当事三个必有论元,从而成为三元动词。例如:

孝敬:李玉华体贴丈夫、~公婆　李玉华~公公一条红塔山
拿:　他~了一把扇子　　　　　他从锅里~了一个馒头
　　　他从我那儿~了一本词典　他~了我一本词典
骗:　他~你,他根本不是导演　他~了我一百块钱

"孝敬"的基本义是晚辈孝顺、尊敬长辈,是二元动词。后来引申出

把物品献给尊长、表示敬意的意思,包含了某人(A)给予某人(D)某物(P)的意义,可以表示成:A 给 D 以 P,从而成为三元动词。"拿"的意思是用手或其他方式抓住、搬动东西,除了涉及施事和受事这两个必有论元之外、还涉及来源处所这个可有论元,所以有"他从锅里~了一个馒头"这种配位方式。同时,"拿"的意思中还隐含了取得的意义,这时就关涉到施事、受事、与事三个必有论元了,从而成为三元动词。"骗"的基本义是欺骗,即用谎言、诡计来掩盖事实真相,使人上当,是二元动词。后来引申出骗取,即用欺骗的手段取得,这时就关涉到施事、受事、与事三个必有论元了,从而成为三元动词。

第五,有些二元动词本身并不包含给予意义,只涉及施事和受事两个必有论元。但是,当它们跟某些宾语组成动宾结构时,就预设存在着一个接受者(即与事)[①];从而临时获得了给予的意义,这时它们就表现为三元动词或准三元动词。例如:

```
扔:  大张~了三个酒瓶       大张~我一包香烟
踢:  小刚正~足球呢         小刚~给我一个球
写:  秋阳正~作文呢         秋阳~给我一封信
灌:  小窦~了两瓶开水       开水我都~保温瓶里了
     我~了张黎两杯白酒     我给他~了两杯白酒
免:  公司~了他的科长职务   学校~了我一年学费
     学校给我~了一年学费
安排:厂长~了工作的日程     厂里~他一个副职
     厂里给他~了一个副职   厂里~了一个副职给他
```

[①] 参考朱德熙(1979)§3.6,见朱德熙(1980)第 154—155 页。

布置:厂长~了今后的工作　　厂长~他一项任务
　　　　厂长给他~了一项任务　　厂长~了一项任务给他

当"扔、踢、写、灌、免、安排、布置"用作三元动词或准三元动词时,它们除了表示抽象的给予义之外,还强调给予动作的具体方式——是扔过去给还是踢过去给,是强制性的给(即"灌"),还是主动地给(如"安排")。值得注意的是,"免"本身表示去除意义,如"~了他的职务";但跟"学费"等名词性成分结合以后,隐含了给予意义(免去一个学生一百元学费等于给了他一百元)。

第六,有些二元动词本身并不包含取得意义,只涉及施事和受事两个必有论元。但是,当还要关涉到受事的领有者或来源(与事)时,它们就变成了三元动词。例如:①

吃:我~了一个馒头　　我~了小李一个馒头

---

① 值得注意的是,"我吃了小李一个馒头"是双宾语结构,它不同于"我吃了他的一个馒头"这种单宾语结构。陆俭明(1997:42)指出:汉语中有一些副词在语义指向上可以或者只能指向数量成分,前者如"只",后者如"总共、一共"。例如:
(1) 只吃[了]三个苹果〔"只"在语义上可以指向"三个"〕
(2) 总共吃[了]三个苹果〔"总共"在语义上只能指向"三个"〕
(3) 一共吃[了]三个苹果〔"一共"在语义上只能指向"三个"〕
"只、总共、一共"的这种语义指向是有严格的条件的,那就是:它们所指向的数量成分只能直接处于宾语位置。这里有两种情况:(A)数量词作定语,整个数量名词组作宾语,如上举的例(1)—(3);(B)数量词直接作宾语,如:"只三个、总共三个、一共三个"。这种被副词标举了范围的数量成分之前是不允许有限制性定语(包括领属定语)的。例如:
(4) *只吃[了]他的三个(苹果)
(5) *总共吃[了]他的三个(苹果)
(6) *一共吃[了]他的三个(苹果)
这样,通过范围副词的语义指向分析,证明了把"吃[了]他三个苹果"分析为双宾结构是比较合理的。因为,"吃[了]他三个苹果"中可以加入副词"只",说成"只吃[了]他三个苹果";这时,"他"不可能是领属定语。陆先生的结论为我们分析"吃、喝"类动词的三元动词的用法提供了根据。

喝：我～了一瓶汽水　　我～了小郭一瓶汽水

抽：我～了一支香烟　　我～了小沈一支香烟

穿：我～了一件毛衣　　我～过舅舅一件毛衣

戴：我～了一顶帽子　　我～过叔叔一顶帽子

花：我～了几十块钱　　我～过三叔几十块钱

这些动词跟"浪费"等动词一样，隐含了 A 使 D 失去 P 的意义；不同的是，它们还隐含了取得的意义，即 A 从 D 那儿取得 P，尽管"吃"等动词本身的意义是去除或使失去。值得注意的是，"我吃了小李一个馒头"的意思是：我从小李那儿吃了一个馒头，并不隐含与事（小李）是不是主动给予的意思；"我穿过舅舅一件毛衣"的意思是舅舅买了一件毛衣给我穿，一般隐含与事（舅舅）是主动给予的。

第七，有些二元动词本身并不包含给予意义，只涉及施事和受事两个必有论元。但是，当它们的可有论元材料格述题化为受事宾语或结果宾语以后，就强制性地把原来的受事愣挤成了与事。例如：

泼：她用凉水～我　　她用井水～院子

　　她～了我一瓢凉水　　她有意～了我一身水

浇：他用污水～人　　他用河水～麦苗

　　他～了我一盆脏水　　他不小心～弟弟一身污水

滋：他用凉水～人　　他用自来水～墙壁

　　他～了我一脸自来水　　我～了女儿一脸橘子汁

值得注意的是，上述受事向与事的语义角色的转变是有条件的，那就是：这个受事必须是指人的，指物的受事不能转变成与事。例如："*她泼院子一桶井水、*他浇麦苗几桶河水、*他滋墙壁一杯水"。

7.5.2 给予—取得两向动词的配价和配位

在现代汉语中,表示给予义的动词的受事对于施事来说是外向的,比如:通过"卖"的动作,P 由 A 转移到 D;这种动词可以叫做外向动词,其语义特点是:施事是源点,与事是终点。与此相反,表示取得义的动词的受事对于施事来说是内向的,比如:通过"买"的动作,P 由 D 转移到 A;这种动词可以叫做内向动词,其语义特点是:施事是终点,与事是源点。① 常用的语义上配对的三元动词可以列举如下:

  内向:买 (询)问 要 娶 收 扣 赢 拿 赚 罚 找(钱)
  外向:卖 告(诉) 给 嫁 发 交 输 送 赔 奖 付(款)

跟这种动作的方向性很明确、很单纯的动词不同,有一些动词在动作的方向性方面是很不明确的;它们既可以表示内向、也可以表示外向,因此由它们造成的句法结构不可避免地产生了歧义。为了方便,我们称这种动词为给予—取得两向动词,简称两向动词。② 例如:

一、配价实例

(1) 借(~得):老马~了学校一间平房

    老马向学校~了一间平房

    老马~了小徐一百块钱

    老马从小徐那儿~了一百块钱

---

① 参考邓守信(1983)§7.7,第 188—192 页。
② 对于这种内向—外向两义动词的句法、语义特点,朱德熙(1979)、马庆株(1983)都作了很好的讨论,值得参考。

第七章 三元动词的配价和配位分析

借(~给)：老杨~了小李一支钢笔　老杨~给小李一支钢笔
　　　　老杨~了一支钢笔给小李
租(~得)：小邢~了车行一辆三轮车
　　　　小邢向车行~了一辆三轮车
　　　　小邢~了黄大妈两间平房
　　　　小邢从黄大妈那儿~了两间平房
租(~给)：黄大妈~了我们一套房子
　　　　黄大妈~给我们一套房子
　　　　黄大妈~了一套房子给我们
赊(~得)：老邵~了小店两瓶啤酒
　　　　老邵向小店~了两瓶啤酒
　　　　老邵~杨老板两瓶啤酒
　　　　老邵向杨老板~了两瓶啤酒
赊(~给)：杨老板~了老邵两瓶啤酒
　　　　杨老板~给老邵两瓶啤酒
　　　　杨老板~了两瓶啤酒给老邵
(2) 换(~得)：老高~了小贩五十斤大米
　　　　老高用粮票~了小贩五斤鸡蛋
　　　　老高向小贩~了五十斤大米
　　　　老高用粮票向小贩~了五斤鸡蛋
　　　　桐桐从圆圆那儿~了一个球
　　　　桐桐用小车从圆圆那儿~了一个球
　　　　这些粮票我~鸡蛋　　鸡蛋~粮票
　　换(~给)：小贩~了我五十斤大米
　　　　小贩~给我五十斤大米

　　　　　　　　小贩～了五十斤大米给我
　　换(互～)：文文和茜茜～了外套　　她们～了外套
(3) 倒(～得)：我～了小陈一杯冰水
　　　　　　　我从小陈那儿～了一杯冰水
　　倒(～给)：小陈～了我一杯冰水　　小陈～给我一杯冰水
　　　　　　　小陈～了一杯冰水给我
　　匀(～得)：我～了弟弟半碗米饭
　　　　　　　我从弟弟那儿～了半碗米饭
　　匀(～给)：弟弟～了我半碗米饭　　弟弟～给我半碗米饭
　　　　　　　弟弟～了半碗米饭给我
　　分(～得)：我～了小崔一些饺子
　　　　　　　我从小崔那儿～了一些饺子
　　分(～给)：小崔～了我一些饺子　　小崔～给我一些饺子
　　　　　　　小崔～了一些饺子给我
(4) 盛(～得)：我～了王大妈一碗粥
　　　　　　　我从王大妈那儿～了一碗粥
　　盛(～给)：王大妈～了我一碗粥　　王大妈～给我一碗粥
　　　　　　　王大妈～了一碗粥给我
　　斟(～得)：我～了爸爸一杯白酒
　　　　　　　我从爸爸那儿～了一杯白酒
　　斟(～给)：爸爸～了我一杯白酒　　爸爸～给我一杯白酒
　　　　　　　爸爸～了一杯白酒给我
　　舀(～得)：我～了老范一勺豆浆
　　　　　　　我从老范那儿～了一勺豆浆
　　舀(～给)：老范～了我一勺豆浆　　老范～给我一勺豆浆

老范~了一勺豆浆给我

夹(~得):我~了小明一块炸鸡

我从小明那儿~了一块炸鸡

夹(~给):小明~了我一块炸鸡　　小明~给我一块炸鸡

小明~了一块炸鸡给我

搛(~得):我~了小刘一个豆包

我从小刘那儿~了一个豆包

搛(~给):小刘~了我一个豆包　　小刘~给我一个豆包

小刘~了一个豆包给我

二、配位方式

$S_1: A + \_\_ + D + P$　　　　$S_2: A + 向 D + \_\_ + P$

$S_3: A + 从 L(D) + \_\_ + P$　　$S_4: A + \_\_ + 给 D + P$

$S_5: A + \_\_ + P + 给 D$　　　$S_6: A + 用 I + \_\_ + D + P$

$S_7: A + 用 I + 向 D + \_\_ + P$　$S_8: A + 用 I + 从 L(D) + \_\_ + P$

$S_9: I + A + \_\_ + P$　　　　$S_{10}: I + \_\_ + P$

$S_{11}: A + 和 + D + \_\_ + P$　　$S_{12}: (A + D) + \_\_ + P$

三、问题讨论

1. 第(1)组中的"借、租、赊"等两向动词,当它们用作内向动词时,有 S_1、S_2、S_3 三种配位方式;当它们用作外向动词时,有 S_1、S_4、S_5 三种配位方式。

2. 第(2)组中的两向动词"换"是三元四项动词,当它用作内向动词时,有 S_1—S_3、S_6—S_8、S_9、S_{10} 共八种配位方式;当它用作外向动词时,有 S_1、S_4、S_5 三种配位方式;当它们用作互向动词时,有 S_{11}、S_{12} 两种配位方式。其中,S_{11} 是歧义句式:当"和"是连词时,"A+和+D"是联合词组,它们可以合并成复数形式,于是 S_{11} 变成

S_{12}；当"和"是介词时，"和+D+__+P"是连谓结构。

3. 第(3)组中的"倒、匀、分"等两向动词的本身似乎含有外向的意义，第(4)组中的"盛、斟、舀、夹、搛"等两向动词的本身似乎含有内向的意义。但是，它们用作三元动词时都有内向和外向两种意义。当它们用作内向动词时，有 S_1、S_3 两种配位方式；当它们用作外向动词时，有 S_1、S_4、S_5 三种配位方式。

4. 上述三元动词都有 S_1 这种配位方式，由于它们既可以表示内向，又可以表示外向，因而由它们构成的 S_1 是有歧义的。对这种歧义句式的分化办法是考察相关的变换式，如果 S_1 的实例能变换为 S_2 和/或 S_3 的实例，那么就表示内向和取得；如果 S_1 的实例能变换为 S_4 和 S_5 的实例，那么就表示外向和给予。

起初，我们以为三元动词的配价能力虽然较强，但是它们的配位能力较弱，无非是只有 S_1：A+__+D+P 这种单一的配位方式而已。随着调查材料的增加和分析工作的深入，我们逐渐发现三元动词的配位能力是比较强的，配位方式也是错综复杂的。只有从配价层级和配位方式两个方面作详细的考察，才能对三元动词的组配能力有一个比较切实的了解。

第八章 主谓谓语句的配价和配位分析

8.0 在语言学界曾经有一种看法,那就是:汉语的主谓谓语句的主语(简称大主语),跟后面作谓语的主谓结构在句法和语义上可以没有直接的关系,并由此引申出对汉语的结构类型的一系列定性。对此,我们站在机械论的立场上表示不能接受。我们从一种朴素的有机观念出发,认为句子是一个有机的整体,句子中的各种构成成分之间不可能没有某种联系;因此,大主语跟后面的主谓式谓语一定有着直接的句法和语义联系。问题是,我们能不能找到一种合适的理论来刻画它们之间复杂的句法、语义联系。经过一段时间的摸索,我们觉得用配价理论或许能解释大主语跟其主谓式谓语之间的结构和意义联系。当然,要想全面地解释汉语的主谓谓语句的句法、语义联系,光用动词、形容词的配价这种显性的结构联系是不够的,还必须用到名词的配价、谓词的隐含等隐性的结构联系。

在这一章中,我们尝试从动词、形容词、有价名词和隐含的谓词的配价和配位的角度,并用话题化等语法过程作为关联机制,来探讨主谓谓语句的大主语跟后面的主谓式谓语之间的句法和语义联系。首先刻画主谓谓语句的大/小主语跟谓语动词的各种语义连结模式,揭示从主谓句到主谓谓语句的派生过程及其所受到的句法、语义约束。接着分析汉语话题化的有关操作手续和汉语话题结构的语法特性,并探讨话题化跟名词化、同指名词代词化或删除等语法过程的关系。最后检验所谓的话题跟主语在上述语法过程中是否都起控制作用,从而断定话题的概念对描写汉语的基础结构来说不是必需的,并指出汉语在递归性方面的类型学特点及其根源和由此造成的一系列语法后果。

第一节 主谓谓语句和汉语的类型

8.1 从语用上看,汉语的主谓谓语句具有明显的"话题—说明"结构,因而备受从交际功能角度研究语言类型的学者的关注。比如,Li & Thompson(1976)以汉语的主谓谓语句为主要证据,指出汉语是注重话题(topic-prominant)的语言;作为对立面,英语是注重主语(subject-prominant)的语言。在他们看来,虽然汉语中并存着"主语—谓语"(subject-predicate)和"话题—说明"(topic-comment)两种语法关系,但后者更具有类型学价值。他们强调主谓谓语句这种典型的"话题—说明"结构是汉语的基本(basic)句式①,不能看作是从别的"主语—谓语"句上派生出来的。我们则认为,即使能证明主谓谓语句是基础生成的(base-generated),事实上也未必能证明汉语注重话题而不注重主语。更何况他们用语义平面上的施事来定义句法平面上的主语,同时又把这主语跟语

---

① Li & Thompson (1976)称主谓谓语句(S-P predicate sentence)为双重主语结构(double-subject construction)。

用平面上的话题并列来描写语言的基本结构,这在方法论上又是大可讨论的。①

在这里,我们不想在汉语的类型上多打笔墨官司。我们打算通过分析主谓谓语句的语义连结模式和句法派生过程,来讨论话题化这种语法过程(grammatical process)的句法、语义约束条件,分析汉语话题化的各种操作手续,刻画汉语话题结构的一些基本的语法特性;并探讨话题化跟名词化、反身代词化、同指名词删除、祈使句化、被动句化和动词系列化等语法过程的关系,检验所谓的话题和主语在这些语法转换过程中是否都起控制作用,从而鉴定话题这个概念对描写汉语的基本结构是不是必需的;最后讨论汉语在句法结构的递归性方面的类型学特点,追溯其结构根源,并指出由此造成的一系列语法后果。

第二节 主谓谓语句的语义连结模式

8.2.1 VP 的自由说明语作 S/S'

不管主谓谓语句是基础生成的还是派生出来的,作为一个句子,其内部各组成部分在语义上必须不仅是相容的(compatible),而且是相关的(relevant)。基于这种认识,这一节我们主要讨论:主谓谓语句全句的主语(即大主语,记作 S)和谓语部分的主语(即小主语,记作 S'),跟后边的谓语动词(记作 VP)之间的各种语义连结(semantic connection)模式。

---

① 参考朱德熙(1985)第 40—41 页。

根据初步的考察,在主谓谓语句 S+S'+VP 中,S/S' 跟 VP 的语义连结有两种方式:(1)S/S' 受到 VP 的格框架的支配(govern),S/S' 是 VP 的一个格(论元),即 S/S' 是 VP 的必有补足语(必有论元)或可有补足语(可有论元);(2)S/S' 不受 VP 的格支配,S/S' 是从属于句子框架的环境成分,即 S/S' 是 VP 的自由说明语(环境论元)。下面先讨论这第二种情况。

从表达上看,一个句子通常陈述一个事件,一个话语上完整的句子有时要在句首加上表示事件发生的时间、地点等背景性成分——环境格(situational case)。例如:

(1) 昨天小王去上海了
(2) 屋里大伙儿正开着会呢

显然,这里的 S 是从属于句子框架的环境格,它不受后边的 VP 的格支配。是句子框架的整合力量把这种环境格跟后边的述谓结构连结成一个句子。时间格和处所格有时可以连着出现在一个句子中,例如:

(3) 昨天晌午啊,德胜门外头啊,一个老头啊,钓上来一条十来斤重的鱼

这种句子往往是话语中的始发句(initial sentence),它为后续句(subsequent sentence)设定了时空背景。①

当时间格和处所格在同一个句子中共现时,一般的倾向是时间格先于处所格。② 不过,似乎也有不少的例外。例如:

(4) a. 这些天南方老下雨

---

① 例子和说明,参考俞敏(1957)§4。
② 参考 Chao(1968) p. 101,吕译本第 60 页。

b. 南方这些天老下雨

一种可能的解释是:对于"下雨"这类零元动词来说,处所格比时间格更像是它的一个假论元(pseudo-argument)。这个 VP 的假论元允许时间格在它前后出现,就像 VP 的施事格允许时间格在它前后出现一样。例如:

(5) a. 今儿王老师值班

b. 王老师今儿值班

这就是说,时间格既可以作 S,又可以作 S';处所格可以作 S,一般不作 S'。不过,当施事是一个不定形式(indefinite form)时,时间格一般只能处于句首作 S。例如:

(6) a. 昨天下午,一个小孩捡到了一条项链

b. ?一个小孩,昨天下午捡到了一条项链

因为不定形式表示新信息,这跟话题必须传达旧信息的语用要求相悖,所以它不能处于句首作话题主语。这种话题结构对主语的选择限制,直接解释了这一问题:表示真性问的疑问形式一般不适于作主谓谓语句的大主语。例如:

(7) 明天谁去上海～?谁明天去上海

(8) 你什么时候走～?什么时候你走

可见,语用约束对句子的可接受性也有很大的影响力。

8.2.2 VP 的补足语作 S/S'

现在讨论 S/S' 受到 VP 的格框架(case frame)支配的情况。一般地说,S/S' 可以是 VP 的施事、受事、与事(dative)和工具等语义格。例如:

(1) 饭菜我早做好了～我饭菜早做好了

(2) 北京话他说得很好～他北京话说得很好
(3) 这事你别告诉小王～你这事别告诉小王
(4) 结婚的我总送这个～我结婚的总送这个
(5) 这把刀我剁排骨～我这把刀剁排骨
(6) 这间屋子我堆东西～我这间屋子堆东西

VP凭借自身对从属于它的各种配项（dependent constituent）的句法、语义控制力量，把处于S/S'位置的施事、受事、与事和工具格跟后边的其他配项连结成一个有机的整体。

从配价（valence）上看，大部分不及物动词和形容词是一元的，它们只能带一个施事、感事、当事或主题等主体格；少数不及物动词和形容词是二元的，它们还能带一个近似于受事的系事格（relative）。这种系事也可以作S，例如：

(7) 这种事我作主
(8) 这次旅游王老师带队
(9) 无线电他内行
(10) 这事儿他很积极

像"作主、带队"等动词能支配两个必有补足语，因此是二元动词；但它们的从属成分都不能出现在动词的后面作宾语，所以是不及物动词。这种二元不及物动词在现代汉语中是不多见的，常用的有：作主、知底、带队、领队、沾边、沾手、接手……。"内行、积极"是二元形容词，这种二元形容词，常用的有：内行、外行、熟、陌生、纳闷儿、抱歉、着急、重要、要紧、客气、礼貌、热心、热情、友好、冷淡、认真、马虎、乐观、悲观、主动、积极、消极……。详见本书§4.4.2。

一些带有熟语性的动词性结构，它们的系事也可以作S。例如：

(11) 这事儿你别往心里去

(12) 什么事儿他心里都有一本账

这种 VP 常见的有:放在心上、往心里去、心里有底、心里没底、心里有一本账、打小报告、打小算盘、说了算数……。

值得注意的是,一些内嵌的(embedded)VP 的当事、受事也可以作 S。例如:

(13) 这个方案我认为不够严密

(14) 这种书,买的人不多

更加微妙的是,VP 的配项的配项也可以作 S。例如:

(15) 这个计划我没有意见

(16) 这件事你可以写一本小说

(17) 这衣服你还没有钉扣子呢

(18) 党员大会你安排一下日程

(19) 这个问题我的意见跟大家不同

(20) 战士们眼睛都熬红了

(21) 这个人儿子都上大学了

(22)《班主任》那篇小说,作者是刘心武

上例中的 S 是 VP 中的宾语或主语的降级宾语,支配这些降级宾语的"意见、小说、扣子、日程、眼睛、儿子、作者"都是有价名词。① 也就是说,VP 支配有价名词,有价名词支配降级宾语;凭借这种循环传递式的及物性关系,S 跟后边的成分连结成一个结构体。

8.2.3 隐含的谓词的补足语作 S/S'

有些主谓谓语句的 S/S' 虽然跟后边的 VP 没有格支配的关

---

① 关于降级宾语、有价名词等概念,请看袁毓林(1992)和(1994)。

系,但它是 VP 所隐含的谓词(implicit predicates)的配项;通过 VP 和 S/S'的语义连结作用,可以明确地激活这个被隐含的谓词。① 例如:

(1) 外语你得下功夫(学)
(2) 什么活儿他都抢先(干)
(3) 这事儿你再努力(办)一下
(4) 老王什么事都领先(做)
(5) 会议经费张主任已经打了报告(申请)了
(6) 这个问题我不怪他(没处理好)

VP 通过所隐含的谓词间接地支配 S/S',从而保障整个句子在语义上的相关性。

稍为复杂一点的情况是,在某种固定语境的指示下,整个谓词框架(predicate frame)删除了,从属于这个框架的填项(slot-holder)成了 S 和 S'。例如:

(7) (去)龙潭湖(在)东单换 8 路
(8) (去)中关村(到)动物园坐 332 路
(9) (乘)慢车(在)永定门上车

这种主谓谓语句的底层形式(underlying form)是连谓结构,程式化的谓词框架删除后,依靠语境的帮助来维系 S/S'跟 VP 的语义关联性。

更为复杂的是,S 是后续分句(S_2)中的谓词的配项;由于前一分句(S_1)在语义上蕴涵(entail)了 S_2 的意思,因而 S_2 被删除了,使 S 跟后边的成分没有及物性关系。例如:

---

① 关于谓词隐含,请看袁毓林(1995),关于语义连结、激活,请看袁毓林(1994)。

(10) 那回大火,幸亏消防队到得早;
〔否则,a. 不定烧成什么样子/早把什么都烧光了……。
　　　　b. (造成的)后果不堪设想/损失可就大了……。〕

我们曾以(10)作为试题,要求学生(清华大学中文系五年级、外语系一年级)填上没说出的后半部分;结果 12 人次采用 a 这种方式,32 人次采用 b 这种方式。① 可见,"那回大火"是动词"烧"或隐含的谓词"造成"的施事。因为 S_1 中的副词"幸亏"表示由于某种有利条件(消防队到得早)而侥幸避免了不良后果(烧毁财产/造成损失),S_1 蕴涵了 S_2 的意义;所以把 S_2 给删除了,使 S 的支配成分无迹可寻。如果删去例(10)中的"幸亏",那么就会变成不合格的形式:

(10') *那回大火,消防队到得早

可见,在主谓谓语句中,除非是从属于句子框架的环境格,S/S'一定要跟后边的 VP 有格支配关系,或者跟 VP 的配项有格支配关系,至少也要是 VP 所隐含的谓词的配项。

第三节　主谓谓语句的句法派生过程

8.3.1　动词宾语的前移及其条件

当一个谓词跟它的几个配项在同一个句子中共现时,可以采取不同的配位方式。比如,动词(V)跟它的施事(A)、受事(P)共现时,有三种可能的配位形式:

(i) A+V+P　　(ii) P+A+V　　(iii) A+P+V

---

① 因为个别学生填了两种答案,所以用"人次"作为统计单位。

相比起来,(i)这种配位方式采用了主谓句的形式,这是一种比较简单的句法配列(syntactic arrangement),可以把它看作是施受句的基础句式;(ii)(iii)这两种配位方式采用了主谓谓语句的形式,这是一种比较复杂的句法配列,可以把它看作是从基础句式上派生出来的。本文假定主谓谓语句大都是从一般的主谓句上派生出来的,下面主要讨论主谓谓语句的句法派生过程及其所受到的句法、语义约束。

从一般的主动宾句派生出主谓谓语句的基本操作是宾语前移(object-fronting):或者移到主语前(即句首)作 S,或者移到主语后(即动词前)作 S'。例如:

(1) 小王吃过荔枝→荔枝小王吃过→小王荔枝吃过

(2) 刘兵没买词典→词典刘兵没买→刘兵词典没买

(3) 通县属于北京→*北京通县属于→*通县北京属于

(4) 乡下不如城里→*城里乡下不如→*乡下城里不如

从上例可以看出,主动宾句能否派生出主谓谓语句取决于动词的句法性质:只有允许宾语悬空(stranding)的动词,其宾语才能前移,由这种动词构成的主谓句可以派生出主谓谓语句;不允许宾语悬空的动词,其宾语不能前移,由这种动词构成的主谓句不能派生出主谓谓语句。这是从主谓句派生出主谓谓语句所受到的主要的句法约束。允许宾语悬空的动词大都是动作动词,如:"吃、买、骂、唱、写、看、做、拿、打、砍、扔、开、包、挖、交、穿、戴、洗、烧、杀、借、给、送、寄、修……",它们的句法特点是:一般能够重叠,可带"着、了、过"等体标记;可带施事主语和受事宾语,还可带说明动作的方式、工具、处所的宾语,受事宾语在一定的条件下可以省去。不允许宾语悬空的动词大都是关系动词,如:"属于、成为、不及、不如、不比、姓、是、号称、等于、具有……",它们的句法特点是:一般不能重叠,不能带"着、了、过"等体标记;其主语不是严格意义上的施事,其宾语也不是严格意义上的受事,宾语不能省去。[①]

满足上述句法约束条件的主谓句,不一定都能派生出合格的主谓谓语句。例如:

(5) 小张见过小王→ *小王小张见过→ *小张小王见过

(6) 黄狗咬了白猫→ *白猫黄狗咬了→ *黄狗白猫咬了

当两个有生名词(animate NP)在动词前连着出现(作 S 和 S')时,光凭表层的句法结构人们无从决定哪个是施事、哪个是受事,所以这种格式是不合语法的。可见,从主谓句派生出主谓谓语句的语义约束是:施受关系必须明确,全凭语序这种表层句法线索来指示施受关系的主谓句不能派生出主谓谓语句。

双宾语句($NP+V+O_1+O_2$)的情况比较复杂,其中的与事宾语(即近宾语 O_1)跟其他句式中的与事宾语一样,移到句首后原来位置上留下的空位必须由一个代词形式去填空。例如:

(7) 我通知小王一件事→小王,我通知(他)一件事

(8) 我帮王老师抄过稿子→王老师,我帮(他)抄过稿子

(9) 小刘跟王刚通过信→王刚,小刘跟(他)通过信

(10) 你对这帮孩子可不坏→这帮孩子,你对(他们)可不坏

前移的 NP 跟填空代词之间的同指照应(co-referential anaphora)关系,使 S 跟 S' 之间的施受关系不致混淆。因此,代词填空可以看作是一种专门满足前述的语义约束条件的句法机制。

双宾语句的受事宾语(即远宾语 O_2)的前移受到很大的句法

[①] 参考吕叔湘主编(1980)第 25—26 页。

限制,表现为:只有 V 跟 O_1 能单独构成一个合格的动宾结构的双宾句才允许其受事宾语 O_2 前移。[①] 例如:

(11) 我给了老张一本词典→那本词典我给老张了

(12) 我请教王老师一个问题→那个问题我请教过王老师

(13) 我告诉小刘一件事儿→那件事儿我告诉小刘了

(14) 他抢了小王一张报纸→*那张报纸他抢了小王

(15) 这件事费了老孙不少时间→*不少时间这件事费了老孙

(16) 大伙儿叫李玉老大哥→*老大哥大伙儿叫李玉

用前述的句法约束来解释就是:只有允许 O_2 悬空的 V+O_1 构成的双宾句,才能派生出主谓谓语句。允许 O_2 悬空的双宾动词有"给、送、请教、告诉、问、通知、教、求……",不允许 O_2 悬空的双宾动词有"费、抢、偷、占、借(借入)、骗、称、叫……"。

在主谓句中,工具格(Ⅰ)一般由介词(Prep)引导,Prep+Ⅰ跟支配Ⅰ的动词性成分组成连谓结构。当删除 Prep 或同时把Ⅰ移到句首时,就派生出了主谓谓语句。例如:

(17) 我(用)这副眼镜看书→这副眼镜我看书

(18) 我(拿)这间屋子堆东西→这间屋子我堆东西

(19) 我(用)这种药治哮喘→这种药我治哮喘

(20) 我(用)那三块钱买了词典了→那三块钱我买了词典了

工具格有时可以通过述题化而作宾语,但工具宾语不能跟受事宾语一样前移至句首。例如:

(21) 大碗喂大猫,小碗喂小猫→大猫大碗喂,小猫小碗喂

[①] 这里暂不考虑派生过程对前移宾语的有定性这种语义约束。

(22) 大猫喂大碗,小猫喂小碗→*大碗大猫喂,小碗小猫喂

因此,由工具格作宾语的主谓句不能派生出主谓谓语句。道理也许并不复杂,从句法上看,工具宾语句本身也是派生句式,从派生句式派生出主谓谓语句相对来说是比较困难的;从语用上看,主谓谓语句的大主语是全句的话题,而工具述题化为宾语是为了强调这个工具,所以把它置于焦点的位置,这跟话题表达旧信息的语用要求相悖。

8.3.2 内嵌宾语的前移及其条件

在由二元不及物动词构成的主谓句中,施事通常由介词"由"引导,删去介词就派生出了主谓谓语句。例如:

(1) 婚姻的事(由)我作主

(2) 这次比赛(由)老王领队

在由二元形容词构成的主谓句中,系事通常由"对、对于、关于"一类介词引导;只要把介词结构移到句首,并删除介词,就可以派生出主谓谓语句。例如:

(3) 他对那一带很熟→那一带他很熟

(4) 他对这事很热心→这事他很热心

(5) 他对学生很客气→*学生他很客气

(6) 这话对我很重要→*我这话很重要

从例(5)(6)可以看出,在施事和系事都是有生名词或主题是无生名词的情况下,二元形容词不能构成主谓谓语句。否则,句首的两个名词性成分的语义角色不明确,势必违反从主谓句派生出主谓谓语句的语义约束条件。

宾语从句中的主语能通过提升(raise)操作而前移到句首,派生出主谓谓语句。例如:

(7) 我觉得杭州比苏州漂亮→杭州我觉得比苏州漂亮

(8) 他感到这事儿有点儿不妙→这事儿他感到有点儿不妙

内嵌在"的"字结构中的动词的受事宾语也能通过提升操作而前移到句首,派生出主谓谓语句。例如:

(9) 看这种电影的人不多→这种电影看的人不多

(10) 去这种地方的人不多→这种地方去的人不多

(11) 我讨厌说这种话的人→*这种话我讨厌说的人

(12) 我见过买这种书的人→*这种书我见过买的人

从上例可以看出,"的"字结构作主语时,内嵌宾语可以提升;作宾语时,内嵌宾语不能提升。推想其中的理由,大概是当"的"字结构作主语时,作内嵌宾语的受事虽然提升到了句首,但是仍然紧挨着支配它的动词,语义结构关系依然明确;当"的"字结构作宾语时,作内嵌宾语的受事提升到句首以后,它跟支配它的动词被另一个动词性结构隔断了,所以语义结构关系变得不清晰了。

连谓结构作谓语的主谓句,如果其中的一个谓词要删去,一般先要进行宾语或动宾结构前移这一操作,最终派生出主谓谓语句。例如:

(13) 你得下功夫学外语→外语你得下功夫(学)

(14) 我们已经有人当会计了→会计我们已经有人(当)了

(15) 下半场换了人打中锋→下半场(打)中锋换了人

(16) 咱们用汉语拼音作音标→(作)音标咱们用汉语拼音

(17) 我下象棋下不过老刘→(下)象棋我下不过老刘

(18) 人干这活儿比牲口累→(干)这活儿人比牲口累

对于例(9)—(18)这类派生过程所受到的句法、语义约束的许多细节,我们还了解得不多。

8.3.3 降级宾语的前移及其条件

在主谓句中,二价名词可以作主语或宾语,从属于二价名词的降级宾语则通常由介词引导作定语或状语。这种降级宾语可以通过移位或删除介词而成为主谓谓语句的主语,例如:

(1) 我对这篇文章的意见是再修改一下

　　→(对)这篇文章,我的意见是再修改一下

(2) 我对这件事有不同的看法→(对)这件事,我有不同的看法

(3) 我对这个问题没有发言权→(对)这个问题,我没有发言权

(4) 我可没有闹着玩儿的心思→闹着玩儿,我可没有(这份)心思

(5) 我对老张处理这个问题的方法有意见

　　→(对)老张处理这个问题的方法我有意见

　　→老张对这个问题的处理方法我有意见

　　→(对)这个问题老张的处理方法我有意见

例(5)的复杂性在于二价名词"意见"的降级宾语"方法"本身也是二价名词,它的降级宾语"这个问题"经过三个步骤的派生循环,最终前移到句首。

一价名词的降级宾语常常通过"的"跟一价名词组成偏正结构,当这个偏正结构作主谓句的主语时,只要删去"的"就能派生出主谓谓语句。例如:

(6) 张金龙的脸色变了→张金龙脸色变了

(7) 小张的母亲改嫁了→小张,(他)母亲改嫁了

(8) 这本书的内容不错→这本书内容不错

(9) 这枚邮票的图案是武士→这枚邮票,图案是武士

(10) 那本书的作者是王蒙→那本书,作者是王蒙

当一价名词的降级宾语提升为大主语后,在一价名词之前就留下一个句法空位,这个空位有时可以插入填空代词(如例(7))。

当同位性偏正结构作主谓句的主语或宾语时,中心语可以前移到句首,派生出主谓谓语句。例如:

(11) 老汉见的批判会可多啦→批判会老汉见的可多啦

(12) 你拿我们家的牛奶吧→牛奶你拿我们家的吧

(13) 我没见过一个不会抽烟的庄稼汉

　　→不会抽烟的庄稼汉我没见过一个

(14) 我倒看了不少球赛→球赛我倒看了不少

(15) 你要多少证据我有多少证据→证据你要多少我有多少

"不少、多少"在分布上跟数量词相似,数量词和"的"字结构都能作同位性定语。前移的中心语是后边某个动词的受事,它移走后就在原来的地方留下了一个空位。

如果偏正结构的中心语是有价名词,那么非同位性的定语可以前移到句首,派生出主谓谓语句。例如:

(16) 你去买电影票→电影你去买票

(17) 我来擀饺子皮→饺子我来擀皮

降级宾语凭借它跟有价名词之间的亲和力,可以作远程移动(long-distance move)。

更加复杂的是,后一分句中的主语或宾语可以移到前一分句的句首,使前一分句变成主谓谓语句。例如:

(18) 我看报了,最近没什么好的电影儿

　　→电影儿我看报了,最近没什么好的

(19) 幸亏消防队到得早,否则那回大火不定烧成什么样子

→那回大火幸亏消防队到得早,(否则不定烧成什么样子)

这种主谓谓语句的语义连接全靠后一分句支撑,除非像例(19)那样前一分句有蕴涵后一分句的副词作铺垫,后一分句是不可删除的。

第四节 话题化过程和话题结构

8.4.1 话题化过程的形式规则

从表达上看,主谓句是中性的;而主谓谓语句是比较特别的,它明显地受到语用因素的影响;比如,为了让句中的某个成分处于句首并成为注意的中心(center of attention),或成为对比的焦点(contrastive focus)。也就是说,从主谓句派生出主谓谓语句的过程具有明显的语用动机(pragmatic motivation)。这种过程的实质就是话题化(topicalization)——让某个本来处于句中位置的成分移到句首 S/S' 位置,成为话语平面上的话题或次话题(sub-topic)。

前面说的大都是受事或系事宾语通过话题化而移到句首成为话题,那么本来处于主谓句的句首的施事或当事主语能不能话题化呢?答案是肯定的。我们可以假定:在主谓句中,施事/当事主语是自然的、基本的话题(primary topic)。跨语言比较的资料表明,选择语义上的施事和语用上的话题作主语是一种语言普遍现象(linguistic universal)。[1] 这种话题是无标记的,但是在特定语境中,为了突出这个施事/当事主语的话题身份;可以把这个主语

---

[1] 详见 Comrie (1981),中译本第 13 页。

移出来,话题化为显性的话题;结果在原来的主语位置上留下了一个句法空位,当然这个空位也可由代词形式来填空。这种显性话题跟其他通过移位造成的话题一样,是有标记的话题。从形式上看,有标记的话题跟后边的说明部分之间可以有一个明显的停顿,话题后面可以有"呢、吧、啊(及其语境变体)"等语气词。例如:

(1) 小王不爱看动画片→小王(呢),[他]不爱看动画片

→动画片(吧),小王不爱看[那玩意儿]

因此,从主谓句派生出主谓谓语句的形式规则可以表示成:

(2) S'→X+S(…Y…)

其中,S'代表主谓谓语句,即语用上的"话题—说明"结构(简称话题结构);X代表主谓谓语句的大主语,即语用上的显性话题,S代表派生出S'的作为基础的主谓句,它充当语用上的说明成分;Y代表S中的某个空位或其代词形式,它跟X有语义上的同标(coindex)关系。① 当Y是空范畴(empty category,记作e)时,具有同标关系的X跟Y在句法上是什么关系呢? Xu & Langendoen(1985)认为X跟Y之间的约束关系(binding relation)不是变项约束(variable binding),而是先行词(antecedent)对一般代词(ordinary pronoun)的约束关系。因为X能跨越NP、S、S'等约束节点(bounding node)作话题化前移,明显地违反了邻接条件(subjacency condition),所以Y不可能是受X约束的变项。说X跟Y之间是先行词对代词的约束关系,具有充分的经验根据。我们注意到,在空范畴Y处总是可以填上一个合适的代词形式的。例如:

---

① 参考 Jeng(1977) §1 和 Xu & Langendoen (1985) §1。

(3) 这样好的同志,我们喜欢(他)

(4) 青岛我年轻时去过(那儿/那地方)

(5) 这个人我不说你也知道(他)是谁

(6) 这种书,买(它)的人可不多

(7) 这个丫头,(她)再能也能不过你啊

(8) 小王,(他)嘴上不说,(他)心里可明白着呢

特别是那些符合从主谓句派生出主谓谓语句的句法约束条件、但违反其语义约束的句子,只有在 Y 处填上相应的代词形式,派生出来的句子才能合乎语法。例如:

(9) 李玉,大伙儿都叫(她)大姐

(10) 有的人,(他)活着别人就不能活

(11) 小王,欣赏(他)的人可不多

(12) 晃旗那小子,(他)爹我认识

(13) 这个播音员,我不爱听(她)说话的声音

(14) 我妈$_i$,谁家的孩子$_j$($e_{i/j}$)都爱($e_{j/i}$)

例(14)中两个空范畴跟大主语和小主语都能发生同指关系(co-reference),只有在其中一个空范畴处填上"她"才能消除歧义。

8.4.2 汉语和英语在话题结构上的一致性

上文的规则 S'→X+S(…Y…)在 X 是时间、处所等环境格的情况下,是否继续有效呢? 具体地说,当时间格、处所格作大主语(X)时,主谓谓语部分(S)是否有跟 X 同标的空范畴(Y)呢? 经过考察,可以确定:当 X 是处所格时,S 中的确有空范畴 Y 或其代词形式。例如:

(1) 他们在马路边开了一个小饭馆

→(在)马路边,他们开了一个小饭馆
(2) 我在院子里种了几棵月季花儿
→(在)院子里,我种了几棵月季花儿
(3) 几个男孩正在操场上踢足球呢
→操场上,几个男孩正在那儿踢足球呢
(4) 我们在西郊宾馆开过会
→西郊宾馆,我们在那儿开过会

处所格在句中一般要用介词引导,所以它的话题化有两种途径:(1)连同介词一起前移,再删去介词(如例(1)(2));(2)光是处所格前移,在其留下的空位上插入代词,因为介词不允许宾语悬空(如例(3)(4))。

当 X 是时间格时,S 中也有空范畴 Y 或其代词形式。例如:
(5) 我(在)一九八一年当上了中学教师
→(在)一九八一年,我当上了中学教师
(6) 中国(在)一九六六年发生了"文化大革命"
→(在)一九六六年,中国(那年)发生了"文化大革命"
(7) 我(从)上个月才开始学日语
→上个月,我(从那时)才开始学日语
(8) 他(从)去年开始练气功
→(从)去年,他开始练气功

时间格在句中不一定要用介词引导,所以时间格的话题化比处所格要方便得多。

证明了句首的时间格和处所格是从句中移出去的,就可以用公式 S'→X+S(…Y…)对汉语的话题结构的句法、语义特点作出统一的概括,并确定空范畴 Y 对先行词 X 来说是一种回指性代词

(anaphorical pronoun)。但是,Xu & Langendoen(1985)认为 Y 也可以是自由代词(free pronoun),并举了下面这个例子:

(9) 那个花园我们已经种上( )了

根据我们的语感,这个例句的方括号中一定要填上"花、草"一类词才能成立;也就是说,他们认为是自由代词的空范畴在这个句子中是不允许的。按照上文对句首处所格的讨论,这种句子的说明部分的确另有一个跟话题同指的空范畴。这可以从这种句子的派生过程上看出来:

(10) 我们已经在那个花园里种上牡丹了

→那个花园,我们已经(在那儿)种上牡丹了

通过上述分析,我们可以发现:在深层次的句法、语义层面上,汉语的话题结构并不比英语的话题结构更为特殊。相反,两种语言的话题结构在本质上遵循着相同的句法、语义约束:说明部分(S)的空代词(Y)跟话题(X)回指性相关。因此,把话题结构分为英语式(English style,特点是说明部分有跟话题回指性相关的成分)和汉语式(Chinese style,特点是说明部分没有跟话题回指性相关的成分)的做法①,不一定切合汉语的事实。

8.4.3 多重话题结构的语用和配列特征

概略地说,话题的语用功能是提供言谈的起点(departure of a discourse)。具体地说,不同类型的话题有不同的语用功能。比如,施事、当事等主体格(nominative case)不经过话题化就能居句首作主语,它们是无标记的话题;这种话题主要的功能是:为说明

---

① 参见 xu & Langendoen (1985)§6,p.19;§7,p.23。

部分传达新信息提供一个出发点(starting point)。时间、处所等环境格只有经过话题化才能移到句首作主语,它们是有标记的话题;这种话题的功能是:为说明部分的陈述提供一个时空方面的参照框架(frame of reference)。受事、系事、与事、工具等语义格只有经过话题化才能移到句首作主语,它们是有标记的话题;这种话题的功能是:让这个具有语义对比作用的话题成为听话人注意的中心。这三种不同性质的话题可以在句首位置比邻出现,构成多重话题结构(multi-topic structure)。例如:

(1) 我现在不喝酒了→现在我不喝酒了

　　→我现在酒不喝了→现在我酒不喝了

　　→我酒现在不喝了→现在酒我不喝了

　　→酒我现在不喝了→酒现在我不喝了

可见,多重话题结构是由句中的某些成分通过循环式话题移动(cyclic topic-move),从非话题位置到话题位置,从较低的话题位置到较高的话题位置逐步生成的。这种话题结构的形式规则可以表示如下:

$$Top_1 + Top_2 + Top_3 \cdots + Top_n + VP$$

上述的三种话题在句首连着出现时,表达功能有明显的分工。基本的倾向是:越靠前的话题(Top_1),其语义统辖(semantic domain)的功能越强,可以延伸到后面的句子;越靠后的话题(Top_3),其语义对比(semantic contrast)的功能越强,后续句中可用跟它作对比的项目作主语。例如:

(2) 我现在不喝酒了,(我)以后也不想喝了

(3) 现在我不喝酒了,(现在)我哥还喝

例(2)中的 Top_1 "我"一直管到第二个句子,所以括号中的"我"应

该删除。这种语法过程叫话题名词删除(topic-NP deletion)。比如,例(3)中的 Top_1 "现在"作为这种语法过程的控制者(controller),具有话题链接(topic chaining)功能,它使后一句子中的话题"现在"成为这种语法过程的牺牲者(victim)。再如:

(4) 我现在酒不喝了,(i)烟还抽＞(ii)以后也不想喝了

(5) 我酒现在不喝了,(i)以后也不想喝了＞(ii)烟还抽

从话语连贯性(coherence)方面看,用跟 Top_3 对比的项目作主语的后续句优于用跟 Top_2 对比的项目作主语的后续句。

除了位置因素之外,通过移位而到达 Top 位置的成分更可能具有对比作用(其对比项作后续句的主语)。并且,移动步骤越多、移动距离越长的成分,越可能成为对比焦点。例如:

(6) 酒我现在不喝了　　(7) 酒现在我不喝了

(8) 现在酒我不喝了　　(9) 现在我酒不喝了

在我们的调查中,60%—80%的学生(清华大学中文系五年级,共收回 20 份答卷)认为例(4)—(9)用"烟还抽"作后续句比用"以后也不想喝了"更好。这说明大多数人对客体格的移位比环境格的移位更敏感。但有三位学生(占 15%)坚持用跟 Top_3 作对比的项目作后续句的主语,所以他们认为例(7)—(9)用"我哥还喝"作后续句比"烟还抽/以后也不想喝了"更好。

最后必须指出,说话人可以无视位置和移位因素,通过重音来临时规定由哪个 Top 来担当对比功能。例如:(在一个成分前加符号^,表示它获得了重音)

(10) 现在^我酒不喝了,我哥还喝

(11) ^现在我酒不喝了,以后也想不喝了

从中我们可以看到,话语的连贯性受制于多种因素及其复杂的作

用方式。

从上文的讨论可见,有五种语义成分可出现在 Top 位置:(1)施事、当事等主体格,(2)时间、处所等环境格,(3)受事、系事等客体格(accusative),(4)工具、与事等外围格(peripheral),(5)主体格或客体格的配项(降级宾语)。因此,在公式 $Top_1 + Top_2 + \cdots + Top_n + VP$ 中,n 的值域在 0—5 之间,最大限额是 5。例如:

(12) a. 这戏今天我是唱不下去了

b. 这把刀排骨我可剁不动

c. 这么油腻的碗凉水我可洗不了

d. 今天这花儿水你又浇多了

e. 这件事老张的处理办法我有意见

f. 左邻右舍的孩子没让她抱过的一个你也找不到

g. 这篇文章我的意见最后一段你最好再补充一点材料

h. 这事儿我现在脑子里一点印象也没有了

从上述例子可以看出,不同类型的语义格在 Top 位置共现时呈现出如下的配列特征:[①]

i. 主体格通常紧挨 VP;

ii. 客体格通常处在主体格之前,客体格出现在主体格和 VP 之间受到一定的限制;

iii. 降级宾语通常处在其支配成分(客体格和主体格)之前;

iv. 环境格和工具格的位置比较自由。

公式 $Top_1 + Top_2 + \cdots Top_n + VP$ 是多重话题结构的展开式,它表明对于 Top_1 来说,其说明部分是一个话题结构;对于这个次

[①] 参考范继淹(1984)§2.5。

话题结构的话题 Top_2 来说,其说明部分本身又可以是一个话题结构;即话题结构是可以递归生成的。因此,汉语话题结构的更有概括性的产生式规则可以表示如下:①

$$S' \to Top + S/S'$$

第五节 跟话题化相关的语法过程

8.5.1 话题化的语法后果

话题化过程大幅度地改变了句子的结构格局,增强了各种语义格在表层结构中占据主语位置的能力,对其他语法过程产生了广泛的影响。比如,汉语并列复句中的等同删除(identity deletion)只能施行于主语,但不能施行于宾语。② 例如:

(1) 他买了两盒点心,(他)还买了几斤水果

(2) 我买了两个面包,*小王吃了(那两个面包)

但是,我们可以通过话题化把受事宾语转换成主语,再施行等同删除这种语法过程,最终把跟先行成分同指的主语删除。例如:

(3) a. 今天我买了十个梨,[那十个梨]他一天工夫全吃了

　　b. 今天我买了十个梨,*他一天工夫(全)吃了那十个梨

(4) a. 这个月爸爸只给了我十块零用钱,[那十块零用钱]不到半个月我都花光了

　　b. 这个月爸爸只给了我十块零用钱,*不到半个月我

---

① 参考 Xu & Langendoen (1985) §5。
② 参考 Tsao (1975) §2.3.2, p.177。

　　　　　(都)花光了那十块零用钱

例(3b)和(4b)是不合语法的,这说明(3a)和(4a)中的"那十个梨"和"那十块零用钱"的确是在主语位置上被删除的。这一点,从副词"全、都"的语义指向上也可以看出来;因为"全、都"只能标举它们前面的词语的范围。如果删去"全、都",那么例(3a)(4a)的合格性就得不到保证。

　　正如这种语法过程的名称所示,等同删除的牺牲者必须跟其控制者所指相同(如例(3)—(4))。有些并列复句的后一分句的宾语跟前一分句的宾语在形式上完全一样,但所指并不相同,所以无法通过话题化来进行等同删除。例如:

　　(5) a. 我买了一本《飘》,他也买了一本《飘》

　　　　 b. 我买了一本《飘》,*(那本《飘》)他也买了

　　　　 c. 我买了一本《飘》,(《飘》)他也买了一本

作为实在的个体,"我"买的《飘》不同于"他"买的《飘》,所以(5b)不合格;作为抽象的类型,不同人手中的《飘》都是同一部小说,所以(5c)后一分句中的"《飘》"可以通过话题化来进行等同删除。

　　话题化还为某些语义格的名词化开辟了道路。比如,名词化标记"的"只能提取主语和直接宾语,因而双宾句中的间接宾语(与事)和主谓句中的工具、时间、处所等格是不能直接用"的"去提取的。[①] 只有先通过话题化移位,让这些语义格成为主谓谓语句的主语;然后才能用"的"去提取它们,从而构成一个跟这个主谓谓语句(即陈述)相应的名词化形式(即指称)。例如:

　　(6) a. 我送张老师一本书 → *我送一本书的老师

---

① 参考朱德熙(1983)§4.3,袁毓林(1995)§4.2。

b. 张老师我送了他一本书→我送他一本书的老师
(7) a. 他用这些图片教英语→*他教英语的图片
  b. 这些图片他用来教英语→他用来教英语的图片
(8) 他在那个晚上出生了→那个晚上他出生了
  →他出生的那个晚上
(9) 他在客厅里挂了一幅画→客厅里他挂了一幅画
  →他挂了一幅画的客厅

这样,借助话题化,外围格和环境格跟核心格(主体格和客体格)一样,能够通过名词化而作同位性偏正结构的中心语。

话题化还能使有标记的配位方式中性化,变成无标记的配位方式。根据第三章的讨论,动词的位的最大限额是二或三,动词的项的最大限额是四。也就是说,动词本身在一个句子结构中只能带有限的二至三个配项,只有借助"把、用、给、在、为、为了"等介词作标记才能多带一两个配项。当某个额外多带的配项通过话题化移位到句首时,可以删除介词,从而造成动词的无标记超额配价结构。例如:

(10) a. 我把那块面擀了面条了→那块面我(把它)擀了面条了
  b. 我还没给花浇水呢→花我还没(给它)浇水呢
  c. 我用这块布裁了一条裤子→这块布我(用它)裁了一条裤子
  d. 你把我的热水袋放哪儿了→我的热水袋你(把它)放哪儿了
  e. 我还没给孩子穿衣服呢→孩子我还没(给他)穿衣服呢
  f. 他已经把大门上了锁了→大门他已经(把它)上了锁了
  g. 我已经把这笔钱记了账了→这笔钱我已经(把它)记

了账了

 h. 我为这件事调查了不少地方→(为)这件事我调查了不少地方

 i. 咱们在青岛多住几天吧→(在)青岛咱们多住几天吧

因为话题结构是一种有标记的结构,所以动词超额配价的标记性事实上通过另一种方式得到了表示。也就是说,动词只有在有标记的结构中才能实现超额配价。

8.5.2 主语和话题的语法特性

Li & Thompson(1976)坚信:主语和话题这两个概念对描写语言的基本结构来说都是必需的,并指出两者在语法上共有七项互相区别的特点。Tsao(1977)参照 Keenan(1976)关于主语在世界各语言中的共性,用汉语的材料对上述两家的结论进行全面细致的检验,最后得出结论:

A. 汉语的主语有下列特性:

1. 主语永远不能用介词来标记;
2. 在位置上,主语可以定义成动词左边的第一个有生名词,或紧挨在动词前的名词;
3. 主语总是跟句中的主要动词有选择关系(selectional relation);
4. 主语倾向于有特定的所指(specific reference);
5. 主语在下列同指代词化(co-referential pronominalization)或删除过程中起重要作用:反身代词化、动词系列化、祈使句化和相同名词短语删除(袁案:Li & Thompson(1976)还提到被动句化)。

B. 汉语的话题有下列特性:
1. 话题总是居于话题链的第一个句子的句首;
2. 话题跟其余部分之间总是可以插入"啊(呀)、呢、嘿、吧"等语气词;
3. 话题总是有定的(definite);
4. 话题是个话语概念,它可以并经常把它的语义辖域延伸到后面的几个句子;
5. 话题可以控制一个话题链中的所有同指名词的代词化或删除;
6. 除非同时是主语,话题在下列语法过程中不起作用:反身代词化、被动句化、相同名词短语删除、动词系列化和祈使句化。

按照他们对于主语和话题的论述和界定,我们果真能把句中谓词之前的语法成分区别出主语和话题两类吗?汉语的事实表明,这是不可能的。第一,跟主语一样,所谓的话题也可以是无定形式。例如:

(1) a. 一个医生,他不可能不懂得及时抢救的重要性
　　b. 一棵树苗,分枝长得太多就会影响树干的发育

这些句首的数量名短语,在句法上都是无定形式,在语义上不是表示有定(definite),而是表示通指(generic reference),即其所指对象是整个一类事物(class)。① 它们在语用上充当话题,可以在前面加上"作为"一类话题标记。

第二,所谓的话题未必一定要居于句首,也未必不能跟动词谓

---

① 关于通指的概念,我们用陈平(1987)的定义,见陈平(1991)第128页。

语有选择关系。例如：

(2) a. 这本书,内容比那本书好

　　b. 内容,这本书比那本书好

(3) a. 他呢,数学又不及格了

　　b. 数学呢,他又不及格了

(4) 他啊,酒呢,早不喝了,烟还抽

例(2)(3)句首的两个名词性成分都跟动词谓语有选择关系,并且都符合 Tsao 对主语的定义(A 之 2)。例(4)中的"酒"符合 Tsao 对话题的定义(B 之 2),但它不处于句首。

第三,所谓的话题跟主语一样,能控制同指名词的代词化或删除。例如：

(5) a. 小王呢,眼睛不好；所以,(他)只能报考文科

　　b. 两种点心 i 我都买了,(e_i)他没买

例(5a)第二分句的主语跟所谓的话题"小王"同指,因而能够代词化或者干脆删除。

第四,所谓的话题跟主语一样,能在祈使句化、反身代词化、动词系列化、相同名词短语删除和被动句化等语法过程中起重要的作用。例如：

(6) a.(你)上我家吃早饭吧!

　　b.(早饭)你上我家吃吧!

(7) a.(你)可不能带孩子来!

　　b.(孩子)你可不能带来!

可见,所谓的话题句也可以祈使句化(imperativization)。并且,所谓的话题跟主语一样也可以作祈使句删除(imperative deletion)。再如：

(8) a. 张三ᵢ喜欢他自己ᵢ

　　b. 我呢,成绩ᵢ不好(e_i)只能怨自己ᵢ不用功

　　c. 他ᵢ吧,眼睛ᵢ睁不开了(e_i)就掐自己ᵢ的大腿

　　d. 这种人ᵢ我ⱼ想(e_i)不会太亏待自己ᵢ的

从例(8b—d)可见,所谓的话题也可以控制跟它同指的后续动词的主体格,使之成为相同名词短语删除(Equi-NP deletion)过程的牺牲者,并通过这个空范畴去支配反身代词化(reflexivization)。再如:

(9) a. 湿衣服你早一点挂出去晒晒

　　b. 这事你们两人商量一下找一个解决的办法

　　c. 环保问题领导重视不重视大不一样

　　d. 这个问题你去说比我去说更合适

可见,所谓的话题跟主语一样,可以成为对连谓结构中后续动词的有关配项进行同指删除的控制者,而跟话题和主语同指的后续动词的配项成为动词系列化(verb serialization)过程的牺牲者。再如:

(10) a. 钱包呢,我倒被人偷过好几回了

　　a′. 我呢,钱包被人偷过好几回了

　　b. 头发呢,他早被人剃光了

　　b′. 他呢,头发早被人剃光了

　　c. 棱角呢,这几年我被生活磨圆了

　　d. 心理素质呢,我倒被训练出来了

可见,所谓的话题句在一定程度上也能被动句化(passivization)。

从上面的讨论可以看出,目前还没有可靠的办法在汉语的句子中区分出主语和话题这两类语法成分。究其根源,这种把不同

分析平面的概念并立起来刻画句子结构的做法本身就是错误的。对此,Tsao (1977,§4)也有一定的认识。

8.5.3 基础句的主语和派生句的主语

上文强调 Li & Thompson (1976)和 Tsao (1977)区分主语和话题的尝试是不成功的,但我们并不否定他们称之为主语的成分跟他们称之为话题的成分在句法、语义和语用上有一定的差别。问题是怎样看待和解释这两类成分的差别。他们坚持在表层结构上处理,拒绝引入派生过程。Li & Thompson (1976)声称"话题—说明"结构也是基础句式,它们在分布上并不比别的句式受到更多的限制。比如,"话题—说明"结构可以作为限制性关系从句(restrictive relative clause)和非断定补语(non-asserted complement)而嵌入。例如:

(1) a. 那种豆子一斤三十块钱
　　b. 我不喜欢那种一斤三十块钱的豆子
(2) a. 他们谁都不来
　　b. 我反对他们谁都不来

事实上,例(1b)和(2b)的可接受性很差,它们的合语法性是很值得怀疑的。另一方面,汉语的派生句式在递归性嵌入方面并不太受限制。比如,"把"字句和"被"字句是典型的派生句式,它们也可以作为限制性关系从句和非断定补语而嵌入。例如:

(3) a. 我不喜欢把零食带到教室里的孩子
　　b. 我亲眼看见那个杯子被小王打碎了

Li & Thompson (1976)坚持"话题—说明"句式的基本性,为此付出的代价是为动词性谓语前的成分设立主语和话题两套概念。不幸的是,这种两套概念并用的做法无论在理论原则上还是在实际操作上都是有不少困难的。

本书强调,像主谓谓语句这种"话题—说明"结构是从一般的主谓句上派生出来的。句法根据之一是,不允许宾语悬空的动词不能构成主谓谓语句。此外,我们还有下列更好的证据。例如:

(4) a. 我下象棋下不过你→a'. (下)象棋我下不过你

　　b. 我下象棋下昏了头→b'. (*下)*象棋我下昏了头

(5) a. 我找遍了每一个房间→a'. 每一个房间我都找遍了

　　b. *我找遍了个个房间→b'. *个个房间我都找遍了

例(4a—b)虽然同是重动式(verb-copying construction),但只有前段可话题化移位到句首的重动式才能通过删除句首的重复动词(copying verb)而派生出主谓谓语句。至于为什么包含量词重叠式的名词性成分(LLN)不能作主谓谓语句的大主语,则应该归咎于不存在 LLN 作宾语的主谓句作为其派生的基础形式。[①] 可见,确立从主谓句到主谓谓语句这种"话题—说明"结构的派生过程,不仅在理论上是可能的,而且在原则上是必需的。

其实,所谓主语跟话题的差别,无非是作为基础的主谓句的主语(简称基础主语)跟通过话题化移位而造成的主语(简称派生主语)的差别。因为基础主语和派生主语在较深的语法层次上跟后边的动词关系不同,所以在语义选择、形态一致和句法控制方面会有一系列的差别。但是,把派生主语等同于话题的做法并不能解决问题;因为主谓谓语句的大主语或小主语也不一定就是语用上

[①] 朱德熙(1982)§2.3.2指出,量词重叠式或由它充当定语的名词性成分不能作宾语。

的话题,例如:

(6) a. 什么窍门他都不懂

　　b. 谁做的菜他也不觉得好吃

(7) a. 小王哪儿都玩过啦

　　b. 他什么也看不清了

例(6)中的大主语和例(7)中的小主语都是派生主语,但是从重音、停顿、有定性等方面看,它们都不是话题。①

我们说主谓谓语句这种"话题—说明"结构是派生句式,但并不否定他们是汉语的基本句型(fundamental sentence-pattern)。②跟"把/被"字句一样,它们在结构来源上是派生的,但对汉语的结构面貌来说则是基本的。作为派生句式,某种主谓谓语句形式的不合格(如5b')可以追溯到其基础形式的不合格(如5b)。作为一种独立的基本句型,主谓谓语句有特定的句法、语义约束条件和自主的发展方向。不是所有合格的主谓句都能派生出主谓谓语句(如4b所示),而且也不是所有的主谓谓语句都能通过逆移位来复原成主谓句的。例如:

(8) a. 一切办法我都试过了 → *我都试过了一切办法

　　b. 什么活儿他都不想干 → *他都不想干什么活儿

这种不可复原性是可以得到合理的解释的:当作为基础的主谓句

---

① 详见陆俭明(1986)。

② 基础句式跟基本句型的关系,有点儿像词汇学上词的本义跟词的基本义的关系。本义是从来源上讲的,指的是从文献记载上可以查考的词的最初的意义;而基本义是从使用上讲的,指词在现代最常用、最主要的意义。比如,"脸"的本义是两颊的上部,"眉销残黛脸销红"(白居易《昭君怨》)用的就是本义;"脸"的基本义是头的前部、从额到下巴的部分,这就是今天我们常用的意义。

的周遍性宾语话题化为主谓谓语句的周遍性主语后,在动词谓语前插入了总括副词"都"来强调呼应;后来,在语义指向上属于前指性的副词阻止句首周遍性成分的后移(逆移位)。这就是说,派生出来的结构还可以作细化调整(elaboration),以至无法复原为其基础形式。这一点,跟"把/被"字句又是一样的。例如:

(9) a. 你把信带在身上吧 → *你带信在身上吧

　　b. 钱被他花得差不多了 → *他花钱得差不多了

(10) a. 炮弹把教室炸了一个窟窿 → *炮弹炸了教室一个窟窿

　　b. 封皮被孩子撕成了碎片 → *孩子撕封皮成了碎片

可见,派生句式一旦用开了,就可能会朝着不可逆转的方向发展。

第六节　递归原则和参数设定

8.6 在上面的讨论中,我们尝试证明主谓谓语句是从主谓句上派生出来的,对于谓语动词前的体词性成分来说,只要用主语这一概念就可以描写清楚了;而话题的概念在句法平面上是不必要的,它只在语用或话语分析的平面上才需要。这样,"汉语是注重话题的语言"这种类型学论断就失去了必要的事实根据。如果把汉语置于世界语言的变异范围这个广阔的背景上来考察,那么汉语的类型并不会因为有了主谓谓语句而显得特殊。主谓谓语句只是反映句法结构的递归性这一普遍原则(universal principle)在汉语中选择了特定的参数(specific parameter):允许非向心的谓词性结构跟向心结构一样能自相递归生成。而这一点又是可以从汉语的结构特点上得到解释的:因为汉语没有严格的形态变化,所以主谓结构既可以是一个词组,也可以直接实现为一个句子;并且主谓结构中的某一个成分还可以通过话题化移位而提升为主语,让带有句法空位的主谓结构作它的谓语。不管这个主谓结构的身份是短语还是句子(包括主谓句和由它派生出的主谓谓语句),其中的谓词和体词在形态上都是无须发生变化的。[①] 同时,也正因为汉语没有格的形态标志,所以非主体格移到主语(大主语或小主语)位置上时要受到严格的语义约束:只有那些不依赖语序就可以显示其跟动词的及物性关系的成分才能作话题化前移(详见§3.1)。在这里,句法形式跟语义约束之间的制衡关系达到了一种完美的境界。

指出汉语在递归原则上选择了特定的参数(允许非向心的谓词性结构自相递归生成)是非常重要的,它可以解释为什么除了双宾结构以外汉语还有述补结构、连谓结构(包括所谓的兼语式)和主谓谓语结构等谓词连用和套叠现象,而这一切的根源又可以追溯到汉语缺少形态变化。不难想象,在动词及其配项有复杂的形态变化、主语和谓语在形态上有一致关系的语言中,动词性结构的递归生成是很受限制的。

---

① 参考朱德熙(1985)第5—9页。

第九章　述结式的配价和配位分析

9.0 前面几章分别讨论了动词、形容词和名词的配价和配位,还讨论了它们对主谓谓语句等有关句子结构的影响。这一章打算把这种研究推广到动词性结构上,着重分析述结式的配价和配位情况。在这里,述结式指由述语和结果补语组成的黏合式述补结构。它有着不同于其构成成分(即述语动词和补语动词或形容词)的复杂的配价结构,并且述结式对其从属成分的论元选择限制及其句法配置——配位方式也很有特色,值得我们去仔细分析。

这一章分为两大部分:第一部分(第一~四节)讨论述结式的配价情况,分别从述结式如何对其构成成分的论元进行选择、述语动词和补语动词的论元如何提升为整个述结式的论元两个角度,来分析述结式的配价结构。第二部分(第五~六节)讨论述结式的配位情况,主要考察述结式对其从属成分的论元选择和句法配置,着重讨论由述结式构成的各种句式之间的派生关系和推导程序。

第一节　述结式及其构件的配价

述结式的配价结构主要包括两方面的内容:(i)述结式的价数,即某个述结式能支配多少个从属成分;(ii)述结式的价质,即从属于某个述结式的配价成分的语义角色(或论旨角色,thematic role)是什么。要说明述结式的价数,基于还原主义(reductionism)的立场,最理想的做法是:直接从构成述结式的述语和补语的动词(包括形容词)的配价上去推导整个述结式的配价。为此,下面我们分别考察价数不同的动词构成的述结式的价数。

9.1.1 $V^1 + V^1 \rightarrow VC$

述语(记作 V)和补语(记作 C)都是一价动词(记作 V^1)构成的述结式,既有一价的(记作 VC^1),也有二价的(记作 VC^2)。下面,我们分别举例说明。

9.1.1.1 $V^1 + V^1 \rightarrow VC^1$

这种述结式常见的有"起早、走晚、歇久、走远、来迟、去迟、走长、呆久、坐好、站稳、站住;热死、冷死、冻僵、站累、坐累、睡烦、睡醒、下大、刮猛、长高、长结实"等。① 例如:

  我走晚了 她歇久了 你来迟了 您站稳了
  小鸡冻僵了 奶奶站累了 雨下大了 孩子长高了

9.1.1.2 $V^1 + V^1 \rightarrow VC^2$

这种述结式常见的有"哭红、哭哑、哭肿、羞红、涨红、坐麻、走肿、蹲酸、笑哑;累病、累倒、急哭、饿病、饿晕、哭醒"等。例如:

  小芳哭红了眼睛 爸爸走肿了双脚 弟弟笑哑了嗓子
  爷爷累病了～田间活儿累病了爷爷

---

① 有的 VC 一定要"了"同现,如"走晚了";有的则既可以单用、又可以后加"了",如"站住(了)"。本文暂时不区分这两种 VC。关于这两种"VC 了"在层次构造上的差别,请看陆俭明(1990)。

孩子哭醒了～孩子把我哭醒了

像"累病、累倒、急哭、饿病、饿晕、哭醒"等述结式都有一价和二价两种用法。

9.1.2　$V^2+V^1 \to VC$

由二价动词(记作 V^2)作述语、一价动词作补语构成的述结式,既有一价的,也有二价的,甚至有三价的(记作 VC^3)。下面,我们分别举例说明。

9.1.2.1　$V^2+V^1 \to VC^1$

这种述结式常见的有"学好、学坏、学乖、学精、学瘸、学偏、学傻、学聪明、学机灵"等。例如:

　　　小明学好了　桐桐学乖了　小刚学坏了　你怎么学傻了

值得注意的是,"学好、学坏"既可以是述结式,意思是通过学习而变好/坏,可以用"没"来否定(如:这孩子跟我学手艺学了这么多年,结果还是没学好);又可以是述宾结构的合成词,意思是向好人好事学习,可以用"不"来否定(如:这孩子天天闯祸,就是不学好)。

9.1.2.2　$V^2+V^1 \to VC^2$

这种述结式常见的有"吃早、办迟、等久、住长、洗久、唱快、念慢、看仔细、抓住、逮着、瞄准；洗累、等急、写累、喝醉、吃饱、想疯、养胖；洗干净、吃没、送走、打伤、推倒、杀死、割断、逗笑、哄乐、踢翻、染红、晒干、拨快；挖浅、剪长、裁窄、洗脏、做大、挂低、买贵、放歪、踢飞"等。例如:

　　　这晚饭你又吃早了　　他在国外住长了(汉语都说不溜了)

猫逮着了一只耗子　　这一大盆衣服可把我洗累了
她送走了两个朋友　　这段相声把大伙儿都逗乐了
这衣服你又洗脏了　　他总是把球踢飞

9.1.2.3　$V^2 + V^1 \rightarrow VC^3$

这种述结式常见的有"砍钝、洗湿、擦脏、切折、扛肿、唱哑、喊哑、跑烂、写秃"等。例如：

这些排骨爷爷砍钝了两把刀　　这些排骨/爷爷砍钝了两把刀
这十吨钢材我跑烂了几双鞋　　这十吨钢材/我跑烂了几双鞋
这些小麦我把肩膀都扛肿了　　这些小麦/我把肩膀都扛肿了
这篇论文我把钢笔都写秃了　　这篇论文/我把钢笔都写秃了

这种述结式经常支配两个从属成分，也可以支配三个从属成分；其述语动词和补语动词的论元有复杂的整合过程，详见§9.2.1.2、§9.3.2.1和§9.4.2.4。

9.1.3　$V^2 + V^2 \rightarrow VC^2$

述语和补语都是由二价动词充任的述结式，只有二价的。这种述结式常见的有"听懂、看懂、学会、看会、听明白、看明白、问明白、想明白、听清楚、看清楚、问清楚、想清楚、打赢、下赢、打输、下输、踢赢、踢输、看烦、听烦、吃怕、玩怕、吃腻、玩熟、吃剩、干腻味；玩忘、卖赔、倒赚、说漏"等。例如：

小王看懂了图纸　　我问明白了事情的原委
中国队打赢了预选赛　　马晓平下输了第一局
这种电视剧我看烦了　　妹妹吃剩了半个馒头
我又玩忘了一件事　　她卖赔了几千块钱

9.1.4 $V^3 + V^1 \rightarrow VC$

由三价动词(记作 V^3)作述语、一价动词作补语构成的述结式,既有一价的,也有二价的,甚至有三价的。下面,我们分别举例说明。

9.1.4.1 $V^3 + V^1 \rightarrow VC^1$

这种述结式常见的有"教晚",例如:

  昨天夜里我教晚了 比较:昨天夜里我睡晚了

这里的"教晚",意思是教别人教到夜里很晚的时候,其配价情况跟"睡晚"相似。

9.1.4.2 $V^3 + V^1 \rightarrow VC^2$

这种述结式常见的有"教好、教坏、教笨、教晕乎、教聪明、教糊涂"等。例如:

  她把小强教好了 你怎么把孩子教笨了
  我把他教聪明了 刘师傅把我教晕乎了

9.1.4.3 $V^3 + V^1 \rightarrow VC^3$

这种述结式常见的有"教完、教早、教晚"等。例如:

  我教完了小峰数学,又教小泉语文
  这孩子钢琴你教晚了

这里的"教晚",意思是教别人学某种东西教得晚了。相比较而言,一价的"教晚"陈述的对象是施事,二价的"教晚"陈述的对象是与事,即它们分别以施事或与事作为言谈的起点(departure of discourse,即话题)。也就是说,价数不同的"教晚"有不同的话语功能。

9.1.5　$V^3 + V^2 \rightarrow VC^3$

由三价动词作述语、二价动词作补语构成的述结式,只有三价的。这种述结式常见的有"教会、讲明白"。例如:

我教会孩子数数　　这个道理我早跟她讲明白了

9.1.6　配价整合:整体不等于部分之和

上面我们从述语和补语的配价来观察述结式的配价,下面我们从述结式整体的配价来观察其构件的配价:

$VC^1 \rightarrow \{V^1+V^1, V^2+V^1, V^3+V^1\}$

$VC^2 \rightarrow \{V^1+V^1, V^2+V^1, V^2+V^2, V^3+V^1\}$

$VC^3 \rightarrow \{V^2+V^1, V^3+V^1, V^3+V^2\}$

总结上文的考察,大家可以发现:述结式的配价既不等于其述语的配价,也不等于其补语的配价,并且也不等于其述语和补语的配价之和。其原因在于,述结式作为一种内部有很强的凝聚力的结构体,它对其构件原有的论元(argument)作出了调整和合并。[①]述结式的这种论元整合(integration)的结果是:述语动词或补语动词的一部分论元提升(elevate)为整个述结式的论元,一部分论元则被压抑(depress)住了(即未能提升为整个述结式的论元),最终造成述结式的配价跟其构件的配价缺少直接的对应或折算关系。

[①] 参考郭锐(1995)和王红旗(1995)。

第二节 述结式的论元整合的类型

述结式的论元整合主要有并价、消价、共价等类型,下面分别讨论。

9.2.1 并价:述结式的价数等于述语和补语的价数之和

所谓并价,指述结式的价数等于其述语动词的价数和补语动词的价数的算术和。

9.2.1.1 $V^1+V^1 \rightarrow VC^2$

这种述结式常见的有"哭红、哭哑、哭肿、羞红、涨红、坐麻、走肿、蹲酸、笑哑"等。例如:

小芳哭红了眼睛 {小芳哭,眼睛红}
爸爸走肿了双脚 {爸爸走,双脚肿}
弟弟笑哑了嗓子 {弟弟笑,嗓子哑}

这种述结式的述语是一价动词,其从属成分的论元角色是施事(记作 A_1),经过论元整合后提升为述结式的施事(记作 A),在句法上可以作述结式的主语;补语也是一价的,其从属成分的论元角色是当事(记作 E_2),经过论元整合后提升为述结式的受事(记作 P),在句法上可以作述结式的宾语。

这种述结式的论元整合过程可以表示为:

$V^1\{A_1\}+V^1\{E_2\} \rightarrow VC^2\{A,P\}$ 其中,$A=A_1, P=E_2$

事实上,补语的从属成分 E_2 跟述语动词及其从属成分 A_1 都有语义关系：E_2 是述语动词的工具格（人体工具，记作 $I(A)_1$），同时它本身是一价名词，是 A_1 的支配成分；即 A_1 是 E_2 的配价成分，其论元角色是领属者（记作 Poss）。① 由于 E_2 和 A_1 之间有领属关系，因而它们可以合并成一个论元，从而使这种 VC 变成一价的。例如：

　　　　小芳的眼睛哭红了　　爸爸的双脚走肿了
　　　　弟弟的嗓子笑哑了

9.2.1.2　$V^2+V^1 \rightarrow VC^3$

这种述结式常见的有"砍钝、洗湿、擦脏、切折、扛肿、唱哑、喊哑、跑烂、写秃"等。例如：

　　　　这些排骨爷爷砍钝了两把刀　　｛爷爷用刀砍排骨，刀钝｝
　　　　这几扇窗我擦脏了三块抹布　　｛我用抹布擦窗，抹布脏｝
　　　　这床被子妈妈洗湿了两双鞋　　｛妈妈洗被子，鞋子湿｝

这种述结式的述语动词是二价的，其施事 A_1 经过论元整合后提升为述结式的施事 A，在句法上可以作述结式的主语；其受事（记作 P_1）经过论元整合后提升为述结式的致事（记作 Cau），即某种动作—结果复合事件的引发者（causer），在句法上可以作述结式的主语或由述结式构成的主谓式谓语的主语。补语动词是一价的，其从属成分的论元角色是当事（记作 E_2），经过论元整合后提升为述结式的受事 P，在句法上可以作述结式的宾语。

这种述结式的论元整合过程可以表示为：

　　　　$V^2\{A_1, P_1\} + V^1\{E_2\} \rightarrow VC^3\{A, P, Cau\}$

---

① 关于一价名词及其跟从属名词的语义关系，详见袁毓林(1994)。

其中,$A=A_1$,$P=E_2$,$Cau=P_1$

9.2.2 消价:补语动词以述语动词为配价成分

所谓消价,指补语动词以述语动词为配价成分,结果使得述结式的价数从述语动词的价数和补语动词的价数的算术和中减去一价。

9.2.2.1 $V^1+V^1 \to VC^1$

这种述结式常见的有"起早、走晚、歇久、走远、来迟、去迟、呆久、坐好、站稳、站住"等。例如:

我走晚了{我走,走得晚}→{我晚}

她歇久了{她歇,歇得久}→{她久}

你来迟了{你来,来得迟}→{你迟}

他站住了{他站,站住了}→{*他住}

作补语的"早、晚、久、远、迟、长、好、住"等一价动词以述语动词为配价成分,在语义上述语动词充当补语动词的主题格(记作 Th);作述语的一价动词的施事 A_1 提升为整个述结式的施事 A,于是整个述结式经过论元整合后是一价的。

这种述结式的论元整合过程可以表示为:

$V_1^1\{A_1\}+V_2^1\{Th\} \to VC^1\{A\}$ 其中,$A=A_1$,$Th=V_1$

由于这种述结式的补语动词是陈述(predicate)述语动词的,而述语动词又是陈述主语名词的;因而,通过 $C \to V \to A_1$ 这种及物性传递关系,使得补语也能陈述主语,即 $C \to A_1$。值得注意的是,"住"等虚化动词不能造成及物性传递关系。

9.2.2.2 $V^2 + V^1 \rightarrow VC^2$

这种述结式常见的有"吃早、办迟、等久、住长、洗久、唱快、念慢、看仔细、抓住、逮着、瞄准"等。例如：

这晚饭你吃早了{你吃晚饭,吃得早}→{晚饭早,你早}

这平房我住久了{我住平房,住得久}→{*平房久,我久}

他逮着了一只猫{他逮猫,逮着了}→{*猫着,*他着}

我抓住了一个贼{我抓贼,抓住了}→{*贼住,*我住}

作补语的"早、晚、久、远、迟、长、快、慢、仔细、准、住、着"等一价动词以述语动词为配价成分,在语义上述语动词充当补语动词的主题格(记作 Th);作述语的二价动词的施事 A_1 提升为整个述结式的施事 A,在句法上可以作述结式的主语;其受事 P_1 提升为整个述结式的受事 P,在句法上可以作述结式的宾语。于是,整个述结式经过论元整合后是二价的。

这种述结式的论元整合过程可以表示为：

$$V_1^2\{A_1, P_1\} + V_2^1\{Th\} \rightarrow VC^2\{A, P\}$$

其中,$A = A_1, P = P_1, Th = V_1$

这种述结式的补语,如果是实义动词,那么其及物性可以传递到述语动词的从属成分;如果是虚化动词,那么其及物性不能传递到述语动词的从属成分。

9.2.2.3 $V^3 + V^1 \rightarrow VC^1$

这种述结式常见的有"教晚"。例如：

昨天夜里我教晚了{我教某人某种东西,教到很晚}→{我晚}

作补语的一价动词"晚"以述语动词为配价成分,在语义上述语动词充当补语动词的主题格（记作 Th）；作述语的三价动词的施事 A_1 提升为整个述结式的施事 A，其受事 P_1 和与事 D_1 在述结式的论元整合过程中被淘汰出局。于是，整个述结式经过论元整合后是一价的。

这种述结式的论元整合过程可以表示为：

$$V_1^3\{A_1,P_1,D_1\}+V_2^1\{Th\}\rightarrow VC^1\{A\}$$

其中，$A=A_1$，$Th=V_1$

这种述结式的补语，其及物性可以传递到述语动词的在述结式中保留下来的从属成分，即 $C\rightarrow A_1$。

9.2.2.4　$V^3+V^1\rightarrow VC^3$

这种述结式常见的有"教完、教早、教晚"等。例如：

　　我教完了小峰数学　　{我教小峰数学，教完了}→{我完}
　　这孩子钢琴你教晚了　{你教孩子钢琴，教得晚}→{你晚}

作补语的一价动词"晚"以述语动词为配价成分，在语义上述语动词充当补语动词的主题格（记作 Th）；作述语的三价动词的施事 A_1 提升为整个述结式的施事 A，其受事 P_1 提升为整个述结式的受事 P，与事 D_1 提升为整个述结式的与事 D。于是，整个述结式经过论元整合后是三价的。

这种述结式的论元整合过程可以表示为：

$$V_1^3\{A_1,P_1,D_1\}+V_2^1\{Th\}\rightarrow VC^3\{A,P,D\}$$

其中，$A=A_1$，$P=P_1$，$D=D_1$，$Th=V_1$

这种述结式的补语，其及物性只能传递到述语动词的施事，即 $C\rightarrow A_1$。

9.2.3 共价:述语动词和补语动词的从属成分所指相同

所谓共价,指述语动词和补语动词的一个或多个配价成分所指相同,结果使得述结式的价数从述语动词的价数和补语动词的价数的算术和中扣除其共价的价数。

9.2.3.1 $V^1 + V^1 \to VC^1$

这种述结式常见的有"热死、冷死、冻僵、站累、坐累、睡烦、睡醒、下大、刮猛、长高、长结实"等。例如:

小鸡冻僵了 {小鸡冻,小鸡僵}
孩子长高了 {孩子长,孩子高}
阵雨下大了 {阵雨下,阵雨大}
奶奶站累了 {奶奶站,奶奶累}

述语和补语都是一价动词,其施事或主题所指相同,即 $A_1 = A_2$ 或 $Th_1 = Th_2$;这个施事或主题提升为整个述结式的施事 A 或主题 Th,所以整个述结式是一价的。

这种述结式的论元整合过程可以表示为:

$$V^1\{A_1/Th_1\} + V^1\{A_2/Th_2\} \to VC^1\{A/Th\}$$

其中,$A/Th = \{A_1 = A_2 / Th_1 = Th_2\}$

9.2.3.2 $V^2 + V^1 \to VC^1$

这种述结式常见的有"学好、学坏、学乖、学精、学疵、学偏、学傻、学聪明、学机灵"等。例如:

小明学好了{小明学某人或某事,小明好}

　　　　桐桐学乖了｛桐桐学某人或某事,桐桐乖｝
述语是二价动词,其施事 A_1 跟作补语的一价动词的当事 E_2 所指相同,并提升为整个述结式的施事 A;述语动词的受事 P_1 在述结式的论元整合过程中被淘汰出局。于是,整个述结式经过论元整合后是一价的。

　　这种述结式的论元整合过程可以表示为:
　　　　$V^2\{A_1, P_1\} + V^1\{E_2\} \rightarrow VC^1\{A\}$　　其中,$A = \{A_1 = E_2\}$

9.2.3.3　$V^2 + V^1 \rightarrow VC^2$

　　这种述结式常见的有"(1)洗累、等急、写累、喝醉、吃饱、想疯、养胖;(2)洗干净、吃没、送走、打伤、推倒、杀死、割断、逗笑、哄乐、踢翻、染红、晒干、拨快;挖浅、剪长、裁窄、洗脏、做大、挂低、买贵、放歪、踢飞"等。例如:
　　　　这衣服把我洗累了｛我洗衣服,我累｝
　　　　白馒头把她吃胖了｛她吃馒头,她胖｝
　　　　妈妈洗干净了桌布｛妈妈洗桌布,桌布干净｝
　　　　这水沟你们挖浅了｛你们挖水沟,水沟浅｝
这种述结式的述语是二价动词,补语是一价动词。整个述结式经过论元整合后是二价的,但论元整合的方式不同,可以分为两种情况:(1)述语动词的施事 A_1 跟作补语的一价动词的当事 E_2 所指相同,并提升为整个述结式的受事 P;述语动词的受事 P_1 在论元整合过程中提升为整个述结式的致事 Cau。(2)述语动词的受事 P_1 跟作补语的一价动词的当事 E_2 或施事 A_2 所指相同,并提升为整个述结式的受事 P;述语动词的施事 A_1 在论元整合过程中提升为整个述结式的施事 A。

这两种述结式的论元整合过程可以表示为：

(1) $V^2\{A_1, P_1\} + V^1\{E_2\} \to VC^2\{Cau, P\}$

其中，$Cau = \{P_1\}, P = \{A_1 = E_2\}$

(2) $V^2\{A_1, P_1\} + V^1\{E_2\} \to VC^2\{A, P\}$

其中，$A = \{A_1\}, P = \{P_1 = E_2\}$

9.2.3.4 $V^2 + V^2 \to VC^2$

这种述结式常见的有"(1)听懂、看懂、学会、看会、听明白、看明白、问明白、想明白、听清楚、看清楚、问清楚、想清楚、打赢、下赢、打输、下输、踢赢、踢输、看烦、听烦、吃怕、玩怕、吃腻、玩熟、吃剩、干腻味；①(2)玩忘、卖赔、倒赚、说漏"等。例如：

我问明白了事情经过 {我问事情经过，我明白事情经过}

这种电视剧我看烦了 {我看这种电视剧，我烦这种电视剧}

我又玩忘了一件事 {我玩某种东西，我又忘一件事}

她卖赔了几千块钱 {她卖某种东西，她赔几千块钱}

这种述结式的述语和补语都是二价动词，整个述结式经过论元整合后是二价的；但论元整合的方式不同，可以分为两种情况：(1)述语动词的施事 A_1 跟补语动词的施事 A_2 所指相同，并提升为整个述结式的施事 A；述语动词的受事 P_1 跟补语动词的受事 P_2 所指相同，并提升为整个述结式的受事 P。(2)述语动词的施事 A_1 跟补语动词的施事 A_2 所指相同，并提升为整个述结式的施事 A；述

---

① 有意思的是，对于"看烦、听烦、听厌、吃怕、吃腻、干腻味"等述结式中的补语"烦、腻、腻味"等，郭锐(1995)认为是一价的(第 172、174、184 页)，王红旗(1995)认为是二价的(第 158—159 页)。事实上，它们正处于及物性减弱的演变过程中，即从能带宾语的二价动词演变为不能带宾语的二价形容词。

语动词的受事 P_1 在论元整合过程中被淘汰出局,补语动词的受事 P_2 提升为整个述结式的受事 P。

这两种述结式的论元整合过程可以表示为:

(1) $V^2\{A_1,P_1\}+V^2\{A_2,P_2\}\rightarrow VC^2\{A,P\}$
其中,$A=\{A_1=A_2\}$,$P=\{P_1=P_2\}$

(2) $V^2\{A_1,P_1\}+V^2\{A_2,P_2\}\rightarrow VC^2\{A,P\}$
其中,$A=\{A_1=A_2\}$,$P=\{P_2\}$

9.2.3.5　$V^3+V^1\rightarrow VC^2$

这种述结式常见的有"教好、教坏、教笨、教晕糊、教聪明、教糊涂"等。例如:

她把小强教好了{她教小强某种东西,小强好}

我把他教聪明了{我教他某种东西,他聪明}

这种述结式的述语是三价动词,其施事 A_1 提升为整个述结式的施事 A,其受事 P_1 和与事 D_1 在论元整合过程中被淘汰出局;补语是一价动词,其当事 E_2 提升为整个述结式的受事 P。于是,整个述结式经过论元整合后是二价的。

这种述结式的论元整合过程可以表示为:

$V^3\{A_1,P_1,D_1\}+V^1\{E_2\}\rightarrow VC^2\{A,P\}$
其中,$A=\{A_1=A_2\}$,$P=\{E_2\}$

9.2.3.6　$V^3+V^2\rightarrow VC^3$

这种述结式常见的有"教会、讲明白"。例如:

我教会了孩子弹钢琴{我教孩子弹钢琴,孩子会弹钢琴}

道理我跟她讲明白了{我跟她讲道理,她明白道理}

这种述结式的述语是三价动词,补语是二价动词。其中述语动词的施事 A_1 提升为整个述结式的施事 A,其受事 P_1 和与事 D_1 分别跟补语动词的受事 P_2 和施事 A_2 所指相同,并分别提升为整个述结式的受事 P 和与事 D。于是,整个述结式经过论元整合后是三价的。

这种述结式的论元整合过程可以表示为:

$$V^3\{A_1,P_1,D_1\}+V^2\{A_2,P_2\}\rightarrow VC^3\{A,P,D\}$$

其中,$A=A_1$,$P=\{P_1=P_2\}$,$D=\{D_1=A_2\}$

第三节 述结式论元指派的准入规则

上面对述结式的配价的分析是自底向上的(bottom-up),即从其构件——作述语和补语的动词的配价来看其整体的配价;这种还原主义的分析方法是有问题的,主要是对于下面将要讨论的减价和增价现象是无法作出合理的解释的。事实上,述结式作为一种结构整体,它有特定的配价能力;同时,述结式作为一个结构整体,它对其论元的指派有特定的规则,这是我们这一节所要讨论的内容。

9.3.1 论元整合的结果:等价、减价和增价

下面,我们先讨论述结式的论元整合的结果符合还原分析的情况——等价,再讨论述结式的论元整合的结果不符合还原分析的情况——减价和增价。

9.3.1.1 等价——VC 的价等于 V 和 C 的价之并

如果一个述结式的价数等于其述语动词和补语动词的价数之

和减去其消价和共价数,那么我们称这种论元整合的结果为等价。比如,§9.2.1.1中的"哭红"类、§9.2.1.2中的"砍钝"类、§9.2.2.1中的"走晚"类、§9.2.2.2中的"吃早"类、§9.2.3.1中的"冻僵"类、§9.2.3.4中的"听懂"类、§9.2.3.6中的"教会"类。如果我们把共价和消价看作是一种集合运算(operation on sets)的话,那么它是逻辑上的并(union)运算;因为,共价和消价的结果要在述语动词和补语动词的价数之和中扣除其重复的部分。

9.3.1.2 减价——VC 的价小于 V 和 C 的价之并

如果一个述结式的价数小于其述语动词和补语动词的价数之和减去其消价和共价数,那么我们称这种论元整合的结果为减价。比如,§9.2.2.3中的"教晚"类、§9.2.3.2中的"学好"类、§9.2.3.5中的"教坏"类。减价的原因多半是由于述语动词的某个或某些配价成分不能进入整个述结式所表达的使动情景(causative situation)中,或者说这些配价成分所表示的情景要素不能进入述结式所表示的语义场景的透视域(perspective)之中。比如,在"学好"中,"学"能激活(activate)一个施事性成分和一个受事性成分,"好"能激活一个当事性成分(跟"学"的施事共价),但是"学"的受事未能进入"学好"所激活的语义场景的透视域中。动词"教"能激活一个施事性成分、一个受事性成分和一个与事性成分,但是"教"的受事和与事未能进入"教晚"所激活的语义场景的透视域中,"教"的受事未能进入"教好"所激活的语义场景的透视域中。

9.3.1.3 增价——VC 的价大于 V 和 C 的价之并

如果一个述结式的价数大于其述语动词和补语动词的价数之

和减去其消价和共价数,那么我们称这种论元整合的结果为增价。这种述结式常见的有"累病、累倒、急哭、冻坏、冻病、饿病、饿晕、惊醒;咳嗽醒、哭醒、哭傻、哭糊涂"等。例如:

  爷爷累病了   {爷爷累,爷爷病}

  农活累病了爷爷 {(农活)使(爷爷累,爷爷病)}

  妹妹急哭了   {妹妹急,妹妹哭}

  这事急哭了妹妹 {(这事)使(妹妹急,妹妹哭)}

这种述结式有一价和二价两种用法,一价的比较容易解释:述语和补语都是一价动词,其施事或当事所指相同,即 $A_1 = A_2$ 或 $E_1 = E_2$;这个共价的施事或当事提升为整个述结式的施事 A 或当事 E,所以整个述结式是一价的。

这种述结式的论元整合过程可以表示为:

$$V^1\{A_1/E_1\} + V^1\{A_2/E_2\} \to VC^1\{A/E\}$$

其中,$A/E = \{A_1 = A_2/E_1 = E_2\}$

二价的则是通过某种使动关系而获得了额外的一价。所谓使动关系,指某个使动因素(即致事 Cau)使某个受动者(即受事 P)处于某种状态。在这里,原来 VC^1 的施事或当事 A/E 沦为使动化的述结式(即 VC^2)的受事 P,那个从外部强行加入进来的使动因素成为致事 Cau;结果,这种使动化的述结式就增价为二价的。

这种述结式的论元整合过程可以表示为:

$$Cau + VC^1\{A/E\} \to VC^2\{Cau, P\} \quad \text{其中,} P = A/E$$

9.3.2 使动关系的层次及其论元指称

要想有效地、自底向上地说明述结式的配价能力,必须分清述结式所表示的使动关系的层次,以及它所指派的论元之间的语义上的指称关系。

9.3.2.1 内部的使动关系和外部的使动关系

上文把增价归咎于使动关系,事实上,述结式一般都表示使动关系。比如,"累病"是劳累导致生病,"急哭"是着急导致哭泣,"学乖"是学习导致乖巧,"洗干净"是洗涤导致干净,"想明白"是思考导致明白,"教聪明"是教诲导致聪明。由于这种使动关系是发生在述语动词和补语动词及其从属成分之间的述谓关系(predication),因而我们称这种使动关系为内部的使动关系。一般地说,只表示内部使动关系的述结式的价数大都是可以从其述语动词和补语动词的价数上推算出来的。而造成增价的使动关系则是强加在述结式的内部使动关系之上的述谓关系,即某个外来的致事强行跟述结式的述语动词和补语动词及其从属成分发生述谓关系。例如:

长工饿晕了　　　{(长工饿)使(长工晕)}
地主饿晕了长工　{(地主)使〔(长工饿)使(长工晕)〕}
孩子惊醒了　　　{(孩子惊)使(孩子醒)}
枪声惊醒了孩子　{(枪声)使〔(孩子惊)使(孩子醒)〕}

由于这种使动关系是发生在外来的致事跟述语动词和补语动词及其从属成分之间的高一层次的述谓关系,因而我们称这种使动关系为外部的使动关系。一般地说,表示外部使动关系的述结式的价数是无法直接从其述语动词和补语动词的价数上推算出来的。

有意思的是,内部的使动关系可以外部化;表现为:述语动词的受事充当高层次的使动关系的致事。例如:

我洗累了　　　　{(我洗某物)使(我累)}

    这衣服把我洗累了{(衣服)使〔(我洗它)使(我累)〕}
    她吃胖了   {(她吃某物)使(她胖)}
    白馒头把她吃胖了{(馒头)使〔(她吃它)使(她胖)〕}

这种述结式本来表示,述语动词所表示的原因事件引起了补语动词所表示的结果事件。其中,述语动词的施事 A_1 跟作补语的一价动词的当事 E_2 所指相同,并沦为整个述结式所表示的使动事件的受事 P;这给述语动词的受事 P_1 一个机会,使它突现为这种动作—结果复合事件的引发者(causer),即上升为整个述结式的致事 Cau。再如:

    爷爷砍钝了两把刀 {(爷爷用刀砍某物)使(刀钝)}
    这些排骨爷爷砍钝了两把刀
    {(排骨)使〔(爷爷用刀砍它)使(刀钝)〕}
    妈妈洗湿了两双鞋 {(妈妈洗某物)使(鞋子湿)}
    这床被子妈妈洗湿了两双鞋
    {(被子)使〔(妈妈洗它)使(鞋子湿)〕}

这种述结式的述语动词的施事 A_1,本来就能提升为述结式的施事 A。但是,为了强调原因事件跟结果事件之间关系的偶然性,把述语动词的受事 P_1 突现为这种动作—结果复合事件的引发者,即上升为整个述结式的致事 Cau。

9.3.2.2 施受同指、施受异指和述结式的指称歧义

  一般地说,述结式的内部使动关系表示由述语动词所表示的原因事件引起了补语动词所表示的结果事件。这种使动关系可以表示为:

    (X V)使(Y C) 其中,X=Y 或 X≠Y

当 X＝Y 时,我们称之为施受同指的使动关系。例如:

  孩子长高了　{(孩子长)使(孩子高)}

  小明学好了　{(小明学某人或某事)使(小明好)}

  妈妈洗累了　{(妈妈洗某物)使(妈妈累)}

当 X≠Y 时,我们称之为施受异指的使动关系。例如:

  小芳哭红了眼睛　{(小芳哭)使(眼睛红)}

  哥哥擦脏了抹布　{(哥哥擦某物)使(抹布脏)}

当一个述结式既可以表示施受同指的语义关系、又可以表示施受异指的语义关系时,就造成了述结式的指称歧义。例如:

  孩子哭醒了　　　　　{(孩子哭)使(孩子醒)}

  孩子把我哭醒了　　　{(孩子哭)使(我醒)}

  她俩吵烦了　　　　　{(她俩吵)使(她俩烦)}

  她俩把邻居吵烦了　　{(她俩吵)使(邻居烦)}

  小明看愣了　　　　　{(小明看某物)使(小明愣)}

  小明把老师看愣了　　{(小明看老师)使(老师愣)}

当这种述结式表示施受同指的语义关系时,属于一价的;当这种述结式表示施受异指的语义关系时,属于二价的。当一个动词既有自动用法、又有他动用法时,由它作述语构成的述结式也可能有类似的指称歧义。例如:

  周瑜气死了　　　　　{(周瑜气)使(周瑜死)}

  诸葛亮气死了周瑜　　{(诸葛亮气周瑜)使(周瑜死)}

由不及物动词"气(生气)"构成的述结式,表示施受同指的使动关系,是一价的;由及物动词"气(使生气)"构成的述结式,表示施受异指的使动关系,是二价的。

9.3.3 述结式论元指派的准入规则

述结式的述语动词和补语动词原有的论元提升为述结式的论元时,遵循的是准入规则(license regulation);表现为价数准入和价质准入,即一个述结式只能带一定数目和一定语义角色的从属成分。因此,述结式只允许其述语动词和补语动词的有限数目和特定语义角色的从属成分提升上来。

9.3.3.1 述结式的价数准入

从构成上看,述结式是一种黏合式的述补结构;从句法功能上看,述结式相当于一个动词,表现为可以带动词后缀"了"和"过"。[①] 同样,在配价能力上,述结式跟动词一样,只能带一个到三个不等的从属成分。据此,可以把述结式分为一价的(即 VC^1)、二价的(即 VC^2)和三价的(即 VC^3)三种。其中,VC^1 只能带一个从属成分,这个配价成分的论元角色是施事、当事、主题等主体格。例如:

起早、走晚、歇久、走远、来迟、去迟、走长、呆久、坐好、站稳、站住;热死、冷死、冻僵、站累、坐累、睡烦、睡醒、下大、刮猛、长高、长结实。

VC^2 能带两个从属成分,这两个配价成分的论元角色是施事、当事、致事等主体格,和受事等客体格。例如:

吃早、办迟、等久、住长、洗久、唱快、念慢、看仔细、抓住、逮着、瞄准;洗累、等急、写累、喝醉、吃饱、想疯、养胖;洗干净、吃没、

---

① 详见朱德熙(1982)§9.3:结果补语,第126—128页。

送走、打伤、推倒、杀死、割断、逗笑、哄乐、踢翻、染红、晒干、拨快；挖浅、剪长、裁窄、洗脏、做大、挂低、买贵、放歪、踢飞。

VC^3 能带三个从属成分，这三个配价成分的论元角色是施事、当事、主题等主体格，和受事、与事等客体格。例如：

砍钝、洗湿、擦脏、切折、扛肿、唱哑、喊哑、跑烂、写秃；教完、教早、教晚；教会、讲明白。

跟动词一样，能带三个以上的必有论元的述结式是没有的。

9.3.3.2 述结式的价质准入

下面，我们尝试使用自顶向下的(top-down)分析方法，总结述结式作为一种结构整体对其构件(述语动词和补语动词)原有的论元进行选择和准入的控制性规则，简称论元准入规则：

(1) i. 述结式允准述语动词和补语动词至少各放入一个论元参与论元提升；

ii. 述结式优先选择述语动词的主体格，并把它提升为述结式的主体格；

iii. 述结式优先选择补语动词的客体格，并把它提升为述结式的客体格；

iv. 如果补语动词没有客体格，那么把其主体格提升为述结式的客体格，消价、共价的情况除外；

v. 如果补语动词的主体格跟述语动词的主体格共价或者跟述语动词消价，那么述语动词的客体格可以提升为述结式的客体格；

vi. 外部的使动关系使述结式额外获得一个致事格，并使述结式原来的主体格降级为受事格；

vii. 内部使动关系的外部化使述语动词原有的受事格提升为述结式的致事格,并使述语动词的主体格降级为受事格。

在把述语动词和补语动词原有的论元提升为述结式的论元时,上述准入规则是按照顺序严格地执行的。从上述准入规则上,我们可以看出充当述结式的主体格和客体格的优选序列:

(2) 述结式的主体格:述语动词的主体格＞述语动词的受事格
(3) 述结式的客体格:补语动词的客体格＞补语动词的主体格＞述语动词的受事格＞述语动词的主体格

这种优先序列可以形式化地表示为:(Sub 代表主体格,Obj 代表客体格)

(2') VC(Sub):V(Sub)＞V(Obj)
(3') VC(Obj):C(Obj)＞C(Sub)＞V(Obj)＞V(Sub)

从上述准入规则和优选序列可以看出,述结式的主体格只能由述语动词原有的论元提供,述结式的客体格主要由补语动词原有的论元提供;只有当补语动词的仅有的主体格跟述语动词的主体格共价或者跟述语动词消价,从而使这个述结式原则上允准的格位闲置时,述语动词的客体格才能强行占据这个本不属于它的格位(例如:武松喝醉了酒、这早饭你又吃晚了);只有当内部的使动关系遭到破坏时,述语动词的受事格才能违规充当述结式的主体格、述语动词的主体格才能违规充当述结式的客体格(例如:田间劳作累病了爷爷、这一大盆衣服洗累了妈妈)。这是可以理解的,因为就述结式所表示的内部使动关系而言,述语动词的贡献是表示使动事件的引发者,其主体格的生命度

(animacy)和使动性(causation)都高于其客体格,因而更有资格充当整个使动事件的主体格;补语动词的贡献是表示受使动事件影响而产生的结果或状态,其客体格的生命度低于其主体格、受动性(affectedness)高于其主体格,因而更有资格充当整个使动事件的客体格。

第四节 述结式配价的控制—还原分析

有了上面两节(§9.2—9.3)的准备,现在我们可以采用自底向上和自顶向下相结合的控制—还原分析法,来对各种类型的述结式的配价构成进行逐一讨论。

9.4.1 $V^1+V^1 \to VC$

由一价动词作述语和补语构成的述结式,如果是表示内部使动关系的,那么都是一价的;如果是表示外部使动关系的,那么都是二价的。

9.4.1.1 消价的 $V^1+V^1 \to VC^1$

这种述结式常见的有"起早、走晚、歇久、走远、来迟、去迟、走长、呆久、坐好、站稳、站住"等。例如:

　　你们起晚了　　妈妈歇久了　　大家坐好　　您站稳了

这种述结式的补语动词以述语动词为配价成分,配价整合的结果是从述语动词和补语动词的价数的算术和中减去一价,即(1+1)−1=1。因此,这种述结式是一价的,根据论元准入规则(1ii),述语动词的主体格提升为整个述结式的主体格。

由于及物性关系的传递性,补语动词通过陈述述语动词、从而可以陈述述语动词的配价成分——主体格;结果,使得消价的 $V^1+V^1 \rightarrow VC^1$ 跟下面共价的 $V^1+V^1 \rightarrow VC^1$ 界限模糊。另外,这种述结式的述语动词也可以是双音节的。例如:

我起来晚了　　你起床早了　　她休息久了
你动身迟了

9.4.1.2　共价的 $V^1+V^1 \rightarrow VC^1$

这种述结式常见的有"热死、冷死、冻僵、站累、坐累、睡烦、睡醒、下大、刮猛、长高、长结实"等。例如:

毒蛇冻僵了　　爸爸坐累了　　这雨下大了
小明长结实了

这种述结式的述语动词和补语动词的配价成分所指相同,配价整合的结果是从述语动词和补语动词的价数的算术和中减去一价,即 $(1+1)-1=1$。因此,这种述结式是一价的,根据论元准入规则(1ii、iv),述语动词的主体格(=补语动词的主体格)提升为整个述结式的主体格。

另外,这种述结式的补语动词似乎也可以是双音节的,比如"长结实";至于"哭出声"是不是述结式,我们还不敢肯定。

9.4.1.3　并价的 $V^1+V^1 \rightarrow VC^2$

这种述结式常见的有"哭红、哭哑、哭肿、羞红、涨红、坐麻、走肿、蹲酸、笑哑、笑痛(了肚子)、气歪(了嘴)、跑疼(了腿)、走肿"等。例如:

小芳羞红了脸　　妹妹哭哑了嗓子　　大伙儿笑疼了肚子

弟弟跑肿了双腿

这种述结式的述语动词和补语动词的配价成分所指不同,配价整合的结果是述结式的价数等于述语动词和补语动词的价数的算术和,即 1+1=2。因此,这种述结式是二价的,根据论元准入规则(1ii、iv),述语动词的主体格提升为整个述结式的主体格,补语动词的主体格提升为整个述结式的客体格。

9.4.1.4 增价的 $V^1+V^1 \rightarrow VC^2$

这种述结式常见的有"累病、累倒、急哭、饿病、饿晕、哭醒、惊醒、冻病、冻坏、吓跑、咳嗽醒、哭糊涂、累趴下"等。例如:

奶奶饿病了～饥荒饿病了奶奶

孩子冻病了～老王把孩子冻病了

老王都累趴下了～这摞书都把老王累趴下了

这种述结式的述语动词和补语动词的配价成分所指相同,配价整合的结果是从述语动词和补语动词的价数的算术和中减去一价,即 (1+1)-1=1。因此,在一般的、表示内部使动关系的情况下,这种述结式是一价的;根据论元准入规则(1ii),述语动词的主体格提升为整个述结式的主体格。只有通过引进一个外部的致动因素(即致事),即在表示外部使动关系的情况下,这种述结式才能额外地获得一个价,即〔(1+1)-1〕+1=2。根据论元准入规则(1vi),这个从外部挤进来的论元充当述结式的致事格,述结式原来的主体格降级为受事格。

9.4.2 $V^2+V^1 \rightarrow VC$

由二价动词作述语、一价动词作补语构成的述结式,如果是表示内部使动关系的,那么既有一价的,也有二价的;如果是表示外部使动关系的,那么可以是三价的。

9.4.2.1 消价的 $V^2+V^1\to VC^2$

这种述结式常见的有"吃早、办迟、等久、住长、洗久、穿久、唱快、念慢、看仔细、抓住、逮住、逮着、瞄准"等。例如:

  这事儿你可办迟了 那件上衣我穿久了(所以有点儿脏)
  这歌你们又唱快了 警察逮住了两个小偷

这种述结式的补语动词以述语动词为配价成分,配价整合的结果是从述语动词和补语动词的价数的算术和中减去一价,即$(2+1)-1=2$。因此,这种述结式是二价的,根据论元准入准则(1ii、v),述语动词的主体格提升为整个述结式的主体格,述语动词的客体格提升为整个述结式的客体格。

9.4.2.2 共价的 $V^2+V^1\to VC^1$

这种述结式常见的有"学好、学坏、学乖、学精、学痞、学偏、学傻、学聪明、学机灵"等。例如:

  李立成学精了 你怎么学偏了 我看他是学傻了
  她倒是学聪明了

这种述结式的述语动词的主体格和补语动词的主体格所指相同,配价整合的结果是从述语动词和补语动词的价数的算术和中减去一价,即$(2+1)-1=2$。因此,这种述结式应该是二价的,根据论元准入规则(1ii、iv),述语动词的主体格(=补语动词的主体格)提升为整个述结式的主体格;根据论元准入规则(1v),述语动词的客体格可以提升为整个述结式的客体格,但是,实际上这个客体格并没有提升上来,所以这种述结式只是一价的。

9.4.2.3 共价的 $V^2 + V^1 \to VC^1/VC^2$

这种述结式可以分为两大类:(1)述语动词的主体格跟补语动词的主体格共价,常见的有"洗累、写累、等急、喝醉、吃饱、想疯、想死、养胖"等。例如:

(1) 妈妈洗累了～这盆衣服把妈妈洗累了
    爸爸写累了～这篇论文把爸爸写累了
    弟弟等急了～那些同学把弟弟等急了
(2) 叔叔喝醉了～两杯白酒把叔叔喝醉了
    叔叔喝醉了酒～*叔叔喝醉了两杯白酒
(3) 舅舅吃饱了～两碗米饭把舅舅吃饱了
    舅舅吃饱了饭～*舅舅吃饱了两碗米饭
    舅舅吃饱了肚子(就回家了)
(4) 妹妹养胖了～粗粮蔬菜养胖了妹妹
    ～粗粮蔬菜把妹妹养胖了
(5) 我想你都快想死了～*我都快想死了
    我可想死你了～你可把我想死了
(6) 奶奶想小孙子都快想疯了～?奶奶都快想疯了
    ～?小孙子都快把奶奶想疯了

这种述结式的述语动词的主体格和补语动词的主体格所指相同,配价整合的结果是从述语动词和补语动词的价数的算术和中减去一价,即(2+1)-1=2。因此,这种述结式应该是二价的,根据论元准入规则(1ii、iv),述语动词的主体格(=补语动词的主体格)提升为整个述结式的主体格；根据论元准入规则(1v)，述语动词的客体格可以提升为整个述结式的客体格，也可以不提升上来。比如，像"喝醉、吃饱"把这个客体格提升上来了，所以它们是二价的。有意思的是，"吃饱"居然把补语动词"饱"的较为下位的主体格"肚子"提升上来，占据这种述结式的这个本来可能空闲的受事宾语位置。而"洗累、写累、等急"则没有把这个客体格提升上来，所以这种述结式只是一价的。当这种述结式表示外部使动关系时，根据论元准入规则(1vii)，述语动词的客体格升级为整个述结式的致事格，述语动词的主体格(＝补语动词的主体格)降级为整个述结式的客体格；因此，这时这种述结式都是二价的。至于，"想疯"只能用在动词拷贝结构(verb-copying construction)中，不是自由的述结式，而是依存的述结式。[1]

(2)述语动词的客体格跟补语动词的主体格共价，常见的有"洗干净、放整齐、码齐、扎破、吃没、送走、放跑、打伤、打败、晾干、砸坏、治好、看好(病)、点着(油灯)、哄着(孩子)、打折(腿)、推倒、杀死、割断、逗笑、骂哭、哄乐、踢翻、染红、晒干、拨快、挖浅、剪长、裁窄、洗脏、做大、挂低、买贵、放歪、踢飞"等。例如：

  门卫码齐了自行车 妹妹把巧克力吃没了
  他放跑了两个小偷 雹子把屋顶都砸坏了
  这辆车你可买贵了 哥哥把石英钟拨快了

这种述结式的述语动词的客体格和补语动词的主体格所指相同，配价整合的结果是从述语动词和补语动词的价数的算术和中减去

---

[1] 关于述结式分为自由和依存两种，参见袁毓林(1986)§2：述结式的及物性支配能力，袁毓林(1999)第49—56页。

一价,即(2+1)-1=2。因此,这种述结式是二价的,根据论元准入规则(1ii、iv),述语动词的主体格提升为整个述结式的主体格,补语动词的主体格(=述语动词的客体格)提升为整个述结式的客体格。

通过比较上述两种共价方式,我们可以发现:述语动词的客体格跟补语动词的主体格共价是动结式的最佳的模式,它能充分地利用述语动词和补语动词原有的论元,并在最大程度上符合论元准入规则、而无需作出论元角色的转变和调整。因此,这是述结式中数量最多、最能产的一种类型。述语动词的主体格跟补语动词的主体格共价不是动结式的最佳的模式,它有可能浪费掉述语动词的客体格,并且让述结式的宾语位置空闲。大概正是为了充分利用述语动词的这个差点儿失业的客体格,和充分利用这个述结式的空闲着的宾语位置;所以,述语动词的客体格有时也擅自出场,强行占据这个本不属于它的宾语位置,这种情况是不整齐的(即同类中有的述结式这样做了,有的没有);或者,通过内部使动关系的外部化,让述语动词的客体格升级为致事格,让跟补语动词的主体格共价的述语动词的主体格降级为受事,这种情况是比较整齐的(即同类中所有的述结式都可以这样做)。

9.4.2.4 并价的 $V^2+V^1 \to VC^3$

这种述结式常见的有"砍钝、砍折、切钝、切折、洗湿、洗脏、擦脏、扛肿、唱哑、喊哑、跑烂、跑断、写秃、写折、愁白(了头发)"等。例如:

爷爷砍钝了两把刀~这些排骨砍钝了两把刀

～这些排骨爷爷砍钝了两把刀

老傅擦脏了三块布～这辆车子擦脏了三块布
　　～这辆车子老傅擦脏了三块布
小陈写秃了几支笔～这篇论文写秃了几支笔
　　～这篇论文小陈写秃了几支笔
哥哥扛肿了他的肩膀～这些麦子扛肿了他的肩膀
　　～这些麦子哥哥扛肿了肩膀
老刘跑断了他的双腿～户口问题跑断了他的双腿
　　～户口问题老刘跑断了双腿
小芳唱哑了她的嗓子～那支新歌唱哑了她的嗓子
　　～那支新歌小芳唱哑了嗓子
妈妈洗湿了两双鞋～这床被子洗湿了妈妈两双鞋
　　～这床被子妈妈洗湿了两双鞋
爸爸跑烂了几双鞋～这些钢材跑烂了爸爸几双鞋
　　～这些钢材爸爸跑烂了几双鞋
妹妹擦脏了她的袖子～这个饭桌擦脏了她的袖子
　　～这个饭桌妹妹擦脏了她的袖子
妈妈愁白了她的头发～这桩婚事愁白了她的头发
　　～这桩婚事妈妈愁白了她的头发

这种述结式的述语动词是二价的,补语动词是一价的,配价整合的结果是述结式的价数等于述语动词和补语动词的价数的算术和,即 $2+1=3$。因此,这种述结式是三价的,根据论元准入规则(1ii、iv),述语动词的主体格提升为整个述结式的主体格,补语动词的主体格提升为整个述结式的客体格。必须指出的是,在这种述结式中,补语动词的主体格不一定是述语动词的工具格。比如,在"砍钝了两把刀"中,"钝"的主体格"刀"碰巧是"砍"的工具格,但是,在

"擦脏了她的袖子"中,"脏"的主体格"袖子"不是"擦"的工具格。

9.4.3 $V^2 + V^2 \rightarrow VC^2$

由二价动词作述语和补语的述结式都是二价的,根据述语动词和补语动词的论元的共价程度,分为完全共价的和不完全共价的两种。

9.4.3.1 完全共价的 $V^2 + V^2 \rightarrow VC^2$

这种述结式常见的有"听懂、看懂、学会、看会、听明白、看明白、问明白、想明白、听清楚、看清楚、问清楚、想清楚、打赢、下赢、打输、下输、踢赢、踢输、看烦、听烦、吃怕、玩怕、吃腻、玩熟、吃剩、干腻味"等。例如:

  我终于听懂了她的话   他问明白了事情的原委
  韩国队踢赢了小组赛   我们吃剩了小半盘炒菜
  这种游戏你也玩怕了   他的那些说教我听厌了

这种述结式的述语和补语都是二价动词,述语动词的主体格跟补语动词的主体格共价,述语动词的客体格跟补语动词的客体格共价;配价整合的结果是从述语动词和补语动词的价数的算术和上减去共价的数目,即$(2+2)-2=2$。因此,这种述结式是二价的,根据论元准入规则(1ii、iii),述语动词的主体格(=补语动词的主体格)提升为整个述结式的主体格,补语动词的客体格(=述语动词的客体格)提升为整个述结式的客体格。

9.4.3.2 不完全共价的 $V^2 + V^2 \rightarrow VC^2$

这种述结式常见的有"玩忘、卖赔、倒赚、说漏"等少数几个。

例如:

小明(玩球)玩忘了做家务　　她(卖服装)卖赔了一些钱
大哥(倒票)倒赚了二百元　　?妈妈(说话)说漏了嘴

这种述结式的述语和补语都是二价动词,述语动词的主体格跟补语动词的主体格共价;配价整合的结果是从述语动词和补语动词的价数的算术和上减去共价的数目,即$(2+2)-1=3$。因此,这种述结式应该是三价的。根据论元准入规则(1ii、iii),述语动词的主体格(=补语动词的主体格)提升为整个述结式的主体格,补语动词的客体格提升为整个述结式的客体格,述语动词的受事格没有参与提升。所以,这时这种述结式实际上是二价的。

9.4.4　$V^3+V^1 \to VC$

由三价动词作述语、一价动词作补语构成的述结式,既有一价的,也有二价的,甚至还有三价的。

9.4.4.1　消价的 $V^3+V^1 \to VC^1$

这种述结式常见的只有"教晚"一个。例如:

昨天夜里我教晚了

这种述结式的补语动词以述语动词为配价成分,配价整合的结果是从述语动词和补语动词的价数的算术和上减去消价的数目,即$(3+1)-1=3$。因此,这种述结式应该是三价的。根据论元准入规则(1ii、iv),述语动词的主体格提升为整个述结式的主体格;但是,述语动词的两个客体格(受事和与事)没有参与提升。所以,这时这种述结式实际上是一价的。

9.4.4.2 消价的 $V^3+V^1 \to VC^3$

这种述结式常见的有"教完、教早、教晚"等少数几个。例如：

妈妈教完了我画画（又去教哥哥算术）

这孩子钢琴你教晚了　桐桐啊英语我教早了

这种述结式的补语动词以述语动词为配价成分，配价整合的结果是从述语动词和补语动词的价数的算术和上减去消价的数目，即 $(3+1)-1=3$。因此，这种述结式是三价的。根据论元准入规则（1ii、iv），述语动词的主体格提升为整个述结式的主体格，述语动词的两个客体格（受事和与事）分别提升整个述结式的受事和与事。

9.4.4.3 共价的 $V^3+V^1 \to VC^2$

这种述结式常见的有"教好、教坏、教笨、教晕乎、教聪明、教糊涂"等。例如：

他把孩子教坏了　你倒是把我教糊涂了

这种述结式的述语动词的与事和补语动词的主体格共价，配价整合的结果是从述语动词和补语动词的价数的算术和上减去共价的数目，即 $(3+1)-1=3$。因此，这种述结式应该是三价的。根据论元准入规则（1ii、iv），述语动词的主体格提升为整个述结式的主体格，补语动词的主体格（＝述语动词的与事格）提升为整个述结式的客体格。因为述语动词的受事格没有参与提升，所以这时这种述结式实际上是二价的。

9.4.5　$V^3+V^2 \to VC$

由三价动词作述语、二价动词作补语构成的述结式，只有三价的一种。

9.4.5.1 共价的 $V^3+V^2 \to VC^3$

这种述结式常见的有"教会、讲明白"。例如：

老费教会了我开汽车   这一点你必须跟他讲明白

这种述结式的述语动词的与事格和补语动词的主体格共价,述语动词的受事格跟补语动词的客体格共价;配价整合的结果是从述语动词和补语动词的价数的算术和上减去共价的数目,即(3+2)-2=3。因此,这种述结式是三价的。根据论元准入规则(1ii、iii),述语动词的主体格提升为整个述结式的主体格,补语动词的客体格(=述语动词的受事格)提升为整个述结式的受事格;至于述语动词的与事格(=补语动词的主体格)提升为整个述结式的与事格,这是上文的论元准入规则所无法预测的。对此,我们还没有找到比较满意的解释,姑且录此存疑。

9.4.6 $V^1+V^2 \to VC$

由一价动词作述语、二价动词作补语构成的述结式,只有二价的一种。

9.4.6.1 共价的 $V^1+V^2 \to VC^2$

这种述结式常见的有"跑丢、走忘"等少数几个。例如：

小李跑丢了一只鞋   (我光顾着走,结果)我走忘了一件事

这种述结式的述语动词的主体格和补语动词的主体格共价,配价整合的结果是从述语动词和补语动词的价数的算术和上减去共价的数目,即(1+2)-1=2。因此,这种述结式是二价的。根据

论元准入规则(1ii、iii),述语动词的主体格(=补语动词的主体格)提升为整个述结式的主体格,补语动词的客体格提升为整个述结式的受事格。

第五节 由述结式构成的基础句式和派生句式

述结式能构成形式繁多的句式,要对这些句式的句法、语义特点作出经济而有效的说明,一个可能的办法是:确定其中的某种句式是基础句式,其他句式都是派生句式;并且,那些派生句式是通过某些明确的操作程序从基础句上推导出来的。下面,我们循着这种思路进行尝试。

9.5.1 从基础句到无标志的派生句的推导

从配价能力上看,述结式有一价、二价、三价共三种类型。一价的述结式只能支配一个施事论元,这个论元只能在述结式之前作主语,形成简单句 $S_0:NP_A+VC$。例如:

  我来迟了 她坐累了 小三学痞了 昨夜我教晚了

可见,一价述结式的配位方式是相对简单的。

二价的述结式可以支配两个论元,根据这两个论元的句法配置可以分为及物的和不及物的两种。及物的述结式,它所支配的两个论元一个可以作主语,一个可以作宾语;不及物的述结式,它所支配的两个论元都只能作主语,不能作宾语。下面,我们先讨论及物的述结式的配位方式。

为了方便,我们称比较中性的、无标记的(unmarked)句式为基础句式,称从基础句式上通过移位、删除等操作而推导出来的句式为派生句式。对于及物的二价述结式,我们假定施事作主语、受事作宾语的句式为基础句式,记作 $S_1:NP_A+VC$ 了$+NP_P$,S_1 可以简称为主宾句;在特定的语境中,主宾句 S_1 中的受事宾语可以话题化(topicalization),移位到施事主语前的话题位置,从而形成派生句式 $S_2:NP_P+NP_A+VC$ 了,S_2 可以简称为话题句;主宾句 S_1 中的受事宾语也可以次话题化(sub-topicalization)[①],移位到施事主语后、谓语动词前的次话题位置,从而形成派生句式 $S_3:NP_A+NP_P+VC$ 了,S_3 可以简称为次话题句;在特定的语境中,话题句 S_2 中的话题可以省略,从而形成派生句式 $S_4:NP_A+VC$ 了,S_4 可以简称为施事主语句;同样,在特定的语境中,次话题句 S_3 中的主语可以省略,从而形成派生句式 $S_5:NP_P+VC$ 了,S_5 可以简称为受事主语句。例如:

$S_1:NP_A+VC$ 了$+NP_P$　　$S_2/S_4:(NP_P)+NP_A+VC$ 了

妈妈晾干了衣裳　　　　　(衣裳)妈妈晾干了

小王点着了油灯　　　　　(油灯)小王点着了

老陈修好了电扇　　　　　(电扇)老陈修好了

姐姐哄着了孩子　　　　　(孩子)姐姐哄着了

爷爷磨钝了菜刀　　　　　(菜刀)爷爷磨钝了

弟弟写折了铅笔　　　　　(铅笔)弟弟写折了

$S_3/S_5:(NP_A)+NP_P+VC$ 了

(妈妈)衣裳晾干了　　　　(小王)油灯点着了

(老陈)电扇修好了　　　　(姐姐)孩子哄着了

---

① 关于话题和次话题的区别,请看徐烈炯、刘丹青(1997)§2.4 第 60—67 页。

(爷爷)菜刀磨钝了　　　　(弟弟)铅笔写折了

其中，主宾句 S_1 是中性的，它在话语中出现时，对上下文语境没有特殊的要求。话题句 S_2 是有标记的(marked)，只有在这种语境条件下才能用它：上文已经谈论过受事 NP_P 的所指或跟它相关的事件，即这个受事或跟它相关的事件已经成为听话人的已知信息(given information)；并且，当下是以这个受事作话题，即作为言谈的起点(departure of discourse)。如果这个受事话题在语境中是充分地激活的(full-activated)，比如整个一段话语是谈论该话题的，至少先行的句子是以此为话题的；那么，这个话题在当下这个句子中可以省略(即由话题句 S_2 转变为施事主语句 S_4)。这就是施事主语句(即省略受事话题的句子)S_4 的语境条件。相比起来，施事主语句 S_4 比话题句 S_2 更为有标记，受到更多的语境制约。次话题句 S_3 也是有标记的，它通常用在这样的语境条件下：上文已经谈论过受事 NP_P 的所指或跟它相关的事件，这个受事或跟它相关的事件已经成为听话人的已知信息；并且，当下是以这个受事或与它相关的事件作为言谈的对象(aboutness)，并拿它来跟其他成分及其相关事件作对比，即作为言谈的对比性起点。从使用条件上看，次话题句 S_3 比话题句 S_2 受到更多的限制。当这种受事成为具有对比性的次话题的同时，它前面的施事主语就成为言谈的起点，即提升为话题。如果这个施事话题在语境中是充分地激活的，比如整个一段话语主要是谈论该话题的，至少先行的句子是以此为话题的；那么，这个话题在当下这个句子中可以省略(即由次话题句 S_3 转变为受事主语句 S_5)。这就是受事主语句(即省略施事话题的句子)S_5 的语境条件。照此说来，受事主语句 S_5 比次话题句 S_3 更为有标记，受到更多的语境制约。显然，这是不符合语言事实的。事实上,受事主语句的使用是比较自由的。原因在于除了上面所说的语境外,在下列语境条件下也可以使用受事主语句:说话人不关心施事性成分是什么,并且该受事的所指或跟它相关的事件是听话人已知的,说话人在当下的言谈中愿意把它作为言谈的起点。

现在,我们讨论不及物的二价述结式的配位方式。不及物的二价述结式,常见的有"吃早、办迟、等久、住长、洗久、穿久、唱快、念慢、挖浅、剪长、裁窄、洗脏、做大、挂低、买贵、放歪"等。由于这种述结式的受事不能作宾语,因而它不能构成主宾句 S_1。这种述结式只能构成话题句 S_2、次话题句 S_3、施事主语句 S_4 和受事主语句 S_5。例如:

S_1:NP_A+VC 了+NP_P S_2/S_4:(NP_P)+NP_A+VC 了

*小杨吃早了晚饭   (晚饭)小杨吃早了

*老李办迟了那事   (那事)老李办迟了

*我穿久了这衣服   (这衣服)我穿久了

*爸爸挖浅了水沟   (水沟)爸爸挖浅了

*姐姐做大了鞋子   (鞋子)姐姐做大了

*你买贵了这辆车   (这辆车)你买贵了

S_3/S_5:(NP_A)+NP_P+VC 了

(小杨)晚饭吃早了   (老李)那事办迟了

(我)这衣服穿久了   (爸爸)水沟挖浅了

(姐姐)鞋子做大了   (你)这辆车买贵了

现在的问题是:基础句 S_1 是不成立的,那么派生句 S_2 和 S_3 是从哪儿推导出来的呢?我们假定:派生句 S_2 和 S_3 是从动词拷贝结构(verb-copying construction)上推导出来的。例如：

S_6：NP_A+V+NP_P+VC 了　　　S_3：NP_A+NP_P+VC 了

　　小杨吃晚饭吃早了　　　　　　小杨晚饭吃早了

　　老李办那事办迟了　　　　　　老李那事办迟了

　　我穿这衣服穿久了　　　　　　我这衣服穿久了

　　爸爸挖水沟挖浅了　　　　　　爸爸水沟挖浅了

　　姐姐做鞋子做大了　　　　　　姐姐鞋子做大了

　　你买这辆车买贵了　　　　　　你这辆车买贵了

我们设想，不及物的二价述结式尽管有较强的配价能力，可以支配两个从属成分；但是，配位能力十分有限，通常只能跟其中的一个从属成分构成主谓结构。在没有特定的语境支持的情况下，如果要明确地表明这两个从属成分跟这种述结式的施受关系，只能通过拷贝述语动词并通过它来引导出受事格。于是，终于构成 S_6 这种动词拷贝句。在特定的语境条件下，如果论元之间的施受关系是比较明确的；那么这个拷贝动词完全可以删去，结果就形成了 S_3 这种次话题句。如果在特定的语境中，需要把受事及其相关动作这个事件作为言谈的起点；那么，可以把这个拷贝动词短语话题化移位到句首话题位置。例如：

S_7：$V+NP_P+NP_A+VC$ 了　　　S_2：NP_P+NP_A+VC 了

　　吃晚饭小杨吃早了　　　　　　晚饭小杨吃早了

　　办那事老李办迟了　　　　　　那事老李办迟了

　　穿这衣服我穿久了　　　　　　这衣服我穿久了

　　挖水沟爸爸挖浅了　　　　　　水沟爸爸挖浅了

　　做鞋子姐姐做大了　　　　　　鞋子姐姐做大了

　　买这辆车你买贵了　　　　　　这辆车你买贵了

这样,就由动词拷贝句 S_6 派生出拷贝式话题句 S_7。在特定的语境条件下,如果施受关系是比较明确的;那么这个拷贝动词完全可以删去,结果就形成了 S_2 这种话题句。

现在,我们讨论三价述结式的配位方式。三价的述结式数量不多,但是在配位方式上差别很大。根据受事和与事的句法配置,可以把三价述结式分为及物的、准及物的和不及物的三种。其中,及物的三价述结式"教完、教会"可以构成施事作主语、与事和受事作宾语的 S_8:"$NP_A + VC 了 + NP_D + NP_P$",$S_8$ 可以简称为双宾句。例如:

S_8:$NP_A + VC 了 + NP_D + NP_P$　　S_9:$NP_P + NP_A + VC 了 + NP_D$

我教完小峰数学　　　　　　*数学我教完小峰

他教会孩子下棋　　　　　　*下棋他教会孩子

这种双宾句跟由单个动词构成的双宾句不同,它不能构成受事作话题的话题句 S_9。

准及物的三价述结式,常见的有"砍钝、砍折、切钝、切折、洗湿、洗脏、擦脏、扛肿、唱哑、喊哑、跑烂、跑断、写秃、写折、愁白(了头发)"等。它们能构成施事作主语、受事作宾语、致事作话题的 S_{10}:"$NP_{CAU} + NP_A + VC 了 + NP_P$",$S_{10}$ 可以简称为致事话题句。例如:

S_{10}:$NP_{CAU} + NP_A + VC 了 + NP_P$

这扇排骨爷爷砍钝了两把刀

这床被子妈妈洗湿了两双鞋

这些钢材爸爸跑烂了几双鞋

户口问题老刘跑断了他的双腿

这张饭桌妹妹擦脏了她的袖子

这桩婚事妈妈愁白了她的头发

$S_{11}: NP_{CAU} + VC 了 + NP_P$

这扇排骨砍钝了两把刀

这床被子洗湿了妈妈两双鞋

这些钢材跑烂了爸爸几双鞋

户口问题跑断了他的双腿

这张饭桌擦脏了她的袖子

这桩婚事愁白了她的头发

$S_{12}: NP_A + VC 了 + NP_P$

爷爷砍钝了两把刀　　妈妈洗湿了两双鞋

爸爸跑烂了几双鞋　　老刘跑断了他的双腿

妹妹擦脏了她的袖子　　妈妈愁白了她的头发

在特定的语境中,如果 S_{10} 中施事主语是充分地激活的;那么,这个施事主语可以省略,即由致事话题句 S_{10} 转变为致事主语句 S_{11};如果 S_{10} 中致事话题是充分地激活的;那么,这个致事话题可以省略,即由致事话题句 S_{10} 转变为主宾句 S_{12}。

现在的问题是:致事话题句 S_{10} 显然不是基础句,那么作为派生句它是从什么句式上推导出来的呢?我们假定:派生句 S_{10} 是从动词拷贝结构上推导出来的。例如:

$S_{13}: NP_A + V + NP + VC 了 + NP_P$

爷爷砍这扇排骨砍钝了两把刀

妈妈洗这床被子洗湿了两双鞋

爸爸跑这些钢材跑烂了几双鞋

老刘跑户口问题跑断了他的双腿

妹妹擦这张饭桌擦脏了她的袖子
妈妈愁这桩婚事愁白了她的头发

S_{14}：V+NP+NP_A+VC 了+NP_P

砍这扇排骨爷爷砍钝了两把刀
洗这床被子妈妈洗湿了两双鞋
跑这些钢材爸爸跑烂了几双鞋
跑户口问题老刘跑断了他的双腿
擦这张饭桌妹妹擦脏了她的袖子
愁这桩婚事妈妈愁白了她的头发

S_{13} 是用动词拷贝结构来表示外部的使动关系："NP_A+V+NP"这件事使得"NP_P VC 了"。在特定的语境中,如果需要把原因事件中的受事及其相关动作当作言谈的起点;那么,可以把这个拷贝动词短语话题化移位到句首话题位置。这样,就由动词拷贝句 S_{13} 派生出拷贝式话题句 S_{14}。在拷贝式话题句 S_{14} 中,述宾结构"V+NP"在语用上跟后面的"NP_A+VC 了+NP_P"是话题—说明关系,在语义上跟后面的述结式是致事—结果关系。在特定的语境条件下,如果拷贝式话题句 S_{14} 中的几个名词性成分之间的施受关系是比较明确的;那么这个拷贝动词完全可以删去,结果就形成了 S_{10} 这种致事话题句。显然地,S_{10} 中的句首 NP 之所以能成为致事格,在很大程度上是因为它代表了整个"V+NP"这个致动事件。①

不及物的三价述结式"教早、教晚"可以构成与事作话题、受事作次话题、施事作主语的 S_{15}："NP_D+NP_P+NP_A+VC 了",S_{15} 可

---

① 名词代表动词短语,详见袁毓林(2002)。

以简称为双话题句。例如：

S_{15}：$NP_D+NP_P+NP_A+VC$ 了

　　这孩子英语你教早了

　　那孩子钢琴我教晚了

S_{16}：$NP_D/NP_P/NP_A+VC$ 了

　　英语你教早了　　　你教早了

　　这孩子英语教早了　英语教早了

　　这孩子你教早了　　这孩子教早了

　　钢琴我教晚了　　　我教晚了

　　那孩子钢琴教晚了　钢琴教晚了

　　那孩子我教晚了　　那孩子教晚了

在特定的语境条件下，双话题句 S_{15} 中的三个论元可以省略一个或两个，从而形成省略句 S_{16}。显然地，双话题句 S_{15} 不是基础句式；那么，它是从哪儿推导出来的呢？我们假定：派生句 S_{15} 是从动词拷贝结构上推导出来的。例如：

S_{17}：$NP_A+V+NP_D+NP_P+VC$ 了

　　你教这孩子英语教早了

　　我教那孩子钢琴教晚了

S_{18}：$V+NP_D+NP_P+NP_A+VC$ 了

　　教这孩子英语你教早了

　　教那孩子钢琴我教晚了

我们设想，这种三价的述结式尽管有较强的配价能力，可以支配三个从属成分；但是，配位能力十分有限，通常只能跟其中的一个从属成分构成主谓结构。在没有特定的语境支持的情况下，如果要明确地表明这三个从属成分跟这种述结式的施受关系，只能通过拷贝述语动词并通过它来引导出与事格和受事格。于是,终于构成 S_{17} 这种动词拷贝句。如果在特定的语境中,需要把与事和受事及其相关动作这个事件作为言谈的起点;那么,可以把这个拷贝动词短语话题化移位到句首话题位置。这样,就由动词拷贝句 S_{17} 派生出拷贝式话题句 S_{18}。在特定的语境条件下,如果论元之间的施受关系是比较明确的;那么这个拷贝动词完全可以删去,结果就形成了 S_{15} 这种双话题句。

9.5.2 从无格标句到有格标句的派生过程

上文讨论的述结式及其从属成分的句法配置方式,其中的从属成分都不用格标志(case marker);为了方便,我们称这种句子为无格标句(sentence without case marker)。下面讨论其中的从属成分用"把、被"等格标的句子,为了方便,我们称这种句子为有格标句(sentence with case marker)。我们着重讨论怎样从无格标句上推导出有格标句。必须指出的是,Fillmore(1966)主张从每个从属成分都带格标的深层结构上推导出有的从属成分可以不带格标的表层结构。我们则立足于表层结构,尝试在表层结构平面上,讨论怎样从无格标句上派生出有格标句。

下面,我们以主宾句为基础句,来推导"把"字句、"被"字句等有格标的派生句。一般地说,主宾句 S_1:"NP_A+VC 了$+NP_P$"可以派生出"被"字句 S_{19}:"NP_P+被 NP_A+VC 了"和"把"字句 S_{20}:"NP_A+把 NP_P+VC 了"。例如:

$S_1:NP_A+VC$ 了$+NP_P$ $S_{19}:NP_P+$被 NP_A+VC 了
妈妈晾干了衣裳   衣裳被妈妈晾干了
小王点着了油灯   油灯被小王点着了

老陈修好了电扇　　　　电扇被老陈修好了

姐姐哄着了孩子　　　　孩子被姐姐哄着了

爷爷磨钝了菜刀　　　　菜刀被爷爷磨钝了

弟弟写折了铅笔　　　　铅笔被弟弟写折了

S_{20}：NP_A＋把 NP_P＋VC 了

妈妈把衣裳晾干了

小王把油灯点着了

老陈把电扇修好了

姐姐把孩子哄着了

爷爷把菜刀磨钝了

弟弟把铅笔写折了

问题是这种推导的程序不容易确定，我们至少有两种选择：(i)或者假定"被/把"字句是从主宾句上直接推导出来的。比如，在主宾句 S_1 的施事主语前插入介词"被"，一方面强行取消"NP_A"的主语地位、另一方面强行收回(absorb)"VC 了"支配宾语的能力，然后把受事宾语移位到句首话题位置，最后派生出"被"字句 S_{19}："NP_P＋被 NP_A＋VC 了"；在主宾句 S_1 的受事宾语前插入介词"把"，一方面强行取消"NP_P"的宾语地位，另一方面强行收回"VC 了"支配宾语的能力，然后把介宾结构"把＋受事"移位到施事主语之后、述语核心之前的状语位置，最后派生出"把"字句 S_{20}："NP_A＋把 NP_P＋VC 了"。(ii)或者假定"被/把"字句是从主宾句的派生形式话题句 S_2 和次话题句 S_3 上间接推导出来的。因为在话题句 S_2："NP_P＋NP_A＋VC 了"和次话题句 S_3："NP_A＋NP_P＋VC 了"中，施事和受事都跑到了述语之前，这就有可能造成述结式前的两个论元在施受关系方面的模糊或歧义；为了有效地消除歧义,一个简单的办法是在话题句 S_2 的施事主语"NP_A"前加上格标"被",在 S_3 的受事(次话题)"NP_P"前加上格标"把",这样就推导出了论元之间关系十分明确的"被"字句和"把"字句。例如:

S_2: NP_P + NP_A + VC 了　　　S_{19}: NP_P + 被 NP_A + VC 了

衣裳妈妈晾干了　　　　　衣裳被妈妈晾干了

油灯小王点着了　　　　　油灯被小王点着了

电扇老陈修好了　　　　　电扇被老陈修好了

孩子姐姐哄着了　　　　　孩子被姐姐哄着了

菜刀爷爷磨钝了　　　　　菜刀被爷爷磨钝了

铅笔弟弟写折了　　　　　铅笔被弟弟写折了

S_3: NP_A + NP_P + VC 了　　　S_{20}: NP_A + 把 NP_P + VC 了

妈妈衣裳晾干了　　　　　妈妈把衣裳晾干了

小王油灯点着了　　　　　小王把油灯点着了

老陈电扇修好了　　　　　老陈把电扇修好了

姐姐孩子哄着了　　　　　姐姐把孩子哄着了

爷爷菜刀磨钝了　　　　　爷爷把菜刀磨钝了

弟弟铅笔写折了　　　　　弟弟把铅笔写折了

从现代汉语共时平面上看,有许多语言现象比较有利于"把/被"字句直接从主宾句上推导出来的假说,而不利于"把/被"字句间接从话题句和次话题句上推导出来的假说。比如,二价不及物的述结式不能构成主宾句,所以不能直接通过宾语提前来构成"被"字句和"把"字句;它们可以构成话题句和次话题句,但一般不能构成"被"字句和"把"字句,即不能在 S_2 的施事主语前插入"被"、S_3 的受事次话题前插入"把"。例如:

$S_1: NP_A + VC 了 + NP_P$ $S_2/S_{19}: NP_P + (被)NP_A + VC 了$

*小杨吃早了晚饭　　　晚饭(*被)小杨吃早了

*老李办迟了那事　　　那事(*被)老李办迟了

*我穿久了这衣服　　　这衣服(*被)我穿久了

*爸爸挖浅了水沟　　　水沟(?被)爸爸挖浅了

*姐姐做大了鞋子　　　鞋子(?被)姐姐做大了

*你买贵了这辆车　　　这辆车(*被)你买贵了

$S_3/S_{20}: NP_A + (把)NP_P + VC 了$

小杨(*把)晚饭吃早了

老李(*把)那事办迟了

我(*把)这衣服穿久了

爸爸(?把)水沟挖浅了

姐姐(?把)鞋子做大了

你(*把)这辆车买贵了

从上例看来,有的二价不及物述结式似乎可以构成"被"字句 S_{19} 和"把"字句 S_{20}。即使这样,它们也未必是从话题句 S_2 和次话题句 S_3 上通过插入介词"被、把"而构成的;而是可以假定它们是从动词拷贝句 S_6 上,通过把拷贝动词的受事宾语提前而构成的。例如:

$S_6: NP_A + V + NP_P + VC 了$

爸爸挖水沟挖浅了

姐姐做鞋子做大了

$S_{19}': NP_P + 被 NP_A + V + VC 了$

水沟被爸爸(挖)挖浅了

鞋子被姐姐(做)做大了

S_{20}':NP_A+把 NP_P+V+VC 了

爸爸把水沟(挖)挖浅了

姐姐把鞋子(做)做大了

从动词拷贝句 S_6 上推导出来的 S_{19}' 和 S_{20}' 删除了重复的拷贝动词,就变成了"被"字句 S_{19} 和"把"字句 S_{20}。这倒很好地解释了:为什么"把/被"字句跟重动句(即动词拷贝句)在分布上是互补的[①];因为前者是从后者派生出来的,所以不可能两种结构在同一个句子中共现。

再如,准及物的三价述结式可以构成施事主宾句 S_{12} 和致事主宾句 S_{11},它们都可以变换为"把"字句和"被"字句。例如:

S_{12}:NP_A+VC 了+NP_P　　　S_{20}:NP_A+把 NP_P+VC 了

爷爷砍钝了两把刀　　　　爷爷把两把刀砍钝了

妈妈洗湿了两双鞋　　　　妈妈把两双鞋洗湿了

爸爸跑烂了几双鞋　　　　爸爸把几双鞋跑烂了

老刘跑断了他的双腿　　　老刘把双腿跑断了

妹妹擦脏了她的袖子　　　妹妹把袖子擦脏了

妈妈愁白了她的头发　　　妈妈把头发愁白了

S_{19}:NP_P+被 NP_A+VC 了　　S_{11}:NP_{CAU}+VC 了+NP_P

两把刀被爷爷砍钝了　　　这扇排骨砍钝了两把刀

两双鞋被妈妈洗湿了　　　这床被子洗湿了两双鞋

几双鞋被爸爸跑烂了　　　这些钢材跑烂了几双鞋

*双腿被老刘跑断了　　　　这户口跑断了他的双腿

---

① 详见黄月圆(1996)。

这饭桌擦脏了她的袖子
?袖子被妹妹擦脏了
这婚事愁白了她的头发
*头发被妈妈愁白了

S_{20}：NP_{CAU}＋把 NP_P＋VC 了　　S_{19}：NP_P＋被 NP_{CAU}＋VC 了

排骨把两把刀砍钝了　　两把刀被排骨砍钝了
被子把两双鞋洗湿了　　两双鞋被床单洗湿了
这事把他的鞋跑烂了　　*他的鞋被这事跑烂了
这户口把他的腿跑断了　　*他的腿被这户口跑断了
饭桌把她的袖子擦脏了　　她的袖子被饭桌擦脏了
婚事把她的头发愁白了　　?她的头发被婚事愁白了

上面有些从 S_{12} 和 S_{11} 上变换出来的"把/被"字句是不合格或合格性可疑,这都是另有原因的;比如"双腿、头发"等一价名词不能出现在其主体名词之前等,这里不作细论。而由致事作话题的 S_{10} 则无法变换为"把/被"字句。例如：

S_{10}：NP_{CAU}＋NP_A＋VC 了＋NP_P

这排骨爷爷砍钝了两把刀
这被子妈妈洗湿了两双鞋
这钢材爸爸跑烂了几双鞋
户口问题老刘跑断了双腿
这张饭桌妹妹擦脏了袖子
这桩婚事妈妈愁白了头发

S_{21}：NP_{CAU}＋NP_A＋把 NP_P＋VC 了

*这排骨爷爷把刀砍钝了
*这被子妈妈把鞋洗湿了
*这钢材爸爸把鞋跑烂了

*这户口老刘把腿跑断了

*饭桌妹妹把袖子擦脏了

*这事妈妈把头发愁白了

S_{22}：NP_P＋被 NP_{CAU}＋NP_A＋VC 了

*两把刀被这排骨爷爷砍钝了

*两双鞋被这被子妈妈洗湿了

*几双鞋被这钢材爸爸跑烂了

*他的双腿被户口老刘跑断了

*它的袖子被饭桌妹妹擦脏了

*他的头发被这事妈妈愁白了

不及物的三价述结式构成的双话题句 S_{15}："NP_D＋NP_P＋NP_A＋VC 了"，不能变换为"把/被"字句。例如：

S_{15}：NP_D＋NP_P＋NP_A＋VC 了

这孩子英语你教早了　　那孩子钢琴我教晚了

S_{23}：NP_D＋NP_P＋被 NP_A＋VC 了

*这孩子英语被你教早了

*那孩子钢琴被我教晚了

S_{24}：NP_D＋NP_A＋把 NP_P＋VC 了

*这孩子你把英语教早了

*那孩子我把钢琴教晚了

这些事实都是不利于"把/被"字句是从话题句上推导出来的假说的。

另外，及物的三价述结式构成的双宾句 S_8："NP_A＋VC 了＋

NP_D+NP_P",不能变换为"把/被"字句。例如:

$S_8: NP_A+VC 了+NP_D+NP_P$

　　我教完小峰数学　　　他教会孩子下棋

$S_{24}: NP_P+被 NP_A+VC 了+NP_D$

　　*数学被我教完小峰　*下棋被他教会孩子

$S_{25}: NP_A+把 NP_P+VC 了+NP_D$

　　*我把数学教完小峰　*他把下棋教会孩子

这种双宾句的独立性差,不能在话语中单用,也不能构成受事作话题的话题句。

综上所述,在现代汉语共时平面上,假定"把/被"字句是从主宾句上直接推导出来的方案比较简单和有效。

第六节　多义述结式及相应的配位方式

有些述结式有施受同指和施受异指两种意义,这两种不同的意义的述结式分别有不同的配位方式,可以用不同的理论来分析这些配位方式之间的结构联系。

9.6.1　述结式的施受指称及相应句式

由相同的述语动词和补语动词构成的述结式,在语义、配价和配位上可以有差别。为了方便,可以称这种述结式为同形多义述结式。例如:

　　　　　　A　　　　　　B
　　　　孩子哭醒了　　孩子把爷爷哭醒了
　　　　她俩吵烦了　　她俩把邻居吵烦了

大胖看傻了　　大胖把来客看傻了
赵芳唱红了　　赵芳把这歌唱红了

其中,A组例句中的"哭醒、吵烦、看傻、唱红"等述结式表示施受同指的使动关系,即某个主体施行的某个动作(由述语动词表示)引起该主体的某种状态(由补语动词表示)。可以形式化地表示为:$[X]V$ 使得 $[Y]C$,且 $X=Y$。由于这种述结式只涉及一个论元(施受兼于一身的论元),因而它们是一价的。B组例句中的"哭醒、吵烦、看傻、唱红"等述结式表示施受异指的使动关系,即某个主体施行的某个动作(由述语动词表示)引起另一主体的某种状态(由补语动词表示)。可以形式化地表示为:$[X]V$ 使得 $[Y]C$,且 $X\neq Y$。由于这种述结式涉及两个论元(施受有别的两个论元),因而它们是二价的。

当这种同形多义的述结式表示施受同指的使动关系时,其唯一的论元只能作主语,构成简单句 $S_0: NP_A+VC$。从这种句子上一般不能推导出其他派生句式,因此这种述结式的配位方式是比较单纯的。当这种同形多义的述结式表示施受异指的使动关系时,其中的施事论元可以作主语、其中的受事论元可以作宾语,构成一般的主宾句 $S_1: NP_A+VC$ 了 $+NP_P$。从这种主宾句上,可以推导出"把"字句 $S_{20}: NP_A+$ 把 NP_P+VC 了。例如:

$S_0: NP_A+VC$　　$S_1: NP_A+VC$ 了 $+NP_P$

孩子哭醒了　　　孩子哭醒了爷爷
她俩吵烦了　　　她俩吵烦了邻居
大胖看傻了　　　大胖看傻了来客
赵芳唱红了　　　赵芳唱红了这歌

S_{20}: NP_A + 把 NP_P + VC 了

孩子把爷爷哭醒了

她俩把邻居吵烦了

大胖把来客看傻了

赵芳把这歌唱红了

也就是说,我们假定:简单句 S_0 跟主宾句 S_1 是在结构上没有推导关系的两种句式,"把"字句 S_{20} 则是从主宾句 S_1 上推导出来的派生句。

值得注意的是,有些一价述结式可以通过外部的使动关系或内部使动关系的外部化来增价为二价述结式。这样,也就造成了同形多义的述结式,从而造成了多种复杂的句法配置方式。例如:

S_0: NP_A + VC S_1: NP_A + VC 了 + NP_P

长工饿晕了　　地主饿晕了长工

孩子惊醒了　　枪声惊醒了孩子

爷爷累病了　　农活累病了爷爷

妹妹急哭了　　这事急哭了妹妹

妈妈洗累了　　衣服洗累了妈妈

姐姐吃胖了　　米饭吃胖了姐姐

科长喝醉了　　茅台喝醉了科长

客人吃病了　　毛蚶吃病了客人

S_{20}: NP_A + 把 NP_P + VC 了

地主把长工饿晕了

枪声把孩子惊醒了

农活把爷爷累病了

这事把妹妹急哭了

　　　　　衣服把妈妈洗累了
　　　　　米饭把姐姐吃胖了
　　　　　茅台把科长喝醉了
　　　　　毛蚶把客人吃病了

述结式"饿晕、惊醒、累病、急哭"表示内部的使动关系([X]V 使得[X]C)时,是一价的,只有 S_0 一种配位方式;表示外部的使动关系(Y 使得{[X]V 使得[X]C})时,是二价的,可以有 S_1 和 S_{20} 两种配位方式。述结式"洗累、吃胖、喝醉、吃病"表示内部的使动关系([X]V[Y]使得[X]C)时,是一价的,只有 S_0 一种配位方式;表示内部使动关系的外部化(Y 使得{[X]V[Y]使得[X]C})时,是二价的,可以有 S_1 和 S_{20} 两种配位方式。

9.6.2　使役的"让"字句和被动的"让"字句

上面我们以主宾句 S_1:NP_A＋VC 了＋NP_P 为基础句式,来推导各种派生句式;马希文(1987)则以受事主语句 S_5:NP_P＋VC 了为基础形式,来推导各种扩展形式。这两种不同的方案在解释效力上的差别,在"让"字句上可以得到鲜明的反映。

马希文(1987)注意到,"把"字句和"让"字句有双向的变换关系。例如:

　　　　　妈妈把衣裳晾干了 ←→ 衣裳让妈妈晾干了
　　　　　墨水把袖子染红了 ←→ 袖子让墨水染红了
　　　　　萝卜把菜刀切钝了 ←→ 菜刀让萝卜切钝了

但是,这种变换关系并不是普遍适用的;因为有的"让"字句不能变换为"把"字句、有的"把"字句不能变换为"让"字句,有的虽然能互相变换,但"把"字句和相应的"让"字句在意义上是不相配的。

例如：

(1) 我让孩子睡着了　　←→　*孩子把我睡着了
(2) *头发让小王愁白了 ←→　小王把头发愁白了
(3) 脚让小孩压肿了　　←?→　小孩把脚压肿了

为了解释上述现象,马先生从句式扩展的角度作了相对复杂的说明;限于篇幅,我们不作转述。下面,我们尝试从句式推导的角度对上述现象作出解释。首先,正如马先生所说的,虚词"让"有使役和遭受两种意义;前者可用"使"替换,后者可用"被"替换。例如：

我让孩子睡着了 ←→ 我使孩子睡着了

孩子让我哄着了 ←→ 孩子被我哄着了

由于只有像"哄着"这种二价的述结式才能构成"把/被"字句,而像例(1)中的"睡着"这种一价的述结式是不能构成"把/被"字句和遭受义的"让"字句的。

其次,像例(2)中的"愁白"这种及物的二价述结式,既可以构成主宾句 S_1: NP_A + VC 了 + NP_P (如:小王愁白了头发),又可以构成"把"字句(如:小王把头发愁白了);自然地,也应该可以构成"被/让"字句。至于"头发让小王愁白了"不合格是另有原因的,因为"愁白"的受事"头发"跟施事"小王"在意义上有"部分—整体"的关系;根据汉语中一般的通则,部分名词一般不能出现在整体名词前面。

最后,像例(3)中的"压肿"也是及物的二价述结式,既可以构成主宾句(如:孩子压肿了脚),又可以构成"把"字句(如:小孩把脚压肿了)。根据上面所说的通则,如果"脚"是属于这个"孩子"的,即两者之间在意义上有"部分—整体"的关系;那么不能构成"被/让"字句,即"脚让小孩压肿了"是不合格的。反过来说,如果"脚"不是属于这个"孩子"的,即两者之间在意义上没有"部分—整体"

的关系;那么就能构成"被/让"字句,即"脚让小孩压肿了"是合格的,比如,"我的脚让小孩压肿了"。正因为这样,所以"脚让小孩压肿了"跟"小孩把脚压肿了"在意义关系方面是不一致的。

马希文(1987)指出,有的"让"字句是有歧义的,可以有遭受和使役两种解释。它们分别是从不同的基式上扩展来的。例如:

(4) 所长把病看好了 → 所长让李大夫把病看好了

(5) 李大夫把病看好了 → 所长让李大夫把病看好了

例(4)中的"让"字句表示遭受义,主要的意思是:{所长有病,李大夫治病};例(5)中的"让"字句表示使役义,主要的意思是:{别人有病,所长使令李大夫为此人治病}。按照我们的理解,例(4)中箭头前后的两个句子虽然在意义上有一定联系;但是,它们在结构上并没有什么推导关系,因为它们分别属于不同的句式推导系列。其中,关键的一点是"看好"一类述结式的施事既可以是施益性的(benefactor),也可以是受益性的(benefactee)。① 就像"修车"的施事既可以是修车工人(如:张师傅正给我修车呢),也可以是车主(如:我的自行车坏了,我要去修车)。当"看好"选择施益性施事时,可以构成下列句式:

(6) a. 李大夫看好了所长的病

→ b. 李大夫把所长的病看好了

→ b'. 所长,李大夫把他的病看好了

→ c. 所长的病被/让李大夫看好了

→ d. 所长被/让李大夫把他的病看好了

在这个句式推导系列中,(6a)是主宾句 S_1:$NP_A + VC$ 了 $+ NP_P$ 的

---

① 关于施益性施事和受益性施事,请看袁毓林(1998)§4.3.2.3,第161页。

实例，可以认为它是基础句式，其他相关句式都是从它推导出来的各种派生句式。其中，(6b)是"把"字句 S_{20}：NP_A＋把 NP_P＋VC 了的实例，(6c)是"被/让"字句 S_{19}：NP_P＋被 NP_A＋VC 了的实例；(6d)的派生程序比较复杂，至少涉及三种操作：首先从(6a)上派生"把"字句，然后受事的领格(possesive)分裂出来并话题化、领格原来的空位上用代词填空，最后为了明确句中两个名词性成分的施受关系、在施事 NP 的前面插入被动标记"被/让"。

当"看好"选择受益性施事时，可以构成下列句式：

(7) a. 所长$_i$ 看好了（他$_i$ 的）病

→ b. 所长$_i$ 把（他$_i$ 的）病看好了

→ c. 所长$_i$ 的病被/让他$_i$ 看好了

← c'. 他$_i$ 的病被/让所长看好了

→ d. 所长的病看好了　　　← d'. 他的病看好了

在这个句式推导系列中，(7a)是主宾句 S_1：NP_A＋VC 了＋NP_P 的实例，可以看作是这一句式系列的基础句式，其他相关句式都是从它推导出来的各种派生句式。其中，(7b)是"把"字句 S_{20}：NP_A＋把 NP_P＋VC 了的实例，(7c)是"被/让"字句 S_{19}：NP_P＋被 NP_A＋VC 了的实例。纯粹从形式上讲，从(7a)推导出来的"被/让"字句应该是(7c')；但是，根据先行词在前、回指代词在后的原则，(7c')只能改写成(7c)。(7d')是受事主语句 S_5：NP_P＋VC 了的实例，把其中的代词换成其先行词就变成了(7d)。值得注意的是，在(7a—c)中，施事跟受事的领格在语义上是同指的；如果它们在语义上是异指的，那么它跟(6a—c)就不仅在结构上是同型的，而且在语义上也是同构的。

第十章 论元结构和句式结构的互动

10.0 在上面第七章§7.5.1中,我们已经涉及动词的配价在一定的条件下可以发生变化,表现为:有些动词本来是一元动词或二元动词,通过使动用法或者由于句子中谓词隐含的结果,使得它们另有三元动词的配价能力和配位方式;有些二元动词的意义范围较宽,当侧重其给予或取得意义时,就关涉到施事、受事和当事三个必有论元,从而成为三元动词;有些二元动词本身并不包含给予或取得意义,只涉及施事和受事两个必有论元,但是当它们跟某些宾语组成动宾结构时,就预设存在着一个接受者或提供者(即与事),从而临时获得了给予或取得意义,表现出三元动词或准三元动词的配价和配位。从理论上说,这种情况是论元增容(argument augmentation),即在一定的条件下动词的论元结构中增加进来了新的论元。下面,我们尝试从动词的论元结构跟动词所处的特定的句式结构的互动(interaction)的角度,来解释这种论元增容现象,并探讨动词的论元结构和句式结构互动的语用动因、逻辑机制和句法、语义条件。

第一节 从动词配价走向句式配价

10.1.1 动词配价学说和论元结构理论

从上面几章的讨论可以看出,动词配价研究的主要目的是:通过刻画动词和相关的名词性成分之间的支配关系及其句法配列（syntactic arrangement），来解释句法结构的合格性条件、并说明句法结构跟语义结构之间的映射关系。例如：

(1) a. 国家主席江泽民会见了美国总统克林顿

　　b. *国家主席江泽民会面了美国总统克林顿

(2) a. 国家主席江泽民跟美国总统克林顿在雅加达会面

　　b. *国家主席江泽民跟美国总统克林顿在雅加达会见

由于二价动词"会见"可以支配施事和受事两个论元，并且受事论元只能实现为宾语，因而(2b)是不合格的表达；由于准二价动词"会面"可以支配施事和与事两个论元，并且与事论元只能实现为介词宾语，不能实现为宾语，因而(1b)是不合格的表达。

可见，汉语动词配价研究奉行的是动词中心论，其核心的思想有两点：

　　(i) 动词决定多少种和什么样的从属成分（或称补足语）跟它共现，

　　(ii) 动词具有 n 元关系，等待着一定数目和类型的论元来填充。

这论元数目就是价数，这论元的类型主要指论旨角色（即语义角色，或语义格，俗称价类）。

这种观念正好顺应了美国语法学研究中的词汇主义（lexicalism）思潮。采取词汇主义这种研究路子的学者相信：[1]

　　(i) 动词的意义跟句法框架相关，动词的句法范畴框架（N+V+N…）可以从动词的词汇语义上预测。也就是说，句

---

[1] 详见 Goldberg (1995), p. 7-19; Levin & Rappaport (1997), p. 487-9。

法是词项要求的实现(投射),句法框架是动词意义的表层反映。比如,Jackendoff 等把这种思想提炼为动词组合的透明规则:动词的意义就是一个谓词带着一组固定的论元,并造成一个命题。

(ii)从语义角色或论旨阵列上预测显性的句法。比如,Levin(1985)认为:普遍的连接规则(linking rule)把语义的论元结构映射为显性的补足语结构。

这种思想的集中体现就是所谓的论元结构理论,其中,Jackendoff (1972:43)提出了著名的论旨阶层(thematic hierarchy),意思是不同的论旨角色是按照阶层的形式排列的。可以表示为(当然,不同的学者对论旨阶层上不同论旨的先后次序有不同的认识):

施事>处所/终点/起点>客体

Larson (1988:382)提出了著名的论旨指派原则:

如果一个动词 α 决定若干个论旨角色 $\theta_1, \theta_2, \cdots\cdots, \theta_n$,那么将论旨阶层上最低的那个论旨角色指派给句子成分结构(constituent structure)中位置最低的那个论元;然后,依次类推地指派其余的论旨角色。

这样,论旨阶层跟深层结构上的成分结构就是一种直接的映射(direct mapping);凡是表层结构中论元位置跟预先设计好的论旨关系次序不对应,就必须用句法上的移位来处理。[1] 比如,在词库中给出动词 put 的论旨关系和次范畴属性两种描述,那么就很容易推导出由 put 构成的句子:[2]

---

[1] 中文介绍详见顾阳(1994)第 4—5 页。
[2] 下面的举例是根据顾阳(1996:4)改编的。

(3) a. *put* (Agent (Theme (Location)))

b. *put*, V [NP (Agent) [__, NP (Theme), PP (Location)]]

c. John put the book on the table.

这种词汇主义的研究路线,符合弗雷格(Frege)提出的意义的组合性(compositionality)原理:一个语言中的每一个表达式的意义是其直接构成成分的意义和用以联结这些成分的句法规则的函项(function)。这样,如果把动词的配价性质搞清楚了,那么句子的基本构造和语义解释也就基本抓住了。也正因为如此,汉语动词配价研究曾经并仍然得到中文信息处理专家的青睐。

10.1.2 动词变价和论元增容过程

动词配价分析在方法论上是属于自底向上式的(bottom-up)还原主义(reductionism)。这种分析方法虽然简捷明快,但是它并不总是奏效的;最突出的一点是:它不能很好地解释从动词的语义和配价上无法预测的句式构造。例如:[1]

(1) a. 老王扔我一包烟　　b. 他吃了我一个苹果

(2) a. 他烂了几个橘子　　b. 他坐了一屁股泥巴

(3) a. 他摸了一手油污　　b. 他急了一身汗

c. 这事急了他一身汗

例(1)中的二价动词"扔、吃"带了施事(agent,简称 A)、受事(patient,简称 P)和与事(dative,简称 D)三个论元,这与事论元本来不是这两个动词的语义所蕴涵的语义角色;例(2)和例(3b)中的

---

[1] 例子和说明参考沈家煊(2000)第 291 页。

一价动词或形容词"烂、坐、急"带了当事(experiencer)和客体(theme)或结果(resultive)两个论元,同样这客体或结果论元本来不是这三个动词(包括形容词)的语义所蕴涵的语义角色。本来二价动词"摸"可以带施事和受事两个论元,但是在例(3a)中它带了施事和结果两个论元,同样这结果论元本来不是动词"摸"的语义所蕴涵的语义角色。在例(3c)中,一价动词"急"居然带了致事(causer)、受事和结果三个论元,显然,受事和结果两个论元本来不是"急"的语义所蕴涵的语义角色。

对此,着眼于动词配价的学者的自然的反应是:仍然把这种句法现象归结为动词本身,常规的做法是把它处理为由于词义变化带来的配价变化。比如,马庆株(1983:107)认为:在"扔我一个球"一类句子中,"扔"类动词本身没有给予意义,经常用作二价动词;只是在双宾语构造里才具有给予意义,成为三价动词。马庆株(1998)进一步指出,价数固定的动词是定价动词,价数不固定的动词是变价动词;价数受义项的影响,如"吃、扔"一般表现为二价,在一定条件下(双宾构造中)又会表现为三价(第286页);配价成分数量的变化是这种变价动词的形式标志(第284页)。

这种所谓的动词变价现象,在英语中也是屡见不鲜的。例如:[1]

(4) a. Sally baked her sister a cake.

b. Joe painted Sally a picture.

c. Joe cleared Sam a place on the floor.

---

[1] 例(4)—(6)引自 Goldberg (1995), p. 9, 21, 22, 34, 35, 141, 143。

(5) a. Pat threw Chris the ball.

b. Chris kicked Pat the ball.

c. Pat hit Chris the ball.

(6) a. Dan talked himself blue in the face.

b. Sam carefully broke the eggs into the bowl.

c. He sneezed the napkin off the table.

例(4)中的 bake、paint、clear 和例(5)中的 threw、kick、hit 是二价动词,只能带施事和受事两个论元,这里却多带了一个与事论元。例(6a)中的 talk 是一价动词,只能带施事一个论元,这里却多带了一个受事论元和一个结果论元;例(6b)中的 break 是二价动词,只能带施事和受事两个论元,这里却多带了一个处所论元;例(6c)中的 sneeze 是一价动词,只能带施事一个论元,这里却多带了一个受事论元和一个处所论元。

对此,Larson(1990) 认为,上例中的 bake、hit 等动词经历了一个词汇派生(derivation)过程,这个过程被称作论元增容(argument augmentation),它可以在一定的条件下给动词的论元结构增加新的论元。比如,英语及物动词的论元结构增加受益者(benefactive)和目标(goal)论元的词汇规则(lexical rule)可以具体地表示如下:

(7) 增加受益者(可选):向动词 α 的论旨网格(θ-grid)中增加受益者论旨角色。

条件:动词 α 表示制作(creation)或准备(preparation)事件(event)。

结果:客体为受益者提供了利益。

(8) 增加目标(可选):向动词 α 的论旨网格中增加目标论旨

角色。

条件:动词α表示运动(motion)事件,其中施事向客体发出一个射体轨道。

可见,论元增容是受词汇和语义条件限制的。比如,增加受益者要求动词表示制作或准备意义,动词所支配的客体所表示的必须是成事宾语,这种宾语是通过动词所描述的事件创造出来的,它可以使新增加的受惠者论元得益。根据词汇规则(7)和(8),可以把动词bake、hit的论元增容过程表示如下:

(9) a. bake:{θ施事者,θ客体}

↓

论元增容(增加域内论元:受惠者)

↓

b. bake:{θ施事者,θ客体,θ受惠者}

(10) a. hit:{θ施事者,θ客体}

↓

论元增容(增加域内论元:目标)

↓

b. hit:{θ施事者,θ客体,θ目标}

(9a)(10a)是bake、hit固有的论元结构,(9b)(10b)是论元增容后bake、hit的论元结构。(10b)新增加的受惠者论元可以用介词for引导,从而投射成与格结构(如:Mary baked a cake for John.)。

---

① 详见 Larson (1990) §4.2.1:Argument Augmentation, pp. 615-618;顾阳(1999) §4 作了很好的介绍,并作了一定的引申和发挥,第81—82页。

因为介词 for 本身含有受惠义,跟新增加的受惠者论元意义相重;所以这种与格结构可以经过被动化处理,从而得到双宾语结构(如:Mary baked John a cake.)。

这种做法的实质就是碰到新的用法就给动词增加意义,但是,调用(7)(8)这种可选性的词汇规则的动因和条件并不明确。如果这种变价动词为数不多,那么或许可以把这种变价用法归结为是这少数动词的词汇特异性(lexical idiosyncrasy)。可事实是,这种变价用法是比较普遍的,不仅二价动词在特定句式中可以带三个论元,而且一价动词在特定句式中也可以带三个论元。这就需要一种更有概括性和解释力的理论模型来处理这类现象。

10.1.3 句式语法和句式配价

在 Fillmore、Kay、O'Connor、Lakoff、Brugman、Lambrecht、Langacker 等学者关于句式(constructions)的工作的影响下,Goldberg(1995)提出了系统的句式语法(construction Grammar)的思想和分析方法。这种句式路线(constructional approach)在本质上是反对词汇路线(lexical approach)的,其中心观点是:英语的基础句(basic sentences)是句式的实例(instances),句式是一种"形式—意义"配对,它独立存在于特定的动词。即句式自己负载意义,独立于句中词项的意义;也就是说,句子的语义结构及其形式表达是由独立于其构成词项的句式造成的(p.1)。这跟 Chomsky(1981,1992)等认为句法构造(syntactic constructions)是由普遍原则的互动作用而造成的附带现象(epiphenomenal)的观点迥然不同。这样,上文讨论的动词变价和论元增容就不必归结为同一个动词有几种不同的意义(sense),而是可以非常节俭地把同一动词在不同句式中的意义差别归结为特定的句式。

Goldberg (1995)对句式下的定义是:如果一个"形式—意义"配对(form-meaning correspondences)的形式或意义方面的特性不能从其构成成分或其他句式上推导出来,那么它就是一个句式(p.4)。并且认为,简单的小句结构跟反映人类基本经验的语义结构直接相关,句式所涉及的基本的论元结构是跟动态的场景(有经验基础的格式塔)相关的(p.5)。从而构建了一种解释性的、而不是生成性的单层次的(monostratal)语法理论。在怎样看待动词和句子的论元结构关系上,这种句式路线跟词汇路线最大的不同点是,它强调动词跟句式相关但各自独立,框式结构(skeletal constructions)可以提供论元,比如双宾语结构(double object constructions)可以允准与事论元。于是,二价的 bake、cook 等制作(create)动词可以进入双宾语结构。这样,句子中论元成分之间的 n 元关系直接跟框式结构相联系,动词只跟少量的基础义项相联系,这些意义一定能整合进句式意义中(p.11)。当一个动词出现在不同的句式中时,整个句式的意义及限制是不同的。这种不同不必归结为动词的不同义项,可以更节俭地归结为这些不同的句式本身(p.13)。由于句法框架直接跟意义相联系,并且独立于出现于其中的动词(p.19);因而关于语义的组合性原理可以表达成如下这种弱形式:一个表达式的意义是构成词项的意义和句式意义的整合(p.16)。

在这种句式语法思想的影响下,沈家煊(2000)毅然地把配价看作是句式的属性;并指出:句式配价指抽象的句式配备的、与谓语动词同现的名词性成分的数目和类属(指施事、受事、与事、工具等)。这样,"他扔我一个球"属于三价句式,跟"我送他一本书"一样有施事、受事和与事三个论元,尽管"扔"的词义只涉及两个参与角色(participant role);"(她结婚)你送什么?"属于二价句式,包含施事和受事两个论元,尽管"送"的词义涉及施事、受事和与事三个参与角色。同样,"王冕死了父亲"属于二价句式,跟"他丢了一枚戒指"一样包含两个论元,尽管"死"的词义只涉及一个参与角色(第293—294页)。用这种思想来解释§10.1.2中的例(1)—(6)这类论元增容的句子,倒不失为一种简捷的办法。问题是,这种句式的配价能力是由什么决定的呢?沈先生的回答是,句式的配价或论元主要是由句式的整体意义所决定的,"王冕死了父亲"所属的句式的整体意义要求这个句式有两个论元,"王冕的父亲死了"所属的句式的整体意义只要求这个句式有一个论元(第294页)。我们认为,问题没有这么简单和轻松。因为,接下来的问题该是:(1)句式的整体意义是由什么决定的?(2)句式对进入其中的动词的选择限制条件是什么?如果不能很好地解决这两个问题,那么句式语法和句式配价路线就不会比词汇语法和动词配价路线高明多少。充其量也只是把动词变价和论元增容的球踢到了句式这个楼上(kick upstairs)。

第二节 表达精细化和句式套用、词项代入

10.2.1 句式意义从何而来?

沈家煊(2000)强调,句式的配价或论元主要是由句式的整体

意义所决定的(第 294 页)。这也许是不错的,比如,表示转让(transfer)意义的句式要求施事、受事和与事三个论元,而不管进入其中的动词是二价的还是三价的;表示丧失(lose)意义的句式要求当事(experiencer,简称 E)和客体(theme,简称 Th)两个论元,而不管进入其中的动词是二价的还是三价的。例如:

(1) NP(A)＋V＋NP(D)＋NP(P)

    a. 老张送小王一本词典   b. 老刘卖小孙一支钢笔
    c. 小平搛奶奶一块鱼排   d. 小明扔小华一个好球
    e. 老张抢小王一本词典   f. 老刘买小孙一支钢笔
    g. 小平吃奶奶一块鱼排   h. 小明用小华一张宣纸

(2) NP(E)＋V＋NP(Th)

    a. 王冕七岁失去了父亲 ～ b. 王冕七岁上死了父亲
    c. 王大爷丢了一串钥匙 ～ d. 王大爷掉了一串钥匙
    e. 王大爷丢了一只鸽子 ～ f. 王大爷飞了一只鸽子
    g. 我家损失了一筐苹果 ～ h. 我家烂了一筐苹果
    i. 我家报废了一台电视 ～ j. 我家被偷了一台电视

例(1)中的"送、卖、抢、买"是三价动词,而"搛、扔、吃、用"是二价动词;但是,三价句式"$NP_A＋V＋NP_D＋NP_P$"使得它们都能跟三个论元发生句法、语义关系。至于为什么这种句式是三价的,显然不能归结为其中的谓语动词(因为,其中既有三价动词、也有二价动词),而是要归结到这种句式所具有的转让意义——转让关系要涉及转让物(即受事)、让出者(即施事)和接受者(即与事)。例(2)中的"失去、丢、损失"是二价动词,而"死、掉、飞、烂、报废"是一价动词;但是,二价句式"$NP_E＋V＋NP_{Th}$"使得它们都能跟两个论元发生句法、语义关系。至于为什么这种句式是二价的,显然不能归结为其中的谓语动词(因为,其中既有二价动词、也有一价动词),而是要归结到这种句式所具有的丧失意义——丧失关系要涉及丧失物(即客体)和受害者(即当事)。

现在的问题是,句式"$NP_A+V+NP_D+NP_P$"的转让意义是从哪儿来的,句式"NP_E+V+NP_{Th}"的丧失意义是从哪儿来的?显然,词类(形式类)序列"NP+V+NP+NP"和"NP+V+NP"本身是不可能产生出转让和丧失之类的句式意义的。一种最有可能的答案是:这种能决定句式配价的句式意义是由动词的论元结构提供的,动词的论元结构中各论元角色之间的语义关系的抽象化为有关句式提供了最初的意义。例如:

(3) a. 送:{送者,送物,受者}

    b. 卖:{卖者,卖物,买方}

    c. 抢:{抢者,抢物,被抢者}

    d. 买:{买者,买物,卖方}

    e. V:{施事,受事,与事}

这四个动词的词汇意义都涉及三个参与角色(participant role),如果对这些参与角色进行概括,那么送者、卖者、抢者、买者等都包含施动性(causation),因而可以抽象为施事;送物、卖物、抢物、买物都包含受动性(causally affected),因而可以抽象为受事;受者、买方、被抢者、卖方等都包含参与性(participant in),因而可以抽象为与事。"送、卖"等表达的是受事从施事方转移到与事方,可以概括为给予;因此,当它们跟受其支配的论元实现为"NP+V+NP+NP"之类的句法形式时,这种句式自然地具有给予这种句式意义。"抢、买"等表达的是受事从与事方转移到施事方,可以概括为取得;因此,当它们跟受其支配的论元实现为"NP+V+

NP+NP"之类的句法形式时,这种句式自然地具有取得这种句式意义。给予和取得都涉及受事在施事方和与事方之间转移,只是方向相反;因此,可以进一步概括为转让。于是,句式"$NP_A+V+NP_D+NP_P$"自然地从其核心动词的论元结构上获得了转让这种句式意义。

10.2.2 句式套用和词项代入

一方面,由于句式意义是由动词的论元结构带来的,因而表示不同意义的句式对进入其中的动词在语义上有严格的选择限制。比如,"$NP_A+V+NP_D+NP_P$"句式要求其中的动词必须是表示给予或取得等转移意义的,"NP_E+V+NP_{Th}"句式要求其中的动词必须是表示丧失意义的。但是,另一方面,典型动词的论元结构被结构(或句法型式,syntactic configuration)包装之后,这个结构(或称句式)也就获得了原型的格式意义;并且,句式作为一种形式和意义的配对,具有相当的模塑性,它能把那些在语义上跟句式意义不同、但是又不相抵触的动词吸收进来。例如:

(1) $NP_A+V+NP_D+NP_P$

    a. 大张扔小刘一包香烟 ← a'. 大张给小刘一包香烟
    b. 小平灌李伟一杯白酒 ← b'. 小平给李伟一杯白酒
    c. 小明踢小华一个斜线球 ← c'. 小明给小华一个斜线球
    d. 玉芳孝敬公公一条香烟 ← d'. 玉芳给公公一条香烟
    e. 李铎吃了小邵一个苹果 ← e'. 李铎拿了小邵一个苹果
    f. 玲玲只穿过姥姥一件毛衣 ← f'. 玲玲只拿过姥姥一件毛衣
    g. 老刘抽了小孙一支香烟 ← g'. 老刘拿了小孙一支香烟

h. 小芳花了奶奶一百块钱 ← h'. 小芳拿了奶奶一百块钱
　　i. 小明糟蹋了我好几张宣纸 ← i'. 小明拿了我好几张宣纸
　　j. 王平坑了爸爸一千块钱 ← j'. 王平拿了爸爸一千块钱
（2）$NP_E + V + NP_{Th}$
　　a. 王冕七岁上死了父亲 ← a'. 王冕七岁时失去了父亲
　　b. 王大爷飞了一只鸽子 ← b'. 王大爷失去了一只鸽子
　　c. 老王烂了几个橘子 ← c'. 老王失去了几个橘子
　　d. 我家报废了一台电视 ← d'. 我家失去了一台电视
　　e. 我家被偷了一台电视 ← e'. 我家失去了一台电视

在例（1）中，"扔"指把东西用扔的方式给别人，"灌"指把液体倒进人嘴里，它们具有比较明显的给予性转移意义；所以，可以套用双宾语句式"$NP_A + V + NP_D + NP_P$"来表示施事主动地使受事转移到与事方。跟由"送、给"等典型的给予义动词构成的双宾语句在句式意义上的差别是：这种双宾句并不表示受事原来在施事方，而后者则包含受事原来在施事方这种意义。"踢"本来指抬起腿用脚撞击，在用踢的方法传球的场景知识（scenes knowledge）的影响下，也临时含有给予意义；"孝敬"指把物品献给长者以示敬意，本来就包含一定的给予意义。因此，它们可以套用双宾语句式来表示给予性转移意义。"吃（苹果）"、"穿（毛衣）"本来是消费行为，但是当消费的是别人的东西时，也就等于是从别人那儿（与事方）得到了这种消费品。因此，可以套用双宾语句式"$NP_A + V + NP_D + NP_P$"来表示施事从与事方取得某种消费品。跟由"抢、买"等典型的取得义动词构成的双宾语句在句式意义上的差别是：这种双宾句并不表示施事的取得行为一定是主动的（即可以是主动的，如

"吃"类双宾语句;也可以是无所谓主动或被动的,如"穿"类双宾语句),而后者则表示施事一定是主动地实施取得这种行为。"花(钱)"、"抽(烟)"、"糟蹋"本来指耗费或损坏财物并蕴涵失去意义,但是当施事者耗费或损坏别人的财物时,在某种意义上说是从别人那儿(与事方)得到了这种财物(受事);"坑"指用狡猾、狠毒的手段使人受到损害,这在某种意义上讲也是从别人那儿(与事方)得到了利益(哪怕只是精神上的)。因此,也可以套用双宾语句式"$NP_A+V+NP_D+NP_P$",来表示施事主动地使与事方失去财物或利益、并使这种财物或利益转移到与事方。在例(2)中,"(亲人)死(亡)、(宠物)飞(走)、(水果)(腐)烂、(电器)报废",这对于个人和家庭来说都是一种损失;因此,可以套用表示失去意义的句式"NP_E+V+NP_{Th}",来表示当事失去了客体并由此而造成了损失。

有意思的是,我们在《儒林外史》(上海古籍出版社,2000)中,找到了类似(2a—a')这种平行的实例:

(3) 这人姓王名冕,……七岁上死了父亲……(第1回)

(4) 这虞博士三岁上丧了母亲,太翁在人家教书……(第36回)

"死"是一价的不及物动词,套用了二价的及物动词"丧"的用法。特别要指出的是,在古代汉语中,"丧"有及物和不及物两种用法。例如:(引自《古汉语常用字字典》,第246页,商务印书馆,1993)

(5) [徐]偃王行仁义而丧其国(韩非子·五蠹)

(6) 寻程氏妹丧于武昌(陶潜《归去来兮辞序》,寻:不久)

"丧"作及物动词用时,表示"失去"意义,如(5)所示;作不及物动词用时,表示"死亡"意义,如(6)所示。绝妙的是,在例(4)中,这两种意义好像是兼而有之。

值得注意的是,对于例(1)(2),一方面,我们固然可以说是:"扔、吃"类动词套用了"送、给"类动词惯用的双宾语句式"$NP_A+V+NP_D+NP_P$","死、飞"类动词套用了"失去、损失"类动词惯用的"NP_E+V+NP_{Th}"句式,从而凸现(profiling)了这些动词的意义中隐藏着的给予意义。但是,另一方面,我们也可以说是"扔、吃"类动词代换了典型的"送、给"类动词、而进入双宾语句式"$NP_A+V+NP_D+NP_P$","死、飞"类动词代换了典型的"失去、损失"类动词,而进入"NP_E+V+NP_{Th}"句式。也就是说,在意义上更为具体的动词代替意义相对抽象的上位动词,具体的下位动词作为抽象的上位动词的一个实例(instance)而进入本来由上位动词主导的句式,从而在表示给予/取得性转移意义的同时,还表示给予的方式是扔、灌、踢、孝敬等,或者还表示取得的方式是吃、穿、抽、花、糟蹋、坑等;在表示失去意义的同时,还表示失去的方式是死亡、飞翔、腐烂、报废,甚至是被盗等。这就是词汇意义和句式意义互动的一个侧面。

10.2.3　动词代入的语用动因:表达的精细化

根据上面的讨论,句式套用和动词代入是造成动词的配价跟句式配价不一致的一个主要原因。比如,"扔、灌、踢、孝敬、吃、穿、抽、花、糟蹋、坑"等二价动词可以进入三价的双宾语句式,"死、飞、烂、报废"等一价动词可以进入二价句式。如果动词的配价跟句式的配价不一致,那么一定会造成动词的参与角色跟句式的论元在数量和类型上的配合不适当,简称角色错配(role mismatches)。例如:

(1) 扔:{扔者,[受扔者],扔物}

　　　↓　　↓　　↓

　　　A＋V＋D ＋ P

如:大张正～手榴弹呢→大张～[给]小刘一包香烟

(2) 踢:{踢者,[接受者],踢物}

　　　↓　　↓　　↓

　　　A＋V＋D ＋ P

如:孩子们正～足球呢→小王～[给]我一个斜线球

(3) 吃:{吃者,[被吃者],吃物}

　　　↓　　↓　　↓

　　　A＋V＋D＋　P

如:我～了一个橘子→我～了小王一个橘子

(4) 坑:{坑者,被坑者,[被坑物]}

　　　↓　　↓　　↓

　　　A＋V＋D ＋ P

如:这个鱼贩子老～顾客→这个骗子～了我一笔钱

(5) 死:{[受损者],死者}

　　　↓　　↓

　　　E＋V＋Th

如:他的父亲～了→他～了父亲

(6) 飞:{[受损者],飞者}

　　　↓　　↓

　　　E＋V＋Th

如:他的鸽子～了→他～了一只鸽子

(7) 烂：{[受损者]，烂物}

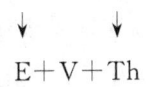

E＋V＋Th

如：张家的白菜全～了→张家～了一窖白菜

(8) 报废：{[受损者]，报废物}

E＋V＋ Th

如：他家的电视～了→他家～了一台电视

从上面的举例可以看出，二价动词"扔"本来只能支配施事(扔者)、受事(扔物)两个论元；但是，进入三价句式"$NP_A＋V＋NP_D＋NP_P$"后，使潜在的受扔者可以实现为与事论元。二价动词"踢"本来只能支配施事(踢者)、受事(踢物)两个论元，只有用在踢足球等场景中，才可能隐含着接球者这种与事角色；二价动词"吃"本来只能支配施事(吃者)、受事(吃物)两个论元，只有用在从别人那儿吃什么东西的场景中，才可能隐含着被吃者这种与事角色；但是，进入三价句式"$NP_A＋V＋NP_D＋NP_P$"后，"踢"和"吃"都可以支配施事、与事、受事三个论元。二价动词"坑"本来只能支配施事(坑者＝骗子)、受事(被坑者＝受害者)两个论元，只有用在从别人那儿骗取财物等场景中，才可能隐含着被骗的财物这种受事角色；并且，在这种场景下，原来的受事(被坑者＝受害者)论元转变为与事论元。一价动词"死、烂、报废"本来只能支配一个客体(死者、烂物、报废物)论元，一价动词"飞"本来只能支配一个施事论元(飞者)；但是，当它们进入二价句式"$NP_E＋V＋NP_{Th}$"之后，就额外多出一个当事(受害者)论元。

综上所述，句式套用和动词代入造成了角色错配。角色错配的实质是，动词的论元结构跟句式的论元结构的不一致，并且是句式的论元结构压倒(override)了动词的论元结构。那么,为什么动词要迁就句式往火坑里跳呢。这是受表达精细化这种语用动机的强力驱使而促成的。比如,为了具体地表示给予或取得的方式,就用"扔、灌、踢、孝敬、吃、穿、抽、花、糟蹋、坑"等动词代入"送、给"类动词擅场的"$NP_A+V+NP_D+NP_P$"句式;为了具体地表示失去的方式,就用"死、飞、烂、报废"等动词,甚至是"被偷"一类动词性结构代入"失去"类动词擅场的"NP_E+V+NP_{Th}"句式。再如:

(9)　a. 床上躺着一个病人　← b. 床上有一个病人
(10) a. 楼上住着几个留学生 ← b. 楼上有几个留学生
(11) a. 园子里种了两棵枣树 ← b. 园子里有两棵枣树
(12) a. 墙上挂了一幅山水画 ← b. 墙上有一幅山水画

在例(9)—(12)中,a式和b式都表示存在;但是,b式表示抽象的存在,a式通过用具体的动词性结构代换抽象的存在动词"有"之后,指定了具体的存在方式。①

这就是说,表达精细化(elaboration)这种语用动机,促动了句式套用和动词代入;最终造成动词和句式在论元结构上的不一致,以致很难用动词的论元结构来解释句子的结构方式及其语义表达。例如:②

(13) a. 一个月的工资全被他喝了
　　← b. 一个月的工资全被他花了
(14) a. 一个月的工资全被他喝了猫儿尿了

---

① 参考朱德熙(1981/1990),第11页。
② 例(19a)出自 Tan (谭馥) (1991:166),转引自潘海华(1997)第6页。例(20a)引自潘海华(1997)第6页。

← b. 一个月的工资全被他花在喝酒上了
(15) a. 他把一个月的工资全玩了
　　← b. 他把一个月的工资全花了
(16) a. 他把一个月的工资全玩了麻将了
　　← b. 他把一个月的工资花在打麻将上了
(17) a. 你这样做会被别人笑掉大牙的
　　← b. 你这样做会被别人耻笑的
(18) a. 我可是想死你啦(＝了＋啊)
　　← b. 我可是真想你啊
(19) a. 李四被后边的司机按了一喇叭
　　← b. 李四被后边的司机警告了一下
(20) a. 老师被学生贴了大字报
　　← b. 老师被学生批判了

用"喝、喝了猫儿尿、玩、玩了麻将"代替"花",用"笑掉大牙、想死了"代替"耻笑、真想",用"按了一喇叭、贴了大字报"代替"警告了一下、批判了",造成了(13a)—(20a)这种难以用核心动词的句法、语义功能来解释的特殊句式。

第三节　句式对动词的选择限制条件

10.3.1　句式的不完全能产性

如果句式具有配价能力,那么它可以自由地指派(assign)论元;于是,特定句式对某种语义类别的动词应该具有相当的开放性。但是,事实上,正如 Goldberg(1995:120)所指出的,许多句式只是在一定程度上具有能产性(are used somewhat productively),即具有部分的能产性(partial productivity),而不是完全的能产性(full productivity)。例如:①

(1) a. Joe gave $5 to the earthquake relief fund.

→ b. Joe gave the earthquake relief fund $5.

(2) a. Joe donated $5 to the earthquake relief fund.

→ b. *Joe donated the earthquake relief fund $5.

(3) a. Joe told the news to Mary.

→ b. Joe told Mary the news.

(4) a. Joe whispered the news to Mary.

→ b. *Joe whispered Mary the news.

(5) a. Joe baked a cake for Mary.

→ b. Joe baked Mary a cake.

(6) a. Joe iced a cake for Mary.

→ b. *Joe iced Mary a cake.

(7) a. She threw a cannonball to him.

→ b. She threw him a cannonball.

(8) a. She blasted a cannonball to him.

→ b. *She blasted him a cannonball.

(9) Sally permitted/allowed/ *let/ *enabled Bob a kiss.

(10) Sally refused/denied/ *prevented/ *disallowed/ *forbade Bob a kiss.

---

① 例子和说明,根据 Goldberg (1995),pp. 121,130 - 131 改编。

从例(1)—(8)可以看出,双及物句式(ditransitive construction)对动词的选择是难以预测的。比如,同样是给予义动词,give 可以,而 donate 不行;同样是言说义动词,tell 可以,而 whisper 不行;同样是制作(creation)义动词,bake 可以,而 ice 不行;同样是弹道运动(ballistic motion)义动词,threw 可以,而 blast 不行。从例(9)和(10)可以看出,同样是许可(permission)义动词,permit, allow 可以,而 let, enable 不行;同样是拒绝(refusal)义动词,refused, deny 可以,而 prevented, disallow, forbid 不行。

汉语的情况也一样,句法、语义性质很接近的一组动词,不一定都能进入相同的句式。例如:

(11) a. 我吃了弟弟一个苹果　　b. *我啃了弟弟一个猪手
　　　c. *我嚼了弟弟一根香蕉　d. *我尝了弟弟一口蛋汤
(12) a. 我穿过舅舅一件毛衣　　b. 我戴过舅舅一顶帽子
　　　c. *我披过舅舅一件斗篷　d. *我围过舅舅一条纱巾
(13) a. 动物园飞了一只鹦鹉　　b. *动物园蹲了一只豹子
　　　c. *动物园蹦了一只袋鼠　d. *动物园跳了一只猴子
　　　e. *动物园溜了一只狐狸　f. *动物园走了一只孔雀
　　　g. *动物园滚了一只猪獾　h. *动物园爬了一只乌龟
　　　i. *动物园游了一只白鹅

同样是二价的摄食动词,"吃"可以进入三价句式,但"啃、嚼、尝"不能;同样是二价的服饰动词,"穿、戴"可以进入三价句式,但"披、围"不能;同样是一价的移动动词,"飞"可以进入二价句式,但"蹲、蹦、跳、溜、走、滚、爬、游"不能。

对于这种句式的不完全能产现象,如果不能找到合理和充分的解释;那么,句式作为一种独立自主的语法实体(跟词汇一样),可以不依赖动词而指派论元等论断的可靠性就要大打折扣了。

10.3.2 语义场景和基本层次概念

关于句式对动词的选择限制,Goldberg (1995)指出:句式必须指定动词跟它们结合的方式、限定可以通过各种方式跟它们整合的动词类别、指定动词所表示的事件类型整合进句式所表示的事件类型的方式,这就是动词与句式整合的原则(第49页)。那么,什么样的动词可以进入什么样的句式呢? Goldberg (1995)指出:动词所指的事件类型是句式所指的更为一般的事件类型的实例。……不包含直接跟句式相关的意义的动词经常指一种实施这种行为的方式(第60页)。用这种标准来衡量§3.1中的例(1)—(13),那么我们就会产生疑惑:为什么give、tell、bake、threw、permit、allow、refuse、deny可以作为双及物句式表示的各种转让意义的实例,而意义相似的donate、whisper、ice、blast、let、enable、prevent、disallow、forbid却不行? 为什么"吃、穿、戴"可以作为双宾语句式表示的各种取得意义的实例,而意义相似的"啃、嚼、尝、披、围"却不行? 为什么"飞"可以作为"NP_E+V+NP_{Th}"句式所表示的丧失意义的实例(具体地指示了丧失的方式),而意义相似的"蹿、蹦、跳、溜、走、滚、爬、游"却不行?

根据上文§10.2.2的讨论,不包含跟某种句式直接相关的意义的动词(简称边缘动词),是通过套用这种句式、代换包含跟该句式直接相关的意义的动词(即典型动词)而进入这种句式的。边缘动词的意义必须可以解释为典型动词的意义的一个次类,前者具体地例示(instantiate)后者的手段(means)、方式(manner)、条件(precondition)、结果(result)等,从而使语言表达更加精细化。比如,bake、threw、permit、allow、refused、deny 等说明了给予(或不给予)的具体的方式或条件,"吃、穿、戴"说明了取得的手段或结果,"飞"说明了丧失的方式。但是,受动词意义必须跟句式意义相协调的原则的制约,这种精细化表达是有一定的限度的;具体地表现为:句式只能容忍在概念层级上比典型动词低一个级别的边缘动词,而不能容忍比典型动词低两个或更多级别的边缘动词。比如,tell、threw 等可以看作是 give 的低一个级别的实例,而 whisper、blast 则是更为下位的方式动词;"吃、穿、戴"等可以看作是"拿"等取得意义的下位动词,而"啃、嚼、尝、披、围"则是"吃、穿、戴"等的下位动词,表示更加具体的方式或手段。如果引入 Lakoff(1987)中关于基本层次范畴(basic-level categories)的概念,那么我们可以发现:能替换典型动词进入某种句式的边缘动词必须是表示基本层次概念的。像上面的"吃、穿、戴"等是表示基本层次概念的,而"啃、嚼、尝、披、围"则是表示比基本层次概念更为具体和下位的概念的。再如:

(1) a. 我扔小明一个高抛球　　b. 我踢小明一个斜线球

c. *我磕小明一个斜线球　　d. *我顶小明一个斜线球

e. *我甩小明一个斜线球　　f. *我钩小明一个斜线球

g. *我铲小明一个斜线球

(2) a. 我传小明一个高抛球　　b. *我托小明一个高抛球

c. *我垫小明一个高抛球　　d. *我推小明一个斜线球

e. *我扣小明一个斜线球

例(1)中的动词都是用于足球运动这种场景的,对于传送足球这种动作来说,"扔、踢"是表示基本层次概念的,而"磕、顶、甩、钩、铲"则是更加具体和专门的动作。例(2)中的动词都是用于排球运动这种场景的,对于传送排球这种动作来说,"传"是表示基本层次概念的,而"托、垫、推、扣"则是更加具体和专门的动作。

因为一个句式只能表示一个场景(scene),句子所表示的语义场景作为一种理想化的、内部一致的、个别性的行为或过程①,它通常是由典型的、容易激活这种情景的动词来表达的。特别是当句式通过引申用法而接纳边缘动词来充当谓语核心时,要求动词所传达的意义尽可能地接近典型动词,至少可以解释为是典型动词的直接的下位概念(比如,表示了典型动词所表示的动作行为的具体的方式)。一般地说,这种表示了某种上位动作和行为的动作和行为是基本层次的概念,表示更为具体和专门的动作和行为的方式的动词一般是非基本层次的概念。

10.3.3 义项固定、词汇衍生和论元结构改变

对于某种句式来说,边缘动词的意义跟这种句式的意义是有一定差距的。为了让动词更好地适合句式意义,特别是为了让动词的参与角色能跟句式的论元角色相熔合(fusion);有一种词汇化(lexicalization)的办法可以使边缘动词逐渐逼近并成为典型动词,那就是:在句式意义的强力渗透和典型动词的同化(assimilation)作用下,边缘动词本身引申出跟句式意义相吻合的新的义

---

① Fillmore(1977:84)对场景的定义是:一个理想化的、内部一致的、个别性的感觉、记忆、经验、行为或事物。

项,或者说是句式意义部分地积淀和固化到词项意义上。例如:①

(1) a. Pauling smiled.（鲍玲露出了微笑）

　　b. Pauling smiled her thanks/approval.

　　　（鲍玲以微笑表示谢意/同意）

(2) a. My father frowned.（我父亲皱眉头了）

　　b. My parents always frown on late night out.

　　　（我父母向来不赞成深夜外出）

　　c. My father frowned away the compliment and the insult.

　　　（我父亲用皱眉头来击退阿谀和冒犯）

(3) a. Bees are swarming in the garden.

　　　（蜜蜂在花园里成群地飞）

　　b. The crowd was swarming out through the gate.

　　　（人群一窝蜂地从大门涌出）

　　c. crowds swarming in the streets

　　　（街上拥挤不堪的人群）

　　d. The garden is swarming with bees.

　　　（花园里到处飞满了蜜蜂）

(4) a. Thunder is rumbling in the distance.

　　　（远处的雷声隆隆作响）

　　　I am so hungry that my stomach's rumbling.

　　　（我饿得肚子咕咕叫）

　　b. The trams are rumbling through the streets.

---

① 例子和释义,分别参考 Goldberg (1995);《牛津高级英汉双解词典》(第四版增补本),商务印书馆,2002 年版;《新英汉词典》(增补本),上海译文出版社,1985 年版。

(电车发着辘辘声驰过大街)

The truck rumbled down the street.

(卡车发出辘辘声驰过大街)

(5) a. The flies are buzzing round a pot of jam.

(苍蝇围着果酱罐头嗡嗡叫)

b. The fly buzzed into the room.

(那只苍蝇嗡嗡叫着[飞]进房间)

(1a)中不及物的 smile 本来指微笑(give a smile),这是一种用以表示幸福、快乐、满足的行为和表情;扩大到用微笑来表示某种信息(express sth by means of a smile),引申出(1b)这种及物动词的意义和用法。同样地,(2a)中不及物的 frown 本来指皱眉,这是一种用以表示生气、沉思、忧愁的行为和表情;扩大到用皱眉来表示不赞成,引申出(2b)这种及物动词的意义和用法;再引申一步,很容易引申出(2c)这种指用皱眉来做某事的意义,尽管一般的辞书还没有收录这个义项。(3a)中不及物的 swarm 本来指(蜜蜂)成群飞行,引申指(3b)所示的成群地移动和(3c)所示的聚集,最后引申指(某处)挤满了(人或物)。(4a)中的 rumble 本来指发出持续的低沉的声音,引申指(4b)所示的发出低沉的声音(沿着某个方向)行进;相似地,(5a)中的 buzz 本来指发出嗡嗡的声音,用在(5b)这样的句式中,很容易引申出指发出嗡嗡的声音(沿着某个方向)行进这种意义,尽管一般的辞书还没有收录这个义项。这种增加义项的办法主要针对个别语义有特异性的词汇。新的义项带来新的跟句式更加吻合的论元结构。

针对成批的有句法、语义共性的动词小类,可以通过词汇衍生

(lexical derivation)手段,来在不改变词义的情况下改变动词原有的论元结构,从而创造出适合某种句式的某种类型的动词或动词性结构的特有的论元结构。例如:

(6) a. 门口蹲着一个小孩　　b. *门口哭着一个小孩

(7) a. 身后站着一个卫兵　　b. *身后笑着一个卫兵

(8) a. 桌子上放着一本词典　　b. *桌子上做着一个蛋糕

(9) a. 墙上画着一幅山水画　　b. *床上脱着一双红袜子

(10) a. 小明在桌子上放了一本词典

b. 桌子上被小明放了一本词典

c. 桌子上小明放了一本词典　　d. 桌子上放了一本词典

(11) a. 老张在墙上画了一幅山水画

b. 墙上被老张画了一幅山水画

c. 墙上老张画了一幅山水画　　d. 墙上画了一幅山水画

从例(6)(7)来看,同样是一价动词,为什么"蹲、站"可以进入"NL+V着+NP"句式,而"哭、笑"却不能? 从例(8)(9)来看,同样是二价动词,为什么"放、画"可以进入"NL+V着+NP"句式,而"做、脱"却不能? 从句式语法的角度,可以这样回答:因为存在句式"NL+V着+NP"表示一种存在状态,要求其中的动词必须是包含〔状态〕、〔附着〕意义的定位(placement)动词。① 也就是说,"蹲、站、放、画"在语义上都隐含着一个处所论元;因此,"蹲、站"实际上是能支配客体(theme)和处所(location)两个内在角色(intrinsic role)的二元动词,"放、画"实际上是能支配施事、客体

---

① 关于这种动词的语义特征和句法表现,详见朱德熙(1981/1990)等著作。

和处所三个内在角色的三元动词。

令人感兴趣的问题是,在存在句"NL+V着+NP"中,为什么不能出现施事论元?一种办法是,假设"放、画"等定位动词有两种论元结构:一种有施事论元,如例(10a—c)和(11a—c)所示;一种没有施事论元,如例(8a)和(9a)所示。但是,这类动词是大量的,这种增加义项的做法会大大地增加说话人大脑心理词典(mental dictionary)的负担;也不符合儿童语言习得的实际情况,没有证据表明儿童把(8—9)和(10—11)中的"放、画"等当作两种义项来学习的。为此,Pan(1996)提出了一条通用的词汇规则——施事删除(agent deletion)规则。即非完成体标记"着"附着在动词之后,可以把施事论元删除;"着"引发施事删除的条件是:(i)相关动词是定位动词,具有{施事,客体,处所}三种论元角色;(ii)客体和处所有一种像主语和谓词一样的关系,即处所是客体所在的地方。① 因此,下面这种句子是不合格的:

(12) a. *桌子上小明放着一本词典

　　 b. *桌子上被小明放着一本词典

(13) a. *墙上老张画着一幅山水画

　　 b. *墙上被老张画着一幅山水画

显然,施事删除规则无法推广到例(10b—d)和(11b—d)这种

---

① 为了生成合格的处所倒装句(location inversion sentence),潘海华(1997:10)修正了词汇映射理论(lexical mapping theory)中的特殊默认分类(special default classification):赋予施事(它是可有可无的)一种〔+受限制〕的特征(因此只能作由介词引导的间接格或语义上受到限制的宾语),赋予客体一种〔+焦点〕的特征(因此只能居于动词后面宾语的位置),赋予处所一种〔一受限制〕的特征(因此可以作主语或宾语)。于是,对于由"着"引发的删除了施事的动词来说,其客体论元只能作宾语,其处所论元只能作主语(因为宾语位置已经被客体占领了)。

动词带"了"的句子上。因为,在这种句子中,施事可以不出现,如例(10d)和(11d)所示;但也可以出现,如例(10b—c)和(11b—c)所示。为此,我们吸收顾阳(1997/1999)和潘海华(1997)的若干思想,作出如下假设:在例(10b—c)和(11b—c)中,动词的论元结构经历了另一种词汇规则的作用,那就是广义被动化(generalized passivization)规则。① 在这种广义被动化规则的作用下,处所论元升级(promotion)了,表现为:不需要介词引导直接作句子的主

---

① 顾阳(1997)采纳 Levin & Rappaport (1995)的理论假设:在词库(lexicon)和句法表达(syntactic representation)层面之间有两个界面:(i)词汇语义表达式(lexical-semantic representation),(ii)词汇句法表达式(lexical-syntactic representation),也称为论元结构(argument structure);词汇从词库到句法层面要先经过词汇语义表达式,再经过词汇句法表达式。某些词汇经过这两个层面可以衍变为新的词汇,如非宾格动词(unaccusative verb)、中间动词(middle verb)等。并认为,"着"规则(即施事删除规则)作用于词汇语义表达层面;由于词汇语义表达式和句法层面之间隔了一个词汇句法表达式,因而被控制的施事在句法表达层面上是绝对反映不出来的。而被动化规则作用于词汇句法表达式(论元结构)层面,即在词汇句法表达式(论元结构)层面上施事论元受到控制;由于词汇句法表达式和句法表达层面之间不存在其他表达式,因而受控制的施事在句法层面上仍然可以表现出来(第23页)。但是,她没有提到"桌子上小明放了一本词典、墙上老张画了一幅山水画"这类句子;因此,我们不知道在她心目中这种句子是主动式还是被动式。潘海华(1997)采用的是词汇映射理论(lexical mapping theory,简称 LMT),相信词库和句法表达层面之间只有一个层次,那就是论元结构。因此,他不利用层次的概念,而只是规定施事删除规则和被动化规则的操作结果不同:"着"规则确实把施事给删除了,而被动化规则只是把施事降级了(第12—13页)。另外,他认为带"了"的存现句是有多种来源的。例如:
(1) a. 桌子上小明放了一本词典→b. 桌子上放了一本词典
(2) a. 墙上老张画了一幅山水画→b. 墙上画了一幅山水画
(3) a. 桌子上被小明放了一本词典→b. 桌子上放了一本词典
(4) a. 墙上被老张画了一幅山水画→b. 墙上画了一幅山水画
他把(1a)(2a)中的处所词语"桌子上、墙上"看作是话题,把其中的施事"小明、老张"看作是主语;而把(3a)(4a)中的处所词语"桌子上、墙上"看作是主语,其中的施事"小明、老张"看作是间接格。并且,他认为"桌子上放了一本词典、墙上画了一幅山水画"等存现句是有歧义的:它们既可以是从(1a)(2a)删除施事主语而得到的(1b)(2b),也可以是从(3a)(4a)删除间接格施事而得到的(3b)(4b)(第10—11页)。

语和话题;但是,施事论元被降级(demotion)了,表现为:(i)或者用介词"被"引导,居于修饰语(状语)的位置,如例(10b)和(11b)所示;(ii)或者不用介词"被"引导,居于内层主语(小主语)的位置,如例(10c)和(11c)所示;(iii)或者干脆省略掉,如例(10d)和(11d)所示。"了"引发施事降级的条件是:(i)相关动词是定位动词,具有{施事,客体,处所}三种论元角色;(ii)客体论元和处所论元有一种像主语和谓词一样的关系,即处所是客体所在的地方;(iii)客体论元是句子的焦点(focus),处所论元是已知信息(given information)。通过这种在词汇规则控制下的词汇衍生过程,在不改变词义的情况下得到了跟句式的论元结构相匹配的动词的论元结构。显然,这是一种比增加义项要经济得多的手段;并且,对于语言学习者来说也有相当的可学性(learnability)。

第四节　句式扩张的认知基础和逻辑机制

10.4.1　句式套用的认知基础:隐喻投射和完形包装

上文(§10.2.2和§10.2.3)指出,句式套用和动词代入不仅使得动词的配价跟句式配价不一致,而且还造成了角色错配,即动词的论元结构跟句式的论元结构的不一致,并且是句式的论元结构压倒了动词的论元结构。现在的问题是:句式套用的认知基础是什么? 换句话说,当甲类动词套用乙类动词的习用句式时,说话人在其概念结构中到底做了些什么工作呢? 一个简单的回答是隐喻投射(metaphor projection),即把跟乙类动词及其习用句式相关的概念结构投射到甲类动词上,从而把甲类动词所表示的事件纳入乙类动词及其习用句式所表示的事件图式（event scheme）中。例如：

(1) a. 大张扔小刘一包香烟 ← a'. 大张给小张一包香烟
    b. 小平灌李伟一杯白酒 ← b'. 小平给李伟一杯白酒
    c. 小明踢小华一个斜线球 ← c'. 小明给小华一个斜线球
    d. 玉芳孝敬公公一条香烟 ← d'. 玉芳给公公一条香烟

(2) a. 李铎吃了小邵一个苹果 ← a'. 李铎拿了小邵一个苹果
    b. 玲玲只穿过姥姥一件毛衣 ← b'. 玲玲只拿过姥姥一件毛衣
    c. 老刘抽了小孙一支香烟 ← c'. 老刘拿了小孙一支香烟
    d. 小芳花了奶奶一百块钱 ← d'. 小芳拿了奶奶一百块钱
    e. 小明糟蹋了我好几张宣纸 ← e'. 小明拿了我好几张宣纸
    f. 王平坑了爸爸一千块钱 ← f'. 王平拿了爸爸一千块钱

(3) a. 王冕七岁上死了父亲 ← a'. 王冕七岁时失去了父亲
    b. 王大爷飞了一只鸽子 ← b'. 王大爷失去了一只鸽子
    c. 老王烂了几个橘子 ← c'. 老王失去了几个橘子
    d. 我家报废了一台电视 ← d'. 我家失去了一台电视
    e. 我家被偷了一台电视 ← e'. 我家失去了一台电视

(4) a. 床上躺着一个病人 ← a'. 床上有一个病人
    b. 楼上住着几个留学生 ← b'. 楼上有几个留学生
    c. 园子里种了两棵枣树 ← c'. 园子里有两棵枣树
    d. 墙上挂了一幅山水画 ← d'. 墙上有一幅山水画

在例(1)中，把双及物动词"给"及其习用的双宾句式所表示的"给予"性转让的概念结构投射到"扔、灌、踢、孝敬"等动词所表示的事件上，从而把"扔、灌、踢、孝敬"等单及物动词所表示的事件纳入双宾句式之中，使扔、灌、踢、孝敬等行为成为给予行为的一种具体的方式。在例(2)中,把双及物动词"拿"及其习用的双宾句式所表示的"获取"性转让的概念结构投射到"吃、穿、抽、花、糟蹋、坑"等单及物动词所表示的事件上,从而把"吃、穿、抽、花、糟蹋、坑"等动词所表示的事件纳入双宾句式之中,使吃、穿、抽、花、糟蹋、坑等行为成为获取行为的一种具体的方式。在例(3)中,把及物动词"失去"及其习用的主动宾句式所表示的"消失"性受损的概念结构投射到"死、飞、烂、报废、被偷"等动词或动词性结构所表示的事件上,从而把"死、飞、烂、报废、被偷"等动词或动词性结构所表示的事件纳入主动宾句式之中,使死、飞、烂、报废、被偷等行为成为损失行为的一种具体的方式。在例(4)中,把存在动词"有"及其习用的处所性存在句式所表示的处所性存在的概念结构投射到"躺着、住着、种了、挂了"等动词性结构所表示的事件上,从而把"躺着、住着、种了、挂了"等动词性结构所表示的事件纳入存在句式之中,使躺着、住着、种了、挂了等状态成为处所性存在的一种具体的方式。这正好体现了句式语法关于句式语义和词项语义互动(interaction of construction meaning and lexical meaning)的观念:句式提供了结构上及语义上的基本框架,各个词汇成分根据其词类功能而填入句式框架的各种位置、并对整个句子的语义作出贡献。[①] 在这里,是谓语动词的语义使得给予、获取、丧失、存在等句式意义增加了方式的意义。

从上面的讨论可以看出,在把乙类动词的概念结构通过隐喻来投射到甲类动词的概念结构上的同时,甲类动词的概念结构被整合进了乙类动词的概念结构;于是,甲类动词在套用乙类动词的

[①] 参考黄居仁等(1999)的有关讨论,第427—428页。

惯用句式的同时,不仅获得了乙类动词的这种惯用句式的句式意义,而且还增加了由甲类动词所带入的意义。比如,例(1a—d)不仅表示给予,还指示了具体的给予方式;例(2a—f)不仅表示获取,还指示了具体的获取方式;例(3a—e)不仅表示损失,还指示了具体的损失的方式;例(4a—d)不仅表示存在,还指示了具体的存在方式。换句话说,句式套用的语义后果是把两种概念结构整合成一种新的复合性的概念结构,形成一种新的认知图式。或者说,把两种事件结构整合进一个完形(Gestalt)中,用一个认知图式来包装一个复合事件。例如:

(5) a. 一个月的工资全被他喝了猫儿尿了

← b. 一个月的工资全被他花了

在(5a)中,花钱和喝酒两个事件被整合进一个心理图式中,即用一个完形来包装。

但是,句式对事件结构的完形包装是有一定的限度的。一个语言可以选择某些(操该语言的人们认为)在认知上重要的事件、经验和知识用某种(或某些)句式来表达。至于选择哪些事件、经验和知识,这些知识如何通则化(generalize),则并无固定不变的程式可循。这就造成了句式跟所表达的事件之间的对应关系是有理可循的(即有理据的,motivated),但是选择何种对应又不是某种固定形式的规律所能预测的(即是任意的,arbitrary)。[①]例如:

(6) a. 张大爷飞了一只鹦鹉　　b. ?张大爷飞了一只风筝

c. *张大爷飞了一个气球　　d. *张大爷飘了一个气球

[①] 参考黄居仁等(1999)第415—416页。

为什么张大爷丧失了一只鹦鹉可以套用句式"$NP_E + V + NP_{Th}$"，说成"张大爷飞了一只鹦鹉"；这是可以解释的：因为张大爷是损失事件的经历者，一只鹦鹉是所损失的客体，而飞的行为又是丧失行为的一个实例（客体鹦鹉通过飞走的方式使经历者受到损失）。但是，为什么风筝、气球通过飞走、飘走的方式使张大爷受到损失就不能套用句式"$NP_E + V + NP_{Th}$"，这就不容易说出一个令人信服的解释来。正是这种事件结构和句式包装之间任意性的对应关系，造成了§10.3.1所说的句式的不完全能产性，即语义性质相似的动词不一定都能进入某种句式。

10.4.2 归纳和类推：超越动词配价和句式构造之间的循环论证

基于词汇主义立场的动词的配价或论元结构研究，受到猛烈批评的一个理由是它陷于循环论证（circularity）。Goldberg (1995:11)举了下面的例子来说明这一点：

(1) The horse kicks.

(2) Pat kicked the wall.

(3) Pat kicked at the football.

(4) Pat kicked Bob black and blue.

(5) Pat kicked the football into the stadium.

(6) Pat kicked Bob the football.

在例(1)中，kick是一元动词，因为它带了一个补足语；在例(2)(3)中，kick是二元动词，因为它带了两个补足语；在例(4)(6)中，kick是三元动词，因为它带了三个补足语。这等于是说：断定kick有可以带n种论元的意义（n-argument sense）是基于它可以跟n种补足语共现这种事实，而同时又声称kick可以跟n种补足语共现是因为它有可以带n种论元的意义。这就造成了循环论证。张伯江(1999:183)和沈家煊(2000:292)也出于这种对循环论证的顾忌，转而强调句式配价比动词配价更重要，只有树立句式配价的观念才能避免循环论证和"词无定价，离句无价"的厄运。

现在，我们要问的问题是：句式配价或句式的论元结构的理论能够逃脱循环论证的厄运吗？答案是不可能。比如，如果问为什么"他扔我一个球"属于三价句式，那么回答：因为它跟"他送我一本书"一样有施事、受事和与事三个论元；如果问为什么二元动词"扔"在句子"他扔我一个球"中可以跟施事、受事和与事三个论元共现，那么回答：因为"他扔我一个球"是三价句式。可见，当沈家煊(2000:293)按照Goldberg(1995)的思路，把配价看作是句式的属性，将句式配价定义为指抽象的句式配备的、与谓语动词同现的名词性成分的数目和类属(指施事、受事、与事、工具)时；就注定了要卷入句式的配价数目由句式中的论元数目来决定、句式中的论元数目由句式的配价数目来解释的循环圈，从而使得用句式配价来更好地说明动词跟相关名词性成分在组配上的合格性的目标落空。

其实，根据我们的想法，只要找到一个合适的逻辑起点，那么上述循环论证都是可以避免的。比如，遵循Bloomfield(1933:20)"分析语言时，只有归纳的概括才是有用的概括"的思想(中译本第21页)，袁毓林(1987/1993:171)指出："向"(即价)是动词跟名词性成分发生句法、语义联系而表现出来的一种性质，它表征着动词在一个句法结构中所能关联的名词性成分的数量。因此，

"向"是动词的组合功能的数量化:能和一个名词性成分发生主谓或述宾关系的动词叫单向动词,能和两个名词性成分发生主谓或述宾关系的动词叫双向动词,能和三个名词性成分发生主谓或述宾关系的动词叫三单动词。"向"的基础是动词在句法结构中跟名词性成分发生组合关系的潜能,"向"是一种建立在句法基础上的语法范畴,是动词的组合功能的数量表征。袁毓林(1998)进一步指出:因为价反映了动词对其他词项的支配能力,具有不同的支配能力的动词有不同的价;这样,通过对不同的动词的价的描写就可以对它们的句法组合能力作出简洁的刻画。也就是说,价反映了动词的某种分布状况——它到底能跟多少、哪些从属成分共现;或者说,价是对某种分布的集约化的表示——用数字来反映动词能跟多少从属成分共现。如此看来,研究配价的目的在于更好地说明句法结构的合格性条件,说明句法结构跟语义结构的关系(第87页)。在这种认识的指导下,我们从一定数量的实际语料中归纳、总结各种动词的配价情况,概括出它们的论元结构;然而预测,在其他语境下,这些动词跟名词性成分的组配情况将是什么情况。这就像是词类划分一样,根据一定数量的实际语料,归纳、总结词的各种分布情况,把不同分布的词划归不同的词类;然后预测,这些词将各有什么样的分布位置和使用方式。从方法论上讲,这是一种基于用法的语法模型(usage-based modal of grammar)[①],从归纳中得到一般性的概括,再用一般性的概括来解释已有的相关现象并预测可能出现的相关现象。

上面这种思想可以得到语言习得方面的证据的支持,Gold-

[①] 关于基于用法的语法模型,详见 Goldberg (1995),pp. 133 – 139,192,226。

berg（1995）指出：说话人在使用词汇时倾向于保守。人们通常把词汇使用于同样的句式中，他们以前听到过这些词项被别人用到这些句式中。但是，如果被适当地启动，他们也会把这种用法扩展到新的模型上……新的用法和意义是通过跟既有的例子的相似性而获得的……动词的小类是由说话人内在地、隐含性地对学过的例子进行概括而得出的。因为记忆是联想性的，用在同样句式中的类似的动词通过一般的范畴化过程而划归到一类中去（p.133-134）。总而言之，通过归纳和类推，人们可以获得关于动词和句式之间互动关系的全部知识。

10.4.3　句式扩张的逻辑机制：归因推理和动因解释

根据上文的讨论，每一种句式都有一组惯用的动词；当其他类别的动词代入这种动词所惯用的句式时就造成了句式套用，句式套用的一个重要的语用动因是表达的精细化。同时，句式套用的一个直接的语法后果是句式扩张，这至少包括句式意义的引申和进入句式的动词类别的增加两个方面。那么，句式扩张的逻辑机制是什么呢？特别是§10.4.1中所说的：句式跟所表达的事件之间的对应关系是有理据的，但又是不可预测的，这种情况到底是否符合人类的思维规律？或者说人脑能否处理这种扑朔迷离的现象？对此，我们尝试从归因推理和动因解释的角度作出一些说明。

所谓归因（abduction），就是推出最好的解释。为了进行归因，人们必须先知道结果；因此，归因推理涉及事后推理（after-the-fact reasoning），用以决定为什么一连串特定顺序的事件是按照这种顺序发生的。可见，归因推理试图推出一连串已经发生的事件之所以是这种发生顺序的动因,但是它不能事先预测这一连串事件的发生顺序。这跟演绎(deduction)不同,演绎推理追求对一连串事件的发生顺序作出预测。现在,人工智能研究领域越来越清楚地认识到寻找动因之类的推理(motivation-like reasoning)的重要性,因为人类的许多智能行为就是基于通过寻找动因之类的推理来推出最好的解释。因此,归因对于建立人类自然的推理模式是有用的;这一点对于以模拟人类自然智能为目标的人工智能研究来说,意义十分重大。有研究表明,在语言运用方面人们广泛地使用归因推理。比如,尽管说话人不能预测两个相关的概念是否或多大程度上会在形式上也相关;但是,为了使这种输入形式有意义、从而把这种新形式放入相关格式组成的网络(这构成了他们的语言知识)中,他们还是要寻找这种关系。也就是说,形式与意义、形式—意义配对之间的关系被语言使用者(无意识地)按照他们自己的方式观察和思考。显然,如果这种说法是正确的:人们寻找归因解释(即动因)来解释事件的顺序;那么,我们有理由猜想:说话人也许无意识地应用同样的原理来习得语言。① 对于特定句式及其句式意义和构成成分及其词汇意义之间的关系来说,语言使用者倾向于先验地认为:一定的句式表示一定的句式意义,一定的句式意义又是跟一定句式的特定构造相关的;句式中各个构成成分及其结构关系对句式的整体意义都有贡献,一定的构成成分由一

---

① 以上叙述主要按照 Goldberg (1995),p.71,但也根据笔者的知识和理解作了引申和发挥。把 abduction 译作"归因",是采纳了美国 Temple University 计算机系王培教授的意见,他在第三届国际认知科学大会(2001年8月27—31日,北京)期间,鼓动我用归因推理等非公理逻辑(Non-Axiomatic Logic)的办法处理自然语言,谨此致谢。

定的词汇或语法范畴来实现(或者说句式中的特定位置由特定的词汇、语法范畴来填充)。这样,就把句式意义归结为特定句式的整体构造和构成成分及其结构关系。例如:

(1) Pat handed Chris the ball. (2) Pat threw Chris the ball.

(3) Pat hit Chris the ball.　　(4) Pat shined Chris the ball.

人们从例(1)这样的句子上推出:双宾句的谓语动词要表示传递意义,以便能够联结施事、受事和与事三个论元。于是,对于例(2)(3)这样的句子也乐意接受;因为动词 threw 和 hit 的意义不仅跟 hand 等动词的意义不相冲突,并且可以解释为传递意义的下位概念——即具体地指示了传递的方式。更进一步,居然还能接受例(4)这样的句子;当然,脑筋得多转几个弯:先假定例(4)是合格的,并且表达了类似例(1)—(3)这种受事由施事向与事转移的传递意义;再在传递这种句式意义和谓语核心 shin(胫)的词汇意义之间进行互动,假定名词 shin 所表示的肢体意义不仅跟传递这种句式意义不矛盾,而且能够整合(integrate)进这种句式意义之中;于是,把在双宾句的谓语核心位置上的 shin 的意义解释为通过胫的动作来传递;最终,达到了句子的形式和句子的意义、句子整体意义和句子成分的意义的互相协调和互相可以解释,即是有理可据的、具有动因的。结果,使得双宾句的句式意义得到进一步的引申和扩大,从原来表示单纯的传递到后来表示通过某种特定的方式来传递,一直到表示通过某个特定肢体的动作来传递。

更有甚者,人们还愿意把嵌在特定句式中的生造出来的词也解释为具有跟句式意义相协调的词汇意义。例如:

(5) She gave him something.

(6) She topamased him something.

Goldberg(1995:35)指出,他的十个被试中,竟有六个人认为无意义单词(nonsense word)topamase 的意思是 give。

总而言之,在寻找动因和最好的解释这种归因推理的逻辑机制的作用下,填入特定句式的特定位置的词汇类别增加了,随之而来的是该句式的句式意义引申和扩大了。据此,归因推理可以看作是句式和词汇互动的一种逻辑机制。归因推理这种寻找动因解释但无法作出预测的逻辑机制,正好适合处理句式跟所表达的事件之间的对应关系是有理据的、但又是不可预测的这种语言现象。换句话说,句式跟所表达的事件之间的对应关系是有理据的、但又是不可预测的这种语言现象,是我们人脑的思维规律所允许的,也是能处理的。

第五节 从原理走向规则的互动研究

现在,大概多数语法研究者都能同意:句式意义主要来源于动词的论元结构和句式结构的交互作用(interaction);但是,词汇与句式的交互作用只是一个基本的原理,我们应该把这种抽象的原理具体化为可以落实到具体的操作上的规则。比如,我们上文多次讨论到下列几种动词变价或论元增生的句式:

(1) a. 王冕七岁上死了父亲　　b. 王大爷飞了一只鸽子
　　c. 老王烂了几个橘子　　　d. 我家报废了一台电视
(2) a. 李四被后边的司机按了一喇叭
　　b. 老师被学生贴了大字报

关于这种句子中增加的动词原来的论元结构中所没有的受害者论

旨角色(maleficiary role),潘海华(1997)认为:在汉语语法系统中,有一条普遍的受害者插入规则(general maleficiary role insertion rule,简称 MRI),引发了把受害者角色加入相关动词的论元结构中的操作。控制这条规则操作的语义条件是动词的意义,这种动词要求带有某种不好的效果或影响(第6页、第15页注7)。①我们认为,受害者插入规则可以推广为更加普遍的与事插入规则(general dative role insertion rule,简称 DRI),从而把§1.2中的受惠者论元增容规则和目标论元增容规则也概括进来。控制这条与事插入规则操作的语法条件是句式的意义:当句式义涉及当事(包括受害者)和客体两个论元角色之间的丧失关系,而相关动词只有客体一个参与角色时;或者,当句式义涉及施事、受事和与事(包括受惠者、受害者和目标等)三个论元角色之间的转移关系,而相关动词只有施事和受事两个参与角色时;就启动与事插入规则,在相关动词的论元结构中插入了一个与事论元。比如,像例(1)这

---

① 潘海华(1997)指出,带有受害者插入的动词(或者说得广一点儿,所有含有论旨角色"受害者"的动词)都只允许受害者作主语,而另一个论旨角色"客体"或"受事"则只能成为所谓的滞留宾语(retained object)。这种现象也包括下面这类句子:
(1)他被我罚了五块钱 (2)他被我踢了一脚
(3)那块肉被我炒了青椒
他在词汇映射理论的框架内,利用受害者和客体/受事在论旨层级关系(thematic role hierarchy,简称 TRH)上的不同位置(施事＞受益者/受害者)接受者/经验者＞工具＞客体/受事＞处所),加上主语条件及其相关的映射规则来正确地预期受害者,而不是客体/受事,作被动句的主语。具体的技术细节请看潘海华(1997),第6—7页。但是,如果考虑到下列例子,那么潘海华(1997)"只允许受害者作主语"的论断就必须重新检讨:
(4)李铎 吃了 小邵一个苹果 (5)老刘抽了 小孙一支香烟
(6)小芳 花了 奶奶一百块钱
如果其中的与事论元的论旨角色也是受害者,那么受害者角色也可以充当间接宾语。

样的丧失句式要求有丧失的主体(即受害者)和丧失的客体两个论元角色,而"死、飞、烂、报废"这种动词原有的论元结构中只有一个客体论元;于是,在丧失句式的丧失意义的驱动下,在相关动词的论元结构中临时插入了一个受害者角色。同样,"被"字句通常表示不如意的遭受等意义;当述宾结构作"被"字句的谓语核心时,在遭受这种句式意义的驱动下,在相关动词的论元结构中临时插入了一个受害者角色。再如:

(3) a. 李铎吃了小邵一个苹果   b. 玲玲只穿过姥姥一件毛衣
    c. 老刘抽了小孙一支香烟   d. 小芳花了奶奶一百块钱
    e. 小明糟蹋了我几张宣纸

(4) a. 王刚扔我一包香烟   b. 小平塞李伟一个纸条
    c. 小明踢小华一个斜线球   d. 玉芳孝敬公公一条香烟

单及物动词"吃、扔"原有的论元结构中只有施事和受事两个论元,但是,在双及物句式的获得/给予意义的驱动下,在相关动词的论元结构中临时插入了一个与事(受害者或受益者)角色。这样,使得动词的论元结构跟句式的论元结构能够更加吻合。

我们希望能够发现更多的诸如普遍的与事角色插入规则、§10.3.3中讨论的施事删除规则和广义被动化规则等改变动词的论元结构的规则,并刻画控制这种规则使用的句法、语义和语用条件,从而使词汇与句式交互作用的原理更加具体化和可操作化。

附录　关于配价语法研究答客问

0. 开场白

在进行配价语法研究和教学的过程中,作者每每承前辈老师、学界朋友和听课学生指出疏漏,提出疑问,作者本人也常常向自己盘问一些问题。由于这些很有趣的问题不便在正文中加以论列,因而放在附录中用一问一答的这种比较轻松的形式来进行讨论。

1. 研究配价语法的缘起

客人:你做配价语法已经有十几年了,能不能谈谈其间主要的思想经历?

主人:叙述研究经历,对作者来说是一件津津乐道的事,但对读者来说是很乏味的。

客人:这么说吧,当代语言学中的语法理论和流派非常众多,一些重要的学说在《国外语言学》上都作了很好的译介;那么,你当初为什么要选择配价语法呢?

主人：大约在一九八二、八三年的时候，我看到了一些文章讨论汉语的类型，其中主要的证据是汉语的主谓谓语句，得到的印象是：尽管国内的学者和国外的学者在汉语的类型上有不同的见解，但是好像都同意这一点——主谓谓语句的大主语跟后边的主谓式谓语在结构和意义上可以没有直接的联系。对此，我很纳闷儿：句子的主语（或者话题）居然可以跟谓语（或者说明）没有句法、语义关系。

客人：从那时起你就打算研究主谓谓语句了吧？

主人：不。那时我正在一个中学教书，资料和理论准备都不充分。1984年上了研究生，就有时间考虑这个问题了。我感觉到主谓谓语句的大主语跟后边的主谓式谓语是有结构和意义联系的，但是找不到一种很直观的理论来表达。

客人：你在《认知语言学》课上说，你曾希望从纪尧姆（Gustave Guillaume）的心理机构主义（psychomecanique）中找出路[①]，是不是针对主谓谓语句这一问题的？

主人：是的。但是，由于从《国外语言学》上的那篇介绍文章中还看不出心理机构主义能为说明主谓谓语句的主谓联系提供一种机制，因而我最终放弃了这种努力。后来，接触了一些配价语法的东西，就寄希望于用配价的概念来说明主谓谓语句的谓语动词对大主语的支配关系。于是，就热衷于配价语法的研究，并打算选动词的配价作为硕士论文的题目。

客人：可是，你的硕士论文《准双向动词研究》讨论的只是动词

---

① 详见程曾厚《居斯达夫·纪尧姆的"心理机械论"及其著作保存会》，刊《国外语言学》1981年第2期。

中一个很不起眼的小类。为什么不做对动词的配价进行全面研究的题目？

主人：当时，我跟你的年龄差不多大。年轻人是比较有雄心壮志的，自然会选择做《汉语动词的配价研究》一类大题目的。后来发现主语、宾语位置上的配价成分还好处理，藏在状语中的配价成分很难处理，而且绕不过去。不得已把题目缩小为《论动词和状语的格支配关系》。再后来，发现藏在状语中的配价成分各式各样，我无力也难以在一篇学位论文中对它们研究一过。于是，再一次缩小范围，只讨论表示协同和针对关系的准双向动词。

客人：这样一来，跟你研究主谓谓语句的目标不是越来越远了吗？

主人：有得有失吧。通过对一类动词的支配能力和句法配列的调查和分析，我对配价语法的理解比以前贴近了一点。

客人：那么，你后来为什么停止了动词的配价研究，而改做名词的配价研究呢？

主人：因为发现隐藏在动词的状语中的从属成分竟然可以不是动词的配项，例如：在"老张对这件事有意见"中，"这件事"并不从属于动词"有"，而是从属于名词"意见"。

客人：现在我明白了，除了动词的配价之外，还需要名词的配价才能解释"这件事我有意见"一类主谓谓语句的句法、语义连结机制。

主人：基本上是这样。不过，光凭动词、形容词、名词的配价还不足以解释"外语你得下工夫〔学〕、〔干〕这活儿人比牲口累、〔去〕中关村〔到〕动物园坐332路"一类主谓谓语句。

客人:所以你后来又讨论过谓词隐含的问题,写了《谓词隐含及其句法后果》。①

主人:有了动词、形容词的配价,加上名词的配价,再加上隐含的谓词的配价;那么,大多数主谓谓语句的大主语跟后边谓语的句法、语义联系的机制就比较清楚了。

客人:原来你转了一个圈,从动词配价、状语中的从属成分、名词配价、谓词隐含,又回到了你早就挂在心头的主谓谓语句,后来写成了《话题化及相关的语法过程》一文。②

主人:我很喜欢这样一句话:指南针转了一圈,又回到了原来的地方。

2. 理论背景和学术渊源

客人:读你关于配价语法的文章,我感到:不管是法国的配价语法还是德国的配价语法,对你的影响都不太明显。为什么呢?

主人:因为我不懂法语和德语,无法利用这方面的第一手资料。我对法语、德语配价语法的了解都是通过翻译、介绍文章,并且以前也没有对这些资料加以总结和整理。

客人:那么,在这本书的第一章中,你不是对法国、德国的配价语法作了一些整理和归纳吗?

主人:那是比较晚近的事了,因为给研究生讲《汉语配价语法

---

① 刊《中国语文》1995年第4期。
② 刊《中国语文》1996年第4期。

研究》课,才开始做这种整理、爬梳和评点工作的。而这时,本书的初稿已经基本写成了。

客人:那么,你做配价研究主要依据什么理论?

主人:大概说来有三个方面吧。第一,是数理逻辑中的谓词逻辑。我把自己的硕士论文《准双向动词研究》译作 On Quasi-two-place Verbs in Mandarin,可以说明这一点。第二,是计算机科学中人工智能学科上的知识表示方面的理论和方法。你如果读过我的《语言的认知研究和计算分析》一文[①],那么可以感到这一点。第三,是当代的各种语法理论,特别是生成语法和格语法。

客人:难怪你的文章中有大量的格语法的内容。不过,我还是不明白:为什么不干脆把本书叫做《汉语格语法研究》?

主人:因为我感觉到:纯粹的配价语法内容比较单薄,而纯粹的格语法似乎又失之琐碎。它们都无法单独用以组织关于语言的结构和意义之间的关系的知识。所以,我一直尝试用配价语法去控制格语法,用格语法去充实配价语法;同时,用生成语法的转换程序来从形式上沟通相关的同义句式;这中间,结构主义的分布分析方法依然是基础。

客人:看来,这是一个纯粹的方法论的问题。能不能说得具体一点?

主人:从技术上说,这是一个关于语言知识的组织体系(architecture)的问题,我在《现代汉语名词的配价研究》的第 7 节中讨论过[②],这里就不重复了。

[①] 删节发表于《语言文字应用》1996 年第 1 期,全文发表于罗振声、袁毓林(主编)《计算机时代的汉语和汉字研究》,清华大学出版社,1996 年。

[②] 刊《中国社会科学》1992 年第 3 期。

3. 徘徊于形式主义和功能主义之间

客人:在你的书中,一方面谈从基础句到派生句的转换程序,另一方面又谈语义场景、透视域对句式的影响。我不明白:你走的是形式主义还是功能主义?

主人:哪一派都不是。我希望,在学术上我是一个不依附于某种主义的自由人。

客人:在你的文章和讲课中,你对 Chomsky 及其形式语法多所赞美。但是,为什么一直不见你做纯粹的生成语法的题目?

主人:Chomsky 努力建立一种能表达全人类所共有的普遍的语言知识的形式化模式,非常有气魄,也很激动人心。并且,他也没有停留在这种理想上空喊口号,而是选择支配、约束等具体问题进行研究。但是,正如他自己所说的,在选择这种具体论题上是比较随意的。[1] 这就有一个他感兴趣的论题别人不一定感兴趣的问题。再加上他的理论模式不断修改,越来越抽象。这就给人出了一个难题:你到底是跟还是不跟?你是严格地按照他的某一时期的理论处理汉语事实,还是套用他的理论框架和术语另作发挥?

---

[1] 详见 Chomsky, N. & Lasnik, H. (1991) *Principles and Parameters Theory*. To appear in J. Jacobs, A. von Stechow, W. Stemefeld, and T. Vennemann (eds.) *Syntax: An Introductional Handbook of Contemporary Research*, Walter de Gruyter, Berlin. 在第一章 Introduction 的结尾部分,他们说:原则和参数的方法(principles and parameters approach)又被称为支配—约束理论(GB theory),这后一个名称是容易引起误解的。因为 Chomsky(1981)只是碰巧集中讨论了支配和约束理论,并没有什么内在的理论要求;当时他也完全可以把讨论集中在格理论(Case theory)、题元理论(Theta theory),等等(p.11)。

客人:看来还真不知如何是好。那么,你的态度呢?

主人:远远地看,一方面跟踪他的最新的理论,另一方面想想其中哪些是值得取法的。更重要的是努力弄清楚,他为什么要作出这样或那样的修正或发展。

客人:这么说来,你更愿意做形式主义的俗家弟子。那么,为什么不改换门庭,彻底地皈依功能主义呢?

主人:功能主义语法学强调在语言使用的环境中研究语言,主张从语言的使用者、语用环境和语言的交际功能的角度来解释语言的结构方式。用这样一种眼光来看,那么对语言的结构方式起制约作用的因素就比较纷繁,难以用一种相对统一、简洁的理论框架来驾驭。这样,就跟我心目中的科学的美学原则有较大的距离。

客人:那么,只能放弃功能主义的路线了吗?

主人:那倒也不必这么绝对。功能主义对语法结构的解释往往是比较透彻、并且是比较直观的。问题是要做一番提纯、求精和概括的工作,不能就事论事、随文释义。努力找出几个最重要的、可以控制的因素,看看它们对语言结构有些什么样的影响。

客人:这么说来,你也愿意做功能主义的私淑弟子。那么,两种研究路线能不能结合?又如何结合呢?

主人:那要看你做语法研究的目的是什么,也就是说,你希望你的研究结果是干什么用的。

客人:还是我先问你一句:你希望你的语法研究的结果干什么用?

主人:我希望我的一些研究对从事计算机处理汉语的人在写语法形式规则时有一点参考作用,所以对形式主义十分恭敬;我还希望我的一些研究对从事对外汉语教学的老师在给学生解释句子的结构方式时有一点参考作用,所以对功能主义也不敢怠慢。

4. 整体把握和还原论分析

客人:你在讨论语法问题时,经常强调用一种结构化的概念来解释同一句法结构中有关成分之间的连结机制。比如,用降级述谓结构来说明名词配价的语义基础。

主人:是的。这样可以使问题的讨论更加简洁和明了,也便于别人用客观主义的方法来评论。

客人:恰恰相反,我同意徐通锵先生的见解:把"意见"类名词的配价要求纳入述谓结构去分析是舍简就繁、舍近就远,没有抓住问题的关键。①

主人:这倒是一个很新鲜的批评,请说明个中的理由。

客人:事实上,"意见"类单位的配价要求与降级述谓结构无关,而是无定向有定转化的一种要求。"意见"类单位所以有配价要求,就是要实现从无定向有定的转化。

主人:徐老师强调有定范畴对句法结构的影响是有道理的。但是,徐老师的分析跟我的分析并不矛盾;因为两者是在不同的层面上看问题,徐老师力求对汉语的语法现象作出宏观的、带有整体性的把握,而我则在较低的层面上对若干句法结构作微观机制的挖掘。

客人:你能不能说得具体一点儿。

主人:还是以"意见"类名词为例子,说无定向有定的转化是"意见"类名词产生配价要求的语义基础,这除了失之笼统之外,倒

---

① 详见徐通锵(1997)《语言论——语义型语言的结构原理和研究方法》,§4.5.2.5,第573—578页,东北师范大学出版社。

也没有什么大错。但是,据此认为不必求助于降级述谓结构则过于绝对和肯定。

客人:为什么?请说明理由。

主人:如果说名词配价的语义基础是为了实现无定向有定的转化,那么随之而来的问题是:为什么"意见"类名词实现有定需要两个配价成分,如"老张对这件事的意见",而"尾巴"类名词实现有定只需要一个配价成分,如"狐狸的尾巴"?

客人:这不是很清楚吗?语言符号的意义源于其所代表的事物及其他跟其他事物在现实世界中的关系,"意见"总是某人针对某人或某事的,涉及两个个体;"尾巴"总是从属于某种动物的,涉及一个个体。

主人:你说得不错。我只是想用降级述谓结构来对你说到的"意见"的意义的某个侧面作出形式化的刻画。有了这个基础,就可以进一步分析:"意见"所涉及的两个个体在表层句法结构中分别实现为降级主语(提出意见的一方)和降级宾语(被提意见的一方)。从而,对"对厂长的意见"一类歧义结构作出比较精细的描写和解释。

客人:这么说来,有了降级述谓结构及建基于其上的降级主语、降级宾语等概念,可以更好地说明不同的名词性成分从无定向有定转化的微观机制。

主人:我很希望是这样的。

5. 配价语法和汉语语法的意合机制

客人:你在以前的文章中谈过汉语语法的意合机制,现在又说希望通过对配位方式的描写来揭示汉语语法的意合机制。这么看来,你是赞成汉语语法的特点是意合法这种观点的了?

主人:这个问题比较复杂,不宜遽下断语。

客人:你既然用了"意合"这个概念,就有责任和义务向大家交代这个术语的含义。

主人:"意合"是对英语 parataxis 的意译,在英语语法中指两种情况:(1)分句或短语不用连接词而顺次排列,例如:We laughed, we sang, we danced.(2)主句和从句之间不用连接词而顺次排列,例如:I beleive it is true. I think it is so. 如果改用直译,那么或许可以译作"并行排列"。

客人:这好像跟时下的用法很不一样。

主人:当初王力先生是恪守原文的意义的,他在《中国文法纲要》中说:"复合句里既有两个以上的句子形式,它们之间的联系有时候是以意会的,叫做'意合法',例如'你死了,我做和尚。'有时候却有一两个虚词来表示它们之间的连带关系,例如'若是说明,又恐老太太着急'……这一类的虚词我们叫做连结成分。"[①]

客人:这么说来,意合法指的是结构成分不借助形态或虚词直接组合;它并不是汉语语法的特点,在英语中也是一种很普遍的结构方式。

主人:的确是这样。问题是,后来人们在用"意合语法"这个词组时,强调意会和以义相合这一点。并把它跟汉语句子的词序的灵活性挂起钩来,认为在意义关系明确的前提下,同一个句子中的

---

① 《中国语法纲要》1946 年由开明书店出版,1957 年新知识出版社重印时把书名改为《汉语语法纲要》,现据上海教育出版社 1982 年重印本,第 14 章,第 144—145 页。

有关成分可以颠来倒去。例如"我可不吃羊肉—羊肉我可不吃—我羊肉可不吃"。

客人:这是汉语的事实,有什么错呢?

主人:这是事实。但是,我们不能从中推出结论:汉语的句子成分的排列没有章法可言,没法作出理性主义的分析;或者说,西方的那套语法分析的方法根本不适用于汉语。

客人:那么,依你的意思呢?

主人:要透过这种词序灵活的表面观察,探究从固定的语序(句法成分的位置)到灵活的词序(语义成分的位置)的转换机制,也就是所谓的"意合"的机制。

客人:那么,你认为本书讨论的语义格的细分、合并和转化等语义机制,话题化、述题化等语法机制能解释汉语语法的意合机制吗?

主人:那当然是远远不够的。但是,在还没有其他更好的概念之前,我希望这些概念能发挥一点作用,并引发别人提出更高明的概念。

客人:现在,咱们换一个话题。你能不能对近年来学术界有人提出或倡导的语义语法谈一点看法?

主人:从 Charles Morris 符号学三分法的角度看[1],语义语法的说法是比较别扭的。不过,我不想在这儿作出评论。

客人:在《现代汉语语法研究》课上,你提到计算语言学中有一种语义语法;它跟时下汉语学界一些学者讨论的语义语法是一回

---

[1] 详见 Morris, Charles (1946) *Signs, Language and Behavior*. Prentice-Hall. 中文译本《指号、语言和行为》,§8.1,第 260—263 页,罗兰、周易译,上海人民出版社,1989 年。

事吗?

主人:那是渺不相关的两回事。1977年,亨德雷克斯(C. Hendrix)在美国斯坦福研究所设计了一种名叫 LIFER 的分析法,为用英语书面语作人机对话提供了一种句法—语义框架。例如:

WHAT IS THE⟨ATTRIBUTE⟩OF⟨PERSON⟩

HOW⟨ATTRIBUTE⟩IS⟨PERSON⟩

在上列语法格式中,尖括号中的非终结符是语义成分。这种把某些语义成分嵌入句型的方法叫语义语法(Semantic Grammar)。用户可以根据需要自行定义语义成分的内容,比如把⟨PERSON⟩定义为 John、Bill、Mary 三个人名,把⟨ATTRIBUTE⟩定义为 height、age、tall,就可以理解下列句子:[1]

What is the age of John?

How tall is Bill?

客人:依我看来,这无非是给出句法结构的某些位置上的形式类的语义特征。

主人:是的,这只是一种技术处理,跟描写语法和生成语法不能并列。并且,这种方法也只有在面向封闭的对象时才有效。

6. 配价语法和认知解释

客人:在《认知语言学》课上,你讲到语法规则和语法理论的认知方面。但是,在你的动词的配价研究中好像没有突出这一点。

---

[1] 详见范继淹(1985)《人机对话系列讲座》§3.4,《语文战线》第2—5期。收入范继淹(1986)《范继淹语言学论文集》,第287—308页,语文出版社,

为什么?

主人:我在讨论动词的配价能力、配位方式的语义基础时,讨论了语义场景、透视域等问题,这就是想从认知的角度对动词的组配能力作出解释。

客人:但是,我觉得很不够;至少跟《一价名词的认知研究》相比,是退了一步。

主人:也许是这样。不过,你知道,我对认知解释的理解是比较狭窄的,主要依据一些关于人脑的信息加工的理论和学说[①],不敢援引文化动因(cultural motivation)或者通俗心理学(folk psychology)的解释因素。

客人:你能不能举一个例子说明一下?

主人:先举一个英语中的例子:由指人名词组成的并列词组 man and woman 一般不能颠倒次序,说成 *woman and man。你说应该怎么解释?

客人:这还不是一件很清楚的事吗?从文化上看,这是西方的男子中心主义在语言的句法结构上的反映。从构词法上也可以印证,woman 是由 man 派生出来的。

主人:那么,你怎么解释这个语言事实:ladies and gentlemen 不能颠倒次序,说成 *gentlemen and ladies?

客人:这也是可以从文化上给出解释的。这是西方文化强调女士优先的习惯在语言结构上的反映。

[①] 详见袁毓林(1994)《关于认知语言学的理论思考》,刊《中国社会科学》第1期;(1996)《认知科学背景上的语言研究》,《国外语言学》第2期;《定语顺序的认知解释及其理论蕴涵》,提交第六届"国外语言学研讨会"(1996·北京),刊《中国社会科学》1999年第2期。

主人:你不觉得这前后两种解释是很不协调,甚至是互相抵触的吗?

客人:我姑且让你一步,承认我的解释不完美。那么,你是如何解释的呢?

主人:有人从信息加工的角度这样解释:并列词组的构成成分按照其音节数目的多少排列,音节少的在前面,音节多的在后面;原因是人们倾向于把容易加工的成分放在不易加工的成分之前。

客人:这倒不失为一种经济、有效的解释。我前些日子读到一篇讨论汉语定语和中心语之间加不加"的"的论文。文章认为,定语(D)中心语(N)之间能不能加"的"不取决于客观的语义条件,而常常取决于非客观的认知上的条件。一个常见的条件是:形成DN 的 D 必须是与 N 相关的某个"理想化的认知模型(idealized cognitive model,简称 ICM)"中的 N 的一种显著的互动属性(salient interactional property)。

主人:很有意思,你能不能举一个例子来说明一下?

客人:文章说,"贵东西"这个组合合格,因为"贵东西"涉及一个"购物"的原型认知模式:(i)购物是一类有固定范式的行为,我们称之为"买东西",(ii)买东西要付钱,故必须对东西的价格进行权衡、作出判断,(iii)价格范围高过我们期望值的东西被看作是贵的,在某种程度上低于期望值的则被看作是便宜的。这样,"贵"就成为我们在购物的 ICM 中和"东西"打交道时东西的一个显著的互动属性。

主人:除了略嫌冗长和繁琐之外,这种解释很有趣。不过,我不知道怎么用它来解释"*贵手绢"的不合格。

客人:相比之下,在买手绢、电视等具体物品时,并没有规约性的"买手绢、买电视"之类特定的行为模式。

主人：这我就不懂了。说实话，我看不出两者有什么太大的区别。

客人：显然，上述"买东西"的 ICM 反映的是每个人购物的常态，它能清楚地区别于"卖东西"之类的模式；但我们想象不出"买手绢"能以何种人人接受的方式最大地区别于"买电视"。

主人：尽管我还是不理解这种解释的可靠性和合理性，但是，至少从逻辑上说：在 ICM 方面，你把"买东西"跟"卖东西"相比，那么"买手绢"就该跟"卖手绢"相比，而不能跟"买电视"相比。

客人：看来你还不开窍，尤其缺少想象力和思辨力。

主人：对此我并不否认。我先退一步，姑且承认上述认知解释的合理性和有效性。现在，我从语言事实上追究：假如"贵东西"这个组合是不合格的，你如何用 ICM 来解释？

客人：语言学只面对语言现实，不能照顾你的"假如"。

主人：根据我的调查，大多数人认为"贵东西"跟"贵手绢"一样不可接受。

客人：这也难不倒我。"贵东西"不合格是因为："东西"并不都是可以买卖的，所以"贵"并不是"东西"的显著的互动属性。

主人：那么，"商品"都是可以买卖的，"贵、便宜"都是"商品"的显著的互动属性；为什么"贵商品"和"便宜商品"都是不合格的？为什么"便宜货"是合格的，而"贵货"是不合格的？

客人：也许还有其他原因，我一时回答不了。但是，我坚信用 ICM 可以解释很多语法现象。

主人：这一点我也同意。我担心的不是 ICM 的解释力太小，而是担心它的解释力太强，强到无所不能的地步。

客人:一种理论的解释力越强就越科学,越有价值,你忧从何来?

主人:科学哲学家波普尔(K. Popper)认为:衡量一种理论的科学地位的标准是它的可证伪性或可反驳性或可检验性,一种不能用任何想象得到的事件反驳掉的理论是不科学的。因此,科学家必须事先说明,在什么实验条件下他将放弃自己的甚至最基本的假设。即事先立下反驳的标准:如果哪一种状况真的被观察到了,就意味着他的理论被反驳了。[1]

客人:你还是先举一个例子吧。

主人:比如,波普尔认为弗洛伊德和阿德勒的精神分析理论不是科学的理论,因为任何可以想到的病例,甚至截然相反的人类行为都能用他们的理论来很容易地作出解释。比如:一个人为了淹死一个小孩而把他推入水中,另一个人为了拯救这个孩子而牺牲自己的生命。按照弗洛伊德,第一个人受到了压抑(比如他的恋母情结的某种成分),而第二个人则已经达到升华。按照阿德勒,第一个人具有自卑感(因而产生了自我证明敢于犯罪的要求),第二个人也是这样(他的要求是自我证明敢于拯救这个孩子)。

客人:这么说来,解释力过强表面上是一种理论的长处,实际上是一种理论的短处。上文用 ICM 既可以解释何以"贵东西"是合格的,又可以解释何以"贵东西"是不合格的,犯的正是这一条。现在,你能不能举一个可证伪或可反驳或可检验的科学的理论。

主人:比如,1686 年,牛顿在《自然哲学的数学原理》中公布了

---

[1] 详见 Karl Rainmund Popper (1968) *Conjectures and Refutations: The Growth of Scientific Knowledge*. Harp & Row Publishers.《猜想与反驳——科学知识的增长》§1.1,§1.2,第 47—55 页,傅季重等译,上海译文出版社,1986 年。

万有引力定律——牛顿定律；并用它来解释太阳系里所有物体的运动，诸如：苹果会落地、无所支撑的月亮不会坠落、潮汐的涨落、物体的碰撞、单摆的摆动、抛物体运动、空气阻力、液体的平衡、声波等振荡的传播……。在此后的150年里，陆续有地球的形状（在中心赤道处是突出的，而在两极是扁的）、哈雷彗星重返的日期、海王星的发现三个事实证明了牛顿定律的正确性。[①]

7. 句法的串行推导和大脑实时处理

客人：现在，你能不能谈谈本书有哪些优点或在理论上的独创之处？

主人：由作者自己来谈论自己的著作的优点，这无异于王婆卖瓜。

客人：那我就不客气了。请你谈一下本书的不足或理论上的缺陷，可以吗？

主人：我非常乐于从命。缺点是比较多的，我挑比较显著的两点来说。第一，是关于体例方面的。这本书既不是纯粹的理论探索或讨论，也不是一本动词配价词典，有点不伦不类。我常常面对那一堆卡片和分析札记发憷，不知怎样安排和陈述。

客人：我更想听到你对自己的理论体系的批评。

主人：这是我想说的第二点，那就是过多地依赖表层结构的句法操作，凡是表层结构中论元的位置和排列方式跟设定的基础句

---

① 详细的情况，有兴趣的读者可以看 Maury Jean-Pierre (1990) *Newton, et la mécanique céleste*. Gallimard.《牛顿：天体力学的新纪元》，林成勤译，时报文化出版企业有限公司，1995年。

式不一致,就必须用句法上的移项来处理。①

客人:我也感觉到了这一点。比如,在你的理论中,"汽车盖了雨布了"先后要经过三个派生步骤:(1)基础句式"张三用雨布盖了汽车了"通过受事话题化变成"汽车张三用雨布盖了(了)",(2)"汽车张三用雨布盖了(了)"通过工具述题化变成"汽车张三盖了雨布了",(3)"汽车张三盖了雨布了"通过删除主谓谓语中的施事主语变成"汽车盖了雨布了"。

主人:不过,这种处理在理论的一致性、简洁性、推导步骤的明确性、对各种表层句式的预测能力和解释能力方面,还是有相当的优势的。也许这是一种代价,只是我不知道有没有更高明的办法。

客人:你的自我批评使我想到了一个更为重要的问题。你在《现代汉语语法研究》课上说,语法理论体系大体上可以看作是一种数学模型,其间制定的一切规则、描写、说明等只是我们发现或发明的一种最有效的概括,借以说明我们对一种语言的构造和理解的若干规律性的观察;我们不能把语言结构的数学模型误认为一种关于语言使用的神经活动过程的模型,我们完全可以撇开关于心理活动的过程而专心研究语法理论。②

主人:这样说的一个理论背景是关于语言能力(competence)和语言运用(performance)的区别。语法理论是说明语言能力的,它要解释人对语言的音系学、语义学和语法学知识;至于这些知识

---

① 参考顾阳(1994)《论元结构理论介绍》(《国外语言学》第 1 期)§2 提及的对论旨一致性假设(The Uniformity of Theta Assignment)的批评意见(第 5 页)。当时,我对听我《汉语配价语法研究》课的研究生们说,这个批评对我的理论也很适用。

② 参考 Robert P. Stockwell (1977) *Foundations of Syntactic Theory*.(句法理论基础)吕叔湘等译,第 7—8 页,华中工学院出版社,1986 年。

怎样运用、运用这些知识时的大脑神经过程,语法理论可以不管。Chomsky 在《深层结构、表层结构和语义解释》一文中简略地提到了这一点①,不知道你读过这篇文章没有。

客人:根据你在《现代语义学》课上的布置,我已经通读了这篇论文。但是,你在《现代汉语语法研究》课上反复强调:语法规则具有心理现实性,一种好的语法理论应该反映人们的言语活动背后的心理过程,至少不应该违背语言使用者对语言的直觉。你不觉得这前后的两种观点是矛盾的吗?

主人:这是两码事。前者强调语法理论模型的抽象性,后者强调语法理论的心理限制。语法学的数学模型跟神经—心理模型也不是对立的。因为当我们说言语是语言的实现时,已经蕴涵了语言包含在言语之中这一层意思。这两种模型可以分别进行研究,也可以研究两者之间的接口层面(interface level)。

客人:你能不能说得具体一点?

主人:还是以 Chomsky 的理论为例,他在 1993 年的最简方案(minimalist program)中指出:人类大脑中存在着语言官能(language faculty),它使得人类能使用和理解语言。语言官能的一个组成成分是一种生成程序(generative procedure),它生成了语义的、音系的结构描述(structural descriptions,简称 SDs)。这些结构描述就是语言的表达式(expressions),它们是属于语言能力系

---

① 详见 Chomsky, N. (1971) Deep Structure, Surface Structure, and Semantic Interpretation. in Chomsky (1972) *Studies on Semantics in Generative Grammar*, pp. 11-61, Mouton, the Hague. 又见 Steinberg D. & Jakobovits, L (1971) pp. 183-216.《深层结构、表层结构和语义解释》,赵世开译,《语言学译丛》,第二辑,第 177—230 页,中国社会科学出版社,1980 年。Chomsky 在讨论语法理论模型中句法和语义的映射方向时,约略谈到了这一点。见中译文第 183—185 页。

统中的。由于语言是内包在(embedded)语言运用系统中的,因而可以把表达式看作是对运用系统的一套指令(a complex of instructions)。运用系统似乎可以分为"发音—听觉"(articulatory-perceptual)和"概念—意向"(conceptual-intentional)两个子系统,因此语言表达式应包含对这两个子系统分别作出的指令。对发音—听觉系统的指令就是音系式,对概念—意向系统的指令就是逻辑式。音系式和逻辑式代表语言和语言运用系统的接口层面。出于经济原则的考虑,一个最简的语言学理论方案应该只由概念上必不可少的因素组成。接口层面就是这样的因素,而属于非接口层面的D—结构和S—结构就应该废除。[1]

客人:这又能说明什么问题呢?

主人:这说明在设计语法理论模型的内部结构时,考虑到语言运用及其神经过程是有好处的。

客人:坦率地说,你的回答不能说是令人满意的。鉴于这个问题的复杂性,我就不作追究了。你在《认知语言学》课上说,在设计语法规则系统和语法理论模型时,要想一下它们在人的大脑中实时运作的可能性。那么,你那套从基础句式通过话题化、述题化到达派生句式的推导式系列,在大脑实时处理时有没有可能性?

主人:这正是我最拿不准、最放心不下的地方。后来,似乎是在生成音系学中,我找到了些许安慰和自我开脱的理由。

客人:我想不出生成音系学能帮你什么忙,你能不能具体地说明一下?

---

[1] 详见 Chomsky, N. (1995) *The Minimalist Program*. MIT Press,第 3 章 Minimalist Program,pp. 167-172。中文介绍请看,程工(1994)《Chomsky 新论:语言学理论最简方案》,《国外语言学》第 3 期,第 2 页。

主人:你也知道,从 1968 年 Chomsky 和 Halle 创立生成音系学以来①,经过自主音段音系学、节律音系学、特征几何理论等的改革和推进,生成音系学的理论体系和表达模型发生了巨大的变化。但是,音系规则的有序性和音系推导式的串行性这两个核心概念基本没变。②

客人:你还是先举一个例子,说明生成音系学何以能拯救你的理论。

主人:我们从英语重音开始讨论吧。英语中词的重读位置非常复杂,如果以词尾作为考察起点,那么可以发现:有的落在倒数第三音节,如 America;有的落在倒数第二音节,如 Arizona;有的落在最后一个音节,如 Tennessee。根据 Chomsky & Halle (1968),如果把元音分为松紧两类,那么就可以用下列三条规则来自动地确定一个词的重音位置:

  a. 如果最后一个元音是松的,并且倒数第二个元音也是非紧的,而后面至多跟有一个辅音,那么重音就落在倒数第三个元音上;

  b. 否则,如果最后一个元音是松的,重音落在倒数第二个元音上;

  c. 否则,重音落在最后一个元音上。③

---

① 详见 Chomsky, N. & M. Halle (1968) *The Sound Pattern of English*. Harper and Row.
② 详见王嘉龄(1997)《音系学和认知科学》,《国外语言学》第 2 期,第 1 页。
③ 详细的讨论见 Chomsky & Halle (1968),简要的讨论见 Morris Halle (1973) A Window into Man's Mind, in Eric P. Hamp (1973) (ed.) *Themes in Linguistics : The 1970s*. Mouton.《洞察人类心智的窗口》,曹今予译,沈家煊等校,《国外语言学》1984 年第 1 期。

客人：至此，我还看不出你引用这个例子能说明什么问题。

主人：上述规则是按线性次序运用的，你想，生成音系学光是确定一个词的重音就要用到这么多规则，占用这么多时间；我这里生成一个句子用到几个推导式，占用一些时间，至少在理论上并不是一件太奢侈的事。

客人：这充其量是一种托辞和自我安慰。要知道，一个人发现别人患有跟自己一样的疾病，这并不能证明自己没有患病。

主人：你说得很对。事实上，在语法学和音系学中，都有人尝试用连接主义的并行分布处理思想，来解决串行推导跟大脑实时处理的矛盾。比如，语法学者尝试用连接主义的模型来表示语义学/语用学和表层句法形式之间的直接的、跨维度的相互关系（cross-dimensional correlations）；音系学者尝试用神经网络理论来设计一种互连的单元网络，网络的每种状态表示一个表达式，通过网络中某些单元的激活和传递到邻近单元来改变网络的状态，从而实现表达式之间的推导和生成。[①]

客人：那么，你为什么不尝试一下这种跨维度的语法建构和并行处理呢？

主人：目前，我们对大脑的工作机制的认识是十分肤浅的。断言语言学的有序规则和串行推导式不符合大脑的实时处理还为时过早。相反，心理学上有足够的证据表明：大脑在感觉运动等底层次的信息加工方面可能是并行性的，而在语言理解、逻辑推理、问题解决等高层次的信息加工方面可能是串行的。[②] 至于，人脑究

[①] 详见王嘉龄(1997)，第1—3页。

[②] 有兴趣的读者可以看袁毓林(1993)《自然语言理解的语言学假设》(《中国社会科学》第1期)、(1994)《关于认知语言学的理论思考》、(1996)《认知科学背景上的语言研究》中的有关部分，以及所列的有关参考文献。

竟怎样在瞬时之间、用串行加工的方式完成语言表达式的串行推导,这正是认知科学和神经科学的紧迫课题。

8. 在方法的背后寻找智慧

客人:不少学者说,你的文章不好懂,这是不是事实?

主人:也许是。反正比时下晚报上的《影视大腕劳燕分飞》《一代艳后移情埃及船王》一类文章要艰深、乏味得多。

客人:你这是在狡辩。其实,学术论文再难读也不该让同行看不懂。

主人:刚才我是跟你开玩笑。你说得还是有道理的。不过呢,同行的范围得有一个限制。如果要求一篇讨论句法的文章,要让所有搞语言学的人都读得懂,这也是不可能,并且是不合理的。我有一个研究微分动力学很有成就的朋友,他告诉我:他拿到一本《数学学报》或《数学译林》,上面能看看的文章也不会超过三四篇,真正看得懂的不会超过一两篇。因此,他看到我在《中国语文》《国外语言学》的许多文章上都划了一些道道,就觉得不可思议。

客人:为什么会造成这种学科内部的壁垒?你能解释一下吗?

主人:抛开消极的一面不说,这是学术发展、理论深入、方法专门的必然结果。

客人:这倒使我想到你在《现代语义学》课上要求我们阅读的文献中的一段话:

> 今天,当代"语义学"文献的读者们确实感到沮丧、恐惧、愤怒和遗憾这样一种错综复杂的感觉。他们可能会说,指号

学不仅正在逐渐失去它有趣的性质,而且正在陷入专门性和艰难性的深渊。情况就是这样!如果指号学要成为一种科学的话,情况就必须是这样。因为,科学在发展中总是强迫我们离开熟悉的东西的表面现象,而艰苦地去发现对这种表面现象提供理解——预测和控制的那些东西的性质。因而,指号学的科学发展没有理由要避开这条道路。[1]

主人:确实是这样。如果科学要达到解释相关现象、有效地预测新的可能的现象,那么就不能浮在现象的表面,而是要深入到现象的背后,揭示更为本质的机制和规律。如果做到了这一点,那么相应的研究报告或论文就不会太直观和易懂。

客人:你说的适用于自然科学,语言学是人文科学;社会、文化现象是不必、也不能用自然科学的教条来规范和衡量的。

主人:也许情况不完全是这样。比如,马希文教授曾经指出:理论研究的对象和实际观测的对象是两码事。自然科学的对象来自日常生活,来自实验观察,但在研究时经过了模式化。物理学家可以计算出宇宙飞船的轨道,却很难精确预测草坪上的足球能走多远。理论处理的是抽象的和理想的东西。关键是要抓住典型的和必要的东西。因此,他认为:语言学家研究的也不应该是直接的语言现象……一部语法不是要记录所有说过的话,它必须是概括的。而一部语法的好坏也还要看它能在多大程度上反映了实际的语言……语言学理论不能只是事实的整理和归纳,它应该还原为

---

[1] 详见 Morris, Charles (1946) *Signs, Language and Behavior*. Prentice-Hall. 中文译本《指号、语言和行为》,§1.4,第 13—14 页,罗兰、周易译,上海人民出版社,1989 年。

深刻的定律,通过演绎以及其他逻辑手段达到(而不是回到)表象层。①

客人:难怪马先生要说:从计算语言学的角度来看,Chomsky的最大的贡献就是他发现了语言的深层结构。从本体论上来说Chomsky的观点固然可以讨论,但从方法论上来说他的发明是一个非常巧妙的办法。因为语言的表层现象是非常不整齐划一的……因此,在我们研究语言时,为了使表层的材料整齐划一,也有必要设想这些材料的深层结构。设想多深都没有关系,只要能保证生成的表层结构是正确的就行。②

主人:如果按照马先生的这种思路去研究语言,那么所得的研究结果自然是比较抽象的,写成的文章相对来说就不好读了。当然,每一个研究者都可以有自己的科学信仰,也有权利选择他认为最有效的研究方法和表述方式。最好是能做到互相尊重、彼此理解。

客人:现在,我想换一个话题。我觉得,在你的文章、讲课和言谈中,你是过于强调研究方法的重要性了,甚至有点儿方法至上。

主人:如果不脱离语言事实,那么这没有什么不好。没有巧妙的方法,问题永远躺在那儿。

客人:所以,在《谓词隐含及其句法后果》的第5节中,你引用了这样一个比喻:把问题比作丢失在黑夜中的钱包,把方法比作光照有限的路灯。

---

① 引自马希文先生在《国外语言学》编辑部召开的"语言学理论座谈会"上的发言,见《国外语言学》1988年第3期,第143页。

② 见马希文(1989)《以计算语言学为背景看语法问题》,《国外语言学》第3期,第142页。

主人:事实上,在很多情况下,没有独到的方法,你连问题在哪儿都不知道。路灯隐喻的深刻性在于说明:每一种方法的效力都是有限的。我们要寻找和运用新方法,但又不能迷信有万能的新方法。重要的是要有创造新方法的智慧,这就是人们常说的"在方法的背后寻找智慧"。

客人:"在方法的背后寻找智慧"是西方的格言,我听着可别扭。

主人:那也没有关系。我可以用中国传统的话语来转述:方法乃术也,它常常有效,而时时见穷。我们最终要寻找和追求的是道——语言研究之道。

客人:这倒令我想起卡普拉(Fritjof Capra)的《物理学之道》(*The Dao of Physics*)。不过,我要问:什么是语言学之道?

主人:大音希声,巨象无形,大道无迹……。

参 考 文 献

奥田宽 1982 论现代汉语形容词的强制性联系和非强制性联系,《南开学报》第 3 期。

陈　平 1987 释汉语中与名词性成分相关的四组概念,见陈平(1991)《现代语言学研究》,第 119—141 页,重庆出版社。

陈　平 1994 试论汉语中三种句子成分与语义成分的配位原则,《中国语文》第 3 期。

程　工 1995 评《题元原型角色与论元选择》,《国外语言学》第 3 期。

范继淹 1982 论介词短语"在+处所",《语言研究》第 1 期。收入范继淹(1986),第 162—189 页。

范继淹 1984 多项 NP 句,《中国语文》第 1 期。收入范继淹(1986),第 239—251 页。

范继淹 1986《范继淹语言学论文集》,语文出版社。

范　晓 1991 动词的"价"分类,《语法研究和探索》五,语文出版社。

方德义 1986 法国现代语言学理论研究概况,《国外语言学》第 3 期。

冯胜利 1997 "管约"理论与汉语的被动句,《中国语言学论丛》第一辑,黄正德 主编,北京语言文化大学出版社,1997。

冯志伟 1983 特思尼耶尔的从属关系语法,《国外语言学》第 1 期。

古川裕 1989 "的 s"字结构及其所能修饰的名词,《语言教学与研究》第 1 期。

顾　阳 1994 论元结构理论介绍,《国外语言学》第 1 期。

顾　阳 1996 生成语法及词库中动词的一些特性,《国外语言学》第 3 期,第 1—16 页。

顾　阳 1997 关于存现结构的理论探讨,《现代外语》第 3 期;略作修改后收入徐烈炯(1999),第 91—110 页。

顾　阳 1999 双宾语结构,收入徐烈炯(1999),第 60—90 页。
郭　锐 1995 述结式的配价和论元整合,见沈阳、郑定欧主编(1995)。
韩万衡 1993 配价论的基本概念与研究方法,《天津外国语学院学报》创刊号。
韩万衡、韩豫贤 1995 配价论与汉语结构描写,提交"配价论与配价词典研讨会"论文,1995 年 10 月 10—12 日,于德国歌德学院北京分院。
韩万衡 1997 德国配价论主要学派在基本问题上的观点和分歧,《国外语言学》第 3 期。
黄锦章 1993 行为类可能式 V-R 谓语句的逻辑结构与表层句法现象,《语文研究》第 2 期。
黄居仁、张莉萍、安可思、陈超然 1999 词汇语意和句式语意的互动关系,《中国境内语言暨语言学》第五辑:《语言中的互动》,第 413—438 页,台北:中央研究院语言学研究所筹备处。
黄月圆 1996 把/被结构与动词重复结构的互补分布现象,《中国语文》第 2 期。
蒋绍愚 1994《近代汉语研究概况》,北京大学出版社。
蒋绍愚 1997 把字句略论——兼论功能扩展,《中国语文》第 4 期。
李　洁 1986 Kalevi Tarvainen 的《从属关系语法导论》,《国外语言学》第 3 期。
李　洁 1987 德语配价理论的发展及成就,《外语教学与研究》第 1 期。
李临定 1963 带"得"字的补语句,《中国语文》第 5 期。收入李临定(1994)。
李临定 1980 动补格句式,《中国语文》第 2 期。
李临定 1984 动词的宾语和结构的宾语,《语言教学与研究》第 3 期。收入李临定(1994)。
李临定 1990《现代汉语动词》,中国社会科学出版社。
李临定 1994《李临定自选集》,河南教育出版社。
廖秋忠 1984 现代汉语中动词的支配成分的省略,《中国语文》第 4 期;收入《廖秋忠文集》,北京语言学院出版社,1992 年。
刘丹青 1987 形名同现及形容词的向,《南京师大学报》第 3 期。
刘涌泉、乔毅 1991《应用语言学》,上海外语教育出版社。
陆俭明 1983 "的"字结构和"所"字结构,《语法研究和探索》1,北京大学出版社。

陆俭明 1986 周遍性主语句及其他,《中国语文》第 3 期。

陆俭明 1988 现代汉语中数量词的作用,《语法研究和探索》4,北京大学出版社。

陆俭明 1990《现代汉语语法研究》,北京大学中文系语言学课程。

陆俭明 1990 "VA 了"述补结构的语义分析,《汉语学习》第 1 期。

陆俭明 1991 现代汉语不及物动词之管见,《语法研究和探索》五,语文出版社。

陆俭明 1997 关于语义指向分析,《中国语言学论丛》第一辑,黄正德 主编,北京语言文化大学出版社。

陆俭明 1997 配价语法理论和对外汉语教学,《第五届国际汉语教学讨论会论文选》,北京大学出版社。

陆俭明 2002 再谈"吃了他三个苹果"一类结构的性质,《中国语文》第 4 期,第 317—325 页。

吕叔湘 1942《中国文法要略》,据汉语语法丛书本,商务印书馆,1982 年。

吕叔湘 1946 从主语宾语的分别谈国语句子的分析,见吕叔湘(1984)《汉语语法论文集》(增订本),商务印书馆。

吕叔湘 1979《汉语语法分析问题》,商务印书馆。

吕叔湘(主编)1980《现代汉语八百词》,商务印书馆。

吕叔湘 1986 主谓谓语句举例,《中国语文》第 5 期。

吕叔湘、王海棻 1986《马氏文通读本》,上海外语教育出版社。

马建忠 1898《马氏文通》,据汉语语法丛书本,商务印书馆,1983 年。

马庆株 1983 现代汉语的双宾语构造,《语言学论丛》第十辑,商务印书馆。收入马庆株(1992),本文据此。

马庆株 1992《汉语动词和动词性结构》,北京语言学院出版社。

马庆株 1998 动词的直接配价和间接配价,收入袁毓林、郭锐(主编)(1998)第 283—294 页。

马希文 1987 与动结式动词有关的句式,《中国语文》第 6 期。

梅祖麟 1990 唐宋处置式的来源,《中国语文》第 3 期。

梅祖麟 1991 从汉代的"动杀、动死"来看动补结构的发展——兼论中古时期起词的施受关系的中立化,《语言学论丛》第十六辑,商务印书馆。

孟 琮等 1987《动词用法词典》,上海辞书出版社。
潘海华 1997 词汇映射理论在汉语句法研究中的应用,《现代外语》第 4 期。
潘允中 1980 汉语动补结构的发展,《中国语文》第 1 期。
上人社 1977《辞海·语词分册》,上海人民出版社。
沈家煊 1999 "在"字句和"给"字句,《中国语文》第 2 期,第 94—102 页。
沈家煊 2000 句式和配价,《中国语文》第 4 期,第 291—297 页。
沈 阳 1994 动词的句位和句位变体结构中的空语类,《中国语文》第 2 期。
沈阳、郑定欧(主编) 1995《现代汉语配价语法研究》,北京大学出版社。
谭景春 1992 双向和多指形容词及相关的句法关系,《中国语文》第 2 期。
汤廷池、李英哲、郑良伟(编辑) 1977《中国语言学会议论集》(一九七七年美国语言学会暑期讨论会),台湾学生书局印行。
王逢鑫 1989《英语意念语法》,北京大学出版社。
王红旗 1995 动结式述补结构配价研究,见沈阳、郑定欧(主编)(1995)。
王红旗 1998 动趋式述补结构配价研究,见袁毓林、郭锐(主编)(1998)。
王 力 (1980)《汉语史稿》中册,中华书局。
王维贤 现代汉语的句子结构和短语结构,《语文研究》1984 年第 3 期。
文 炼 1982 词语之间的搭配关系,《中国语文》第 1 期。
文炼、袁杰 1990 谈谈动词的"向",《汉语论丛》,华东师大出版社。
吴为章 1982 单向动词及其句型,《中国语文》第 5 期。
吴为章 1987 "X 得"及其句型,《中国语文》第 3 期。
吴为章 1993 动词的"向"札记,《中国语文》第 3 期。
吴为章 1994 "动词中心"说及其深远影响——《中国文法要略》学习札记,《语言研究》第 1 期。
邢福义 1991 汉语里宾语代入现象之观察,《邢福义自选集》第 155—173 页,湖南教育出版社。
许国璋 1983 关于索绪尔的两本书,《国外语言学》第 1 期。
徐烈炯 1988《生成语法理论》,上海外语教育出版社。
徐烈炯 刘丹青 1997《话题的结构与功能》,上海教育出版社。
徐烈炯 1990《语义学》,语文出版社。
徐烈炯(主编) 1999《共现与个性——汉语语言学中的争议》,北京:北京语言文化大学出版社。

杨成凯 1986 Fillmore 的格语法理论,《国外语言学》第 1、2、3 期。收入单行本《"格"辨》的附录,商务印书馆,2002 年。

殷钟崃、周光亚 1992《英语语法理论及其流派》,四川大学出版社。

俞 敏 1957 汉语的句子,《中国语文》第 7 期。

袁毓林 1986 述结式的句法语义分析,提交浙江省语言学年会论文,收入袁毓林(1999)《袁毓林自选集》,广西师范大学出版社。

袁毓林 1987 准双向动词研究,杭州大学硕士论文。摘要发表于《语言研究》1989 年第 1 期,全文作为附录发表于《现代汉语祈使句研究》,北京大学出版社,1993 年。

袁毓林 1992 现代汉语名词的配价研究,《中国社会科学》第 3 期。

袁毓林 1993 自然语言理解的语言学假设,《中国社会科学》第 1 期。

袁毓林 1994a 一价名词的认知研究,《中国语文》第 4 期。

袁毓林 1994b 句法空位和成分提取,《汉语学习》第 3 期。收入袁毓林(1998)。

袁毓林 1995a 词类范畴的家族相似性,《中国社会科学》第 1 期。

袁毓林 1995b 谓词隐含及其句法后果,《中国语文》第 4 期。

袁毓林 1996 话题化及相关的语法过程,《中国语文》第 4 期。

袁毓林 1998a《语言的认知研究和计算分析》,北京大学出版社。

袁毓林 1998b《汉语动词的配价研究》,江西教育出版社。

袁毓林 2000 述结式的结构和意义的不平衡性——从表达功能和历史来源的角度看,日本《现代中国语研究》第 1 期(创刊号)。

袁毓林 2001 述结式配价的控制—还原分析,《中国语文》第 5 期。

袁毓林 2002a 名词代表动词短语和代词所指的波动,《中国语文》第 2 期。

袁毓林 2002b 汉语话题的语法地位和语法化程度——基于真实口语的历时和共时考量,《语言学论丛》第 25 辑,商务印书馆。

袁毓林 2002c 述结式的论元选择及其句法配置,《纪念王力先生百年诞辰学术论文集》,商务印书馆。

袁毓林 2002d 论元角色的层级关系和语义特征,《世界汉语教学》第 3 期。

袁毓林 2003a 一套汉语动词的论元角色的语法指标,《世界汉语教学》第

3期。

袁毓林 2003b 走向多层面互动的汉语研究,《语言科学》第6期。

袁毓林 2004 论元结构和句式结构互动的动因、机制和条件——表达精细化对动词配价和句式构造的影响,《语言研究》第4期。

袁毓林 2008《基于认知的汉语计算语言学研究》,北京大学出版社。

袁毓林、郭锐（主编）1998《现代汉语配价语法研究》第二辑,北京大学出版社。

语言所 1979《现代汉语词典》,中国社会科学院语言研究所词典编辑室编,商务印书馆。

语言所 1987《句型和动词》,中国社会科学院语言研究所现代汉语研究室编,语文出版社。

张国宪 1994 有关汉语配价的几个理论问题,《汉语学习》第4期。

中大社 1988《中国大百科全书·语言文字》,中国大百科全书出版社。

张伯江 1999 现代汉语的双及物句式,《中国语文》第3期。

张烈材 1985 特斯尼埃的《结构句法基础》简介,《国外语言学》第2期。

周国光 1995 现代汉语形容词配价研究述评,《汉语学习》第2期。

周国光、张国宪 1994 汉语配价语法理论研究,《语文建设》第9期。

朱德熙 1956 现代汉语形容词研究,《语言研究》第1期。收入朱德熙(1980),第3—41页。

朱德熙 1978 "的"字结构和判断句,《中国语文》第1、2期。收入朱德熙(1980),第125—150页。

朱德熙 1979 与动词"给"相关的句法问题,《方言》第2期。收入朱德熙(1980),第151—168页,本文据此。

朱德熙（1980）《现代汉语语法研究》,商务印书馆。

朱德熙 1981 "在黑板上写字"及相关句式,《语言教学与研究》第1期。此文最早在该杂志的第三集(1978年5月)上发表,这是修改稿。后来又作了修改,收入朱德熙(1990),第1—16页。

朱德熙 1982《语法讲义》,商务印书馆。

朱德熙 1983 自指和转指——汉语名词化标记"的、者、所、之"的语法功能和语义功能,《方言》第1期。收入朱德熙(1990),第55—84页。

朱德熙 1985《语法答问》,商务印书馆。

朱德熙 1986a 变换分析的平行性原则,《中国语文》第2期。收入朱德熙

(1990),第 125—136 页。

朱德熙 1986b 现代书面汉语里的虚化动词和名动词,《第一届国际汉语教学论文选》。收入朱德熙(1990),第 114—124 页。

朱德熙 1987 现代汉语语法研究的对象是什么?,《中国语文》第 4 期。收入朱德熙(1990),第 162—178 页。

朱德熙 1990《语法丛稿》,上海教育出版社。

朱德熙 1991 词义和词类,《语法研究和探索》五,语文出版社。

朱景松 1992 与工具成分有关的几种句法格式,《安徽师大学报》第 3 期。

朱小雪 1989 Gerhard Helbig 的价语法理论及其实用语法模式,《国外语言学》第 1 期。

Allwood, Andersson & Dahl 1977 *Logic in Linguistics*. Cambridge University Press.《语言学中的逻辑》,王维贤、李先焜、蔡希杰译,河北人民出版社,1984 年。

Bloomfield, Leonard (1933) *Language*. New York: Holt, Rinehart & Winston.《语言论》,袁家骅、赵世开、甘世福译,钱晋华校,商务印书馆,1985 年。

Butter, C. 1985 *Systemic Linguistics: Theory and Application*. Batsford Academic and Educational.

Chafe, W. 1970 *Meaning and the Structure of Language*. University of Chicago Press.

Chao, Yuen Ren 1968 *A Grammar of Spoken Chinese*. University of California Press, Ltd. 赵元任著《汉语口语语法》,吕叔湘译,商务印书馆,1979 年。

Chomsky, N. 1957 *Syntactic Structures*. Mouton & Co·'S-Gravenhage.《句法结构》,邢公畹等译,中国社会科学出版社,1979 年。

Chomsky, N. 1965 *Aspects of the Theory of Syntax*, MIT Press.《句法理论的若干问题》,黄长著、林书武、沈家煊译,中国社会科学出版社,1986 年。

Chomsky, N. 1971 Deep Structure, Surface Structure, and Semantic Interpretation. In Chomsky (1972) *Studies on Semantics in Generative Grammar*, pp. 11-61, Mouton, the Hague. 又见 Steinberg D. & Jakobovits, L

(1971) pp. 183-216.《深层结构、表层结构和语义解释》,赵世开译,《语言学译丛》,第二辑,第 177—230 页,中国社会科学出版社,1980 年。

Chomsky, N. 1981 *Lectures on Government and Binding*, Foris, Dordrecht.《支配与约束论集——比萨学术演讲》,周流溪、林书武、沈家煊译,赵世开校,中国社会科学出版社,1993 年。

Chomsky, N. 1986 *Barriers*, MIT Press.

Chomsky, Noam (1992)*A Minimalist Program for Linguistic Theory*. MIT Occasional Papers in Linguistics 1. Cambridge, Mass.; Dept. of Linguistics and Philosophy, MIT.

Chomsky, N. 1993 A Minimalist Program for Linguistic Theory. To appear in Kenneth Hale & Samuel Jay Keyser (eds.)*The View from Building 20:Essays in Honor of Sylvain Bromberger*. MIT Press, 1993.

Chomsky, N. 1995 *The Minimalist Program*. MIT Press.

Chomsky, N. & Lasnik, H. 1991 Principles and Parameters Theory. To appear in J. Jacobs, A. von Stechow, W. Stemefeld, and T. Vennemann (eds.) *Syntax:An Introductional Handbook of Contemporary Research*, Walter de Gruyter, Berlin.

Comrie, B. 1981 *Language Universals and Linguistic Typology*. The University of Chicago Press.《语言共性和语言类型》,沈家煊译,华夏出版社,1989 年。

Culler, J. 1976 *Saussure*, Fontana Paperbacks.《索绪尔》,张景智译,刘润清校,中国社会科学出版社,1989 年。

Dowty, D 1985 On Recent Analysis of the Studies of Control. *Linguistics and Philosophy*, Vol. 8.

Dowty, D. 1991 Thematic Proto-Role and Argument Selection. *Language*, Vol. 67, No. 3.

Fillmore, C. 1968 The Case For Case. *Universals in Linguistic Theory*, ed. by Emmon Bach and Robert T. Harms,1—90. New York:Holt, Rinehart & Winston.《"格"辨》,胡明扬译,《语言学译丛》,第二辑,第 1—117 页,中国社会科学出版社,1980 年;单行本,商务印书馆,2002 年。

Fillmore, C. 1977a The Case for Case Reopened, in P. Cole & J. M. Sadock (eds.) *Syntax and Semantics*, Vol. 8, Grammatical Relations, pp. 59-81. Academic Press.

Fillmore, C. 1977b Topics in Lexical Semantics, in R. W. Cole (ed.) *Current Issues in Linguistic Theory*, pp. 76-138.

Gazdar, Klein, Pullum & Sag 1985 *Generalized Phrase Structure Grammar*. Basil Blackwell Publisher Ltd.

Goldberg, E. Adele 1995 *Constructions: A Construction Grammar Approach to Argument Structure*. Chicago and London: The University of Chicago Press.

Grimshaw, J. 1990 *Argument Structure*. MIT Press.

Gruber, J. 1976 *Lexical Structures in Syntax and Semantics*. North-Holland.

Hale, K. & S. J. Keyser 1991 *On the Syntax of Argument Structure*. MIT Press.

Halliday, M. A. K. 1985 *An Introduction to Functional Grammar*. Edward Arnold.

Harris, Z. 1946 From Morphem to Utterance. *Language*, Vol. 22, pp. 161-183. In Joos (1958), pp. 142-153.

Herbst, T. 1988 A Valent Model for Nouns in English. *Journal of Linguistics*, No. 24.

Hockett, C. 1954 Two Models of Grammatical Description. *Word*, Vol. 10, pp. 210-231. In Joos (ed)(1958) pp. 386-399.《语法描写的两种模型》,范继淹译,《语言学资料》1963 年第 6 期。收入范继淹(1986),第 309—347 页。

Sag, A. Ivan & Thomas Wasow 1999 *Syntactic Theory: A Formal Introduction*, CSLI Publications.

Jackendoff, Ray. 1972 *Semantic Interpretation in Generative Grammar*, MA: MIT Press.

Jackendoff, Ray 1990 *Semantic Structure*. The MIT Press, Cambridge, Massachusetts.

Jeng Heng-hsiung (郑恒雄) 1977 Topic and Subject in Chinese, English and Bunun,见汤廷池等(1977)。

Joos, M. (ed.) 1958 *Readings in Linguistics: the Development of de-*

scriptive Linguistics in America since 1925. American Council of Learned Societies, New York.

Keenan, E. L. 1976 Toward a Universal Definition of "Subject", in Li, C. (1976) (ed.).

Lakoff, George 1987 *Women, Fire, and Dangerous Things: What Categories Reveals about the Mind*. Chicago & London: The University of Chicago Press.

Larson, Richard 1988 On the double object construction. *Linguistic Inquiry* 19:335—391.

Larson, Richard 1990 Double objects revisited: A reply to Jackendoff. *Linguistic Inquiry* 21:589—635.

Leech, G. 1983 *Semantics*. Penguin Books. 《语义学》,李瑞华等译,何兆熊等校订,上海外语教育出版社,1987年。

Levin, Beth & Malka Rappaport 1995 *Unaccusativity: At the Syntax-Lexical Interface*. Cambridge: MIT Press.

Levin, Beth & Malka Rappaport 1997 Lexical Semantics and Syntactic Structure, in Lappin, Shalom (ed.) 1997 *The Handbook of Contemporary Semantic Theory*, 487—508, Oxford: Blackwell Publishers.

Li, N. Charles 1976 (ed.) *Subject and Topic*, Academic Press.

Li, Charles & Thompson, A. Sandra 1976 Subject and Topic: A New Typology of Language, in Li, C. (1976)(ed.). 李谷城摘译成中文,刊《国外语言学》1984年第2期。

Longman 1982 *Longman New Generation Dictionary* (*School Edition*), Longman Group Limited.

Lyons, John 1968 *Introduction to Theoretical Linguistics*. Cambridge University Press.

Lyons, John 1977 *Semantics*, Cambridge University press.

Miller, G. 1956a The magical number seven, plus or minus two. *The Psychicological Review*, No. 63. 《神奇的数字7±2:人类信息加工能力的某些局限》,陆冰章、陆丙甫译,宋钧校,《心理学动态》1983年第4期。

Miller, G. 1956b Human memory and the storage of information. *I. R. E. Transaction on Information Theory*, Vol. IT—2, No. 3. 《人类记忆和信

息贮存》,陆冰章译,《思维科学》1986 年第 1 期。

Pan, Haihua 1996 Imperfective aspect *zhe*, agent deletion, and locative inversion in Mandarin Chinese. *Natural Language & Linguistic Theory*, 14: 409—432.

Pollard, C. & I. Sag 1994 *Head-driven Phrase-structure Grammar*. Chicago:CSLI/University of Chicago Press.

Robins, R. 1970 *A Short History of Linguistics*. Indiana University Press.《语言学简史》,上海外国语学院外国语言文学研究所译,安徽教育出版社,1987 年。

Sag, A. Ivan & Wasow, Thomas 1999 *Syntactic Theory:A Formal Introduction*. CSLI Publication.

Saussure, F. 1960 *Course in General Linguistics*, translated from the Franch by Wade Baskin, Peter Owen Limited London.《普通语言学教程》,高名凯译,岑麒祥、叶蜚声校注,商务印书馆,1980 年。

Smith, N. & Wilson, D. 197? *Morden Linguistics*.《现代语言学——乔姆斯基革命的结果》,李谷城等译,刘润清校,外语教学与研究出版社,1983年。

Steinberg, D. & Jakobovits, L. 1971 *Semantics:An Interdisciplinary Reader in Philosophy, Linguistics and Psychology*. Cambridge University Press.

Stockwell, R. 1977 *Foundations of Syntactic Theory*.《句法理论基础》,吕叔湘、黄国营译,沈家煊校,华中工学院出版社,1986 年。

Tan, F. (谭馥) 1991 *Notion of Subject in Chinese*. Ph. D. dissertation, Stanford University, CA.

Teng Shou-hsin (邓守信)1975 *A Semantic Study of Transitivity Relations in Chinese*, Berkeley:University of California Press.《汉语及物性关系的语义研究》,侯方、邹韶华、侯敏译,黑龙江大学科研处,1983 年。

Tesnière, L. 1959 Éléments de syntaxe structurale (结构句法基础),方德义选译,胡明扬校,并附有译校者的评介。见胡明扬主编高等学校文科教材《西方语言学名著选读》,中国人民大学出版社,1988。

Tsao Feng-fu (曹逢甫) 1977 Subject and Topic in Chinese,见汤廷池等(1977)。

Tsao Feng-fu(曹逢甫) 1977 *A Functional Study of Topic in Chinese: The First Step Toward Discourse Analysis*.《主题在汉语中的功能研究——迈向语段分析的第一步》,谢天蔚译,语文出版社,1995年。

Xu Liejong & Langendoen, D. Tenrence 1985 Topic Structures in Chinese, *Language*, Vol. 61, No. 1.

术语索引

术语后数码为所在章节

B

"把"字句	9.6.2
百科知识	4.3.2.3
包容法	1.4.2
包孕测试	3.1.2
被动(句)化	1.3.3、8.5.2
比较补词	2.1.1
必有补足语	1.4.2
必有行动元	2.3.2
边缘动词	10.3.2
变化性	3.3.1
变价动词	10.1.2
变价现象	10.1.2
标准理论	1.3.1
表层结构	1.3.1
表达精细化	10.2.3
表述者	3.1.2
宾语化	1.3.2
宾语前移	8.3.1
宾语悬空	8.3.1
并价	9.2.1
并运算	9.3.1.1
补词	2.1.1
部分能产性	10.3.1

不可让渡	3.5.1

C

材料	3.3.1
参与者	3.1.2
参与角色	10.2.1
层次体系	1.2.1
超级施事	7.4.4
场景	1.3.3
场景知识	10.2.2
陈述	2.2.1
成分结构	10.1.1
成分提取	2.2.1
充分地激活的	9.5.1
重动句	9.5.2
重动式	8.5.3
重复动词	8.5.3
处所(格)	1.3.2、3.3.1
词汇—概念结构	1.3.3
词汇化	10.3.3
词汇路线	10.1.3
词汇特异性	10.1.3
词汇选择	1.3.2
词汇衍生	10.3.3
词汇主义	10.1.1

词类	10.2.1
词项插入	1.3.1
词项代入	10.2.2
词项分解	1.3.1
次话题	8.4.1
次话题化	9.5.1
从属成分	1.1.2
从属词	1.2.1
从属名词	2.2.2
从属树	2.2.2

D

单系	2.1.1
单向动词	2.2.1
单向形容词	2.3.2
当事	3.3.1
等价	9.3.1.1
等同删除	8.5.1
底层结构	1.3.2
底层形式	8.2.3
典型动词	10.3.2
定价动词	10.1.2
动词的抽象化	2.4.2
动词的语义分布	1.4.3
动词拷贝结构	9.4.2.3
动词系列化	8.5.2
动词中心说	2.1.2
短语结构规则	1.3.1
对比的焦点	8.4.1
对应规律	1.4.3
多重话题结构	8.4.3

E

二级算子	3.1.2
二价动词	1.1.2
二价名词	2.2.2
二位谓词	1.1.2
二元不及物动词	6.6.2
二元动词	5.1.1

F

反身代词化	8.5.2
范式	1.3.3
方式	3.3.1
方所补词	2.1.1
非断定补语	8.5.3
非核心格	3.3.1
非强制性的	2.3.2
分布框架	6.1.1
附庸性	3.3.1

G

感事	3.3.1
感知性	3.3.1
格	1.3.2
格标	1.3.2
格的合并	3.4.1
格的细分	3.4.1
格的转化	3.4.1
格(的)框架	1.3.2
格(变)语法	1.3.2
个体词	2.4.1
工具(格)	1.3.2、3.3.1
功能主义语法学	1.0
共价	9.2.3
归因	10.4.3
关切补词	2.1.1
关系句	1.4.3

广义被动化	10.3.3		假论元	6.6.1
			价	1.1.2
H			价的飘移	6.5.1
函数	1.1.2		价数	1.4.2
后续句	8.2.1		价质	1.4.2
核心成分	1.3.3		间接宾语	2.2.1
核心格	3.3.1		间接主语	2.2.1
核心句	3.1.2		简单句	2.4.2
核心驱动的短语结构语法	3.6.2		减价	9.3.1.2
互动(互相作用)	10.2.3		渐成性	3.3.1
话题	3.5.2		降级宾语	2.2.2
话题化	3.5.1、8.4.1		降级述谓结构	2.2.2
话题连贯性	8.4.3		降级主语	2.2.2
话题链接	8.4.3		交与补词	2.1.1
话题名词删除	8.4.3		焦点和语境	6.1.1
还原法	1.4.2		结构化的语义特征	2.2.2
还原主义	9.1		结果	3.3.1
环境格	8.2.1		解释语义学	1.3.1
回指性代词	8.4.2		句法成分的从缺	2.4.1
			句法分布	2.4.1
J			句法构造	10.1.3
基本层次范畴	10.3.2		句法空位	2.2.1
基本句型	8.5.3		句法句型	1.4.3
基础结构	1.3.2		句法配价	1.3.3
基础句式	9.5.0		句法配列	8.3.1
基础生成的	8.1		句法配置方式	4.1.2
基础主语	8.5.3		句法实现	3.4.1
基于用法的语法模型	10.4.2		句法型式	10.2.2
集合运算	9.3.1.1		句法中心论	1.3.2
激活	3.2.1		句法自主	1.3.1
积极性动词	2.1.1		句式	10.2.2
记忆容量	3.3.2		句式路线	10.1.3
鉴别词替代法	1.4.2		句式配价	10.1.3
			句式套用	10.2.2

句子的焦点	10.3.3	论元结构	1.0
句子框架	8.2.1	论元（被）降级	10.3.3
句子压模	3.3.2	论元升级	10.3.3
角色错配	10.2.3	论元提升	9.1.6
		论元—谓词关系	1.3.2
K		论元选择	1.3.3
客体格	1.3.2、3.3.1	论元压抑	9.1.6
可学性	10.3.3	论元整合	9.1.6
可有补足语	1.4.2	论元增容	10.0
可有行动元	2.3.2	论旨角色	10.0
可找回原则	2.4.2	论旨阶层	1.3.3
空范畴	8.4.1	论旨指派原则	10.1.1
控制性规则	9.3.3.2	逻辑配价	1.4.1
控制者	8.4.3		
框架—槽	3.2.1	**M**	
框式结构	10.1.3	名词化	1.3.2
扩充式标准理论	1.3.1	名词配价	2.2.2
		命题	1.3.2
L		目的补词	2.1.1
类型和实例	6.2.1		
离境化的句子	2.4.2	**N**	
联	3.1.1	内部的使动关系	9.3.2.1
联系	1.2.1	内嵌的	8.2.2
连接规则	3.6.2	内向动词	7.5.2
两向动词	7.5.2	内在格	3.2.2
邻接条件	8.4.1		
零价动词	1.2.1	**P**	
零价名词	2.2.2	派生句	3.1.2
零元谓词	6.6.1	派生句式	9.5.0
领格	9.6.2	派生循环	8.3.3
领属关系	9.2.1.1	派生主语	8.5.3
领属者	9.2.1.1	配价层级	3.1.1
六系动词	2.1.2	配价成分	1.1.2
录入	1.3.2	配价和分布词典	1.4.1

配价能力的继承规则	2.2.2
配价特征	1.4.1
配价信息	1.4.1
配价要求	1.1.2
配价语法	1.2.1
配列方式	2.1.1
配位方式	3.4.1
配位关系	5.0
配位原则	2.1.2
配项	1.1.2
凭借补词	2.1.1
普遍现象	8.4.1

Q

祈使句化	8.5.2
祈使句删除	8.5.2
歧义指数	2.2.1
起词	2.0
起词补词	2.1.1
潜宾语	2.2.1
潜主语	2.2.1
强制性的	2.3.2
情景语	1.2.1
情态	1.3.2
缺省配项	5.4.2.2
缺省值	3.2.2

R

"让"字句	9.6.2
人物语	1.2.1
任意的	10.4.1

S

三级描写模式	1.4.3
三价动词	1.1.2
三位谓词	1.1.2
三系动词	2.1.2
三向动词	2.2.1
三元动词	7.1.1
删除测试	3.1.2
删除法	1.4.2
深层结构	1.3.1
生成语义学	1.3.1
生命度	9.3.3.2
施事(格)	1.3.2、3.3.1
施事删除	10.3.3
施受同指	9.3.2.2
施受异指	9.3.2.2
施益性	4.3.2.3
时间补词	2.1.1
实质普遍现象	1.3.2
使成格	1.3.2
使动关系	9.3.2.1
使动性	3.3.1、9.3.3.2
使动情景	9.3.1.2
使动用法	7.1.3
使役	9.6.2
始发句	8.2.1
事后推理	10.4.3
事件图式	10.4.1
收回	9.5.2
受动性	3.3.1
受害者插入规则	10.5
受事	3.3.1
受事化	3.5.2
受事补词	2.1.1
受益性	4.3.2.3
属性特征	2.2.2

述结式	9.0		外围成分	1.3.3
述题	3.5.2		外向动词	7.5.2
述题化	3.5.2		外在格	3.2.2
述谓结构	3.1.2		完全能产性	10.3.1
树形图	1.3.1		完形包装	10.4.1
双宾语结构	10.1.3		位	3.1.1
双话题句	9.5.1		位移性	3.3.1
双系	2.1.1		谓词	3.1.2
双系动词	2.1.2		谓词框架	8.2.3
双向动词	2.2.1		谓词逻辑	2.2.1
双向形容词	2.3.2		谓词隐含	7.1.2
说明	3.5.2		位置的限制	2.3.2
四价动词	1.4.2		无标记的	9.5.1
四系动词	2.1.2		无格标句	9.5.2
			五系动词	2.1.2

T

他动用法	9.3.2.2			
提升	8.3.2		牺牲者	8.4.3
提问测试	2.4.2		细化调整	8.5.3
题元关系	1.3.3		先行词	8.4.1
填项	3.2.1		显要层级	1.3.3
通则化	10.4.1		限定句	1.4.3
通指	8.5.2		限制性关系从句	8.5.3
同标关系	8.4.1		相同名词短语删除	8.5.2
同化	10.3.2		相向形容词	2.3.2
同现限制	6.1.1		向	1.1.2
同形多义述结式	9.6.1		项	3.1.1
同源宾语	4.3.2.1		项目和配列	6.1.1
同指关系	8.4.1		消价	2.2
同指照应	8.3.1		消元测试	2.4.2
透视域	1.3.3、3.4.1		消元法	1.4.2
			协同动词	6.2.1
			心理词典	10.3.3

X (above)

W

外部的使动关系　　9.3.2.1　　　　行动元　　1.2.1

形式类	10.2.1		有理据的	10.4.1
形式普遍现象	1.3.2		与事(格)	1.3.2、3.3.1
形式主义语法学	1.0		与事者插入规则	10.5
形式—意义配对	10.1.3		语词	2.0
形态	1.3.2		语法过程	8.1
形态句法价	1.4.3		语法机制	1.3.2
叙事句	2.1.1		语法理论模型	1.3.1
循环论证	10.4.2		语法模式	1.3.1
循环式话题移动	8.4.3		语迹	1.3.1
			语类规则	1.3.1
			语序排列	1.3.2

Y

			语言类型	8.1
言谈的对象	9.5.1		语言普遍现象	1.3.2
言谈起点	8.4.3		语言知识的表达层次	1.3.1
演绎	10.4.3		语义表达式	1.3.1
依存关系	1.1.2		语义场景	3.2.1、10.3.2
依存语法	1.2.1		语义对比	8.4.3
一般代词	8.4.1		语义格局	2.1.1
一价动词	1.1.2		语义函数	1.3.3
一价名词	2.2.2		语义兼容性	1.4.3
一句一例原则	2.1.1		语义结构	1.4.3
一位谓词	1.1.2		语义解释	1.3.1
一元形容词	4.5.2		语义句型	1.4.3
已知信息	9.5.1		语义角色	3.3.1
意合机制	3.6.2		语义角色的优先序列	2.1.2
意念—交际语法	4.5.3.2		语义连结	8.2.1
意义的限制	2.3.2		语义连结方式	4.1.2
音系表达式	1.3.1		语义配价	1.4.1
隐性范畴	1.3.2		语义特征的丛集	1.3.3
隐喻投射	10.4.1		语义统辖	8.4.3
引发者	9.2.1.2		语义透明的语法	3.6.2
映射	3.3.1		语义信息	1.3.1
有标记的	9.5.1		语义预设	7.5.1
有定	8.5.2		语义指向	8.5.1
有格标句	9.5.2			

语用配价	1.4.1	制作动词	10.1.3
元	3.1.1	中性的	9.5.1
原型	1.3.3	中性动词	2.1.1
原型场景	3.2.2	主目	1.1.2
原型角色	2.1.2	主题	3.3.1
原型施事	1.3.3	主语的二重性	2.1.2
原型受事	1.3.3	主语化	1.3.2
原因补词	2.1.1	主语选择	1.3.2
元语义特征	2.2.2	注重话题	8.1
原则和参数	8.6.1	注重主语	8.1
原子句	3.1.2	转换规则	1.3.1
远程移动	8.3.3	转指	2.2.1
约束关系	8.4.1	转指测试	2.4.2
约束节点	8.4.1	状态元	1.2.1
蕴涵	8.2.3	准二元动词	6.1.1
蕴涵测试	1.4.2	准二元形容词	4.5.3.1
		准三元动词	7.4.1、7.4.2

Z

		准入规则	9.3.3
遭受	9.6.2	自底向上	9.3.0
增价	9.3.1.3	自顶向下	9.3.3.2
针对动词	6.2.2	自动用法	9.3.2.2
真二元形容词	4.5.3.2	自由代词	8.4.2
支配成分	1.1.2	自由说明语	1.4.2
支配词	1.2.1	自指	2.2.1
支配能力	1.2.1	自指测试	3.1.2
直接宾语	2.2.1	自主性	3.3.1
直接主语	2.2.1	组合性原理	10.1.2
指称	2.2.1	组配能力	3.1.1
指称歧义	9.3.2.2	最纯义项	3.2.3
止词	2.0	最小义项	3.2.3
止词补词	2.1.1		

英文目录
Contents

Introduction
Preface of Original Edition　　　　　　(by Lu Jianmimg)
Preface of New Edition　　　　　　　　(by Shen Jiaxuan)

1. Aspects of Valence Grammar
1.1 The Definition and Properties of Valence
1.2 Valence Grammar and Dependency Grammar
1.3 Valence Grammar and Case Grammar
1.4 The Systematization and Practisization of Valence Grammar

2. A Survey of the Studies on Chinese Valence Grammar
2.1 The Connexion of Verbs and Syntactic Analysis
2.2 The Valence of Verbs and the Ambiguity Index of a Syntactic Construction
2.3 The Rise and Development of Chinese Valence Grammar
2.4 The Divergence of views on Chinese Valence Grammar

3. The Valence Hierarchy and Argument Selection(VHAS) of Chinese Verbs
3.1 The Valence and Valence Hierarchy of Verbs
3.2 The Links of Verbs and Semantic Scenes
3.3 The Items of Verbs and Sentense Modelling
3.4 Argument Selection and Semantic Process
3.5 Argument Selection and Syntactic Process
3.6 Valence Grammar and the Mechanism of Parataxis of Chinese Grammar

4. The Valence Hierarchy and Argument Selection of One-Argument Verbs
4.1 From Valence Hierarchy to Argument Selection
4.2 The VHAS of One-Argument-One-Place Verbs
4.3 The VHAS of One-Argument-Two-Place Verbs
4.4 The VHAS of One-Argument-Three-Place Verbs
4.5 The Valence Hierarchy and Argument Selection of Adjectives
4.6 From Valence Grammar to Notion-Communication Grammar

5. The Valence Hierarchy and Argument Selection of Two-Argument Verbs
5.1 The VHAS of One-Argument-Two-Place-Two-Item Verbs
5.2 The VHAS of One-Argument-Two-Place-Three-Item Verbs
5.3 The VHAS of One-Argument-Two-Place-Four-Item Verbs
5.4 The VHAS of One-Argument-Three-Place-Three-Item Verbs
5.5 The VHAS of One-Argument-Three-Place-Four-Item Verbs
5.6 The VHAS of One-Argument-Three-Place-Five-Item Verbs
5.7 A Reflection on the VHAS of Verbs

6. The Valence Hierarchy and Argument Selection of Quasy-Two-Argument Verbs
6.1 The Clustering and Classification of Quasy-Two-Argumrnt Verbs(QTAV)
6.2 The Elementary Sentense Consisted of QTAV and their Dependent Items
6.3 The Semantic Model of the QTAV Sentences
6.4 The Boundary Line of QTAV
6.5 The Change of Argument Selection and Valence Shift
6.6 Zero-Argument Verbs and Two-Argument Intransitive Verbs

7. The Valence Hierarchy and Argument Selection of Three-Argument Verbs
7.1 The VHAS of Three-Argument Verbs which Indicate GET
7.2 The VHAS of Three-Argument Verbs which Indicate GIVE
7.3 The VHAS of Three-Argument-Four-Link Verbs
7.4 The VHAS of Quasy-Three-Argument Verbs
7.5 The Semantic Presupposition of Verbs and the Change of Valence

8. An Analysis of S-P Predicate Sentense from the Pointview of VHAS
8.1 S-P Predicate Sentense and the Linguistic Typology of Chinese
8.2 The Semantic Connection Model of S-P Predicate Sentense
8.3 The Syntactic Derivation Process of S-P Predicate Sentense
8.4 Topicalization and Topic Structure
8.5 The Syntactic Processes which Related with Topicalization
8.6 Recursive Principle and Parameter Setting

9. An Analysis of Verb-Result Construction (VC) from the Pointview of VHAS
9.1 The Valence of VC and its Constituents
9.2 The Types of VC's Argument Integration
9.3 The License Regulation of VC's Argument Assignation
9.4 A Control-Reduction Analyses of the Valence of VCs
9.5 The Base and Derived Sentences Constructed by VCs
9.6 The Polysemous VCs and their Syntctic Arrangement

10. The Interaction between Argument Structure and Sentence Construction
10.1 From the Velence of Verbs towards the Velence of Construction
10.2 Expressive Elaboration and Use Construction and Words Indiscriminately
10.3 Construction's Selectional Restriction on Verbs
10.4 The Cognition Base and Lojical Mechanism of Construction Expansion
10.5 The Reserches of Interaction is from Principles to Rules

Appendix: An Answer to the Guests' Questions about the Researches in Valence Grammar
References
Index
Postscript of Original Edition
Postscript of New Edition

旧版后记

本书是作者多年来研究汉语配价语法(特别是动词、形容词的配价)的一个总结。从着手研究这些题目以来,先后得到我的硕士研究生导师倪宝元、王维贤先生和博士研究生导师朱德熙、陆俭明先生的悉心指导。倪先生那种广泛收集材料并细致分析例证的朴学风格、"有什么材料说什么话"的实证精神,王先生那种敏锐的理论意识、清晰的逻辑头脑,朱先生那种高瞻远瞩的学术眼光、精益求精的治学态度,陆先生那种挖掘语言事实的功力、探索语法分析方法的敏性,都给了我无穷的滋养和莫大的启发,并成为我寂寞清贫的书斋生活中的一种精神上的慰藉。

本书的部分内容以"面向计算机的汉语动词的配价研究"为课题名称,得到了国家社会科学基金(青年项目)的资助。其中的部分研究结果,1995年12月在"第一届全国现代汉语配价语法研讨会"上以《汉语动词的配价层级和配位方式》为题作了报告,1996年10月在清华大学计算机系以《汉语句子的语义表示》为题作了演讲,1997年7月在"北京地区第一届对外汉语研讨会"上以《从配价语法走向意念—交际语法》为题作了报告,1997年11月在北京大学对外汉语教学中心以《配价理论和汉语配价语法》为题作了两次讲座;并在陆俭明、王理嘉、王洪君等老师的提议和督促下,于1997年9月—1998年1月为北京大学中文系研究生开了《汉语配价语法研究》课程。

在把论文改编为书稿的过程中,得到了陆俭明、马真老师的具体指导;他们在国外讲学期间还不断地通过书信和电话指出我初稿中的一些问题,告诉我怎样改进,陆老师还抽空为本书写了充满鼓励性的序言。书中的一些观点曾经跟郭锐等学友讨论过,在电脑文本的处理上得到了郭锐先生的许多帮助。书中的一些观点和用例承蒙听过我上述报告的同人和听课的学生提出质疑,书中的大部分用例都经过我妻子曹宏不厌其烦地审核过。

在此,谨向上面提到的各位老师、同人、同学和中国社会科学研究基金会等单位表示衷心的感谢。在书稿中,我吸收和采用了许多前辈和时贤的观点和材料,在此一并向他们表示诚挚的谢意。同时,我还要感谢江西教育出版社和吴明华先生为本书所付出的辛勤的劳动。由于作为本书的基础的各篇论文是在不同时期写成的,因而在术语、处理和体例方面有许多不一致的地方,敬请大家原谅。限于作者的水平,书中一定有许多不足和错误,恳切地希望读者和专家不吝指教。

袁毓林
1998 年 2 月 25 日
于北京燕东园

新 版 后 记

拙著《汉语动词的配价研究》1998年由江西教育出版社印行后,蒙不少同行在论著中引用,还承海内外几个大型的语言信息处理工程项目作为主要的理论参考。徐烈炯老师告诉我,他曾经在香港城市大学指导一个研究生做汉语跟英语动词的语法功能比较,采用了拙著中关于从元、位和项等不同层级来描述动词的组配能力的框架。日本关西学院大学的余康教授告诉我,他做汉语和日语句子的语义结构比较时,发现用动词及其论元角色的各种配位方式作框架是最合适的。这一切,都给了我很大的鼓励。这本书出版后,我在汉语配价语法研究方面,陆续做了述结式的配价和配位分析工作,尝试把单个动词的配价和配位分析推广到动词性结构上,发表了三篇文章:《述结式的结构和意义的不平衡性——从表达功能和历史来源的角度看》(日本《现代中国语研究》2000年第1期(创刊号)),《述结式配价的控制—还原分析》(《中国语文》2001年第5期)和《述结式的论元选择及其句法配置》(《纪念王力先生百年诞辰学术论文集》,商务印书馆,2002)。还指导我的学生施春宏完成了博士论文《动结式的论元结构和配位方式研究》(2003),其部分内容以单篇论文的形式刊出,如《动结式论元结构的整合过程及相关问题》(《世界汉语教学》2005年第1期)和《动结式形成过程中配位方式的演变》(《中国语文》2004年第6期)

等。现在,施春宏又把动词配价层级的观念推广到了动结式上,用于描写各种动结式的组配能力、说明有关的歧义现象(详见其《动结式的配价层级及其歧价现象》,《语言教学与研究》2006年第4期)。另外,我还在学习格式语法(construction grammar)的过程中,对于动词在特定句式中的增价现象有了新的认识,完成了文章《论元结构和句式结构互动的动因、机制和条件——表达精细化对动词配价和句式构造的影响》(提交 The 2nd Kent Ridge International Roundtable Conference on Chinese Linguistics, Theme: Syntax-Morphology-Phonology Interface, National University of Singapore, November 27-29, 2002,删节发表于《语言研究》2004年第4期)。在本书出版之后,我在给研究生讲授两轮"汉语配价语法研究"课程的过程中,又把上述内容补充了进去。

去年,承周洪波先生约请修订旧著,遂边讲授边修订和增补,把"述结式的配价和配位分析"与"论元结构和句式结构的互动"两章补入。顺便,把书名改为《汉语配价语法研究》;因为《汉语动词的配价研究》这个名称对于现在这本书的内容来说,多少有点头大帽子小的味道了。值得一提的是,上个世纪90年代,我在进行汉语配价语法研究时,打的旗号是"面向计算机的汉语动词的配价研究";到了新世纪初,我真的实现了自己的诺言,利用动词的配价研究的成果来探索一种动词驱动的信息抽取方法,在《中文信息学报》上发表了三篇论文,有关的论文收入拙著《基于认知的汉语计算语言学研究》(北京大学出版社,2008)。现在,我又跟詹卫东、常宝宝等同事一起,着力建设面向内容计算的汉语语义角色知识库和汉语语义关系标注语料库,把我们对于汉语配价和论元结构的知识汇总成系统完备的知识库,并抽象成为一套标记,逐一标注到较大规模的真实文本上,为开发语义关系自动分析系统提供语义角色知识库和训练样本与统计数据。就这样,我们一步步从理论探索、面向应用的基础研究,一直到工程实施和开发,不断地向前推进。

最后,我要感谢关心我的研究工作的各位朋友和同仁,特别要感谢沈家煊先生在百忙中拨冗为本书的新版写序,特别感谢周洪波先生的热心倡议。当然,更欢迎各位读者朋友继续批评指正。

袁毓林

2006年金秋于京郊蓝旗营